REAL TEXT
Denken am Rande des Subjekts
Reflection on the periphery of the subject

Herausgeber/Editors: Georg Schöllhammer, Christian Kravagna

D1671872

REAL TEXT
Herausgeber/Editors: Georg Schöllhammer, Christian Kravagna
Layout: Heimo Zobernig, Florian Pumhösl
Druck/Printing: Ritter Klagenfurt
Gefördert von Cathrin Pichler, Kuratorin im Auftrag des
Bundesministers für Unterricht und Kunst
Dieses Buch erscheint im Rahmen des Projekts REAL (REAL SEX,
Salzburger Kunstverein, REAL REAL, Wiener Secession, REAL AIDS,
Grazer Kunstverein) im Herbst 1993
This book appears on the occasion of REAL (REAL SEX, Salzburger
Kunstverein, REAL REAL, Wiener Secession, REAL AIDS,
Grazer Kunstverein), Autumn 1993
Dank an Hemma Schmutz und Johannes Schlebrügge

ISBN 3-85415-126-8
Verlag Ritter Klagenfurt

Elisabeth Printschitz gewidmet

Inhalt

REAL TEXT bildet sozusagen die „diskursive Klammer" zwischen den einzelnen Ausstellungsteilen (REAL SEX, REAL REAL, REAL AIDS). Es ist aber auch ein eigener Ausstellungsteil, der mit Blick auf die Konsequenzen für Kunst und Ästhetik den philosophischen, kunsthistorischen und erkenntnistheoretischen Problemhorizont der Bestimmung des Selbst zwischen dem Phantasma der Identität und dem Aufgehen in den Strukturen unserer hochdifferenzierten Gesellschaft skizziert.

Dieses Buch versammelt disparate Blickpunkte, von durchaus unterschiedlicher Methode, aus divergenten Epistemen. Seine Texte differieren in ihrem formalen Zugriff, was man auf den ersten Blick als Mangel an Universalität und Schlüssigkeit der herausgeberischen Position kritisieren könnte. Einen Mangel, der sich aber dann aufhebt, wenn man die einzelnen Beiträge dieses Sammelbandes auf ihre Bedeutung innerhalb der gegenwärtigen Theoriebildung von bildender Kunst bewertet. Im Hinblick auf ihren Charakter ist die Auswahl dieser Themen eine, die in sich so etwas wie Geschichte des Subjekts präsentiert, mehr als daß sie diese reflexiv zu repräsentieren imstande sein will, also mit einem kohärenten inhaltlichen Zusammenhang.

Denn die ästhetischen Diskursdispositive, die hier in elf Wortmeldungen unterschiedlicher Länge archiviert sind, verbindet doch zumindest ein gemeinsamer Kontext: Sie betrachten ihre Materialien und Objekte vor dem diffusen Hintergrund dessen, was man die gegenwärtige Diskursunsicherheit der Kunsttheorie nennen könnte. Vielleicht ist es gerade diese Uneindeutigkeit, das Verschleifen von Anspruch und Angesprochenem, die den Nutzen solch einer auf den ersten Blick relativistischen Konzeption, wie der hier zugrunde liegenden, ausmacht. Daß in dieser Auswahl gerade jene wieder deutlich zu sehen ist, legitimiert möglicherweise auch den Versuch, diesen sonst abwesenden Kontext hier gegen Innensichten in Theoriebildung zu stellen.

Theorie befriedigt meist zwei entgegengesetzte gesellschaftliche und ästhetische Bedürfnisse: das nach sozialer Eingliederung und Anpassung ebenso wie das nach Abgrenzung und Unterscheidung. Und es kann in ihr das, was nicht bezeichnet wird, wichtiger sein als das Gesagte. Richard Rortys Skizze einer intellektuellen Autobiographie erzählt nahezu paradigmatisch davon, wie diese Dialektik der Bedürfnisse, wie Formen der Abgrenzung und der Unterscheidung, das theoretische „Begehren" des Subjektes als ein gespaltenes strukturieren. Aber sie erzählt auch davon, wie Theorie sich aus einem Bündel von subjektiven, diskursiven und normativen Gestaltungsansprüchen bildet.

Steht hinter Rortys Text der Anspruch, hinter all diesen Zuweisungen die Integrität des denkenden Subjekts auch für dessen Handlungsfähigkeit als Diskurspartner einer demokratischen Gesellschaft zu retten, besetzt Paul Feyerabend mit seinem Beitrag gleichsam die Gegenposition. Der Konsensfähigkeit, die Rorty in einer Konzeption des pragmatischen Humanismus aufbewahrt sieht, entgegnet Feyerabends Hinweis auf die Differenzierungs- und Distinktionsbestrebungen der modernen Gesellschaft und ihrer Denkgebäude. Denken sei ein Prozeß, der im wesentlichen von Ideosynkrasien des historischen Entwicklungsstranges abhänge, und der Realitätsgehalt von Theoriewelten gleichzusetzen mit dem von Kunst. Feyerabends ontologischer Relativismus trägt darin durchaus konstruktivistische Züge; die sogenannte Realität bleibe im Grunde uneinholbar. Der klassischen Dialektik von Selbstentwurf und Fremdbestimmung gibt Francisco Varela aus humanbiologischer Perspektive eine unerwartete Wendung, indem er die kognitiven Potentiale körpereigener Prozesse wie des Immun-Systems gegen den Alleinvertretungsanspruch des Geistes am Prozeß der Identitätsstiftung wendet.

Gerade in diesen widersprüchlichen Bezügen ist Theoriebildung über Kunst ein Maß wie vielleicht kein anderes zur Zustandsbeschreibung der Lage künstlerischer Produktion. Ihre Ausdrucksformen bilden den sozialen Prozeß ab, die wechselnden Verhältnisse zwischen den einzelnen im Kunstsystem Agierenden und dem Ganzen. Es war die Strategie der bürgerlichen Gesellschaft, die Ausdrucksfunktion von Theorie, spezieller von ästhetischer Theorie, systematisch einzusetzen, ihre Verwendung zu generalisieren und zu trivialisieren und mit Hilfe reflektiver Innovation eine strategische Metapher zur Entschärfung sowohl von Eigentlichkeit (im Sinn Adornos) als auch von emanzipatorischer Vermittlungsarbeit von Kunst zu leisten. Deren symbolische Einsetzbarkeit als gesellschaftspolitisches Ordnungsmittel zeigt sich im Wandel des Umgangs mit ästhetischer Theorie von einem moralisierenden zu einem therapeutischen und zuletzt zur sozial repräsentativ kultivierten Legitimationsstrategie in den akademischen Diskursen der 80er Jahre.

Jürgen Habermas hat im Hinblick auf die Kernprobleme der Moderne die treffende Frage aufgeworfen, ob komplexe Gesellschaften überhaupt eine vernünftige Identität ausbilden können. Solange wir, so Habermas, nach Ersatz für eine daraus resultierende Leere der gesellschaftlichen Legitimation (auch von Kunst) suchen, „die das normative Bewußtsein einer ganzen Bevölkerung integriert", unterstellen wir, daß auch moderne Gesellschaften ihre Einheit noch in Form von Weltbildern konstituieren, die eine gemeinsame Identität inhaltlich festschreiben.

Davon könne man nicht mehr ausgehen. Eine kollektive Identität können wir heute allenfalls in den formalen Bedingungen verankert sehen, unter denen Identitätsprojektionen erzeugt und erkannt werden. Kein Traditionsgehalt, kein feststehendes Objektives steht dem Individuum mehr gegenüber, an dem die eigene Identität gebildet werden kann. Vielmehr beteiligen sich die Individuen selbst an den Bildungs- und Willensbildungsprozessen einer gemeinsam erst zu entwerfenden Realität.

Dem eigenen Erleben kann also nicht mehr getraut werden. Auch neuere Ansätze der Gesellschaftstheorie betonen einen solchen Zusammenhang, obiger Argumentation nicht allzu fern, doch von anderen Prämissen aus. Sie reflektieren die eminente Bedeutung der Spiegelung, des Spiegelbildes, für die Konstitution der Identität des Ichs, des Subjekts und im weiteren auch des kollektiven Subjekts, eben unserer Gesellschaft.

Diesen Theorien zufolge ist die einzige Gewißheit, die der Einzelne, das Ich, über seine Identität, seine Ganzheit und seine Beziehung zur Gesellschaft erhält, ja überhaupt zu erhalten imstande ist, jene, daß er sich künftig als etwas Vergangenes erfahren wird. Die Konstitution von Identität erfolgt demnach über etwas Entferntes, Vergangenes, über die Ähnlichkeit mit dem, was man glaubt gewesen zu sein, gleichzeitig seiner selbst gewiß und seiner selbst unsicher.

Denn: dieses Sich-selbst-Vergewissern der eigenen und der gesellschaftlichen Identität kann nur über etwas Äußerliches erfolgen, über ein Bild, ein Abbild, an dem die Differenz und die Ähnlichkeit überprüft werden kann. Ein Part, der in vielen entwickelten Gesellschaften traditionellerweise auch der Kunst zukam. Sie führte jeden Anlauf des Individuums zur Selbstreflexion über eine in ihr aufgehobene Vergangenheit, die dem Individuum gleichsam noch bevor stand.

Weiten wir diesen Blick auf die Theorie aus, diesen Blick in den Spiegel der zweiten Zukunft oder der antizipierten Nachträglichkeit, durch den die Gesellschaft und das Individuum sozusagen erst erfahren, was sie im Sein gewesen sind. Schärfer eingestellt und auf dieses Buch fokussiert hieße das dann: ein mehrfältiges, mehrdeutiges, produktiv fragendes Denken sucht heute seinen Weg und seinen Stil.

In solchen Gesellschaften, in denen niemand mehr legitimiert scheint, über das „Ganze" zu sprechen, erschiene auch jeder Versuch der wenn auch symbolischen Repräsentation dieses „Ganzen" naturgemäß als defizient. Die Auswahl der Beiträge in REAL TEXT versucht daher, Positionen einzelner kohärenter Theoriewelten indirekt gegeneinander zu stellen: Historische Rekonstruktionen ebenso wie terminologische, die Wiederlektüre längst kanonisch erscheinender Texte aus der Theoriegeschichte des Subjektes, private Denkgeschichte neben der Kritik reduktionistischer Modelle.

So wie die Ausstellungen und Aktionen, die es begleitet, versucht auch REAL TEXT fetischisierte Formen der Rationalität, des Diskurses, auf ihren normativen Gehalt hin abzufragen, wenngleich nicht am Objekt, am Werk oder ausschließlich an der Systemlogik der Kunst, sondern vielmehr an jenen Grenzen, an denen sich Theorie mit der Legitimität von Subjektivität solidarisieren.

Daß dieses Buch nicht notwendigerweise all jenen Diskursebenen und -paradigmen folgt, die gerade in den letzten Jahren im Zentrum der Theoriebildung von Kunst standen und die sich längst zu neuen Formalismen entwickelten, mag ihm vielleicht als Relevanzverlust angelastet werden. Wie ihm auch vorgeworfen werden kann, daß es sich allzu eindeutig auf die Seite jener Theorien vom Subjekt stellt, die dessen Konditionierung aus den Erkenntnispotentialen des Körpers erklären. Vielleicht ist das aber heute die letzte Verständigungsposition, das „Fleisch der Welt", wie Merleau-Ponty einmal formuliert hat, an dem noch so etwas wie eine Ontologie des Realen entwickelt werden könnte. Eine Ontologie, oder wieder nur eine Theorie aus Fragmenten, an denen wir die Bilder dieses Realen erkennen könnten, aus Substanzen, Orten, Zeit, Handlungen, Leidenschaften, Strukturen und Beziehungen.

Douglas Crimp beschließt seinen Beitrag über die klischeebildenden, ausgrenzenden und diskriminierenden Darstellungen von Aids-Kranken in Medien und Kunst mit einem Zitat von Jean Baudrillard, um den moralisierenden Diskurs über Aids nicht nur in den reaktionären Köpfen, sondern auch dort aufzuspüren, wo er nicht unbedingt erwartet würde. Baudrillards Verständnis von Aids als „ein Mittel gegen die totale sexuelle Befreiung" ist Ausdruck jener von Crimp analysierten gesellschaftlichen Angst vor moralischer Infektion durch sexuelle „Abnormität", die vom Szenario der viralen Infektion der Volksgesundheit nur stellvertreten wird. Wie hier der zentrale Theoretiker der Simulation auf die Wiederkehr des Körpers reagiert, die sich paradoxerweise aufgrund der manifesten Infragestellung seiner Integrität ereignet, verweist auf eine kulturhistorische Konstellation, der viele Beiträge in REAL TEXT mit der Problematisierung des Subjekts aus den Dispositiven des Körpers und der Sexualität gerecht zu werden suchen.

Die Autonomieversprechen der philosophischen und künstlerischen Moderne, die Robert Witkin und Barbara Jaffee von der Renaissance bis zu Adornos Negativitätsmodell und Greenbergs Formalismus nachzeichnen, haben einem desillusionierten Blick auf die Restbestände von Subjektivität Platz gemacht, die – wie das Beispiel Aids nur am deutlichsten zeigt – nur mehr in einer prozessualen Definition von Orten wechselweiser Besetzung durch psychologische Wunsch- und gesellschaftliche Ordnungspotentiale aufgehoben werden können. Daß in Crimps Untersuchung als einziges Gegenbeispiel zu den in allen Reportagen feststellbaren Objektivierungen des Kranken, die für die generelle Objektivierung des anderen im fragmentierenden technologisierten Blick steht, die sexualisierte Beziehung zwischen Darstellendem und Dargestelltem aufgeführt wird, eine vom Begehren getragene Kommunikation, mag für jene Theorien vom Subjekt sprechen, die es an der Schnittstelle von Sexualität und Sozialität situieren.

Über die erkenntnistheoretische Drehscheibe des semiotischen Prozesses bei Peirce verknüpft Teresa de Lauretis das Freudsche Konzept der Dynamik triebhafter Objektbesetzungen mit Foucaults Analyse des gesellschaftlichen Sexualdiskurses, dem die Subjekte unterworfen sind, und leistet darüber eine Formulierung der Verbindung des Psychischen und des Sozialen in der Definition eines sich fortlaufend umstrukturierenden Körper-Ichs. Peirces Theorie der Semiosis, der von einer Serie von „Signifikatwirkungen" getragenen Vermittlung von Innen- und Außenwelt, eignet sich aufgrund ihres temporalisierten Subjektbegriffs zur Stützung eines Verständnisses von Sexualität, das in analoger Weise die Dynamik sexueller Strukturierung gegenüber der Stabilität ödipal-pubertärer Prägung hervorstreicht. Es ist im speziellen die feministisch begründete Theoriebildung, die deterministischen Konzepten von Sexualität und Subjekt mit kritischer, weil unverdeckt interessegeleiteter Aufmerksamkeit gegenübertritt. Die Notwendigkeit ständiger Neubefragung gesellschaftlich verfestigter Geschlechterrollen zum Zweck ihres Aufbrechens rückt neben den psychologischen Voraussetzungen (und Legitimierungsversuchen) ihren kulturellen Niederschlag auf dem Gebiet der Kunst ins Blickfeld.

So analysiert Jacqueline Rose ausgehend von Freuds Unbehagen an Leonardos fehlerhafter Darstellung des Geschlechtsakts die Beziehung zwischen Sexualität und Bild, die Funktion des Visuellen in der Konstruktion und Festschreibung der Geschlechterdifferenz. Wenn die Psychoanalyse selbst den Akt des Sehens als produktiven Faktor zur Ausbildung von Sexualität begreift (Feststellen des anatomischen Unterschieds, Urszene etc.), so kann über die Analogie der identitätsgefährdenden Erkenntnis des geschlechtlichen „Mangels" mit der neubewerteten „Unvollkommenheit" des Visuellen eine politisierte Beschäftigung mit dem Bild eingefordert werden, eine künstlerische Praxis, die den Narzißmus formaler Perfektion als Repräsentationsform des „fixierten Wesens psychosexueller Identität" überwindet – zugunsten einer bewußt den sexuellen Implikationen des Sehens Rechnung tragenden Ästhetik.

Feministische Theorie, die nicht zuletzt das (künstlerische) Bild für die Reproduktion von Normen verantwortlich macht, findet im Surrealismus ihr ausgezeichnetes Forschungsfeld einer paradigmatischen Analyse der revolutionären Ansprüche der künstlerischen Avantgarden. Dabei geht es weder um postmoderne Verabschiedungsstrategien oder Dispersion in Spieltheorien noch um die Klage über den Verlust utopischer Potentiale. Daß die großen Erzählungen dort, wo die gesellschaftliche Realisierung ihrer Befreiungsgehalte versagte, weiter fortzuschreiben sind, wird am Beispiel der emanzipatorischen Ambivalenz der surrealistischen Theorie und Praxis evident, wie sie die Beiträge von Silvia Eiblmayr und Amy Winter herausarbeiten. Die Destruktion des Schöpfermythos und damit auch die des herrschaftlichen Subjekts, etwa in den automatistischen Praktiken, zeigt ihre repressive Kehrseite, wenn Identität nicht nur als Abstraktum infragegestellt, sondern ihre Krise als die der männlichen Psyche zur realen Bedrohung wird. Da setzen die Mechanismen der Selbstbehauptung des Subjekts wieder ein, und die attackierten gesellschaftlichen Machtverhältnisse werden im künstlerisch repräsentierten Geschlechterverhältnis als Dämonisierung und Verdinglichung des weiblichen anderen umso manifester. Am Beispiel des surrealistische Ansätze performativ-lebenspraktisch fortschreibenden Hermaphroditismus Pierre Moliniers skizziert Peter Gorsen mögliche Auswege aus der reduktionistischen Geschlechterdichotomie. Eine bemerkenswerte Wechselwirkung von Kunst und Theorie wird deutlich, wenn der Visualisierung Freudscher Theoreme durch den Surrealismus die theoretische Aneignung surrealistischer Metaphern gegenüber steht, die Winter an Lacans Denkgeschichte nachzeichnet.

Wenn sich hier die Kritik des künstlerischen wie des psychoanalytischen Modells auf die Preisgabe ihrer subversiven Gehalte zugunsten der „jouissance" des Textes/Bildes richtet, die durch mangelnde Einrechnung gesellschaftlich-kultureller Faktoren mechanistische Vorstellungen der menschlichen Psyche in poetisierten Diskursen fortschreibe, so läßt sich diesbezüglich eine Parallele zu den Argumentationen gegen die Autonomiegeschichte der modernen Kunst, insbesondere des Formalismus, ziehen. Diese ist in Jacqueline Roses Beitrag auch aus dem Anspruch auf Politisierung einer psychoanalytischen Zeichentheorie angesprochen, während es auf der anderen Seite

Barbara Jaffee um die Historisierung des heutigen „kulturellen Konsens der Ablehnung des Formalismus" ebenso wie der Evaluierung der Anteile des letzteren an der Befreiungsgeschichte des Individuums geht. Zweifellos werden hier Auffassungsdifferenzen deutlich, die etwas mit Richard Rortys idealtypischer Polarisierung von Trotzki und den wilden Orchideen zu tun haben und die, bei entsprechender Verschärfung der Standpunkte, auch Teilnehmer an seinem „kleinen Kulturkampf" werden können.

Der Begriff des Textes, der Lektüre und jener des „Realen", die die disparaten Schärfen, Präsentationsstrategien und Kuratorengedanken dieses vierteiligen Projektes zusammenhalten, sollten in REAL TEXT, durchaus aber auch die Differenzen, ja die Pluralität der gegenwärtigen Theorie-Kultur affirmiert werden. Auch weil allenthalben bemerkbar ist, daß deren Gruppierungen, immer mehr in Identitätsdebatten verwickelt, auseinanderdriften. Natürlich kann das allerhöchstens eine Basis etwa für die Textauswahl in diesem Sammelband sein, der jenseits der Paradigmenvielfalt auf Verständigung setzt, für die intellektuelle Praxis erwiese sich derlei Kompilierung als fatal.

Daher sollte auch unser Versuch, die Methodenkritik aufzuweichen und die Lektüre von nahezu akademischen Texten gleichwertig neben originäre Theorieentwürfe oder historisch erscheinende Positionen zu setzen, nicht als der Versuch mißdeutet werden, in der gegenwärtigen Methodenwirrnis und Paradigmenunsicherheit nach akademischem Law and order zu rufen. Er soll vielmehr „Texte neben Kunst" stellen, um über den Anlaß eines Ausstellungsprojektes hinaus eben Momente der ästhetischen Reflexion und des Reflexes des Ästhetischen in Texten zu schaffen.

Die Idee des Buches war, in beabsichtigter Inkohärenz Blickpunkte auf jenen Wechsel zu werfen, durch den nicht nur das Bild des Künstlers in der Moderne fragwürdig, prekär, zusammenmontiert erscheint; steht doch auch Kunst als verlorenes Subjekt im Hintergrund der Rede von der strukturellen Verlassenheit des Einzelnen in der Moderne – nicht erst seit der Moderne der Avantgarden. Wie Kunst noch heute als Erinnerungsmuster dieser verlorenen Einheit wirkt, davon handeln viele der Beiträge in REAL TEXT. Sie wollen Spuren des Wissens vom Subjekt mit der Legitimität von Subjektivität – nicht nur der Kunst – solidarisieren.

PREFACE
Georg Schöllhammer/Christian Kravagna

REAL TEXT forms the "discursive link" of the individual parts of the exhibition (REAL SEX, REAL REAL, REAL AIDS). At the same time, it is also a part of the exhibition; considering the consequences to ensue in art and aesthetics, it delineates the issue of how the self can define itself in the field between the phantasm of identity and absorption in the structures of our highly complex society in the wider contexts of philosophy, art history and epistemology.

The book brings together diverging points of view, different methods, a variety of knowledge. The texts are different in terms of formal access, which at first sight may be construed as a lack of universality and consistency on the part of the editors. What seems to be a shortcoming will, however, be set off by the significance of the individual contributions to this collection in current visual art theory. The selection of topics aims at something of a history of the subject, which is presented rather than represented in terms of reflection, viz. in a form coherent in content.

The aestehtic systems of discourse taken on record here in eleven contributions of different lengths have some contextual common ground: they examine their material or subject matter against the hazy background of what could be termed insecurity of discourse in contemporary art theory. It may well be that the benefit of such a seemingly relativistic concept lies in its equivocality, a blurring line between claims and what they address. The fact that this is precisely what one can clearly identify in this selection may also legitimise the attempt to confront this context, usually missing otherwise, with interior views from the development of theories here.

Theories usually meet two contrasting societal and aesthetic demands: one for social integration and adaptation, one for delimitation and differentiation. Moreover, in the context of theory that which cannot be signified may be more important than what is said. Richard Rorty's sketch of an intellectual autobiography is an almost paradigmatic account of how a dialectic of needs, forms of delimitation and differentiation, shape a split theoretical "desire" of the subject. It also shows how theory is shaped from a bundle of creative claims, subjective, discursive and normative in nature.

While the claim to save the integrity of a thinking subject behind all these assignments so as to preserve the subject's capacity to act as a partner in discourse within the democratic society is at the roots of Rorty's text, Paul Feyerabend's contribution is found at the opposite end of the spectrum. The capacity for reaching a consensus, which Rorty finds enshrined in a concept of pragmatic humanism, is contrasted with Feyerabend's reference to the aspirations to difference found in modern society and its reasoning. To his mind, thinking is a process which basically depends on the idiosyncrasies of historical developments, and theoretical worlds are equivalent to art in terms of realistic content. In this respect, Feyerabend's "ontological relativism" has quite constructivist traits; so-called reality is in principle inscrutable. Francisco

Varela gives a surprising turn to the classic dialectic of self-determination and exterior influence from an angle of human biology; he directs the cognitive potentials of endogenous processes such as those going on in the immunological system against the claim to sole determination of the mind in the development of identity.

Amidst such conflicting references, the formation of art theory is probably best suited to measure the state of artistic production. Its expressive forms depict the social process, the changing relations between the individual acting in the art system and the whole. The strategy of bourgeois society was to systematically apply the expressive capacity of theory, aesthetic theory in particular, to generalise and trivialise its use and to create, by means of reflective innovation, a strategic metaphor to defuse both virtuality ("Eigentlichkeit" in the sense of Adorno) and liberating mediation in art. Art's symbolic applicability as a socio-political medium of ordering is reflected in the change which the approach to aesthetic theory underwent when it shifted from moralising to therapy until it became a strategy of legitimisation cultivated from an angle of social representation in the academic discourses of the eighties.

Referring to the crucial issues of modernity, Jürgen Habermas raised the point as to whether complex societies were ultimately able to form a reasonable identity. As long as we look for something to fill the gap and to substitute social legitimation (including that of art), "which integrates the normative awareness of an entire population", we presuppose that modern societies still constitute their unity on views of the world that determine the content of collective identity.

He finds that this is no longer the case now. The only collective identity left today is found in the formal circumstances under which identity projections can be produced and recognised. The individual is not faced with any tradition, any fixed objective criteria on which to shape identity. On the contrary, individuals are involved in the processes required to shape and generate the will to a reality yet to be designed.

Thus, one can no longer trust one's own experience. More recent approaches to sociological theories, too, emphasise this link, using similar arguments, albeit on different premises. They echo the enormous importance of reflection, of the mirror, in the constitution of ego-identity, of the subject and, in a wider context, of the collective subject, viz. our society.

According to these theories, the only certainty the individual, the self has and will ever be able to find about identity, unity in him/herself and a relation to society is that he/she will experience him/herself as something past in the future. Identity is thus constituted via something remote, past, similar to what one believes to have been, but is at the same time sure and uncertain about.

After all, ascertaining one's personal and societal identities requires something extraneous, an image, a representation to compare difference and similarity against. By tradition, art used to play this part in many developed societies. It guided each approach of the individual towards self-reflection on a past it had overcome while the individual still had to face it.

Let's expand our view of theory, our look into the mirror of a second future or anticipated posteriority by virtue of which society and the individual, in being, learn what they were. With more resolution and better focus on this book this means that thinking characterised by diversity, ambiguity, productive questioning is currently looking for a way and style.

In these societies where, it seems, nobody is any longer legitimately qualified to speak about "the whole", any attempt to represent "the whole", albeit in symbolic terms, will by nature appear flawed. For this reason, the contributions to REAL TEXT have been selected in an attempt to indirectly confront with one another positions from individual coherent realms of theory: historical reconstructions as well as terminological ones, re-readings of texts that have long been recognised classics in the theoretical history of the subject, private histories of thought side by side with a critique of reductionist models.

Like the shows and actions it accompanies, REAL TEXT tries to question fetish forms of rationality and discourse for their normative content, without, however, focusing on the object or work and without exclusively concentrating on the systemic logic inherent to art; the focus is actually on the borderlines where theory and legitimate subjectivity join in solidarity.

The fact that this book does not necessarily encompass all the levels and paradigms of discourse which have been at the centre of art theory formation in the past few years and which have long developed into new formalisms may be held against it under the title "lack of relevancy". Concurrently, it may also be reproached with being too much in favour of the theories of the subject which explain the subject's conditioning by the cognitive potential of the body. This may, however, be the last position of communication, or, as Merleau-Ponty once put it, "the flesh of the world" on which to build some ontology of what is real. An ontology—or is it yet another theory of fragments in which we may identify images of what is real, consisting of substances, places, times, actions, passions, structures and relationships?

Douglas Crimp concludes his contribution on the clichéd, ostracising, discriminating representations of people with AIDS in the media and in art by quoting Jean Baudrillard to identify the moralising discourse on AIDS not only present in reactionary minds, but also where one would not actually expect it. Baudrillard's understanding of AIDS as a "remedy against total sexual liberation" expresses society's fear of moral infection by sexual "abnormity", of which the scenario of pervasive viral infection is merely a token. The way the major theorist of simulation reacts to the return of the body (paradoxically enough, due to a manifest assault on its integrity) indicates a constellation in cultural history which many contributions to REAL TEXT seek to cope with by approaching the problem of the subject via the body and sexuality. The promises of autonomy embodied by the philosophical and artistic modernities which Robert Witkin and Barbara Jaffee trace from the Renaissance up to Adorno's model of negativity and Greenberg's formalism have given way to a disillusioned look at the remnants of subjectivity which—as is most dramatically exemplified by AIDS—can only be set off by a processual definition of loci alternatively invested with potentials of psychological wishes and social order. The only example Crimp's investigation shows as deviating from the objectification of persons with AIDS found in all the reports (which stands for the general objectification of the Other in a fragmented, technologically mediated view) is the sexualised relationship between the person representing and that which is represented, a communication based on desire; this may well support the theories of the subject which place it at the interface of sexuality and sociality.

Via the epistemological pivot of Peirce's semiotic process, Teresa de Lauretis links the Freudian dynamics of instinctive object cathexis with Foucault's analysis of the social discourse of sexuality which governs the subjects, formulating the link of psychic and social processes in the definition of a body-ego undergoing continual re-structuring. By virtue of its temporalised notion of the subjects, Peirce's theory of semiosis, defined as the mediation between the interior and exterior worlds through a series of "significate effects", is well suited to support an understanding of sexuality emphasising, mutatis mutandis, the dynamism of sexual structuring vis-à-vis the stability of Oedipal-pubertal conditioning. Theories based on feminist notions confront deterministic concepts of sexuality and subject with openly partial and thus specially critical attention. As it is necessary to constantly question socially perpetuated gender roles with a view to dismantling them, the focus is on their psychological preconditions (and attempts to justify them) and their cultural repercussions in art.

On the basis of Freud's discontent with Leonardo's flawed representation of the sexual act Jacqueline Rose analyses the relation between sexuality and image, the function of vision in the construction and fixation of the gender difference. If psychoanalysis considers the act of looking a productive factor in the formation of sexuality (realisation of sex differences, primal scene, etc.) a politicised approach to the image may be claimed in view of the analogy between the recognition of a sexual "lack" that puts one's identity in jeopardy and the redefined "imperfection" of vision. Such an artistic practice transcends the narcissism of formal perfection as a way of representing "the fixed nature of psychosexual identity", thus favouring aesthetics that deliberately take the sexual implications of vision into account.

In Surrealism, where the revolutionary claims of the artistic avant-gardes are under examination, feminist theory, which i.a. considers the (artistic) image responsible for the perpetuation of norms, finds an excellent field of research for a paradigmatic analysis. Postmodern strategies of farewell or dispersion in game theories are not the point, nor is a lament about the loss of Utopian ideals. As exemplified by the emancipatory ambivalence of Surrealist theory and practice in the contributions of Silvia Eiblmayr and Amy Winter, the great narratives have to be continued wherever society failed to implement its contents of liberation. With the myth of the creator, and hence that of the sovereign subject, having been destroyed, e. g. by automatism, the reverse side of the coin turns out to be repressive when identity is not called into question as an abstract notion, but becomes a real threat to the male psyche in crisis. This is where mechanisms of self-assertion return, and the societal power structures under attack are manifested in the artistic representation of the male/female relationship as the female becomes demoniac and reified. Peter Gorsen traces possible ways out of the reductionist dichotomy of the genders as he describes the way in which hermaphrodite Pierre Molinier picks up the Surrealist thread in performance and practical life. Art and theory are seen in remarkable interaction when the visualisation of Freudian theorems in Surrealism is confronted with the appropriation of Surrealist metaphors by theory, as traced by Amy Winter in the history of Lacan's thought.

If the artistic and psychoanalytic models have been criticised because they have abandoned their subversive contents for the sake of the "jouissance" of text/image, thus perpetuating mechanistic notions of the human psyche in poeticised discourses since they failed to fully take into consideration relevant societal and cultural factors, this can be seen in parallel to arguments against the history of modern art's autonomy, in particular that of formalism. Jacqueline Rose addresses this issue in her contribution, demanding a political dimension to a psychoanalytical theory of signs while Barbara Jaffee is concerned with historical considerations in today's "cultural consensus of the rejection of formalism" and appraises the share of formalism in the history of individual liberation. There is no doubt that this is a manifestation of conflicting views which may be read in terms of Richard Rorty's ideal polarisation of Trotsky and the wild orchids and which may eventually clash, thus resulting in his "minor culture war".

The concepts of text, reading and what is "real" which link the disparate focuses, strategies of presentation and curatorial thoughts involved in this fourpartite project are by all means intended to affirm the differences, or even plurality of contemporary theoretical culture. One reason is that we observe groups in contemporary theory, increasingly engaged in debates about identity, drifting apart all around. Of course, such reasoning will only serve as a basis for the selection of texts in this collection relying on communication beyond a plurality of paradigms; for intellectual practice, such a compilation would prove detrimental.

Our attempt to undermine methodological critique and to put all but academic texts on a par with original theoretical concepts or positions of a more historical nature should not be misconstrued as a call for academic law and order in the current maze of methods and lack of paradigms. It is designed to place "texts next to art" to create moments of aesthetic reflection and reflected aesthetics in texts beyond the scope of the exhibition project.

The idea behind the book and its intentional incoherence was to shed light on the shift that not only makes the image of the artist in modernity seem dubious and pieced together in a precarious way; art, too, seems a subject lost when seen against the background of the debate on the structural isolation of the individual in modernity, and not just since the avant-gardes' modernity. Many contributions to REAL TEXT deal with the way in which art today still functions as a memory pattern of this lost unity. They want to generate solidarity between traces of knowledge about the subject and the legitimacy of subjectivity–not just subjectivity in art.

Richard Rorty
TROTZKI UND DIE WILDEN ORCHIDEEN

Wenn es stimmt, daß der beste intellektuelle Standpunkt derjenige ist, der mit gleicher Vehemenz von der politischen Rechten wie von der politischen Linken angegriffen wird, dann stehe ich gut da. Konservative Kulturkämpfer zählen mich oft zu den relativistischen, irrationalistischen, dekonstruktivistischen Intellektuellen, deren vor Überheblichkeit und Verachtung strotzende Schriften die moralische Standhaftigkeit der Jugend untergraben. Neal Kozody, der in der Monatsschrift des *Committee for the Free World* schreibt, einer Organisation, die als Wächter gegen Anzeichen sittlicher Zersetzung bekannt ist, weist meine „zynischen und nihilistischen Ansichten" zurück und setzt hinzu: „Es reicht ihm (Rorty) nicht, daß amerikanische Studenten einfach geistlos sein sollen, er würde sie geradezu zur Geistlosigkeit ermuntern." Der Theologe Richard Neuhaus bezweifelt, daß Atheisten gute amerikanische Staatsbürger sein können, meint, daß „das Vokabular des Ironikers", für das ich eintrete, „weder imstande ist, den Bürgern in einer Demokratie eine Sprache für die Öffentlichkeit an die Hand zu geben, noch gegen die Feinde der Demokratie anzukommen oder die Motivation zur Demokratie an die nächste Generation weiterzugeben." Meine Kritik an Allan Blooms *The Closing of the American Mind* ließ Harvey Mansfield – den Präsident Bush vor kurzem zum Mitglied des *National Council for the Humanities* ernannte – behaupten, ich hätte „Amerika aufgegeben" und „es gelänge mir, selbst Dewey klein aussehen zu lassen." (Mansfield beschrieb Dewey neulich als einen „mittelgroßen Bösewicht".) Sein Kollege im *Council*, mein Philosophenkollege John Searle meint, daß die Qualität der amerikanischen Hochschulbildung nur wiederhergestellt werden könne, wenn genau die Auffassungen von Wahrheit, Erkenntnis und Objektivität aufgegeben werden, die ich nach besten Kräften zu verbreiten suche.
Sheldon Wolin jedoch, der für die Linke spricht, sieht viel Ähnlichkeit zwischen mir und Allan Bloom. Beide von uns sind angeblich intellektuelle Snobs, die sich nur für die müßige, kulturelle Elite, zu der wir gehören, interessieren. Keiner von uns hat irgendetwas zu den Schwarzen oder zu den anderen Gruppen zu sagen, die von der amerikanischen Gesellschaft an den Rand gedrängt wurden. Wolins Ansicht wird von Terry Eagleton, Englands führendem marxistischen Denker, geteilt. Eagleton schreibt: „In (Rortys) idealer Gesellschaft werden die Intellektuellen ‚Ironiker' sein, die eine entsprechend unbeschwerte und müßige Haltung ihren eigenen Überzeugungen gegenüber an den Tag legen, während die Massen, für die solche Selbstironie eine zu subversive Waffe bilden würde, weiterhin dem Patriotismus frönen und das Leben ernstnehmen." *Der Spiegel* schrieb, daß ich „versuche, die Yuppie-Regression in gutem Licht erscheinen zu lassen". Jonathan Culler, einer von Derridas bedeutendsten Schülern und Interpreten, meint, daß meine Version des Pragmatismus „ganz im Einklang mit dem Zeitalter Reagans zu stehen scheint". Für Richard Bernstein sind meine Ansichten „wenig mehr als eine

ideologische *Apologie* für eine altmodische Version des Liberalismus aus der Zeit des Kalten Krieges, verkleidet in modischem, ‚postmodernem' Diskurs". Das Lieblingswort der Linken ist „selbstgefällig", das der Rechten „verantwortungslos".

Die Feindseligkeit der Linken läßt sich teilweise durch die Tatsache erklären, daß die meisten, die Nietzsche, Heidegger und Derrida so bewundern wie ich – die meisten derer, die entweder sich selbst als „Postmoderne" bezeichnen oder die (wie ich), sich als solche klassifiziert finden –, an etwas teilnehmen, was Jonathan Yardley die „Scheiß auf Amerika-Lotterie" nennt. Die Teilnehmer an dieser Veranstaltung wetteifern miteinander, um immer bessere, ausschließlich bittere Beschreibungen für die Vereinigten Staaten zu finden. Sie sehen unser Land als Verkörperung alles Schlechten im reichen Westen nach der Aufklärung. Sie betrachten unsere Gesellschaft als eine „disziplinäre", wie Foucault sie nannte, die von einem „abscheulichen Ethos des liberalen Individualismus" dominiert wird, einem Ethos, das Rassismus, Sexismus, Konsumdenken und republikanische Präsidenten hervorbringt. Im Gegensatz dazu verstehe ich Amerika ungefähr so wie Dewey und Whitman als Ausgangspunkt einer Hoffnung auf unbegrenzte demokratische Szenarien. Ich glaube, daß unser Land – trotz seiner vergangenen und gegenwärtigen Gewalttaten und aller Laster und ungeachtet seiner fortbestehenden Bereitschaft, Dummköpfe und Speichellecker in hohe Ämter zu wählen – ein gutes Beispiel für die beste Art von Gesellschaft abgibt, die bisher erfunden wurde.

Die Feindseligkeit der Rechten läßt sich zum großen Teil durch die Tatsache erklären, daß ihre Denker meinen, es sei nicht genug, Demokratien einfach *vorzuziehen*. Man muß auch noch glauben, daß sie *objektiv gut* sind, daß die Institutionen solcher Gesellschaften auf *rationalen ersten Prinzipien* gründen. Besonders wenn man Philosophie unterrichtet, wie ich es tue, wird von einem erwartet, daß man der Jugend erzählt, ihre Gesellschaft sei nicht nur eine der besseren, die es bisher gab, sondern sie verkörpere auch Wahrheit und Vernunft. Die Weigerung, so etwas zu sagen, zählt als *„Verrat der Bürokraten"*, als Aufgabe der beruflichen und moralischen Verantwortung. Meine eigenen philosophischen Ansichten – Ansichten, die ich mit Nietzsche und Dewey teile – verbieten es mir, so etwas zu sagen. Für Begriffe wie ‚objektiver Wert' und ‚objektive Wahrheit' habe ich nicht viel Verwendung. Ich glaube, daß die sogenannten Postmodernen in den meisten Punkten ihrer Kritik der traditionellen philosophischen Rede über die „Vernunft" recht behalten. An meinen philosophischen Ansichten nimmt die Rechte genauso Anstoß wie die Linke an meinen politischen Vorlieben.

Manchmal wird mir gesagt – und zwar von Kritikern auf beiden Seiten des politischen Spektrums –, daß meine Ansichten so verrückt seien, daß sie eigentlich nur leichtfertige Äußerungen sein könnten. Diese Kritiker haben den Verdacht, daß ich alles Mögliche sage, um eine Wirkung zu erzielen, und daß ich mich damit vergnüge, allen anderen zu widersprechen. Das schmerzt natürlich, und so habe ich im folgenden versucht, etwas darüber zu sagen, wie ich zu meinem gegenwärtigen Standpunkt gelangt bin – wie ich zur Philosophie kam und mich dann außerstande fand, Philosophie für die Zwecke zu gebrauchen, die mir ursprünglich vorschwebten. Vielleicht wird ein solches Stückchen Autobiographie zeigen, daß meine Ansichten über die Beziehung zwischen Philosophie und Politik – selbst wenn sie ungewöhnlich sind – dennoch nicht um der Leichtfertigkeit willen entwickelt wurden.

Als ich zwölf war, waren die bemerkenswertesten Bücher in meinem Elternhaus zwei rote Bände: *The Case of Leon Trotzky* und *Not Guilty*. Es handelte sich um die Berichte der Dewey-Kommission zur Untersuchung der Moskauer Prozesse. Ich habe sie nie mit der uneingeschränkten Faszination gelesen, die ich Büchern wie Krafft-Ebings *Psychopathia Sexualis* entgegenbrachte, aber ich betrachtete sie, wie andere Kinder ihre Familienbibeln betrachten: als Bücher, die erlösende Wahrheit und moralische Größe ausstrahlen. Wenn ich ein wirklich guter Junge sein würde, so sagte ich mir, sollte ich nicht nur die Berichte der Dewey-Kommission gelesen haben, sondern auch Trotzkis *Geschichte der russischen Revolution,* ein Buch, das ich viele Male anfing, aber nie zu Ende las. Denn in den vierziger Jahren waren die russische Revolution und ihr Verrat durch Stalin das, was die Menschwerdung Gottes und ihr Verrat durch den Katholizismus für die frühreifen Lutheraner vier Jahrhunderte vor mir waren.

Mein Vater hätte John Dewey als Pressereferent der Untersuchungskommission, deren Vorsitzender Dewey war, beinahe nach Mexiko begleitet. Nachdem sie mit der amerikanischen Kommunistischen Partei im Jahre 1932 gebrochen hatten, wurden meine Eltern vom *Daily Worker* als Trotzkisten klassifiziert und sie akzeptierten diese Beschreibung mehr oder minder. Als Trotzki 1949 ermordet wurde, hoffte einer seiner Sekretäre, John Frank, daß die Staatssicherheit ihn in dem entlegenen Dorf, in dem wir damals lebten, nicht suchen würde. Etliche Monate lang war er unser Gast in Flatbrookville, natürlich unter einem Decknamen. Ich wurde gewarnt, seine wahre Identität nicht preiszugeben, doch stand auch zu bezweifeln, ob meine Kameraden an der Walpack-Grundschule an meinen Enthüllungen interessiert gewesen wären.

Ich wuchs in dem Glauben auf, daß alle anständigen Menschen, wenn schon nicht Trotzkisten, so zumindest Sozialisten waren. Ich wußte auch, daß Stalin nicht nur die Ermordung Trotzkis befohlen hatte, sondern auch die von Kirov, Ehrlich, Alter und Carlo Tresca. (Tresca, der in New York auf der Straße niedergeschossen wurde, war ein Freund meiner Familie gewesen.) Ich wußte, daß die Armen immer unterdrückt bleiben würden, bis der Kapitalismus überwunden war. In meinem zwölften Lebensjahr arbeitete ich während des Winters als unbezahlter Bürogehilfe und trug Entwürfe für Pressemitteilungen vom Büro der *Workers' Defense League* in der Nähe von Gramercy Park (wo meine Eltern arbeiteten) um die Ecke zum Haus von Norman Thomas (dem Präsidentschaftskandidaten der Sozialistischen Partei) und zum Büro von A. Philip Randolph bei der *Brotherhood of Pullman Car Porters* in der 125. Straße. Unterwegs in der U-Bahn las ich meistens die mir anvertrauten Unterlagen. Sie sagten mir sehr viel über das, was die Fabrikbesitzer den

Gewerkschaftsorganisatoren antaten, die Plantagenbesitzer den Erntearbeitern und die weiße Lokomotivführer-Gewerkschaft den farbigen Heizern (deren Jobs die Weißen wollten, als Dieselmaschinen die alten, mit Kohle betriebenen Dampfmaschinen ersetzten).

So wußte ich im Alter von 12 Jahren, daß der Sinn des Menschseins darin bestand, daß man sein Leben dem Kampf gegen soziale Ungerechtigkeit widmete.

Doch ich hatte auch seltsame private, snobistische, nicht mitteilbare Interessen. In früheren Jahren konzentrierten sich diese auf Tibet. So hatte ich dem Dalai Lama anläßlich seiner Inthronisation ein Geschenk geschickt, mit herzlichen Glückwünschen an einen ebenfalls Achtjährigen, der es zu etwas gebracht hatte. Ein paar Jahre später, als meine Eltern begannen, ihre Zeit halb im Chelsea Hotel und halb in den Bergen im Nordwesten New Jerseys zu verbringen, wandte ich mein Interesse den Orchideen zu. Es gibt etwa vierzig Arten von wilden Orchideen in diesen Bergen, und am Ende hatte ich siebzehn von ihnen identifiziert. Wilde Orchideen sind selten und recht schwierig zu finden. Ich war sehr stolz darauf, daß ich der einzige in unserem Kreis war, der genau wußte, wo sie wuchsen, und ihre lateinischen Namen und Blütezeiten kannte. Wenn ich in New York war, ging ich oft in die öffentliche Bibliothek an der 42. Straße und las aufs neue einen Band über Orchideen im Osten der Vereinigten Staaten aus dem 19. Jahrhundert.

Ich war mir nicht ganz sicher, warum diese Orchideen so wichtig waren, aber ich war überzeugt davon. Auch war ich mir sicher, daß unsere noblen, reinen, unberührten nordamerikanischen wilden Orchideen von höherem moralischen Wert waren als die protzigen, hybridisierten tropischen Orchideen, die man in Blumenläden sieht. Und ich war von der tiefen Bedeutung der Tatsache überzeugt, daß die Orchideen die letzten und komplexesten Pflanzen sind, die im Laufe der Evolution entstanden. Rückblickend vermute ich allerdings, daß viel sublimierte Sexualität im Spiel war (Orchideen sind bekanntlich eine Blumenart, die viel Sexualität ausstrahlt) und daß mein Bedürfnis, alles über Orchideen in Erfahrung zu bringen, mit meinem Wunsch zu tun hatte, alle schwierigen Worte bei Krafft-Ebing zu verstehen.

Es beunruhigte mich jedoch ein wenig, daß dieses esoterische Interesse an für die Gesellschaft nutzlosen Blumen etwas zweifelhaft zu sein schien. In der vielen Freizeit, die einem klugen, eingebildeten, nervigen Einzelkind zur Verfügung steht, hatte ich Teile von *Marius the Epicurean* und auch Teile von marxistischen Kritiken von Paters Ästhetizismus gelesen. So fürchtete ich also, daß Trotzki, an dessen *Literatur und Revolution* ich herumgeknabbert hatte, mein Interesse an Orchideen nicht gutgeheißen hätte.

Im Alter von fünfzehn Jahren entfloh ich den Raufbolden, die mich regelmäßig auf dem Spielplatz meiner Schule verprügelten (Schläger, die – wie ich annahm – irgendwie verschwinden würden, wenn der Kapitalismus einmal überwunden war) dadurch, daß ich zum *Hutchins College* an der *University of Chicago* wechselte. (Das war die Institution, die A. J. Liebling als „die größte Ansammlung jugendlicher Neurotiker seit dem Kinderkreuzzug" verewigte.)

Wenn mir überhaupt ein Projekt vorschwebte, dann war es Trotzki mit den Orchideen zu versöhnen. Ich wollte einen intellektuellen oder ästhetischen Rahmen finden, der mir erlaubte, „Wirklichkeit und Gerechtigkeit in einer einzigen Vision zusammenzubringen", um einen hinreißenden Satz von Yeats zu gebrauchen. Mit „Wirklichkeit" meinte ich mehr oder minder die an Wordsworth erinnernden Augenblicke, in denen ich mich in den Wäldern um Flatbrookville (und besonders in Gegenwart bestimmter Korallenwurz-Orchideen und der kleineren Gelben Gartenbalsamine) von etwas Numinosem berührt fühlte, etwas von unaussprechbarer Bedeutung. Mit Gerechtigkeit meinte ich das, wofür Norman Thomas und Trotzki eintraten: die Befreiung der Schwachen von den Starken. Ich wollte einen Weg finden, gleichzeitig ein intellektueller und spiritueller Snob und ein Freund der Menschheit zu sein – ein nerviger Einsiedler und Kämpfer für Gerechtigkeit. Ich war sehr verwirrt, aber ziemlich sicher, daß ich in Chicago herausfinden würde, wie die Erwachsenen das erreichten, was ich im Sinne hatte.

Als ich nach Chicago kam (es war 1936), fand ich, daß Hutchins zusammen mit seinen Freunden Mortimer Adler and Richard McKeon (dem Bösen aus Pirsigs *Zen oder die Kunst, ein Motorrad zu warten*) einen großen Teil der *University of Chicago* in den Bann einer neuen aristotelischen Mystik geschlagen hatte. Die häufigste Zielscheibe ihres Spotts war John Deweys Pragmatismus. Dieser Pragmatismus war die Philosophie Sidney Hooks, eines Freundes meiner Eltern, wie auch die inoffizielle Philosophie der meisten anderen New Yorker Intellektuellen, die den dialektischen Materialismus aufgegeben hatten. Nach Hutchins und Adler jedoch war der Pragmatismus vulgär, relativistisch und selbstwiderlegend; wie sie immer wieder unterstrichen, gab es bei Dewey nichts Absolutes. Mit Dewey zu behaupten, das „Wachstum selbst (sei) das einzige moralische Ziel", ließ einen ohne ein Bewertungskriterium für Wachstum und damit ohne Handhabe gegen Hitlers Behauptung, daß Deutschland unter seiner Herrschaft „gewachsen" sei. Zu sagen, daß Wahrheit das ist, was funktioniert, heißt die Suche nach Wahrheit auf die Suche nach Macht zu reduzieren. Nur der Rekurs auf etwas Ewiges, Absolutes, Gutes – wie den Gott des Thomas von Aquin oder die „menschliche Natur", die Aristoteles beschrieb – würde es einem erlauben, auf die Nazis zu reagieren und die Wahl der Sozialdemokratie vor dem Faschismus zu rechtfertigen.

Diese Suche nach einem stabilen Absoluten war den Neothomisten und Leo Strauss gemein, dem Lehrer, der die besten der Chicagoer Studenten an sich zog (so auch meinen Klassenkameraden Allan Bloom). Der Lehrkörper in Chicago war reich an fürchterlich gelehrten Flüchtlingen vor Hitler, von denen Strauss am meisten verehrt wurde. Sie schienen sich alle einig zu sein, daß etwas Tieferes und Schwereres als Dewey vonnöten war, wenn man erklären wollte, warum es besser war, tot zu sein als ein Nazi. Das klang ziemlich gut für die Ohren eines Fünfzehnjährigen, denn das moralische und philosophische Absolute klang ein bißchen wie meine geliebten Orchideen: numinos, schwer zu finden und nur ein paar Auserwählten bekannt. Da außerdem Dewey der Held aller jener war, unter denen ich aufwuchs, stellte die Herabsetzung Deweys eine leicht zugängliche Form für mein jugendliches Revoltieren dar. Die einzige Frage war, ob diese Verachtung eine religiöse oder philosophische Gestalt annehmen sollte und wie sich dies mit dem Kampf für soziale Gerechtigkeit vereinbaren ließe.

Wie zahlreiche meiner Studienkollegen in Chicago kannte ich vieles von T. S. Eliot auswendig. So wurde ich von Eliots Behauptungen angezogen, daß nur engagierte Christen (und vielleicht nur englische Katholiken) die ungesunde Konzentration auf ihre privaten Leidenschaften überwinden können und damit in der Lage sind, ihren Mitmenschen mit der gebotenen Bescheidenheit zu dienen. Meine stolze Unfähigkeit, zu glauben, was ich sagte, als ich das Glaubensbekenntnis sprach, brachte mich aber schließlich dazu, meine ungelenken Versuche, religiös zu werden, aufzugeben. So griff ich wieder auf die Philosophie des Absoluten zurück.

Ich las im Sommer meines fünfzehnten Lebensjahres Platon und überzeugte mich davon, daß Sokrates recht hatte: Tugend *war* Erkenntnis. Diese Behauptung war Musik für meine Ohren, denn ich hatte Zweifel an meinem eigenen moralischen Charakter entwickelt und hegte den Verdacht, daß meine einzigen Talente intellektueller Natur waren. Abgesehen davon *mußte* Sokrates recht haben, denn nur so konnte man „Wirklichkeit und Gerechtigkeit" in einer einzigen Vision zusammenbringen. Nur wenn er recht hatte, konnte man hoffen, sowohl so gut zu sein wie die besten Christen (wie Aljoscha in dem Buch *Die Brüder Karamasov*, von dem ich nicht wußte – und immer noch nicht weiß – ob ich ihn beneiden oder verachten soll) und so gelehrt und schlau wie Strauss und seine Studenten. Also entschied ich mich, im Hauptfach Philosophie zu studieren. Ich dachte mir, daß ich einmal als Philosoph zur Spitze von Platons geteilter Linie gelangen würde – diesem Platz jenseits der Hypothesen, wo der reine Sonnenschein der Wahrheit die gereinigten Seelen der Weisen und Guten erfüllt. Ein elysisches Beet voller immaterieller Orchideen. Es schien mir offensichtlich, daß jeder auch nur irgendwie intelligenzbegabte Mensch an diesen Ort gelangen wollte. Auch schien es klar, daß der Platonismus all die Vorzüge einer Religion besaß, ohne die Bescheidenheit des Christseins zu verlangen, derer ich anscheinend unfähig war.

Aus all den genannten Gründen wollte ich nichts mehr als Platonist werden, und von meinem 15. bis zu meinem 20. Lebensjahr setzte ich alles daran – ohne Erfolg. Es war mir nie möglich, herauszufinden, ob ein platonischer Philosoph darauf abzielte, unwiderlegbare Argumente hervorzubringen – Argumente, die es ihm ermöglichten, jeden, den er traf, von dem zu überzeugen, was er glaubte (etwa das, worin sich Ivan Karamasov auszeichnete) – oder ob er vielmehr eine Art nicht mitteilbarer privater Glückseligkeit anstrebte (wie das, was Bruder Aljoscha zu besitzen schien). Das erste Ziel war argumentative Macht über andere zu erlangen, zum Beispiel in der Lage zu sein, Raufbolde davon zu überzeugen, daß sie einen nicht verprügeln sollten, oder reiche Kapitalisten, daß sie ihre Macht an ein genossenschaftlich organisiertes, egalitäres Gemeinwesen abtreten sollten. Das zweite Ziel war, einen Zustand zu erlangen, in dem all die eigenen Zweifel gestillt sind, in dem man aber nicht länger den Wunsch verspürt zu streiten. Beide Ziele erschienen mir erstrebenswert, doch ich konnte nicht sehen, wie sie zusammenpassen könnten.

Während ich mir über diese dem Platonismus – und jeder Form der „Suche nach Gewißheit", um mit Dewey zu sprechen – eigene Spannung Gedanken machte, plagte ich mich auch mit dem bekannten Problem, ob es überhaupt möglich sei, eine nicht-zirkuläre Begründung von zur Debatte stehenden Positionen zu wichtigen Themen zu finden. Je mehr Philosophen ich las, desto klarer schien es, daß jeder von ihnen seine Ansichten auf erste Prinzipien zurückführte, die mit denen ihrer Gegner unvereinbar waren, und daß niemand von ihnen jemals zu dem sagenumwobenen Ort „jenseits der Hypothesen" gelangte. Es schien überhaupt keinen neutralen Standpunkt zu geben, von dem aus diese alternativen ersten Prinzipien bewertet werden konnten. Gab es aber keinen solchen Standpunkt, dann schien die ganze Idee von „rationaler Gewißheit" und die gesamte sokratisch-platonische Vorstellung, Leidenschaft durch Vernunft zu ersetzen, wenig Sinn zu ergeben.

Schließlich kam ich über alle diese Sorgen bezüglich der zirkulären Argumentationsweise hinweg, indem ich beschloß, den Prüfstein philosophischer Wahrheit im Sinne der Kohärenz des Ganzen anstelle der Ableitbarkeit von hinterfragten ersten Prinzipien aufzufassen. Doch damit kam ich auch nicht viel weiter, denn Kohärenz bedeutet Widersprüche umgehen, und der Ratschlag von Thomas von Aquin „triffst du auf einen Widerspruch, mache eine Unterscheidung", machte dies ziemlich einfach. So wie ich es sah, bestand philosophisches Talent zum großen Teil darin, so viele Unterscheidungen zu machen, wie erforderlich waren, um sich aus einer dialektischen Sackgasse hinauszumanövrieren. Noch allgemeiner gesagt, drehte es sich darum, daß man in einer solchen Sackgasse das umliegende intellektuelle Terrain auf eine solche Weise neu abstecken mußte, daß die vom Gegner benutzten Begriffe irrelevant oder nicht zur Sache gehörig oder einfach abgedroschen erschienen. Wie sich herausstellte, fielen mir solche Neubeschreibungen sehr leicht, doch war ich mir immer weniger sicher, daß mich die weitere Entwicklung dieses Talentes weise oder tugendhaft machen würde.

Von dieser ersten Desillusionierung an (die ungefähr zu der Zeit, als ich Chicago verließ, um mein Doktoratsstudium an der *Yale University* zu beginnen, ihren Höhepunkt fand) verbrachte ich vierzig Jahre damit, einen stimmigen und überzeugenden Ausdruck dafür zu finden, wofür Philosophie gut ist, wenn es diesen überhaupt gibt. Mein Ausgangspunkt war die Entdeckung von Hegels *Phänomenologie des Geistes*, ein Buch, das für mich die folgende Aussage hatte: selbst wenn Philosophie sich einfach darum dreht, den letzten philosophischen Vorgänger im Neubeschreiben auszustechen, so kann die List der Vernunft doch noch Nutzen aus diesem Wettstreit ziehen. Sie kann von ihm Gebrauch machen, um die begriffliche Textur einer freieren, besseren, gerechteren Gesellschaft zu weben. Selbst wenn Philosophie bestenfalls nur „ihre Zeit auf den Begriff gebracht" wäre, um mit Hegel zu sprechen, so könnte dies schon genug sein. Denn indem man sich so zu seiner Zeit stellt, vermag man vielleicht das zu tun, was Marx tun wollte – die Welt verändern.

Selbst wenn es also so etwas wie ein „Erfassen der Welt" im platonischen Sinne nicht gab – ein Erfassen einer Position, die außerhalb der Zeit und der Geschichte liegt – dann gab es vielleicht doch einen Nutzen im gesellschaftlichen Sinne für meine Talente und für das Studium der Philosophie.

Lange Zeit nach meiner Hegel-Lektüre hielt ich *Die Phänomenologie des Geistes* und *Die Suche nach der verlorenen Zeit* (das Buch, das die wilden Orchideen ersetzte, als ich Flatbrookville Richtung Chicago verließ) für die zwei größten Leistungen in der Gattung, zu der ich gehörte. Prousts Fähigkeit, intellektuellen und gesellschaftlichen Snobismus mit dem Weißdorn in der Umgebung von Combray ebenso zu verbinden wie mit der selbstlosen Liebe seiner Großmutter, Odettes orchideenähnlichen Umarmungen Swanns, Jupiens Umarmungen von Charlus und mit all dem anderen, was ihm begegnete – seine Fähigkeit, sie alle gebührend zu würdigen, ohne die Notwendigkeit zu empfinden, sie mit Hilfe eines religiösen Glaubens oder einer philosophischen Theorie zusammenzufassen – schien mir so erstaunlich wie Hegels Fähigkeit, sich nacheinander in Empirismus, antike Tragödie, Stoa, Christentum und Newtonsche Physik zu vertiefen und aus all dem bereit und etwas ganz anderes begehrend wieder aufzutauchen. Es war die frohgemute Verpflichtung gegenüber der nichtreduzierbaren Zeitlichkeit, die Hegel und Proust verband – das spezifisch anti-platonische Element in ihren Werken – das mir so wunderbar erschien. Beide schienen in der Lage zu sein, alles, was sie fanden, in eine narrative Struktur zu verweben, ohne fordern zu müssen, daß ihre Erzählung eine Moral habe oder daß sie unter dem Gesichtspunkt der Ewigkeit zu betrachten wäre.

Ungefähr zwanzig Jahre, nachdem ich entschieden hatte, daß die Bereitschaft des jungen Hegel, nicht mehr nach der Ewigkeit zu greifen und einfach ein Kind seiner Zeit zu sein, eine angemessene Reaktion auf die Desillusionierung durch Platon war, fand ich mich zu Dewey zurückgeführt. Nun erschien mir Dewey als ein Philosoph, der all das gelernt hatte, was Hegel über die Zurückweisung von Gewißheits- und Ewigkeitsdenken zu lehren hatte, während er sich gegen den Pantheismus immun machte, indem er Darwin ernstnahm. Diese Wiederentdeckung Deweys fiel mit meiner ersten Begegnung mit Derrida zusammen (die ich Jonathan Arac, meinem Kollegen in Princeton verdanke). Derrida führte mich zu Heidegger zurück, und ich war tief von den Ähnlichkeiten zwischen Deweys, Wittgensteins und Heideggers Kritik des Kartesianismus beeindruckt. Plötzlich fügten sich die einzelnen Teile zusammen. Mir schien, als sähe ich, wie man die Kritik der kartesianischen Tradition mit dem quasi-hegelianischen Historismus eines Michel Foucault, eines Ian Hacking und eines Alasdair MacIntyre verbinden konnte. Ich meinte, daß ich all diese Elemente in eine quasi Heideggersche Geschichte über die Spannung im Platonismus einbauen konnte.

Das Resultat dieser kleinen Offenbarung war ein Buch mit dem Titel *Philosophie und der Spiegel der Natur*. Obwohl die meisten meiner Philosophie-Kollegen das Buch nicht mochten, hatte es genügend Erfolg unter Nicht-Philosophen, um mir ein Selbstvertrauen zu geben, das ich vorher nicht besaß. Meine jugendlichen Ambitionen allerdings vermochte *Philosophie und der Spiegel der Natur* nicht wesentlich zu fördern. Die behandelten Themen – das Körper-Geist-Problem, Kontroversen in der Sprachphilosophie über Wahrheit und Bedeutung, und Kuhnsche Wissenschaftsphilosophie – waren ziemlich weit von Trotzki wie auch den Orchideen entfernt. Ich stand wieder auf gutem Fuß mit Dewey; es gelang mir, meinen historistischen Antiplatonismus zum Ausdruck zu bringen, und ich hatte endlich ergründet, was ich über die Ausrichtung und den Wert der gegenwärtigen Trends in der analytischen Philosophie dachte. Ich hatte mir auf die meisten der Philosophen, die ich gelesen hatte, meinen Reim gemacht. Die Fragen jedoch, die mich überhaupt erst dazu brachten, Philosophie zu studieren, blieben unbeantwortet. Ich war der „einzigen Vision" nicht näher gekommen, deretwegen ich dreißig Jahre vorher das College besuchte.

Als ich herauszufinden suchte, was schief gegangen war, kam ich langsam darauf, daß die Idee, Wirklichkeit und Gerechtigkeit in einer einzigen Vision zu vereinen, ein Fehler war – daß es genau die Verfolgung einer solchen Vision war, die Platon in die Irre geführt hatte. Genauer gesagt, kam ich darauf, daß allein Religion – allein ein nicht-argumentativer Glaube an einen Elternersatz, der im Gegensatz zu echten Eltern Liebe, Macht und Gerechtigkeit verkörperte – das vermochte, was Platon anstrebte. Da ich mir nicht vorstellen konnte, religiös zu werden, und tatsächlich mehr und mehr betont weltlich geworden war, kam ich zu dem Schluß, daß die Hoffnung, zu dieser Vision zu gelangen, indem ich Philosoph wurde, die Selbsttäuschung eines Atheisten, der einen Ausweg sucht, war. Also entschied ich mich, ein Buch über das Thema zu schreiben, wie intellektuelles Leben aussehen würde, wenn man es vermochte, den platonischen Versuch, Wirklichkeit und Gerechtigkeit in einer einzigen Vision aufgehen zu lassen, aufzugeben.

In meinem Buch *Contingency, Irony and Solidarity* (Kontingenz, Ironie und Solidarität) plädiere ich dafür, daß es nicht nötig ist, seine eigenen Gegenstücke zu entwerfen, was für mich Trotzki und die wilden Orchideen waren. Vielmehr sollte man der Versuchung widerstehen, die eigene moralische Verantwortung anderen gegenüber mit der Beziehung zu verbinden, welche man, wie idiosynkratisch sie auch sei, zu Dingen oder Personen unterhält, die man mit Herz, Seele und Geist liebt (oder, sozusagen, die Dinge oder Personen, von denen man besessen ist). Für manche mag Verantwortung und Liebe zusammenfallen – wie es bei diesen glücklichen Christen der Fall ist, für die Liebe zu Gott und den Mitmenschen untrennbar ist, oder bei den Revolutionären, die von nichts anderem bewegt werden als der Idee der sozialen Gerechtigkeit. Doch müssen diese beiden Aspekte nicht unbedingt zusammenfallen, und man sollte auch nicht zu verbissen versuchen, sie dahin zu bringen. So erscheint es mir zum Beispiel richtig, daß Jean-Paul Sartre Kants selbsttrügerische Suche nach Gewißheit zurückwies, aber falsch, daß er Proust als einen nutzlosen bürgerlichen Einfaltspinsel verunglimpfte, als einen Mann, dessen Leben und Schriften für das einzige, worauf es wirklich ankam, nämlich den Kampf gegen den Kapitalismus, irrelevant waren.

Prousts Leben und Werk waren tatsächlich für diesen Kampf unerheblich. Das ist aber dennoch ein alberner Grund, Proust zu verachten. Es ist so falsch wie Savonarolas Abscheu vor Kunstwerken, die er „Eitelkeiten" nannte. Diese Einseitigkeit nach der Art von Sartre oder Savonarola stellt eine Sehnsucht nach der Reinheit des Herzens dar – den Versuch, ein Einziges zu wollen – die einen üblen Beigeschmack bekommen hat. Sie ist der Versuch, sich selbst als eine Verkörperung von etwas zu betrachten, das viel größer ist als man selbst (die Bewegung, die Vernunft, das Gute, das Heilige), anstatt die eigene Endlichkeit zu akzeptieren. Letzteres heißt unter anderem auch, zu akzeptieren, daß das, was einen selbst am meisten bewegt, den meisten Menschen wahrscheinlich ziemlich egal ist. Ihre Entsprechung zu meinen Orchideen mag praktisch jedem anderen seltsam, rein idiosynkratisch bedingt erscheinen. Aber das ist kein Grund, sich seiner von Wordsworth geprägten Momente, seiner oder seines Geliebten, der Familie, des Haustiers, der Lieblingszeilen oder des altmodischen Glaubens zu schämen, sie zu schmähen oder sich ihrer zu entledigen. Es ist nichts Heiliges an einer Universalität, die das, was geteilt wird, automatisch besser macht als das, was ungeteilt bleibt. Es versteht sich nicht von selbst, daß das, wofür ich die Zustimmung eines jeden erhalten würde (das Universelle), ein Primat gegenüber dem besitzt, wofür ich keine solche Zustimmung erhalten würde (das Idiosynkratische).

Das heißt, daß aus der Tatsache der Verpflichtungen anderen gegenüber (sie nicht zu tyrannisieren, ihnen zu helfen, Tyrannen zu stürzen, sie zu ernähren, wenn sie Hunger haben) nicht folgt, daß das, was einen mit anderen verbindet, wichtiger ist als alles andere. Was einen mit ihnen verbindet, wenn man sich solcher moralischer Verpflichtungen bewußt ist, ist nicht, wie ich in „Contingency" argumentiere, „Rationalität" oder „die menschliche Natur" oder „die Vaterschaft Gottes" oder „Erkenntnis des moralischen Gesetzes" oder irgendetwas anderes, sondern die Fähigkeit, das Leiden anderer mitzufühlen. Es gibt keinen besonderen Grund, zu erwarten, daß solches Mitgefühl und die idiosynkratischen Vorlieben in eine große Beschreibung von dem, wie alles zusammenhängt, hineinpassen. Kurz gesagt, es gibt wenig Grund zur Hoffnung auf diese einzige Vision, die mich dazu bewegte, das College zu besuchen.

Soweit zu meinen gegenwärtigen Ansichten. Wie ich schon sagte, fühlen sich die meisten davon abgestoßen. *Contingency* bekam ein paar gute Rezensionen, aber sie wurden bei weitem von der Zahl der Besprechungen übertroffen, die das Buch als frivol, wirr und verantwortungslos bezeichneten. Der Kern der Kritik, die mir von seiten der Linken und der Rechten zuteil wurde, ähnelt ziemlich jenem der Kritik an Dewey, wie sie damals in den dreißiger und vierziger Jahren von den Thomisten, den Straussianern und den Marxisten geübt wurde. Wie für Dewey verbirgt sich für mich heutzutage hinter unserem Gefühl moralischer Verpflichtung gegenüber den Leidenden nichts Größeres, Beständigeres oder Verläßlicheres als ein gewisses kontingentes geschichtliches Phänomen: die allmähliche Verbreitung des Gefühls, daß das Leid anderer einen angeht, unabhängig davon, ob sie derselben Familie, demselben

Stamm, derselben Hautfarbe, Religion, Nation oder Intelligenzgruppe angehören wie man selbst. Diese Idee, so dachte Dewey, kann nicht von Wissenschaft, Religion oder Philosophie als wahr erwiesen werden – zumindest dann nicht, wenn als „wahr erwiesen werden", „einsichtig für jedermann unabhängig von der Herkunft" bedeutet. Sie kann nur denen einsichtig gemacht werden, für die es nicht zu spät ist, unsere besondere, spätentwickelte, historisch zufällig entstandene Lebensform anzunehmen.

Aus dieser Behauptung Deweys ergibt sich ein Bild des Menschen als eines Kindes seiner Zeit und Herkunft, ohne daß seiner Formbarkeit bedeutende metaphysische oder biologische Grenzen gesetzt wären. Das bedeutet, daß das Gefühl moralischer Verpflichtung mehr eine Angelegenheit der Konditionierung ist als der Einsicht. Daraus folgt weiters, daß der Begriff des Verstehens (in jedem Bereich, Physik wie Ethik) als ein Blick auf das, was unabhängig von menschlichen Bedürfnissen und Wünschen *da* ist, nicht als etwas Kohärentes verstanden werden kann. Wie William James sagte, „die Spur der menschlichen Schlange findet sich überall". Genauer gesagt, unser Gewissen und unsere ästhetischen Vorlieben sind gleichermaßen die Produkte der kulturellen Umgebung, in der wir aufwachsen. Wir anständigen, liberalen, menschenfreundlichen Typen (Vertreter der moralischen Gemeinschaft, zu der meine Rezensenten und ich gleichermaßen gehören) haben einfach mehr Glück, nicht mehr Einsicht, als die Schläger, die uns drangsalieren.

Diese Betrachtungsweise wird oft als „kultureller Relativismus" abgetan. Doch sie ist nicht relativistisch, wenn dies der Behauptung gleichzusetzen ist, daß jeder moralische Gesichtspunkt so gut ist wie der andere. *Unsere* moralische Sichtweise ist viel besser als jede konkurrierende – und das ist meine feste Überzeugung – selbst wenn es viele Menschen gibt, die wir nie dazu bekehren können. Es ist eines, fälschlicherweise zu behaupten, daß es zwischen uns und den Nazis keine Wahl gibt, und es ist etwas anderes, richtigerweise zu sagen, daß es keinen neutralen gemeinsamen Boden gibt, auf den sich ein erfahrener Naziphilosph und ich miteinander zurückziehen könnten, um unsere Meinungsverschiedenheiten auszudiskutieren. Dieser Nazi und ich werden immer bei den anderen den Eindruck erwecken, in allen entscheidenden Fragen nicht zur Sache zu kommen und zirkulär zu argumentieren.

Sokrates und Platon meinten, daß wir – wenn wir uns nur genug anstrengten – Überzeugungen finden könnten, die *jeder* intuitiv plausibel finden müßte, und daß sich unter diesen auch moralische Überzeugungen fänden, deren Implikationen uns tugendhaft und wissend machen, wenn wir sie nur klar erkennen. Für Denker wie Allan Bloom (auf der Seite von Strauss stehend) und Terry Eagleton (auf der marxistischen Seite) muß es einfach solche Überzeugungen geben – unverrückbare Angelpunkte, die die Antwort zu der Frage bestimmen: „Welche moralische oder politische Alternative ist *objektiv* gültig?" Für Deweysche Pragmatiker wie mich reichen Geschichte und Anthropologie aus, um zu zeigen, daß es keine unverrückbaren Angelpunkte gibt und daß die Suche nach Objektivität einfach darauf hinausläuft, daß man soviel intersubjektive Übereinstimmung wie möglich anstrebt.

Es hat sich in den philosophischen Debatten über die Frage, ob Objektivität mehr als Intersubjektivität ist, nicht viel geändert, seit ich aufs College ging – oder überhaupt, seit Hegel die Universität besuchte. Heutzutage sprechen wir Philosophen von „moralischer Sprache" anstatt von „moralischer Erfahrung" und von „kontextuellen Theorien der Referenz" anstatt über das „Verhältnis von Subjekt und Objekt". Aber das ist nur oberflächliche Schaumschlägerei. Die Gründe, weshalb ich mich von den Anti-Deweyianischen Ansichten entfernte, die ich in Chicago aufsog, sind jenen Gründen ziemlich ähnlich, die Dewey für seine Abkehr vom evangeliumsgläubigen Christentum und vom neo-hegelianischen Pantheismus nannte, zu dem er sich in seinem dritten Lebensjahrzehnt bekannte. Es sind auch so ziemlich dieselben Gründe, die Hegel sich von Kant abwenden und zu dem Schluß gelangen ließen, daß sowohl Gott als auch das Sittengesetz zeitlich und historisch gefaßt werden müssen, um glaubwürdig zu sein. Ich bin nicht der Ansicht, daß ich mehr Einblick in die Debatten über unser Bedürfnis nach „Absolutem" habe, als ich es als Zwanzigjähriger hatte – und dies trotz all der Bücher, die ich gelesen und all der Auseinandersetzungen, die ich in den folgenden vierzig Jahren geführt habe. Die einzige Wirkung all dieser Jahre des Lesens und Diskutierens war, daß sie mir ermöglichten, meine Desillusionierung von Platon genauer und vor einer Reihe verschiedener Zuhörerschaften zu ergründen – meine Überzeugung, daß die Philosophie keine Hilfe im Umgang mit den Nazis und anderen Tyrannen geboten hat.

Im Augenblick werden in den Vereinigten Staaten zwei Kulturkämpfe ausgetragen. Der erste ist jener, der von meinem Kollegen James Davison Hunter in seinem umfassenden, informativen Buch *Culture Wars: The Struggle to Define America* im Detail beschrieben wird. Dieser Krieg – zwischen denjenigen, die Hunter die „Progressivisten" und die „Orthodoxen" nennt – ist von Bedeutung. Er wird entscheiden, ob unser Land weiterhin den Weg verfolgt, der von der *Bill of Rights*, den zusätzlichen Verfassungsbestimmungen, der Errichtung der von den Bundesstaaten subventionierten Hochschulen, dem Wahlrecht für Frauen, dem *New Deal*, dem Fall *Brown vs. Board of Education* zur Rassentrennung in Schulen, der Errichtung von *Community Colleges* und der feministischen Bewegung bis hin zur Homosexuellen-Bewegung definiert wird. Wenn Amerika diesen Weg weiterhin verfolgt, dann bedeutet das, daß dieses Land weiterhin beispielgebend in der Förderung von Toleranz und Gleichheit ist. Es könnte aber auch sein, daß dieser Weg nur dann fortgesetzt werden kann, wenn das durchschnittliche Realeinkommen der Amerikaner weiterhin steigt. Damit wäre das Jahr 1973 vielleicht der Anfang vom Ende: das Ende der wachsenden wirtschaftlichen Erwartungen und des politischen Konsenses, die der *New Deal* hervorbrachte. Die Zukunft der amerikanischen Politik könnte bloß eine Reihe von zunehmend eklatanten und zunehmend erfolgreichen Variationen auf Werbespots von Willie Horton sein. Sinclair Lewis' *It Can't Happen Here* würde ein immer plausibleres Szenario. Im Gegensatz zu Hunter verspüre ich nicht das Bedürfnis, eine vernünftige, ausgeglichene Haltung gegenüber den beiden Seiten in dieser ersten Form eines

Kulturkampfs an den Tag zu legen. Ich betrachte die „Orthodoxen" (diejenigen, die der Meinung sind, daß die Vertreibung von Schwulen aus den Reihen des Militärs traditionelle Familienwerte fördert) als dieselben ehrlichen, rechtschaffenen, verblendeten, unseligen Menschen, die 1933 Hitler wählten. In meinen Augen definieren die „Progressivisten" das einzige Amerika, das mir wichtig ist.

Der zweite Kulturkampf wird in Zeitschriften wie *Critical Inquiry* und *Salmagundi* geführt – Zeitschriften mit einem hohen Anteil an Stammlesern und niedriger Auflage. Er wird ausgetragen zwischen den Leuten, die man aus Bequemlichkeitsgründen als „Postmoderne" in einen Topf wirft und die die moderne liberale Gesellschaft für fatal brüchig erachten, und den typischen linksgerichteten, der Demokratischen Partei nahestehenden Professoren, zu denen auch ich gehöre, den Leuten, die unsere Gesellschaft so auffassen, daß in ihr Technik und demokratische Institutionen im günstigsten Falle zusammenarbeiten können, um die Gleichheit zu fördern und das Leid zu vermindern. Dieser Kampf ist nicht sehr wichtig. Trotz der konservativen Kolumnenschreiber, die mit Besorgnis vermeinen, eine weitreichende Verschwörung wahrzunehmen, an der sowohl die Postmodernen als auch die Pragmatiker beteiligt sind, um die Geisteswissenschaften zu politisieren und die Jugend zu korrumpieren, ist dieser Kampf nur ein winziger Disput innerhalb der Reihen der „Progressivisten", wie es Hunter formuliert.

Diejenigen, die auf der postmodernen Seite dieses Disputs stehen, teilen im allgemeinen Noam Chomskys Auffassung von den Vereinigten Staaten als einem Land, das von einer korrupten Elite geführt wird, deren Ziel es ist, sich durch die Verelendung der Dritten Welt zu bereichern. Von diesem Standpunkt aus gesehen läuft unser Land weniger Gefahr, dem Faschismus anheimzufallen, da es stets ein quasi-faschistisches Land war. Diese Leute glauben generell, daß sich nichts ändern wird, wenn wir nicht den „Humanismus", den „liberalen Individualismus" und den „Technologismus" über Bord werfen. Leute wie ich finden nichts Anstößiges an solchen Ismen und haben auch nichts an dem politischen und moralischen Erbe der Aufklärung auszusetzen – mit Mill und Marx, Trotzki und Whitman, William James und Václav Havel als kleinstem gemeinsamen Nenner. Wir Deweyaner sind im allgemeinen Amerika gegenüber auf sentimentale Weise patriotisch – bereit, zuzugeben, daß das Land jederzeit Richtung Faschismus abgleiten könnte, doch zugleich stolz auf seine Vergangenheit und vorsichtig optimistisch, was seine Zukunft betrifft.

Die meisten Leute auf meiner Seite dieses zweiten, winzigen, marktwirtschaftlichen Kulturkampfes haben angesichts der Geschichte der staatlichen Betriebe und der Planwirtschaft in Osteuropa den Sozialismus aufgegeben. Die meisten von uns, die als Trotzkisten erzogen wurden, fühlen sich jetzt verpflichtet, zuzugeben, daß Lenin und Trotzki mehr Schaden als Gutes angerichtet haben, und daß Kerenski in den letzten siebzig Jahren nicht gut weg kam. In unseren eigenen Augen halten wir jedoch nach wie vor all dem die Treue, was in der sozialistischen Bewegung gut war. Jene auf der anderen Seite bestehen aber weiterhin darauf, daß sich nichts ändern wird, wenn es nicht irgendeine Form von Revolution gibt. Die Postmodernen, die sich als Post-Marxisten betrachten, wollen immer noch eine gewisse Art von Reinheit des Herzens beibehalten, die Lenin zu verlieren fürchtete, wenn er zu viel Beethoven hörte.

Ich werde sowohl von der „orthodoxen" Seite in dem bedeutenden Kampf als auch von der „postmodernen" Seite in dem unbedeutenden Kampf mit Mißtrauen betrachtet, da ich der Meinung bin, daß die „Postmodernen" philosophisch recht behalten, auch wenn sie politisch lächerlich sind, und daß die „Orthodoxen" philosophisch falsch liegen und politisch gefährlich sind. Im Gegensatz zu den Orthodoxen wie zu den Postmodernen glaube ich nicht, daß man viel über den Wert der Ansichten eines Philosophen über Themen wie Wahrheit, Objektivität und die Möglichkeit einer einzigen Vision erfährt, wenn man seine Politik oder seine unpolitische Haltung betrachtet. So meine ich nicht, es spreche für Deweys pragmatische Sicht der Wahrheit, daß er ein inbrünstiger Sozialdemokrat war, wie es auch nicht gegen Heideggers Kritik des platonischen Begriffes der Objektivität spricht, daß er ein Nazi war, und nicht gegen Derridas Auffassung von sprachlicher Bedeutung, daß sein einflußreichster amerikanischer Verbündeter Paul de Man als junger Mann ein paar antisemitische Artikel verfaßte. Die Vorstellung, daß man die philosophischen Auffassungen eines Autors durch Bezugnahme auf ihre politische Nützlichkeit bewerten kann, scheint mir eine Abwandlung der schlechten Idee bei Platon und Strauss zu sein, daß wir erst dann Gerechtigkeit haben, wenn Philosophen Könige oder Könige Philosophen werden.

Sowohl die Orthodoxen als auch die Postmodernen wollen nach wie vor eine enge Verbindung zwischen der Politik der Menschen und ihren Ansichten von großen theoretischen (theologischen, metaphysischen, epistemologischen und metaphysischen) Fragen. Manche Postmodernen, die anfangs aus meiner Begeisterung für Derrida schlossen, daß ich politisch auf ihrer Seite stehe, kamen – nachdem sie sahen, daß meine politischen Ansichten denen von Hubert Humphrey ziemlich ähnlich sind – zu dem Schluß, daß ich am Ende sein müsse. Die Orthodoxen neigen im allgemeinen zu der Auffassung, daß jene Leute, die – wie die Postmodernen und ich – weder an Gott noch an einen entsprechenden Ersatz glauben, denken müssen, daß alles erlaubt ist, und daß jedermann tun kann, was er will. So sagen sie uns, daß wir entweder inkonsequent sind oder einer Selbsttäuschung erliegen, wenn wir unsere moralischen oder politischen Ansichten auf den Tisch legen.

Ich verstehe diese Beinahe-Übereinstimmung unter den Kritikern als Beweis dafür, daß sich die meisten Menschen – sogar viele vorgeblich befreite Postmoderne – immer noch nach etwas sehnen, das ich mit fünfzehn wollte – eine Art, die Realität und die Gerechtigkeit in einer einzigen Vision unterzubringen. Genauer gesagt, sie wollen ihren Sinn für moralische und politische Verantwortung mit einem Verständnis für die letzten Determinanten unseres Schicksals verbinden. Sie wollen Liebe, Macht und Gerechtigkeit ganz im Inneren der Dinge oder in der menschlichen Seele oder in der Struktur der Sprache oder irgendwo vereint sehen. Sie wünschen sich irgendeine Garantie dafür, daß ihre intellektuelle Kraft und jene besonderen ekstatischen Momente, die manchmal Kraft bieten, irgendeine Bedeutung für ihre moralischen Überzeugungen haben. Sie glauben noch immer, daß Tugend und Wissen miteinander verbunden sind, daß in philosophischen Fragen recht zu haben wichtig ist für richtiges Handeln. Ich glaube, daß dies nur gelegentlich und zufällig von Bedeutung ist.

Ich möchte aber nicht behaupten, daß die Philosophie gesellschaftlich nutzlos ist. Hätte es keinen Platon gegeben, wäre es den Christen schwer gefallen, die Idee zu verkaufen, daß das einzige, was Gott von uns wirklich will, brüderliche Liebe ist. Hätte es keinen Kant gegeben, wäre es im 19. Jahrhundert schwerer gewesen, die christliche Ethik mit Darwins Geschichte von der Abstammung des Menschen zu vereinbaren. Hätte es keinen Darwin gegeben, wäre es schwieriger für Whitman und Dewey gewesen, die Amerikaner von ihrem Glauben zu befreien, daß sie das von Gott auserwählte Volk sind, und sie dazu zu bringen, auf eigenen Füßen zu stehen. Hätte es keinen Dewey und keinen Sidney Hook gegeben, wären die amerikanischen linken Intellektuellen der dreißiger Jahre genauso von den Marxisten irregeführt worden wie ihre Kollegen in Frankreich und Lateinamerika. Ideen haben also tatsächlich Folgen.

Die Tatsache, daß Ideen Folgen haben, heißt aber nicht, daß wir Philosophen, wir Spezialisten in Sachen Ideen, eine Schlüsselrolle spielen. Wir sind nicht dazu da, Prinzipien oder Grundlagen oder tiefe theoretische Diagnosen oder eine synoptische Vision zu liefern. Wenn man mich fragt (was leider oft der Fall ist), welche „Sendung" oder „Aufgabe" die zeitgenössische Philosophie für mich hat, dann wird mir die Zunge schwer. Bestenfalls stottere ich, daß wir Philosophieprofessoren Leute sind, die mit einer bestimmten intellektuellen Tradition vertraut sind, so wie Chemiker damit vertraut sind, was sich abspielt, wenn man verschiedene Substanzen mischt. Wir können auf der Grundlage unserer Kenntnis der Resultate vergangener Experimente einige Ratschläge geben, was passieren wird, wenn man versucht, bestimmte Ideen miteinander zu verbinden oder sie zu trennen. Dadurch können wir vielleicht manchen helfen, ihre Zeit in den Griff zu bekommen. Wir sind aber nicht die Leute, an die sich jemand wenden kann, wenn er eine Bestätigung dafür will, daß die Dinge, die er von ganzem Herzen liebt, für die Struktur des Universums von zentraler Bedeutung sind, oder daß sein Sinn für moralische Verantwortung „rational und objektiv" ist, und nicht „bloß" ein Ergebnis der Erziehung.

Es gibt, wie C. S. Peirce es formulierte, „an jeder Straßenecke philosophische Ramschläden", die solche Bestätigungen bieten werden. Aber das hat seinen Preis. Um diesen Preis zu bezahlen, muß man sich der Geistesgeschichte und dem, was Milan Kundera „das faszinierende imaginäre Reich, wo niemand Alleineigentümer der Wahrheit ist und jeder das Recht hat, verstanden zu werden ... die Weisheit der Erzählung" nennt, zuwenden. Man läuft Gefahr, des Sinns für die Endlichkeit und der Toleranz verlustig zu gehen, der aus der Einsicht entsteht, wie viele synoptische Visionen es gegeben hat und wie wenig

Vernunftgründe einem helfen können, aus diesen zu wählen. Trotz meiner relativ frühen Desillusionierung vom Platonismus bin ich sehr froh, daß ich all diese Jahre mit der Lektüre von Philosophiebüchern verbrachte. Denn ich lernte etwas, das mir immer noch sehr wichtig erscheint, nämlich dem intellektuellen Snobismus zu mißtrauen, der mich ursprünglich dazu verleitete, sie zu lesen. Wenn ich nicht all diese Bücher gelesen hätte, hätte ich vielleicht nicht aufhören können, nach etwas zu suchen, das Derrida „eine volle Präsenz außerhalb des Bereichs des Spiels" nennt, nach einer brillanten, sich selbst rechtfertigenden synoptischen Vision.

In der Zwischenzeit bin ich ziemlich sicher, daß die Suche nach einer solchen Präsenz und einer solchen Vision eine schlechte Idee ist. Der größte Haken dabei ist, daß man vielleicht Erfolg haben und dieser Erfolg einen dazu verleiten könnte, zu glauben, man habe etwas, auf das man sich verlassen könne, das mehr ist als die Toleranz und die Anständigkeit der Mitmenschen. Die demokratische Gemeinschaft der Deweyschen Träume ist eine Gemeinschaft, in der niemand so etwas denkt. Es ist eine Gemeinschaft, in der jeder meint, daß es die menschliche Solidarität ist – und nicht das Wissen um etwas nicht allein Menschliches –, die wirklich zählt. Die tatsächlich existierenden Annäherungen an eine solche völlig demokratische, völlig weltliche Gemeinschaft scheinen mir die größten Errungenschaften der Gattung Mensch zu sein. Im Vergleich dazu erscheinen mir sogar die Werke Hegels und Prousts wie beliebige, orchideenhafte Beigaben.

Übersetzung: Camilla R. Nielsen

Richard Rorty
TROTSKY AND THE WILD ORCHIDS

If there is anything to the idea that the best intellectual position is one which is attacked with equal vigor from the political right and the political left, then I am in good shape. I am often cited by conservative culture warriors as one of the relativistic, irrationalist, deconstructing, sneering, smirking intellectuals whose writings are weakening the moral fiber of the young. Neal Kozody, writing in the monthly bulletin of the *Committee for the Free World*, an organization known for its vigilance against symptoms of moral weakness, denounces my "cynical and nihilistic view" and says "it is not enough for him (Rorty) that American students should be merely mindless; he would have them positively mobilized for mindlessness." Richard Neuhaus, a theologian who doubts that atheistis can be good American citizens, says that the "ironist vocabulary" I advocate "can neither provide a public language for the citizens of a democracy, nor contend intellectually against the enemies of democracy, nor transmit the reasons for democracy to the next generation." My criticism of Allan Bloom's *The Closing of the American Mind* led Harvey Mansfield—recently appointed by President Bush to the *National Council for the Humanities*—to say that I have "given up on America" and I "manage to diminish even Dewey." (Mansfield recently described Dewey as a "medium-sized malefactor.") His colleague on the Council, my fellow philosopher John Searle, thinks that standards can only be restored to American higher education if people abandon the views on truth, knowledge, and objectivity that I do my best to inculcate.

Yet Sheldon Wolin, speaking from the left, sees a lot of similarity between me and Allan Bloom: both of us, he says, are intellectual snobs who care only about the leisured, cultured elite to which we belong. Neither of us has anything to say to blacks, or to other groups who have been shunted aside by American society. Wolin's view is echoed by Terry Eagleton, Britain's leading marxist thinker. Eagleton says the "in (Rorty's) ideal society the intellectuals will be 'ironists', practicing a suitably cavalier, laid-back attitude to their own belief, while the masses, for whom such self-ironizing might prove too subversive a weapon, will continue to salute the flag and take life seriously." *Der Spiegel* said that I "attempt to make the yuppie regression look good."

Jonathan Culler, one of Derrida's chief disciples and expositors, says that my version of pragmatism "seems altogether appropriate to the age of Reagan." Richard Bernstein says that my views are "little more than an ideological *apologia* for an old-fashioned version of cold war liberalism dressed up in fashionable 'post-modern' discourse." The left's favorite word for me is "complacent," just as the right's is "irresponsible".

The left's hostility is partially explained by the fact that most people who admire Nietzsche, Heidegger, and Derrida as much as I do—most of the people who either classify themselves as "postmodernist" or (like me) find themselves thus classified willy-nilly—participate in what Jonathan Yardley has called the "American Sucks Sweepstakes." Participants in this event compete to find better, bitterer ways of describing the United States. They see our country as embodying everything that is wrong with rich post-Enlightenment West. They see ours as what Foucault called a "disciplinary society," dominated by an odious ethos of "liberal individualism," an ethos which produces racism, sexism, consumerism, and Republican presidents. By contrast, I see America pretty much as Whitman and Dewey did, as opening a prospect on illimitable democratic vistas. I think that our country—despite its past and present atrocities and vices, and despite its continuing eagerness to elect fools and knaves to high office—is a good example of the best kind of society so far invented.

The right's hostility is largely explained by the fact that rightist thinkers don't think that it is enough just to *prefer* democratic societies. One also has to believe that they are Objectively Good, that the institutions of such societies are grounded in Rational First Principles. Especially if one teaches philosophy, as I do, one is expected to tell the young that their society is not just one of the better ones so far contrived, but one which embodies Truth und Reason. Refusal to say this sort of thing counts as "the treason of the clerks"—as an abdication of professional and moral responsibility. My own philosophical views—views I share with Nietzsche and Dewey—forbid me to say this kind of things. I do not have much use for notions like "objective value" and "objective truth" I think that the so-called postmodernists are right in most of their criticism of traditional philosophical talk about "reason." So my philosophical views offend the right as much as my political preferences offend the left.

I am sometimes told, by critics from both ends of the political spectrum, that my views are so weird as to be merely frivolous. They suspect that I will say anything to get a gasp, that I am just amusing myself by contradicting everybody else. This hurts. So I have tried, in what follows, to say something about how I got into my present position—how I got into philosophy, and then found myself unable to use philosophy for the purpose I had originally had in mind. Perhaps this bit of autobiography will make clear that, even if my views about the relation of philosophy and politics are odd, they were not adopted for frivolous reasons.

When I was twelve, the most salient books on my parents' shelves were two redbound volumes—*The Case of Leon Trotsky* and *Not Guilty.* These made up the report of the Dewey Commission of Inquiry into the Moscow Trials. I never read them with the wide-eyed fascination I brought to books like Krafft-Ebing's *Psychopathia Sexualis,* but I thought of them in the way in which other children thought of their family's Bible: they were books that radiated redemptive truth and moral splendor. If I were a really *good* boy, I would say to myself, I should have read not only the Dewey Commission reports, but also Trotsky's *History of the Russian Revolution*, a book I started many times but never managed to finish. For in the 1940's, the Russian Revolution and its betrayal by Stalin were, for me, what the Incarnation and its betrayal by the Catholics had been to precocious little Lutherans four-hundred years before.

My father had almost, but not quite, accompanied John Dewey to Mexico as P. R. man for the Commission of Inquiry which Dewey chaired. Having broken with the American Communist Party in 1932, my parents had been classified by the *Daily Worker* als "Trotskyites," and they more or less accepted the description. When Trotsky was assassinated in 1940, one of his secretaries, John Frank, hoped that the GPU would not think to look for him in the remote little village on the Delaware River where we were living. Using a pseudonym, he was our guest in Flatbrookville for some months. I was warned not to disclose his real identity, though it is doubtful that my schoolmates at Walpack Elementary would have been interested in my indiscretions.

I grew up knowing that all decent peoples were, if not Trotskyites, at least socialists. I also knew that Stalin had ordered not only Trotsky's assassination but also Kirov's, Ehrlich's, Alter's, and Carlo Tresca's. (Tresca, gunned down on the streets of New York, had been a family friend.) I knew that poor people would always be oppressed until capitalism was overcome. Working as an unpaid office boy during my twelfth winter, I carried drafts of press releases from the Worker's Defense League office off Gramercy Park (where my parents worked) to Norman Thomas' (the Socialist Party's office at the Brotherhood of Pullmann Car Porters on 125th Street. On the subway, I would read the documents I was carrying. They told me a lot about what factory owners did to union organizers, plantation owners to sharecroppers, and the white locomotive engineers' union to the colored firemen (whose jobs white men wanted, now that diesel engines were replacing coal-fired steam engines). So, at twelve, I knew that the point of being human was to spend one's life fighting social injustice.

But I also had private, weird, snobbish, incommunicable interests. In earlier years these had been in Tibet. I had sent the newly enthroned Dalai Lama a present, accompanied by warm congratulations to a fellow eight-year-old who had made good. A few years later, when my parents began dividing their time between the Chelsea Hotel and the mountains of northwest New Jersey, these interests switched to orchids. Some forty species of wild orchids occur in those mountains, and I eventually found seventeen of them. Wild orchids are uncommon, and rather hard to spot. I prided myself enormously on being the only person around who knew where they grew, their Latin names, and their blooming times. When in New York, I would go to the 42nd Street Public Library to reread a nineteenth-century volume on the botany of the orchids of the eastern U.S.

I was not quite sure why those orchids were so important, but I was convinced that they were. I was sure that our noble, pure, chaste, North American wild orchids were morally superior to the showy, hybridized, tropical orchids displayed in florists' shops. I was also convinced that there was a deep significance in the fact that the orchids are the latest and most complex plants to have been developed in the course of evolution. Looking back, I suspect that there a lot of sublimated sexuality involved (orchids being a notoriously sexy sort of flower), and that my desire to learn all there was to know about orchids was linked to my desire to understand all the hard words on Krafft-Ebing.

I was uneasily aware, however, that there was something a bit dubious about this esotericism—this interest in socially useless flowers. I had read (in the vast amount of spare time given to a clever, snotty, nerdy, only child) bits of *Marius the Epicurean* and also bits of Marxist criticism of Pater's aestheticism. I was afraid that Trotsky (whose *Literature and Revolution* I had nibbled at) would not have approved of my interest in orchids.

At fifteen I escaped from the bullies who regularly beat me up the playground of my high school (bullies who, I assumed, would somehow wither away once capitalism had been overcome) by going off to the so-called Hutchins College of the University of Chicago. (This was the institution immortalized by A. J. Liebling as "the biggest collection of juvenile neurotics since the Childrens' Crusade.") Insofar as I had any project in mind, it was to reconcile Trotsky and the orchids. I wanted to find some intellectual or aesthetic framework which would let me—in a thrilling phrase which I came across in Yeats— "hold reality and justice in a single vision." By *reality* I meant, more or less, the Wordsworthian moments in which, in the woods around Flatbrookville (and especially in the presence of certain coralroot orchids, and of the smaller yellow lady slipper), I had felt touched by something numinous, something of ineffable importance. By *justice* I meant what Norman Thomas and Trotsky both stood for, the liberation of the weak from the strong. I wanted a way to be both an intellectual and spiritual snob and a friend of humanity—a nerdy recluse and a fighter for justice. I was very confused, but reasonably sure that at Chicago I would find out how grownups managed to work the trick I had in mind.

When I got to Chicago (in 1946), I found that Hutchins, together with his friends Mortimer Adler and Richard McKeon (the villain of Pirsig's *Zen and the Art of Motorcycle Maintenance),* had enveloped much of the University of Chicago in a neo-Aristotelian mystique. The most frequent target of their sneers was John Dewey's pragmatism. That pragmatism was the philosophy of my parents' friend Sidney Hook, as well as the unofficial philosophy of most of the other New York intellectuals who had given up on dialectical materialism. But according to Hutchins and Adler, pragmatism was vulgar, "relativistic", and self-refuting. As they pointed out over and over again, Dewey had no absolutes. To say, as Dewey did, that "growth itself is the only moral end", left one without a criterion for growth, and thus with no way to refute Hitler's suggestion that Germany had "grown" under his rule. To say that truth is what works is to reduce the quest for truth to the quest for power. Only an appeal to something eternal, absolute, and good—like the God of St. Thomas or the "nature of human beings" described by Aristotle—would permit one to answer the Nazis, to justify one's choice of social democracy over fascism.

This quest for stable absolutes was common to the neo-Thomists and to Leo Strauss, the teacher who attracted the best of the Chicago students (including my classmate Allan Bloom). The Chicago faculty was dotted with awe-somely learned refugees from Hitler, of whom Strauss was the most revered. All of them seemed to agree that something deeper and weightier than Dewey was needed if one was to explain why it would be better to be dead than to be a Nazi. This sounded pretty good to my fifteen-year-old ears. For moral and philosophical absolutes sounded a bit like my beloved orchids-numinous, hard to find, known only to a chosen few. Further, since Dewey was a hero to all the people among whom I had grown up, scorning Dewey was a convenient form of adolescent revolt. The only question was whether this scorn should take a religious or a philosophical form, and how it might be combined with striving for social justice.

Like many of my classmates at Chicago, I knew lots of T. S. Eliot by heart. I was attracted by Eliot's suggestions that only committed Christians (and perhaps only Anglo-Catholics) could overcome their unhealthy preoccupation with their private obsessions, and so serve their fellow humans with proper humility. But a prideful inability to believe what I was saying when I recited the General confession gradually led me to give up on my awkward attempts to get religion. So I fell back on absolutist philosophy.

I read through Plato during my fifteenth summer, and convinced myself that Socrates was right—virtue *was* knowledge. That claim was music for my ears, for I had doubts about my own moral character and a suspicion that my only gifts were intellectual ones. Besides, Socrates *had* to be right, for only then could one hold reality and justice in a single vision. Only if he were right could one hope to be both as good as the best Christians (such as Alyosha in *The Brothers Karamazov,* whom I could not—and still cannot—decide whether to envy or despise) and as learned and clever as Strauss and his students. So I decided to major in philosophy. I figured that if I became a philosopher I might get to the top of Plato's "divided line"—the place "beyond hypotheses" where the full sunshine of Truth irradiates the purified soul of the wise and good: an Elysian field dotted with immaterial orchids. It seemed obvious to me that getting to such a place was what everybody with any brains really wanted. It also seemed clear that Platonism had all the advantages of reli-gion, without requiring the humility which Christianity demanded, and of which I was apparently incapable.

For all these reasons, I wanted very much to be some kind of Platonist, and from fifteen to twenty I did my best. But it didn't pan out. I could never figure out whether the Platonic philosopher was aiming at the ability to offer irrefut-able argument—argument which rendered him able to convince anyone he encountered of what he believed (the sort of thing Ivan Karamazov was good at)—or instead was aiming at a sort of incommunicable, private bliss (the sort of thing his brother Alyosha seemed to possess). The first goal is to achieve argumentative power over others—e. g., to become able to con-vince bullies that they should not beat one up, or to convince rich capitalists that they must cede their power to a cooperative, egalitarian commonwealth. The second goal is to enter a state in which all your own doubts are stilled, but in which you no longer wish to argue. Both goals seemed desirable, but I could nor see how they could be fitted together.

At the same time as I was worrying about this tension within Platonism—and within any form of what Dewey had called "the quest for certainty"—I was also worrying about the familiar problem of how one could possibly get a noncircular justification of any debatable stand on any important issue. The more philosophers I read, the clearer it seemed that each of them could carry their views back to first principles which were incompatible with the first principles of their opponents, and that none of them ever got to that fabled place "beyond hypotheses." There seemed to be nothing like a neutral standpoint from which these alternative first principles could be evaluated. But if there were no such standpoint, then the whole idea of "rational certainty", and the whole Socratic-Platonic idea of replacing passion by reason, seemed not to make much sense.

Eventually I got over the worry about circular argumentation by deciding that the rest of philosophical truth was overall coherence, rather than deducibility from unquestioned first principles. But this didn't help much. For coherence is a matter of avoiding contradictions, and St. Thomas' advice, "When you meet a contradiction, make a distinction", makes that pretty easy. As far as I could see, philosophical talent was largely a matter of proliferating as many distinctions as were needed to wriggle out of a dialectical corner. More generally, it was a matter, when trapped in such a corner, of redescribing the nearby intellectual terrain in such a way that the terms used by one's opponent would seem irrelevant, or question-begging, or jejune. I turned out to have a flair for such redescription. But I became less and less certain that developing this skill was going to make me either wise or virtuous.

Since that initial disillusion (which climaxed about the time I left Chicago to get a Ph. D. in philosophy at Yale), I have spent forty years looking for a coherent and convincing way of formulating my worries about what, if anything, philosophy is good for. My starting point was the discovery of Hegel's *Phenemenology of Spirit,* a book which I read as saying: granted that philosophy is just a matter of out-redescribing the last philosopher, the cunning of reason can make use even of this sort of competition. It can use it to weave the conceptual fabric of a freer, better, more just society. If philosophy can be, at best, only what Hegel called "its time held in thought," still, that might be enough. For by thus holding one's time, one might do what Marx wanted done—change the world. So even if there were no such thing as "understanding the world" in the Platonic sense—an understanding from a position outside of time and history—perhaps there was still a social use for my talents, and for the study of philosophy.

For quite a while after I read Hegel, I thought that the two greatest achievements of the species to which I belonged were *The Phenomenology of Spirit* and *Remembrance of Things Past* (the book which took the place of the wild orchids once I left Flatbrookville for Chicago). Proust's ability to weave intellectual and social snobbery together with the hawthorns around Combry, his grandmother's selfless love, Odette's orchidaceous embraces of Swann and Jupien's of Charlus, and with everything else he encountered—to give each of these its due without feeling the need to bundle them together with the help of a religious faith or a philosophical theory—seemed to me as astonishing as Hegel's ability to throw himself successively into empiricism, Greek tragedy, Stoicism, Christianity, and Newtonian physics, and to emerge from each, ready and eager for something completely different. It was the cheerful commitment to irreducible temporality which Hegel and Proust shared—the specifically anti-Platonic element in their work—that seemed so wonderful. They both seemed able to weave everything they encountered into a narrative without asking that that narrative have a moral, and without asking how that narrative would appear under the aspect of eternity.

About twenty years or so after I decided that the young Hegel's willingness to stop trying for eternity, and just be the child of his time, was the appropriate response to disillusionment with Plato, I found myself being led back to Dewey. Dewey now seemed to me a philosopher who had learned all that Hegel had to teach about how to eschew certainty and eternity, while immunizing himself against pantheism by taking Darwin seriously. This rediscovery of Dewey coincided with my first encounter with Derrida (which I owe to Jonathan Arac, my colleague at Princeton). Derrida led me back to Heidegger, and I was struck by the resemblances between Dewey's, Wittgenstein's, and Heidegger's criticisms of Cartesianism. Suddenly things began to come together. I thought I saw a way to blend a criticism of the Cartesian tradition with the quasi-Hegelian historicism of Michel Foucault, Ian Hacking, and Alasdair MacIntyre. I thought that I could fit all these into a quasi-Heideggerian story about the tensions within Platonism.

The result of this small epiphany was a book called *Philosophy and the Mirror of Nature.* Though disliked by most of my fellow philosophy professors, this book had enough success among nonphilosophers to give me a self-confidence I had previously lacked. But *Philosophy and the Mirror of Nature* did not do much for my adolescent ambitions. The topics it treated—the mind-body problem, controversies in the philosophy of language about truth and meaning, Kuhnian philosophy of science—were pretty remote from both Trotsky and the orchids. I had gotten back on good terms with Dewey; I had articulated my historicist anti-Platonism; I had finally figured out what I thought about the direction and value of current movements in analytic philosophy. I had sorted out most of the philosophers whom I had read. But I had not spoken to any of the questions which got me started reading philosophers in the first place. I was no closer to the single vision which, thirty years back, I had gone to college to get.

As I tried to figure out what had gone wrong, I gradually decided that the whole idea of holding reality and justice in a single vision had been a mistake—that a pursuit of such a vision had been precisely what led Plato astray. More specifically, I decided that only religion—only a nonargumentative faith in a surrogate parent who, unlike any real parent, embodied love, power, and justice in equal measure—could do the trick Plato wanted done. Since I couldn't image becoming religious, and indeed had gotten more and more raucously secularist, I decided that the hope of getting a single vision by becoming a philosopher had been a self-deceptive atheist's way out. So I decided to write a book about what intellectual life might be like if one could manage to give up the Platonic attempt to hold reality and justice in a single vision.

That book—*Contingency, Irony and Solidarity*—argues that there is no need to weave one's personal equivalent of Trotsky and one's personal equivalent of my wild orchids together. Rather, one should try to abjure the temptation to tie in one's moral responsibilities to other people with one's relation to whatever idiosyncratic things or persons one loves with all one's heart and soul and mind (or, if you like, the things or persons one is obsessed with). The two will, for some people, coincide—as they do in those lucky Christians for whom the love of God and of other human beings are inseparable, or revolutionaries who are moved by nothing save the thought of social justice. But they need not coincide, and one should not try too hard to make them do so. So, for example, Jean-Paul Sartre seemed to me right when he denounced Kant's self-deceptive quest for certainty, but wrong when he denounced Proust as a useless bourgeois wimp, a man whose life and writings were equally irrelevant to the only thing that really mattered, the struggle to overthrow capitalism.

Proust's life and work were, in fact, irrelevant to that struggle. But that is a silly reason to despise Proust. It is as wrongheaded as Savonarola's contempt for the works of art he called "vanities". Single-mindedness of this Sartrean or Savonarolan sort is the quest for purity of heart—the attempt to will one thing—gone rancid. It is the attempt to see yourself as an incarnation of something larger than yourself (the Movement, Reason, the Good, the Holy) rather than accepting your finitude. The latter means, among other things, accepting that what matters most to you may well be something that may never matter much to most people. Your equivalent of my orchids may always seem merely weird, merely idiosyncratic, to practically everybody else. But this is no reason to be ashamed of, or downgrade, or try to slough off, your Wordsworthian moments, your lover, your family, your pet, your favorite lines of verse, or your quaint religious faith. There is nothing sacred about universality which makes the shared automatically better than the unshared. There is no automatic privilege of what you can get everybody to agree to (the universal) over what you cannot (the idiosyncratic).

This means that the fact that you have obligations to other people (not to bully them, to join them in overthrowing tyrants, to feed them when they are hungry) does not entail that what you share with other people is more important than anything else. What you share with them, when you are aware of such moral obligations, is not, I argued in *Contingency*, "rationality" or "human nature" or "the Fatherhood of God" or "a knowledge of the Moral Law", or anything other than ability to sympathize with the pain of others. There is no particular reason to expect that your sensitivity to that pain, and your idiosyncratic loves, are going to fit within one big overall account of how everything hangs together. There is, in short, not much reason to hope the sort of single vision that I went to college hoping to get.

So much for how I came to the views I currently hold. As I said earlier, most people find these views repellent. My *Contingency* book got a couple of good reviews, but these were vastly outnumbered by reviews which said that the book was frivolous, confused, and irresponsible. The gist of the criticism I get from both left and right is pretty much the same as the gist of the criticism aimed at Dewey by the Thomists, the Straussians, and the Marxists, back in the thirties and forties. Dewey thought, as I now do, that there was nothing bigger, more permanent and more reliable, behind our sense of moral obligation to those in pain than a certain contingent historical pheonomenon—the gradual spread of the sense that the pain of others matters, regardless of whether they are of the same familiy, tribe, color, religion, nation, or intelligence as oneself. This idea, Dewey thought, cannot be shown to be true by science, or religion, or philosophy—at least if "shown to be true" means "capable of being made evident to anyone, regardless of background". It can only be made evident to people whom it is not too late to acculturate into our own particular, late-blooming, historically contingent form of life.

This Deweyan claim entails a picture of human beings as children of their time and place, without any significant metaphysical or biological limits on their plasticity. It means that a sense of moral obligation is a matter of conditioning rather than of insight. It also entails that the notion of insight (in any area, physics as well as ethics) as a glimpse of what is *there,* apart from any human needs and desires, cannot be made coherent. As William James put it, "The trail of the human serpent is over all". More specifically, our conscience and our aesthetic taste are, equally, products of the cultural environment in which we grew up. We decent, liberal humanitarian types (representatives of the moral community to which both my reviewers and I belong) are just luckier, not more insightful, than the bullies with whom we struggle.

This view is often referred to dismissively as "cultural relativism." But it is not relativistic, if that means saying that every moral view is as good as every other. *Our* moral view is, I firmly believe, much better than any competing view, even though there are a lot of people whom you will never be able to convert to it. It is one thing to say, falsely, that there is nothing to choose between us and the Nazis. It is another thing to say, correctly, that there is not neutral, common ground to which an experienced Nazi philosopher and I can repair in order to argue our our differences. That Nazi and I will always strike one another as begging all the crucial questions, arguing in circles.

Socrates and Plato suggested that if we tried hard enough we should find beliefs which *everybody* found intuitively plausible, and that among these would be moral beliefs whose implications, when clearly realized, would make us virtuous as well as knowledgeable. To thinkers like Allan Bloom (on the Straussian side) and Terry Eagleton (on the Marxist side), there just *must* be such beliefs—unwobbling pivots that determine the answer to the question "which moral or political alternative ist *objectively* valid?" For Deweyen prag-matists like me, history and anthropology are enough to show that there are no unwobbling pivots, and that seeking objectivity is just a matter of getting as much intersubjective agreement as you can manage.

Nothing much has changed in philosophical debates about whether objectivity is more than intersubjectivity since the time I went to college—or, for that matter, since the time Hegel went to seminary. Nowadays we philosophers talk about "moral language" instead of "moral experience," and about "contextualist theories of reference" rather than about "the relation between subject and object." But this is just froth on the surface. My reasons for turning away from the anti-Deweyan views I imbibed at Chicago are pretty much the same reasons Dewey had for turning away from evangelical Christianity and from the neo-Hegelian pantheism which he embraced in his twenties. They are also pretty much the reasons which led Hegel to turn away from Kant, and to de-cide that both God and the Moral Law had to be temporalized and historicized to be believable. I do not think that I have more insight into the debates about our need for "absolutes" than I had when I was twenty, despite all the books I have read and arguments I have had in the intervening forty years. All those years of reading and arguing did was to let me spell out my disillusionment with Plato—my conviction that philosophy was no help in dealing with Nazis and other bullies—in more detail, and to a variety of different audiences.

At the moment there are two cultural wars being waged in the United States. The first is the one described in detail by my colleague James Davison Hunter in his comprehensive and informative *Culture Wars: The Struggle to Define America.* This war between the people Hunter calls "progressivists" and those he calls "orthodox"—is important. It will decide whether our country contin-ues along the trajectory defined by the Bill of Rights, the Reconstruction Amendments, the building of the land-grant colleges, female suffrage, the New Deal, *Brown vs. Board of Education,* the building of the community col-leges, Lyndon Johnson's civil rights legislation, the feminist movement, and the gay rights movement. Continuing along ths trajectory would mean that America might continue to set an example of increasing tolerance and increas-ing equality. But it may be that this trajectory could be continued only while Americans' average real income continued to rise. So 1973 may have been the beginning of the end: the end both of rising economic expectations and of the political consensus that emerged from the New Deal. The future of American politics may be just a series of increasingly blatant and increasingly successful variations on the Willie Horton spots. Sinclair Lewis' *It Can't Hap-pen Here* may become an increasingly plausible scenario. Unlike Hunter, I feel no need to be judicious and balanced in my attitude toward the two sides in this first sort of culture war. I see the "orthodox" (the people who think that hounding gays out of the military promotes traditional family values) as the same honest, decent, blinkered, disastrous people who voted for Hitler in 1933. I see the "progressivists" as defining the only America I care about.

The second cultural war is being waged in magazines like *Critical Inquiry* and *Salmagundi*, magazines with high subscription rates and low circulations. It is between those who see modern liberal society as fatally flawed (the people handily lumped together as "postmodernists") and typical left-wing Democrat professors like myself, people who see ours as a society in which technology and democratic institutions can, with luck, collaborate to increase equality and decrease suffering. This war is not very important. Despite the conservative columnists who pretend to view with alarm a vast conspiracy (encompassing both the postmodernists and the pragmatists) to politicize the humanities and corrupt the youth, this war is just a tiny little dispute within what Hunter calls the "progressivist" ranks.

People on the postmodernist side of this dispute tend to share Noam Chomsky's view of the United States as run by a corrupt elite which aims at enriching itself by immiserating the Third World. From that perspective, our country is not so much in danger of slipping into fascism as it is a country which has always been quasi-fascist. These people typically think that nothing will change unless we get rid of "humanism", "liberal individualism" and "technologism". People like me see nothing wrong with any of these isms, nor with the political and moral heritage of the Enlightenment—with the least common denominator of Mill and Marx, Trotsky and Whitman, William James and Václav Havel. Typically, we Deweyans are sentimentally patriotic about America—willing to grant that it could slide into fascism at any time, but proud of its past and guardedly hopeful about its future.

Most people on my side of this second, tiny, up-market, cultural war have, in the light of the history of nationalized enterprises and central planning in Central and Eastern Europe, given up on socialism. We are willing to grant that welfare-state capitalism is the best we can hope for. Most of us who were brought up Trotskyite now feel forced to admit that Lenin and Trotsky did more harm than good, and that Kerensky has gotten a bum rap for the past seventy years. But we see ourselves as still faithful to everything that was good in the socialist movement. Those on the other side, however, still insist that nothing will change unless there is some sort of total revolution. Postmodernists who consider themselves post-Marxists still want to preserve the sort of purity of heart which Lenin feared he might lose if he listened to too much Beethoven.

I am distrusted by both the "orthodox" side in the important war and the "postmodern" side in the unimportant one, because I think that the "postmoderns" are philosophically right though politically silly, and that the "orthodox" are philosophically wrong as well as politically dangerous. Unlike both the orthdox and the postmoderns, I do not think that you can tell much about the worth of a philosopher's views on topics such as truth, objectivity, and the possibility of a single vision by discovering his politics, or his irrelevance to politics. So I do not think it counts in favor of Dewey's pragmatic view of truth that he was a fervent social democrat, nor against Heidegger's criticism of Platonic notions of objectivity that he was a Nazi, nor against Derrida's view of lingustic meaning that his most influential American ally, Paul de Man, wrote a couple of anti-Semitic articles when he was young. The idea that you can evaluate a writer's philosophical views by reference to their political utility seems to me a version of the bad Platonic-Straussian idea that we cannot have justice until philosophers become kings or kings philosophers.

Both the orthodox and the postmoderns still want a tight connection between people's politics and their views on large theoretical (theological, metaphysical, epistemological, metaphilosophical) matters. Some postmodernists who initially took my enthusiasm for Derrida to mean that I must be on their political side decided, after discovering that my politics were pretty much those of Hubert Humphrey, that I must have sold out. The orthodox tend to think that people who, like the postmodernists and me, believe neither in God nor in some suitable substitute, should think that everything is permitted, that everybody can do what they like. So they tell us that we are either inconsistent or self-deceptive in putting forward our moral or political views.

I take this near unanimity among my critics to show that most people—even a lot of purportedly liberated postmodernists—still hanker for something what I wanted when I was fifteen—a way of holding realitiy and justice in a single vision. More specifically, they want to unite their sense of moral and political responsibility with a grasp of the ultimate determinants of our fate. They want to see love, power and justice as coming together deep down in the nature of things, or in the human soul, or in the structure of language, or *somewhere.* They want some sort of guarantee that their intellectual acuity, and those special ecstatic moments which that acuity sometimes affords, are of some relevance to their moral convictions. They still think that virtue and knowledge are somehow linked—that being right about philosophical matters is important for right action. I think this is important only occasionally and incidentally.

I do not, however, want to argue that philosophy is socially useless. Had there been no Plato, the Christians would have had a harder time selling the idea that all God really wanted from us was fraternal love. Had there be no Kant, the nineteenth century would have had a harder time reconciling Christian ethics with Darwin's story about the descent of man. Had there be no Darwin, it would have be harder for Whitman and Dewey to detach the Americans from their belief that they were God's chosen people, to get them to start standing on their own feet. Had there been no Dewey and no Sidney Hook, American intellectual leftists of the thirties would have been as buffaloed by the Marxists as were their counterparts in France and in Latin America. Ideas do, indeed, have consequences.

But the fact that ideas have consequences does not mean that we philosophers, we specialists in ideas, are in a key position. We are not here to provide principles or foundations or deep theoretical diagnoses, or a synoptic vision. When I am asked (as, alas, I often am) what I take contemporary philosophy's "mission" or "task" to be, I get tongue-tied. The best I can do is to stammer that we philosophy professors are people who have a certain familiarity with a certain intellectual tradition, as chemists have a certain familiarity with what happens when you mix various substances together. We can offer some advice about what will happen when you try to combine or to separate certain ideas on the basis of our knowledge of the results of past experiments. By doing so, we may be able to help you hold your time in thought. But we are not the people to come to if you want confirmation that the things you love with all your heart are central to the structure of the universe, or that your sense of moral reponsibility is "rational and objective" rather than "just" a result of how you were brought up.

There are still, as C. S. Peirce put it, "philosophical slop—shops on every corner" which *will* provide such confirmation. But there is a price. To pay the price you have to turn your back on intellectual history and on what Milan Kundera calls "the fascinating imaginative realm where no one owns the truth and everyone has the right to be understood ... the wisdom of the novel." You risk losing the sense of finitude, and the tolerance, which result from realizing how very many synoptic visions there have been, and how little argument can do to help you choose among them. Despite my relatively early disillusionment with Platonism, I am very glad that I spent all those years reading philosophy books. For I learned something that still seems very important: to distrust the intellectual snobbery which originally led me to read them. If I had not read all those books, I might never have been able to stop looking for what Derrida calls "a full presence beyond the reach of play," for a luminous, self-justifying, self-sufficient synoptic vision.

By now I am pretty sure that looking for such a presence and such a vision is a bad idea. The main trouble is that you might succeed, and your success might let you image that you have something more to rely on that the tolerance and decency of your fellow human beings. The democratic community of Dewey's dreams is a community in which nobody imagines that. It is a community in which everybody thinks that it is human solidarity, rather than knowledge of something not merely human, that really matters. The actually existing approximations to such a fully democratic, fully secular community now seem to me the greatest achievements of our species. In comparison, even Hegel's and Proust's books seem optional, orchidaceous extras.

Paul Feyerabend
KUNST ALS NATURPRODUKT

Ich beginne mit der Formulierung einer These, die ich bei Anton von Webern gefunden habe, in seiner Vortragsreihe (im kleinen Kreis) aus den dreißiger Jahren. Die These geht auf Goethe zurück. Von Webern sagt, *daß die Künste,* also auch die Musik, *genauen Gesetzen gehorchen und zwar denselben Gesetzen, die der Natur als ganzer zugrundeliegen.* Kunst, sagt Webern, ist die Weise, in der sich die Natur in einem besonderen Bereich äußert, nämlich im Bereich der menschlichen Tätigkeit. Warum scheint es, daß Kunstwerke und Naturgebilde verschiedenen Bereichen angehören? Weil allgemeine Gesetze, unter besonderen Bedingungen wirkend, besondere Erscheinungen hervorbringen, und zwar verschiedene, je nach den Bedingungen. Dasselbe Gesetz, das Gravitationsgesetz, produziert je nach Umständen geradlinige Bewegungen, wie den freien Fall, Ellipsen, asymptotisches Hinstreben auf einen Punktattraktor oder Chaos. Was sind die besonderen Bedingungen, die zur Produktion von Kunstwerken führen? Die Anwesenheit von Individuen, Gruppen, Kulturen mit komplizierten und oft nicht näher bestimmbaren Eigenschaften. Das ist die These, die ich jetzt ein bißchen weiter ausbauen möchte.

Zuerst einige Folgen der These. Die erste Folge ist *eine gründliche Abwertung der individuellen Kreativität.* Wenn die Kunst ein Naturprodukt ist, dann bringt sie zwar, wie die Natur, ständig neue Formen hervor, aber ein von der Natur getrenntes, eigenständiges, für sich schöpferisches Individuum hat dabei nur wenig mitzureden. Eine solche Ansicht ist heute, wo schon ein Niesender sich „kreativ" betätigt, nicht sehr populär. Aber sehen wir uns die Sache doch etwas näher an! Nehmen wir zum Beispiel den scheinbar sehr kreativen Übergang von den Göttern Homers zu abstrakten Begriff den Seins. Für Hegel ist das der Beginn der Philosophie und damit der Wissenschaften. Für Nietzsche ist der Übergang das Werk von Giganten des Geistes, die über Abgründe hinweg sich entscheidende Worte zurufen – so wenigstens drückt er sich aus, in seiner üblichen bombastischen Weise. Für mehr prosaische Geister, wie Mircea Eliade oder W. K. C. Guthrie, haben wir hier eine grundlegende Entdeckung gemacht von Individuen mit überragender Geisteskraft. Was geschah aber wirklich?

Gilbert Murray, der große klassische Gelehrte und Freund von Shaw, gibt uns einen Hinweis. Die griechischen Götter begannen als Lokalgötter. Sie wohnten an einem wohlbestimmten Ort, auf einem Berg zum Beispiel oder in einer Flur. Erkundungsfahrten, die Gründung von Kolonien, kriegerische Unternehmungen brachten neue Götter in den Gesichtskreis der Reisenden. Diese waren oft verschieden von den heimischen Göttern, sie waren ihnen aber auch ähnlich. Gelegentlich hatten sie sogar denselben Namen. Die Ähnlichkeiten traten allmählich in den Vordergrund, die Verschiedenheiten verschwanden, die Götter wurden farbloser, aber auch mächtiger, denn ihr Wirkungskreis war nun größer als vorher. Alles das hat man sich als eine allmähliche Veränderung vorzustellen, an der viele Menschen teilnahmen, aber ohne sie bewußt herbeizuführen. Analoge Entwicklungen gab es auf anderen Gebieten auch. Der Ein- und Verkauf begann als Tauschhandel: ein Gegenstand, der nützlich war, aber auch ein Knotenpunkt vieler Erinnerungen, wurde ausgetauscht gegen einen anderen Gegenstand mit ähnlichem Hintergrund. Ästhetik und Familiengeschichte waren untrennbar verflochten mit dem, was man später den „Nutzwert" einer Sache nannte. Das Verfahren wurde langsam standardisiert, dann kombiniert mit einem Zwischengegenstand, einer „Währung". Diese war zunächst noch selbst wertvoll (Eisenstäbe, zum Beispiel, oder Silbermünzen) wurde aber bald durch an sich wertlose Münzen ersetzt. Wieder verlor eine Eigenschaft von Dingen, ihr „Wert" besondere Züge und wurde mehr abstrakt. Die Demokratisierung des politischen Lebens ging in dieselbe Richtung. Nicht Familienbeziehungen, nicht Freundschaften, sondern eine davon unabhängige Definition von Rechten und Pflichten bestimmt den politisch wirksamen Aspekt einer Person. Kurt von Fritz hat die Verarmung der Sprache beschrieben, die diese Entwicklung begleitet hat: „Die Worte beginnen an Inhalt zu verarmen, formelhaft, leer, einseitig zu werden ...", und das geschieht ganz von selbst, ohne Hilfe der Philosophen. Was die Philosophen von Xenophanes bis Platon tun, ist, bereits vorhandene Verarmung zu preisen und zum Prinzip zu erheben. „Eines fragte ich, und erhalte Vieles" entgegnet Sokrates dem Theaetet, als dieser auf die Frage „Was ist Erkenntnis?" mit einer Liste verschiedener Wissensbereiche antwortet. Nun gebe ich zu, daß eine schon regierende Langeweile verschieden ist von einem Akt, der sie zum Prinzip erhebt – aber das „kreative Potential" eines solchen Aktes, um nun einmal ein saftiges Wort in den Mund zu nehmen, ist doch sehr gering.

„Ist denn wirklich das Wort so mächtig, daß es die Welt ändern und die Geschichte beeinflussen kann?" fragt Vaclav Havel. Keinesfalls, würde ich sagen. Es ist Teil eines Prozesses, der von ihm nicht hervorgerufen wurde und der durch es gewöhnlich verdreht, aber nur selten richtig beschrieben wird. Den Wortfabrikanten allerdings erscheint das Wort als eine stoßende und treibende Kraft.

Nehmen wir ein zweites Beispiel, um die Sache auch im Detail zu festigen. Simon Stevin, ein holländischer Wissenschaftler des späten 16. und frühen 17. Jahrhunderts, will beweisen, daß eine über einen Keil gelegte Kette nur dann im Gleichgewicht ist, wenn die Längen, die über den Keilseiten liegen, sich genau so verhalten wie die Keilseiten selber. Dazu denkt er sich die Kette geschlossen und unter dem Keil herabhängend. Bewegt sich nun die Kette, so muß sie sich immer weiterbewegen, denn jede ihrer Stellungen ist gleich jeder anderen Stellung. Ruht sie, dann ruht sie immer, ist also im Gleichgewicht. Der untere Teil ist symmetrisch, kann weggelassen werden – und damit ergibt sich der Satz. Woher weiß Stevin, daß die volle Kette nie beginnen wird, sich selbst zu bewegen? Er ist kreativ, er stellt eine kühne Hypothese auf, sagen die Verteidiger der Kreativität. Er paßt sich an seine Umgebung an, das heißt, er bewegt sich in Gedanken, wie sich die Umgebung in Wirklichkeit bewegt, sagt Ernst Mach, der den Fall analysiert hat. Es wäre doch sicher sehr überraschend, eine Kette zu sehen, die plötzlich anfängt, sich zu bewegen. Warum? Weil Erfahrungen aller Art sich zu einem Instinkt verdichtet haben, der nun den Denker leitet. Die Natur dieses Instinktes, das heißt die Natur, so wie sie sich in einer besonderen Person manifestiert, zeigt ihm den Weg, nicht eine nebelhafte „Kreativität". „Man bezeichnet oft die Zahlen als ‚freie Schöpfungen des menschlichen Geistes'", sagt Mach zu dieser Situation.

Die Bewunderung des menschlichen Geistes, welche sich hierin ausspricht, ist sehr natürlich gegenüber dem fertigen, imposanten Bau der Arithmetik. Das Verständnis dieser Schöpfungen wird aber weit mehr gefördert, wenn man den *instinktiven Anfängen* derselben nachgeht und die Umstände betrachtet, welche das Bedürfnis nach diesen Schöpfungen erzeugen. Vielleicht kommt man dann zur Einsicht, daß die ersten hierher gehörigen Bildungen unbewußte und biologisch durch materielle Umstände *erzwungen* waren, deren Wert erst erkannt werden konnte, als sie schon vorhanden waren.

Damit bin ich bereits bei der zweiten Folge der These vom Naturcharakter künstlerischer Produkte angekommen – nämlich *der engen Nachbarschaft aller menschlichen Tätigkeiten* – alle diese Tätigkeiten sind ja Naturprodukte, hervorgebracht unter den besonderen Bedingungen des Menschenlebens. Menschen errichten nicht nur Ton-, Farb- und Steingebilde, sie errichten auch Gedankenkunstwerke, wie die eben erwähnte Arithmetik, die Geometrie, die Astronomie, sie kochen, essen, lieben und quälen einander, sie führen Kriege, zeugen Kinder, gehen auf Reisen, töten und sterben. Dieses nicht leicht entwirrbare Geflecht von Handlungen, Ursachen und Resultaten wurde schon sehr früh in verschiedene Bereiche aufgeteilt, mit genau definierten Grenzen zwischen ihnen. Unterschiede zwischen Berufen entstanden nach Ansicht einiger Gelehrter mit dem Ackerbau und der Seßhaftigkeit. Die alten Philosophen des Abendlandes haben dann einen neuen Unterschied eingeführt – den Unterschied zwischen einer gewohnheitsmäßig ausgeübten und instinktiv langsam verbesserten Tätigkeit und einer Tätigkeit, die auf Einsicht, vor allem auf begrifflicher Einsicht beruht. Das war keine Unterscheidung schon vorhandener Phänomene, sondern Kulturkritik: das Vorhandene sollte verändert und auf ein neues Ideal hin ausgerichtet werden. Die Unterscheidung von Kunst, Wissenschaft und Alltag entstand auf genau diese Weise. Sie ist relativ klar, wenn man die *Begriffe* untersucht, die ihr zugrundeliegen, vor allem die auf die Unterscheidung hin schon festgelegten Begriffe der Philosophen. Sie verschwindet, wird irrelevant, läßt sich überhaupt nicht auffinden, wenn man sich den Phänomenen zuwendet. Dabei bestreite ich gar nicht, daß man im Bereich der Phänomene viele schöne Trennlinien ziehen kann. Zum Beispiel sind die Ziele der Solarastronomie heute ziemlich verschieden von denen der Skulptur und eine Kleckserei von Jackson Pollock gehört in eine ganz andere Welt als die Madonna degli Occhi Grossi (früher am Hauptaltar des Domes zu Siena, jetzt im Dommuseum). Eine *große* Grenze aber, mit *Kunst* auf der einen Seite, *Wissenschaft* und *Natur* auf der anderen, ist in den Phänomenen nicht zu finden. Denken Sie nur, was heute alles zu den Wissenschaften gezählt wird! Da gibt es Konrad Lorenz mit seinen Gänsen im Gras herumkriechend und Experimente wie den Versuch zur Auffindung des Higgs Bosons. Dort lebendige Beziehung zu einer Natur, die nur gelegentlich, und dann nur sehr leicht, verändert wird, hier ein industrielles Großunternehmen, festgelegt durch internationale Verträge, das einen sehr engen und künstlich zurechtgeschneiderten Bereich der Natur zum Ausgangspunkt seiner Überlegungen macht. Unternehmungen wie die letzten laufen oft auf Kompromisse hinaus und zwar sowohl in der Vorbereitung, als auch in der Identifikation von Ergebnissen. Gelegentlich ist der Unterschied von einem politischen Abkommen nicht sehr groß – die eine Partei gibt hier ein wenig nach, die andere dort, und am Ende unterzeichnen sie doch alle. Dann die Wissenschaftler der Royal Society – „gentlemen free and unconfined" – Herren, frei und uneingeschränkt. Sie hatten ihre eigenen Laboratorien mit Laboratoriumsarbeitern. Diese führten die Experimente durch – aber, so wurde angenommen, sie waren zu arm und daher zu sehr von ihrer Stellung abhängig, um ein objektives Urteil fällen zu können. Ein solches fällte der Gentleman. Heute ist es umgekehrt – die führenden Lichter, etwa der Molekularbiologie, sind dauernd auf Reisen, müssen es auch sein, denn die allerneueste Information findet man nicht in gedruckten Forschungsberichten, sondern auf Konferenzen – aber diese Information wird bereitgestellt von Studenten, die „zuhause" im Labor arbeiten. Und so weiter.

Ich könnte noch viele weitere Bilder dieser Art vorführen, auch auf dem Gebiet der Kunst. Stellen Sie sich nun vor, daß das alles in einem Museum aufgestellt wird – ein merkwürdiges Happening nach dem anderen, durchwandern Sie das Museum und fragen Sie sich: ist es möglich, alles das ohne Verdrehungen und Abkürzungen unter einen Hut zu bringen, unter einen präzisen und begrenzenden Begriff? Fangen Sie nicht an zu denken, *schauen Sie* – und die Antwort wird sein müssen: *Nein*. Sie können die Probe aufs Exempel auch auf eine mehr „begriffliche" Weise machen. Nehmen Sie irgendeine Definition von Wissenschaft, die nicht leer ist und die Ihnen gefällt. Dann mache ich die folgende Prophezeiung: wenn sie die Geschichte der Wissenschaften nur eifrig genug durchsuchen, dann werden Sie bald ein Ereignis finden, das jedermann, auch Sie, als wissenschaftlich anerkennen, das aber der Definition nicht genügt. Realistisch aufgefaßt sind Begriffe wie der Begriff der Wissenschaft und der Begriff der Kunst offene Sammelbegriffe, deren Inhalte sich an vielen Stellen miteinander vermischen und zwar auf eine ständig wechselnde Weise. Zum Beispiel gibt es – und damit komme ich zur dritten Folge der These vom Naturcharakter der Kunst – gute Gründe anzunehmen, *daß nicht nur Theorien über gewisse Welten, sondern diese Welten selber Kunstwerke sind*, geschaffen von Wissenschaftlern (im üblichen Sinn) mit dem ihnen von der Natur zur Verfügung gestellten Material. Wenn das richtig ist, dann ist also nicht nur die Kunst ein Naturprodukt, sondern die Natur ist auch ein Kunstprodukt, ein Kunstwerk, hergestellt von ganzen Generationen von Künstlern. Ein Beispiel ist die von der modernen Kosmologie beschriebene Welt mit ihrer Entwicklung vom Urknall über Elementarteilchen, Wasserstoff, Helium, Galaxien, Fixsterne, Planetensysteme, Bakterien, Flöhe bis zum Menschen. Sehen wir uns nun diese Behauptung etwas näher an: stimmt sie oder stimmt sie nicht?

Sie stimmt nicht! würden viele von Ihnen mir zurufen, wären Sie nicht so gut erzogen. Und warum stimmt sie nicht? Weil ein Kunstwerk erst im Augenblick seiner Fertigstellung existiert, die Welt aber schon lange vor der Existenz von Menschen, ja selbst unseres Sonnensystems da war. Und das scheint in der Tat ein wichtiges Unterscheidungsmerkmal von Kunst und Wissenschaft zu sein: ein Wissenschaftler betrachtet das ihm Erscheinende als etwas schon immer Vorhandenes aber erst von ihm Gefundenes, während ein Künstler sein Kunstwerk schafft – es gab eine Zeit, da existierte es nicht, jetzt aber existiert es. Was ist von dieser Unterscheidung zu halten?

Erstens, sie ist nicht sehr sauber. Michelangelo, also ein Künstler nach allgemeiner Auffassung, sah eine Skulptur im Stein noch bevor er sie aus ihrer Umklammerung löste, während die Quantentheorie gewichtige Einwände hat gegen die erscheinungsunabhängige Existenz alles Erscheinenden. Nun kann man mit Michelangelo nicht mehr streiten, und die Argumente der Quantentheorie sind nicht sehr leicht zugänglich. Sehen wir uns also die Sache von einer anderen Seite an!

Es wird angenommen, daß das, was die Wissenschaftler entdecken, schon lange vor der Entdeckung da war und unabhängig von ihr existierte. Amerika gab es, bevor es von Kolumbus entdeckt wurde, und Elektronen wird es auch dann noch geben, wenn die wissenschaftliche Erkenntnis im Laufe eines neuen Dunklen Zeitalters völlig verschwinden sollte. Diese *klassische Realitätsidee,* wie ich die Annahme nennen werde, ist sehr plausibel, und es wird nicht viele Menschen geben, die sich ihr außerhalb der Quantentheorie widersetzen. Andererseits wird es auch nicht viele Menschen geben, die bestreiten, daß sowohl künstlerische Techniken als auch wissenschaftliche Begriffe in komplizierter Weise von historischen Bedingungen abhängen. Es bedurfte einer langen und oft sehr idiosynkratischen Entwicklung, bis sich jene Begriffe einstellten, auf denen die moderne Hochenergiephysik oder die moderne Raumauffassung beruhen. Die Chinesen waren Europa weit voraus in der Technologie – und doch gab es die wissenschaftliche Revolution des 16. und 17. Jahrhunderts im barbarischen Europa und nicht bei ihnen. Die alten Griechen hatten die Intelligenz und auch die mathematischen Mittel, eine solche Revolution durchzuführen – aber sie taten es nicht. Die Babylonische Astronomie war der griechischen Astronomie „im Prinzip" durchaus gleichwertig, blieb aber in ihrer Entwicklung stecken. Diese und viele andere Eigentümlichkeiten der Geschichte der Wissenschaften zeigen, daß die moderne Physik das vorläufige Ergebnis einer komplexen und sehr idiosynkratischen Entwicklung ist. Die klassische Realitätsidee behauptet nun, daß die von diesem Ergebnis beschriebene Welt von der Entwicklung getrennt und als unabhängig von ihr existierend angenommen werden kann. Sie behauptet, daß ein Produkt, welches ohne sehr spezielle Bedingungen gar nicht hätte entstehen können, uns Auskunft gibt darüber, was unabhängig von allen Bedingungen geschieht. Das ist eine sehr unplausible Behauptung.

Gehen wir einen Schritt weiter. Die modernen Wissenschaften sind ja nicht die einzige Tradition, die Realitätsbehauptungen macht. Auch die Homerischen Götter und ihre Erben, die Götter des Römischen Imperiums, waren das Ergebnis komplizierter historischer Entwicklungen und galten als unabhängig von diesen Entwicklungen existierend. Heißt das, daß die Welt neben Elementarteilchen und ihren Feldern auch Götter enthält, die den gesetzmäßigen Naturverlauf stören können?

Das heißt es nicht, sagen die Vertreter der Wissenschaften, denn die Götter wurden schon vor langer Zeit als Illusionen entlarvt. Wie? Durch den Aufstieg der Wissenschaften. Warum gerade dadurch? Weil die Wissenschaften uns lehren, was in der Wirklichkeit geschieht. Das ist aber gerade die Behauptung, die wir untersuchen – also ist das Argument unbrauchbar.

Das heißt es nicht, sagen die Philosophen, denn die Homerischen Götter wurden schon vor langer Zeit durch zwingende Argumente widerlegt. Ich kann Ihnen diese Argumente leider nicht vorführen – dazu fehlt die Zeit, ich kann nur dogmatisch behaupten, daß diese sogenannten Argumente ihr Ziel nur dann erreichen, wenn sich *historisch* bereits Ideen eingestellt haben, die den Göttern feindlich sind. Die Geschichte, nicht das Argument, machte den Homerischen Göttern das Leben schwer. Aber nach der klassischen Realitätsauffassung hat die Geschichte keinen Einfluß auf Wirkliches.

Die Götter sind experimentell unauffindbar, sagt ein weiteres Argument. Dieses Argument übersieht, daß in den Wissenschaften Auffindungsmethoden an Dinge angepaßt werden, nicht umgekehrt. Planeten werden anders gefunden als Protonen, diese anders als scheue Vögel und diese wieder ganz anders als Quarks. Gibt es die Aphrodite und hat sie die Eigenschaften, die ihr Homer zuschreibt, dann wird sie sicher nicht stillsitzen für etwas so Langweiliges und Entwürdigendes, wie ein wiederholbares wissenschaftliches Experiment.

Schön argumentiert! werden Sie sagen (oder vielleicht auch nicht) – aber das Ergebnis ist doch absurd! Die Homerischen Götter waren nicht nur moralische, sondern auch physische Kräfte: sie verursachten Seuchen, Erdbeben, Überschwemmungen, Gewitter. Alle diese Dinge werden heute von den Wissenschaften auf Grund einheitlicher Prinzipien erklärt und zwar erfolgreich. Erfolgreiche Ideen verdrängen weniger erfolgreiche Ideen – und damit ist die Sache zu Ende – nicht wahr?

Keinesfalls! Es ist nämlich nicht wahr, daß Gewitter, Seuchen, Erdbeben, Finsternisse etc. „heute von den Wissenschaften auf Grund einheitlicher Prinzipien erklärt werden". Erstens gibt es keine Ableitung, die von einem bestimmten ausgezeichneten Teil der Physik auf zwar langem Wege und mit verschienenen Approximationen schließlich hier bei meteorologischen, dort bei geologischen, dann wieder bei biologischen Annahmen endet: zweitens gibt es im Augenblick keinen ausgezeichneten Teil der Physik, der als Basis einer solchen Ableitung dienen könnte, und drittens lehnen es viele Wissenschaftler ab, ihre Disziplin durch solche Ableitungen zu legitimieren. „Wir verlangen ja auch nicht, daß die Elastizitätstheorie aus der Bibel herleitbar sei", schreibt Truesdell in seiner Einleitung zu dieser Lehre. Viertens aber ließe selbst eine Vereinigung aller Materietheorien das Leib-Seeleproblem noch immer ungelöst. Der Hinweis, die Ableitung sei „im Prinzip" möglich, ist ein frommer Glaube – auf Tatsachen oder Theoreme kann er sich nicht stützen. Die Behauptung, daß den vielen Göttern eine einheitliche, von den Naturwissenschaften beschriebene und ins Detail erforschte Natur gegenübersteht, ist also nicht eine Tatsachenbehauptung, sondern ein metaphysisches Postulat. Das ist kein Nachteil: es zeigt nur, daß wir es beim Streit nicht mit „der" Wissenschaft zu tun haben, sondern mit etwas anderem.

Aber die Sache ist selbst damit noch nicht erledigt. In den letzten 50 Jahren wurde nämlich die Realitätsidee einer immer gründlicheren experimentellen Prüfung unterzogen. Niels Bohr hatte schon vor langer Zeit seine Zweifel, aber die Tatsachen, auf die er sich bezog, ließen immer auch andere Deutungen zu. Mehr und mehr wurden die anderen Deutungen eingeschränkt – heute fristen sie nur mehr ein sehr verdünntes Dasein in den Schriften einiger Außenseiter. Ich meine vor allem die experimentelle Überprüfung der sogenannten Einstein-Podolsky-Rosen Korrelationen, die Experimente im Zusammenhang mit Bells Ungleichung und die sogenannten delayed-choice experiments. Von den letzten möchte ich Ihnen eines vorstellen, das allerdings noch immer ein Gedankenexperiment ist. Ein bestimmter Quasar – ich habe die Nummer vergessen – liegt genau hinter einer Milchstraße. Das Licht von ihm wird durch eine Gravitationslinse gebeugt; es erreicht den Beobachter auf zwei Wegen, a und b. Wird das Bild A beobachtet, dann weiß man sofort, daß auf dem ganzen, Milliarden Lichtjahre dauernden Weg a keine Interferenz mit b hätte stattfinden können – a und b waren nicht „in Phase". Werden A und B zur Interferenz gebracht, dann weiß man sofort, daß a und b für Milliarden von Lichtjahren immer in Phase waren. Wechselwirkungen können den Unterschied nicht herbeiführen, denn keine Wechselwirkung ist schneller als das Licht. Ein anderes Experiment erzeugt also nach Aussage der Theorie eine andere Welt, was heißt, daß die vom Experiment festgestellte Welt nicht als unabhängig vom Experiment existierend angenommen werden kann.

Wenden wir nun alle diese Erkenntnisse auf unser Problem an, nämlich auf das Verhältnis verschiedener Weltansichten zueinander.

Die These war, daß Kunstwerke Naturprodukte sind, die von der Natur unter besonderen Bedingungen, eben den Handlungen von Künstlern und ganzen Kulturen hervorgebracht werden.

Davon übernehme ich die Idee, daß die Natur nicht einfach daliegt und sich entdecken oder umformen läßt, sondern daß sie auf Bedingungen, also in diesem Fall individuelle und kollektive Handlungen, reagiert und zwar in einer Weise, die sowohl von ihr als auch von den Handlungen abhängt.

Erinnern Sie sich weiterhin, daß Kunstwerke, wissenschaftliche Ideen, der Aufbau von Experimenten etc. von den Idiosynkrasien des historischen Entwicklungsstranges abhängen, in dem sie auftreten. Wie viele andere Züge einer historischen Entwicklung kennt man diese Idiosynkrasien erst dann, wenn sie aufgetreten sind – voraussagen lassen sie sich nicht. Davon übernehme ich die Idee, daß es unmöglich ist, den Mechanismus oder die Gesetze zu eruieren, auf Grund derer die Natur, oder das Sein oder Gott – oder wie immer man das Gegenüber unserer Handlungen nennen will – auf unsere Handlungen reagiert. Dieses Gegenüber, die sogenannte Realität also, ist im Grunde unbekannt und wird es immer bleiben.

Sie reagiert aber verschieden auf verschiedene Bedingungen, Kulturen, selbst Individuen. Das setzt voraus, daß es diesen Bedingungen eine gewisse *Selbstständigkeit* zugesteht – die sogenannte Autonomie eines Individuums oder einer Kultur ist ein vorübergehendes Geschenk der Natur, nicht eine absolute Voraussetzung allen Denkens und Handelns. Die Folge ist ein, man könnte sagen, *ontologischer Relativismus:* verschiedene Welten, wie etwa die Welt der Homerischen Götter oder die Welt der Quarks, sind *gleich wirklich,* weil sie von derselben Natur hervorgebracht wurden und erhalten werden. Künstler und Wissenschaftler, die behaupten, *die* Realität gefunden zu haben, sind Tyrannen, vor denen man sich sehr hüten muß.

Die verschiedenen Welten sind aber auch *Kunstwerke,* denn sie wurden hervorgebracht als Reaktion auf ein oft zum Großteil unbewußtes, aber nichtsdestoweniger aktives Eingreifen von Individuen, Gruppen, Kulturen. Dabei ist es durchaus möglich, daß ein einzelnes Individuum die Natur zu größerer Resonanz anregt als eine ganze Nation – denn eine Natur, die Götter hervorbringt, hat selbst persönliche Züge, sie ist deus-sive-natura, nur eben ohne die Spinozistische Gedankenverstopfung. Die Unterscheidung von Naturprodukten und Kunstprodukten fällt damit „ontologisch gesehen", um mir den Mund noch einmal recht voll zu nehmen, zusammen. Was die Unterscheidungsmacher aber nicht hindern soll, sie auf Grund anderer Kriterien wieder einzuführen. Denn wo kämen Intellektuelle hin, bestünde da nicht die Möglichkeit, sich über subtile Differenzen leerer Begriffe mit klugen Argumenten endlos auseinanderzusetzen. In allen Fächern gibt es, was Biologen splitters und lumpers nennen. Die splitters, das sind Leute, die einfache Spezies endlos aufteilen wollen, sie sehen überall Unterschiede. Die lumpers haben ein anderes Auge – sie sehen Ähnlichkeit, wo die splitters Verschiedenheit sehen, und wollen möglichst viele Organismen in einer großen, harmonischen Klasse vereinigen. Ich bin ein überzeugter lumper – und damit bin ich am Ende dieser etwas gemischten Minestrone, eben meines kurzen Beitrags, angekommen.

Paul Feyerabend
ART AS A NATURAL PRODUCT

I shall begin by formulating a proposition that I found in Anton von Webern's series of lectures (for a small group) in the thirties. (The proposition goes back to Goethe.)

Von Webern says *that the arts* and so music as well *are governed by precise laws, and these are the same laws that govern nature as a whole.* Art, says Webern, is the way in which nature expresses itself in a particular sphere, and that is the sphere of human activity. Why does it seem that works of art and natural structures belong to different spheres? Because general laws, working under particular conditions, produce particular phenomena, and these are different according to the conditions. The same law, the law of gravity, produces, according to the circumstances, movement in straight lines, like free fall, ellipses, an asymptotic tendency towards a point attraction, or chaos. What are the particular conditions that lead to the production of works of art? The presence of individuals, groups, cultures with complicated qualities that can often not be more precisely defined. That is the proposition that I should now like to develop a little further.

First some of the consequences of the proposition.

The first consequence is a *thorough devaluation of individual creativity.*

If art is a product of nature, then it is true that, like nature, it constantly produces new forms, but an individual who is creative in his own right, separate from nature, independent has very little say. A view like this is not very popular today, when even someone sneezing is being 'creative'. But let us look at things a little more closely. Let us take for example the apparently very creative transition from Homer's gods to the abstract concept of being. Hegel sees that as the beginning of philosophy and thus of science. Nietzsche sees the transition as the work of giants of the mind, shouting crucial phrases to each other over the abyss—at least this is his way of putting it, in his usual bombastic fashion. For more prosaic spirits, like Mircea Eliade or W. K. C. Guthrie, what we have here is a fundamental discovery made by individuals with outstanding mental powers. But what really happened?

Gilbert Murray, the great classical scholar and friend of Shaw, gives us a hint. The Greek gods started off as local gods. They lived in a clearly defined place, on a mountain, for example, or in a meadow. Voyages of discovery, the foundation of colonies, warlike enterprises brought new gods into the travellers' field of vision. These were often different from the local gods, but as well they were similar to them. Occasionally they even had the same names. The similarities gradually moved into the foreground, the differences disappeared. The gods became more colourless, but also more powerful, as their sphere of influence was now larger than before. All this has to be seen as a gradual change in which many people were involved, but did not bring about consciously. There were analogous developments in other fields as well. Buying and selling began as barter: an object that was useful, but also a receptacle for many memories, was swapped for another object with a similar background. Aesthetics and family history were inextricably entwined with what was later called the 'use value' of an object. The procedure was slowly standardized, then combined with an intermediate object, a 'currency'. At first this was valuable in itself (iron bars, for example, or silver coins), but it was soon replaced by coins that were worthless in themselves. Again a quality of things, their value, lost its particular characteristics and became more abstract. The democratization of political life moved in the same direction. It is not family ties, not friendships, that determine the politically effective aspect of a person, but a definition of rights and duties that is independent of these. Kurt von Fritz has described the impoverishment of language that accompanied this development: "The content of words began to be impoverished, formulaic, empty, one-sided ..." and that happens entirely of its own accord, without any assistance from philosophers. What philosophers from Xenophanes onwards do is to praise the impoverishment that is already there and endow it with the status of a principle. "I asked one thing, and was given many" was Socrates' reply to Theaetetes when the latter replied to the question "What is cognition?" with a list of various fields of knowledge. Now I admit that boredom that is already the dominant force is different from an act that raises it to the status of a principle—but the 'creative potential' of such an act, to use a really juicy phrase for once, is in fact very slight.

"Is the word then really so powerful that it can change the world and influence history?" asks Vaclav Havel. By no means, I should say. It is part of a process that was not caused by it and that is usually distorted by it, but is only seldom correctly described. But certainly wordsmiths see words as a thrusting, driving force.

Let us take a second example, to pin down the detail as well. Simon Stevin, a late 16th and early 17th century Dutch scientist wanted to prove that a chain laid over a wedge is only in equilibrium when the lengths lying over the sides of the wedge behave in precisely the same way as the sides of the wedge themselves. He additionally thinks of the chain as closed, and hanging down below the wedge. If the chain now moves, then it must continue to move for ever, as each of its positions is the same as every other position. If it is at rest then it is at rest for ever, and so is in equilibrium. The lower part is symmetrical, can be left out, and that produces the law. How does Stevin know that the full chain will never begin to move of its own accord? He is being creative, he is making a bold hypothesis, say the defenders of creativity. He adapts to his surroundings, that is to say his thoughts move in the same way that his surroundings move in reality, says Ernst Mach, who has analysed the case. It would certainly be very surprising to see a chain that suddenly started to move. Why? Because experiences of all kinds have condensed to form an instinct that now directs the thinker. The nature of this instinct, in other words nature in the form that it manifests itself in a particular person, is his guide, not some sort of nebulous 'creativity'. "Numbers are often called 'free creations of the human mind,'" says Mach in this context.

The admiration for the human mind that this expresses is very natural as far as the complete, imposing structure of arithmetic is concerned. But understanding of these creations is taken much further if one investigates their *instinctive beginnings* and considers the circumstances created by the necessity for these creations. Perhaps one would then acquire the insight that the first formations in this category were unconscious and *forced* into being biologically by material conditions, and that their value could not be recognized until they were already there.

This brings me to the second consequence of the thesis that artistic products are natural—and that is *the close interrelationship of all human activities*—all these activities are products of nature, produced under the particular conditions of human life. Human beings do not just erect structures in clay, colour and stone, they also erect works of art in thought, like arithmetic, which has already been mentioned, geometry, astronomy, they cook, they eat, they love and torment each other, they wage war, produce children, go on journeys, kill and die. This tangle of actions, causes and results, which it is not very easy to unravel, was at a very early stage divided into different spheres with precisely defined boundaries. In the view of some scholars, differences between professions emerged with agriculture and a settled way of life. The ancient philosophers of the West then introduced a new distinction—the distinction between an activity that is practised habitually and slowly improved in an instinctive way, and an activity that depends upon insight, particularly conceptual insight. This was not a distinction between phenomena that already existed, but cultural criticism: what already existed was to be changed and directed towards a new ideal. The distinction between art, science and everyday life came about in precisely this way. It is relatively clear if one examines the underlying *concepts*, especially philosophers' concepts that were already fixed and directed at making distinctions. It disappears, becomes irrelevant, cannot be found at all if one turns to the phenomena. In saying this I do not deny that lots of very elegant dividing lines can be drawn in the sphere of phenomena. For example, the aims of modern solar astronomy are fairly different from those of sculpture, and a daub by Jackson Pollock belongs in a completely different world from that of the Madonna degli occhi grossi (formerly on the high altar of Siena cathedral, now in the cathedral museum). But it is not possible to find a *major* border, with *art* on one side and *science* and *nature* on the other, in the sphere of phenomena. Just think of all the things that count as science today! There's Konrad Lorenz crawling around in the grass with his geese, and experiments like the attempt to find the Higgs Boson. The former is a living relationship with a nature that is changed only occasionally and then only very slightly, the latter a major industrial enterprise, controlled by international contracts, that takes a very narrow and artificially tailored sphere of nature as the starting point for its reflections. Enterprises like these often lead to compromise, both in preparation and in the identification of results. Sometimes they are not very different from political agreements—one party gives a little here, the other there, and in the end they all sign. Then there are the scientists of the Royal Society—'gentlemen free and unconfined'. They had their own laboratories and laboratory assistants. These assistants carried out the experiments but, so it was assumed, they were too poor, and thus too dependent upon their position, to be able to reach an objective judgement. The gentlemen made the judgements. Today it is the other way round—the leading lights in subjects like molecular biology travel constantly, and they have to, because the most recent information is not to be found in printed research, but at conferences—but this information is provided by students who work 'at home', in the lab. And so on.

I could produce other examples of this kind, in the art field, as well. Just imagine it all set up in a museum—one remarkable happening after another. You wander through the museum and ask yourself: is it possible to reconcile all this without distortions and short cuts, to find one precise and limiting concept? Don't start thinking, *look*—and the answer will have to be: *No*. You can also put it to the test in a more 'conceptual' fashion. Take some definition of science that is not empty, and that appeals to you. I make the following prophecy: if you are prepared to look through the history of science carefully enough, you will soon find an event that everybody, including you, recognizes as scientific, but that doesn't fit the definition. Seen realistically, concepts like the concept of science and the concept of art are open overall concepts whose contents mingle with each other in many places, and in a way that is always changing. For example there are—and here I come to the third consequence of the thesis of the natural character of art—good reasons to accept *that not only theories about certain worlds, but also these worlds themselves are works of art*, created by scientists (in the usual sense) with material placed at their disposal by nature. If that is true, then not only is art a product of nature, but nature is also a product of art, a work of art, manufactured by whole generations of artists. One example is the world as described by modern cosmology with its development from big bang via elementary particles, hydrogen, helium, galaxies, fixed stars, planetary systems, bacteria, fleas to human beings. Let us look at this assertion a little more closely. Is it true, or isn't it?

It is not true! many of you would shout, if you were not so nicely brought up. And why is it not true? Because a work of art does not exist until the moment of its completion, but the world was there long before the existence of human beings, indeed even of our solar system. And indeed this does seem to be an important distinguishing feature of art and science: a scientist considers what appears to him to be something that has always existed but was first discovered by him, while an artist creates his work of art—there was a time when it did not exist, but now it does. What should we think about this distinction?

Firstly, it is not very tidy. Michelangelo, who is generally considered to be an artist, saw a sculpture in the stone even before he released it from its thrall, while the quantum theory has important objections to an appearance-independent existence of everything that appears. Now it is no longer possible to enter into a dispute with Michelangelo and the quantum theory's arguments are not very accessible. So let us look at things from a different angle.

It is assumed that things scientists discover were there long before the discovery and existed independently of that discovery. America existed before it was discovered by Columbus and there will still be electrons even if scientific knowledge were to disappear completely in the course of a new Dark Age. This *classical idea of reality*, as I shall call the assumption, is very plausible and there will not be many people who would resist it outside the quantum theory. But there will also not be many people who dispute that both artistic techniques and scientific concepts depend upon historical conditions in a complicated way. A long and very idiosyncratic development was needed to reach the concepts upon which modern high-energy physics or the modern view of space are based. The Chinese were way ahead of Europe in technology—and yet the scientific revolution of the 16th and 17th centuries happened in barbaric Europe and not in China. The ancient Greeks had the intelligence and also the mathematical resources to carry out such a revolution—but they didn't do it. 'In principle' Babylonian astronomy was of absolutely the same standard as Greek astronomy, but it failed to develop. These and many other peculiar features of the history of science show that modern physics is the temporary result of a complex and very idiosyncratic development. Now the classical idea of reality asserts that the world described by this result can be assumed to be set apart from development, and to exist independently of it. It asserts that a product that could not have come into being at all without very special conditions gives us information about things that are happening independently of any conditions. That is a very implausible assertion.

Let us go a step further. Modern science is not the only tradition that makes assertions about reality. The Homeric gods and their heirs, the gods of the Roman Empire, were the result of complicated historical developments and were considered to exist independently of these developments. Does this mean that as well as elementary particles and their fields the world also contains gods that can disturb the legitimate course of nature?

It does not mean that, say the representatives of science, as the gods were unmasked as illusions a very long time ago. How? By the rise of science. Why by that exactly? Because science teaches us what happens in reality. But that is precisely the assertion that we are examining—and so the argument cannot be used. It does not mean that, say the philosophers, as the Homeric gods were refuted by cogent arguments a very long time ago. Unfortunately I cannot rehearse these arguments for you—there is not enough time, I can only assert dogmatically that these so-called arguments achieve their aim only if ideas already appeared *historically* that are hostile to the gods. It is history, and not arguments, that makes life difficult for the Homeric gods. But according to the classical view of reality history has no effect on anything that is real.

Another argument says that the gods cannot be found experimentally. This argument overlooks the fact that scientific methods of investigation are adapted to things, not vice versa. Planets are found in a different way from protons, these in a different way from shy birds and these again quite differently from quarks. If Aphrodite exists, and if she has the qualities ascribed to her by Homer, she will certainly not sit still for something as boring and degrading as a repeatable scientific experiment.

Well argued! you will say (or perhaps not)—but the result is absurd! The Homeric gods were not just moral forces, they were physical forces as well; they caused scourges, earthquakes, floods, thunderstorms. All these things are explicable by modern science on a basis of unified principles, and successfully, as well. Successful ideas displace less successful ideas—and that's that, isn't it? By no means! In fact it's not true that thunderstorms, scourges, earthquakes, eclipses etc. "are explicable by modern science on a basis of unified principles". Firstly there is no process of derivation that starts with a certain excellent part of physics then takes a very long route using many approximations to end up here with a meteorological, there with a geological and then again with a biological theory: secondly there is at the moment no excellent part of physics that could serve as a basis for such a process and thirdly many scientists refuse to legitimize their disciplines by processes of this kind. "We do not demand that the theory of elasticity should be open to derivation from the Bible", wrote Truesdell in his introduction to this theory. Fourthly even a united theory of matter would leave the problem of body and soul unsolved. The suggestion that derivation is possible 'in principle' is a pious hope—it cannot be supported by facts or theorems. The assertions that the many gods are confronted by a uniform nature described by science and researched in detail is thus not an assertion of fact, but a metaphysical postulate. That is not an advantage: it merely shows that in this discussion we are not dealing with 'all' science but with something different. But even that does not bring things to a conclusion. In the last 50 years the idea of reality has been subjected to even more thorough experimental investigation. Niels Bohr had his doubts for a long time, but the facts on which he based his work also admitted other interpretations. The other interpretations became increasingly restricted—now they only eke out a highly diluted existence in the writings of a few outsiders. I mean in particular experimental examination of the so-called Einstein-Podolsky-Rosen correlations, the experiments relating to Bell's inequation and the so-called delayed-choice experiments. I should like to introduce you to just one of the latter, which is in fact just an experiment in thinking. A certain quasar—I have forgotten the number—lies right behind a galaxy. Its light is bent by a gravitational lens: it reaches the observer by two routes, a and b. If image A is observed then it is immediately apparent that throughout the whole of route a, lasting for billions of light years, there could have been no interference between a and b—a and b were not 'in phase'. If A and B are brought into a state of interference, then one is immediately aware that a and b had been in phase for billions of light years. The difference cannot have been caused by interaction, because no interaction is faster than light. Thus another experiment produces another world according to the theory, which means that the world established by the experiment cannot be accepted as existing independently from the experiment.

Let us now apply all these insights to our problem, in other words to the relationship of different world views to each other.

The proposition was that works of art are products of nature, produced by nature under particular conditions, and these are actions by artists and entire cultures.

From this I adopt the idea that nature does not simply lie there and allow itself to be discovered or reshaped, but that it reacts to conditions, in this case individual and collective actions, and that in a way it is dependent on both nature and the actions.

Remember also that works of art, scientific ideas, the setting up of experiments etc. etc. are dependent on idiosyncrasies in the strand of historical development in which they appear. Like many other traits of historical development these idiosyncrasies are recognizable only once they have appeared—they cannot be predicted. From this I adopt the idea that it is impossible to work out the mechanism or the laws on the base of which nature, or being, or God—or whatever one chooses to call the opposite number to our actions—reacts to our actions. This opposite number, so-called reality, in other words, is basically unknown, and will always remain so.

But it reacts differently to different conditions, cultures, even individuals. This presupposes that these conditions are granted a certain *independence*—the so-called autonomy of an individual or a culture is a temporary gift from nature, not an absolute prerequisite of all thought and action. The consequence is what one could call *ontological relativism*, different worlds, like for example the world of the Homeric gods or the world of the quarks are *equally real*, because they are produced and sustained by the same nature. Artists and scientists who assert that they have found *one* reality are tyrants of whom one should beware.

But the different worlds are also *works of art*, as they were produced as reactions to intervention by individuals, groups, cultures that was to a large extent unconscious but nevertheless active. At the same time it is entirely possible that a single individual could stimulate nature to greater resonance than an entire nation—as a nature that produces gods has personal features itself, it is deus-sive-natura, but without Spinoza's mental constipation. Thus the distinction between natural products and artistic products collapses 'ontologically speaking', to come up with another mouthful. But this should not prevent distinction-makers from introducing them again on the basis of other criteria. Because what would happen to intellectuals if there were no possibility of endlessly using clever arguments to analyse subtle differences between empty concepts? Every subject has what biologists call splitters and lumpers. Splitters are people who want to subject simple species to endless division, they see differences everywhere. Lumpers take a different view— they see similarities where splitters see differences, and try to unite as many organisms as possible in one large, harmonious class. I am a convinced lumper, and so saying I have come to the end of this somewhat mixed minestrone, in other words my short contribution.

Translation from the German: Michael Robinson

Francisco J. Varela
DER KÖRPER DENKT
DAS IMMUNSYSTEM UND DER PROZESS DER KÖRPER-
INDIVIDUIERUNG

1. Metaphern-Wechsel
Ich möchte über den Gegenstand schreiben, der zugleich das Grund-Paradox und ein potentieller *breakdown* ist: den Körper. Heute, da wir von AIDS bedroht sind, wissen wir deutlicher als je zuvor, daß wir eine Körper-*Identität* haben, die ebenso prekär wie dynamisch ist. Meine Leitfrage heißt deshalb: Wie ist die Körper-Identität beschaffen, wenn eine Krankheit wie AIDS ihren Zusammenbruch verursachen kann? Und damit sind wir schon beim Schlüsselphänomen der Körper-Identität: dem *Immun*system.
Die Rolle, welche man dem Immunsystem üblicherweise zuschreibt, ist der Schutz des „Selbst" gegen von Außen kommende Infektionen. Das Immunsystem soll Abwehrstoffe gegen Eindringlinge und „Überwachungs"-Zellen produzieren, welche die Pathogene töten und das „Selbst" vor Überfremdung (dem „Nicht-Selbst") bewahren. Jedes Handbuch der Immunologie beginnt mit ihrer Definition als Beschreibung solcher Immun-*Antworten*.
So wie die *cognitive science* früher von dem Bild des (digitalen) Computers beherrscht war, wird der Diskurs der Immunologie von *Militär*-Metaphern beherrscht. Ich möchte ein grundlegend anderes Bildfeld und eine neue Begrifflichkeit für die Erforschung des Immunsystems vorschlagen, und das wird ein Konzept sein, welches den Schwerpunkt auf die *„kognitiven"* Leistungen von Immun-Ereignissen legt. Es ist mir klar, daß manchem Leser das Wort „kognitiv" hier wie eine Übertreibung anmuten wird, aber ich glaube, daß es jedenfalls insofern nützlich ist, als es einen sehr klaren Kontrast gegenüber dem Militär-Bildfeld markiert, welches das Immunsystem als ein Verteidigungssystem darstellt. Ich will also das Wort *„kognitiv"* ähnlich vage lassen, wie das bei seiner Anwendung auf andere biologische Prozesse – etwa im Gehirn oder in Ökosystemen – der Fall ist. Jedenfalls soll es hier nicht ausschließlich mentale und sprachliche Vorgänge beim Menschen bezeichnen.
Man kann den Körper als jene (durchstrukturierte) Umwelt von verschiedenen, miteinander interagierenden Gruppen von weißen Blutkörperchen oder Lymphozyten ansehen, die das Immunsystem konstituieren. Für die Lymphozyten gilt, daß sie untereinander differenziert sind – und zwar entweder durch besondere Molekularstrukturen oder durch Antikörper, die sie auf ihrer Membranenoberfläche präsentieren. Wie die Species der Biosphären stimulieren oder inhibieren diese Lymphozytengruppen wechselseitig ihr Wachstum. Und wie die Species in einem Ökosystem erzeugen sie eine erstaunliche Diversität: die Antikörper und anderen Moleküle, welche die Lymphozyten hervorbringen, sind die mit großem Abstand (im Verhältnis 1:1 000 000) höchstdiversifizierten Molekülgruppen im Körper, und sie sind deshalb hervorragend geeignet, die beständige Veränderung und Diversifizierung der anderen Moleküle im Körper zu sichern. Das Netzwerk der Lymphozyten befindet sich in einem

Verhältnis der Harmonie mit dem Körper als seiner natürlichen Umwelt, der seinerseits bestimmt, welche Lymphozyten-Arten vorkommen. Aber die dann vorkommenden Lymphozyten verändern radikal jedes Molekularprofil im Körper. Wenn wir erwachsen sind, weist unsere Molekular-Identität ein nur dies eine Mal vorkommendes Profil auf, welches durch das Zusammenwirken des Immunsystems/Körpers entstanden ist.

2. Der unvermeidliche kognitive Aspekt der immunologischen Phänomene
Selbst wenn es tatsächlich nur eine defensive Funktion hätte, müßte das Immunsystem über kognitive Fähigkeiten verfügen. Es müßte zunächst imstande sein, Molekular-Profile zu *erkennen:* dazu gehören die Gestalten der eindringenden Wirkstoffe – in der Sprache der Immunologie heißen sie „Antigene" – und, auf einer allgemeineren Ebene, die „Fremdheit", welche die körperliche Integrität des Subjekts in Gefahr bringen können. Des weiteren muß es *lernfähig* sein, um die neuen Antigene erkennen und sich selbst gegen sie verteidigen zu können. Schließlich muß es ein *Gedächtnis* haben, um die neuen Formen erinnern zu können. Erkennen, Lernfähigkeit und Gedächtnis sind Prozesse und Mechanismen, wie man sie derzeit im „Konnektivismus" diskutiert (jener Forschungsrichtung, die kognitive Mechanismen als Netzwerke betrachtet). Das große Vergleichsparadigma ist hier das Gehirn. Man sagt, *daß das Immunsystem ein kognitives Netzwerk ist,* weil es 1. eine Reihe von Eigenschaften mit dem Gehirn gemeinsam hat und 2. – was viel interessanter ist – weil es in beiden Fällen ähnliche, (zumindest vergleichbare) übergeordnete Eigenschaften biologischer Netzwerke sind, die kognitives Verhalten überhaupt ermöglichen. Unter dieser Perspektive ist das Immunsystem zu einem bevorzugten Paradigma für die gegenwärtige Forschungspraxis über grundlegende kognitive Mechanismen geworden. Doch dies wäre nicht der Fall ohne neue Ergebnisse und Trends in der Experimental-Immunologie, die eben am Paradigma der „Vernetzung" orientiert sind. Und dies führt zu bedeutenden Umorientierungen in der Forschungspraxis der Immunologie und ihren Anwendungen.
Im Gegensatz dazu betrachteten ältere Theorien das *Antikörper-Molekül als so etwas wie ein „universales Bindeglied", das mit jeder Antigen-Form interagieren und in ein Verhältnis der Komplementarität treten, das Antigen beseitigen und die „erlernte" Gestalt erinnern konnte* (Urbain 1986).
Besonders wichtig sind die Anführungszeichen um das Wort „erlernt". Auf der einen Seite nämlich kann man den kognitiven Aspekt des Vorgangs nicht übersehen; aber auf der anderen Seite scheint er doch nicht wirklich kognitiv zu sein. Denn sonst müßte man doch sagen, daß das Papier, das eine Unterschrift trägt, „gelernt" hat.
Dies ist bereits ein Teil der zentralen Problematik. Es gehört zu den Grundkonventionen der Immunologie, von der Unterscheidung zwischen „Selbst/Nicht-Selbst" zu sprechen, weil das Immunsystem hier Unterscheidungs-Funktionen *innerhalb* eines Körpers ausfüllt. Daraus ergeben sich wichtige Folgen. Bis vor kurzem nämlich – und darauf werden wir noch zurückkommen – hatte

die Immunologie gerade wie andere Teilgebiete der *cognitive science* jegliche kognitive Fähigkeit als Informationsverarbeitung betrachtet. Man glaubte, daß die Information „von außen" komme, daß das System adäquat auf sie reagiere und so eine angemessene Reaktion hervorbringe. Solche *input/output*-Beziehungen waren zusammen mit der Annahme interner Programme für die „Informationsverarbeitung" die Basis der *Heteronomie*-Forschungsrichtung, welche Systeme als „außenbestimmt" ansieht (Varela 1979). Die Immunologen haben dieses Heteronomie-Schema übernommen: Ein Antigen kommt „von außen", und die angemessene Antwort ist die Produktion eines Antikörpers, dessen Funktion darin liegt, das Antigen zu beseitigen. Aber wovon hängt es ab, *wie* der Antikörper gebildet wird? Im Gegensatz zum Nervensystem gibt es im Immunsystem keine räumlich verorteten Sinnesorgane. Antikörper zirkulieren frei im Organismus, und die Wahrscheinlichkeit, daß sie auf Moleküle des Organismusgewebes (des „Selbst") treffen, ist ebenso hoch wie die, daß sie auf Antigene (des „Nicht-Selbst") treffen. Die Erkennens-Funktion der Antikörper setzt also voraus, *daß sie erkennen können, was sie erkennen müssen.*

Wenn ein Leser je den Eindruck hat, daß dies allzu kompliziert wird, so kann ich seinen Eindruck nur bestätigen. Es ging darum zu zeigen, daß die für das Immunsystem notwendige Annahme einer Fähigkeit zu erkennen, was erkannt werden muß, nicht befriedigend mit einer Heteronomie-Operation, einer automatischen Reaktion auf etwas, das „von außen" kommt, erklärt werden kann. In der Vergangenheit hat die Immunologie versucht, diese Schwierigkeit zu umgehen und so die Heteronomie-Perspektive aufrechtzuerhalten; aber eine wirklich befriedigende Lösung verlangt wohl ein radikaleres Umdenken, eine Modellierung des Immun-Systems als autonomes Netzwerk. Um dies nun verständlich zu machen, will ich zunächst fragen, was in diesem Zusammenhang „erkennen" bedeuten kann.

Wenn man sagt, daß ein Antikörper ein Antigen „erkennt", so heißt das, daß er sich chemisch mit ihm verbindet und es dadurch neutralisiert. Diese Erklärung funktioniert wunderbar, wenn es sich um Fremd-Moleküle handelt – und nicht um Moleküle, die wesentliche Komponenten des Organismus sind. Immunologen haben deshalb grundsätzlich die Möglichkeit ausgeschlossen, daß sich Antikörper mit Molekülen des Organismus verbinden können, ohne jene Konsequenzen auszulösen, die wir die „Autoimmunkrankheit" nennen. Nur in diesem – pathologischen – Fall treten zerstörende Immun-Reaktionen gegen eigene Gewebestrukturen auf. Dieses *Toleranz*-Phänomen hat Ehrlich im Jahr 1900 als den „horror autotoxicus" identifiziert.

Ein weiterer wichtiger Gedanke, der unter dieser Perspektive nach und nach ausgearbeitet wurde, führte zu der Hypothese, daß das Erkennen unbekannter Antigene gerade durch die Ungenauigkeit dieser Mechanismen möglich werden sollte, genauer dadurch, daß sich ein Antikörper mit verschiedenen Affinitätsgraden an ein breites Spektrum molekularer Formen binden kann. Ein Repertoire von 10^5 Arten von Antikörpern reicht aus, damit eine Kaulquappe leben kann, während der Mensch über mehr als 10^9 Arten von Antikörpern verfügen muß. Man muß also annehmen, daß die vom Immunsystem erfüllte Funktion auf verschiedenen Ebenen *vollständig* sein kann – und dies macht die Frage der Unterscheidung zwischen „Selbst" und „Nicht-Selbst" wesentlich komplexer.

Doppelte Unterscheidung aber bedeutet doppeltes Erkennen: Zunächst muß ein Antigen als „Nicht-Selbst" identifiziert werden, und erst dann läßt sich bestimmen, um welche Art von Antigen es sich handelt; logischerweise hat das Erkennen des „Nicht-Selbst" ein Erkennen des „Selbst" zur Folge. Und die Schwierigkeit liegt nun in der Annahme, daß aus Erkennen Zerstörung folgt. Das ist eine geradezu diabolische Implikation, die man etwa so formulieren kann:

Die klassischen Theorien fordern auf der einen Seite die Vergleichs-Operation, welche zwischen Selbst- und Nicht-Selbst-Strukturen unterscheidet, während sie auf der anderen Seite ein Nicht-Erkennen der Existenz des Selbst zur Voraussetzung dafür machen, daß *keine* immunologische Selbst-Zerstörung stattfindet (Coutinho u. a. 1984, S. 152).

Ich möchte diese Implikation den „immunologischen *double bind*" nennen. Keine Verteidigung ohne Erkennen/Kein Erkennen ohne Zerstörung.

3. Die Entwicklung der gängigen Theorie (Klonale Selektion)

Wir haben uns jetzt die Voraussetzungen dafür erarbeitet, den folgenden Schritt im immunologischen Denken analysieren zu können, der als eine Antwort auf die eben skizzierte Schwierigkeit entstand – und immer noch an der Heteronomie-Perspektive festhielt. Die Klon-Selektions-Theorie entwickelte sich auf der Grundlage der Arbeiten von M. Jerne und M. Burnet in den fünfziger Jahren und nahm in der Immunologie bis vor kurzem eine ähnlich dominante Position ein, wie das Computer-Schema in der *cognitive science*. Die Immunologie brauchte erstaunlich lange, um sich vom Schema der „Informationsverarbeitung" zu befreien – und sie tat das nur sehr zögernd.

Die erste neue Idee stammte von Jerne und bestand in der Annahme eines Antikörper-Repertoires, das beständig im Körper anwesend sein sollte. Im Gegensatz zu den vorausgehenden Theorien vermutete er, daß die Antikörper-Produktion *vor* der Konfrontation mit den Antigenen stattfände, ja diese in gewisser Weise vorwegnähme. Man hielt das zunächst für fast ausgeschlossen, aber heute wissen wir, daß es etwa 10^{20} Antikörper mit hoher Diversifikation ihrer Bindungsfähigkeit gibt, so daß keine Zweifel an der Existenz eines „inneren Repertoires" mehr bestehen. Doch damals blieb zu erklären, wie eine zunächst „zufällig" entstandene Serie von Antikörpern so genau auf die Antigene eingestellt sein konnte. Man wußte, daß die Konfrontation mit Antigenen Spuren im System hinterließ: Die Antikörper, die sich an sie binden, vermehren sich – und so gelangte man zu der These einer *Immunreaktion*. Tatsächlich hat eine Reflexion über diese Art von Phänomenen später zum Verstehen der kognitiven Eigenschaften geführt, aber so weit sind wir noch nicht. Der wichtigste Vorschlag zur Überwindung dieser Schwierigkeit kam von Jerne: Er erinnerte an Darwin und die Theorie von der „natürlichen Selektion". Selbst dann, wenn das Antigen *nicht* als Instruktion zur Bildung von Antikörpern wirkt, kann es doch wenigstens jene Antikörper entsprechend *selektieren*, die schon vorhanden sind, sich an sie binden und so ihre Vermehrung verursachen. Es blieb dann M. Burnet vorbehalten, einen spezifischen Mechanismus zu postulieren, durch den dieser Selektionsprozeß als Lymphozyten-Austausch verkörpert werden sollte. Jeder Lymphozyt sollte nur eine Art von Antikörper tragen (und produzieren) können, woraus folgt, daß sich die besonderen Unterklassen von Lymphozyten-Familien – oder *Klonen* – nur mit dem jeweils passenden Antigen verbinden konnten. Der Kontakt zwischen Antigen und Klon sollte zu einer Zellvermehrung dieses Klons führen, welche ihrerseits eine erhöhte Produktion von Antikörpern der jeweils besonderen Art und mithin die Neutralisierung der von außen kommenden Antigene bedingen sollte (Burnet 1959). Man nahm also eine Entwicklung der Lymphozyten- und Antikörper-Gruppen unter dem Selektionsdruck des Antigens an. Noch heute spricht man ab und an von „Antigen-Determinanten".

Die Klon-Selektions-Theorie war eine brillante Antwort auf die ebenso komplizierte wie lästige Frage nach den Funktionsmechanismen, mit denen das Immunsystem auf eine grenzenlose Fülle unbekannter Stimuli reagiert. Sie inszeniert die Kognitions-Probleme als ein evolutionäres Spiel. Man verlegt das Problem von einer auf eine andere Zeitebene; und man verlegt es auch vom Außen der Umwelt zum Innen des Organismus. Freilich enthält dieses Modell noch keine Lösung der Frage nach der Selbst-Toleranz. Der entsprechende Vorschlag der Klon-Selektions-Theorie war denkbar einfach. Er setzte voraus, daß der von Beginn an vorhandene Set von Antikörpern unvollständig sei: in ihm sollten *genau* jene Klone fehlen, welche Selbst-Moleküle erkennen können. Aber jene einfache Lösung verschob das Problem nur, da sich das Ausbleiben solcher Klone nicht durch genetische Mechanismen erklären ließ. So hatte man sich sowohl die Erklärungsmöglichkeit durch einen genetischen Prozeß als auch durch einen selektiven Prozeß versperrt. So wurde der relevante Zwischenschritt in das Embryonalstadium verlegt, wo man nun eine Klon-Selektion annahm, die gegen den Organismus selbst gerichtete Klone zerstören sollte. Das läßt sich auch so formulieren, daß der Organismus während der Ontogenese die Unterscheidung zwischen „Selbst" und „Nicht-Selbst" lernen soll.

Die Kognitionsprobleme, die man „durch die Tür" verjagt hatte, kamen also sozusagen „durch das Fenster" wieder zurück. Das Selektionsmodell bietet keine hinreichende Erklärung; es muß immer noch auf einen Lernprozeß rekurrieren, durch den das „Selbst" abgegrenzt werden soll, auch wenn dieser nun in das Embryonalstadium verlegt wurde. Burnet formulierte eine Antwort auf die Frage, wie sich dieser Lern-Prozeß vollziehen sollte. Autoimmun-Klone sollten dadurch ausgeschaltet werden, daß „man annahm, daß in dieser Entwicklungsphase des embryonalen Lebens der Antigenkontakt zum Zelltod führen" sollte (Burnet 1959, S. 58). Das war eine eigenartige Umkehrung der zugrundeliegenden Logik: Gerade jene Mechanismen, welche die Unterscheidung zwischen dem „Selbst" und den Antigenen ermöglichen sollten, wurden zum Gegenteil dessen, was später die Unterscheidung zwischen verschiedenen

Antigenen ermöglichte. Im zweiten Fall führt der Kontakt mit den Antigenen zur Beseitigung der Antigene. Im ersten Fall führt der Kontakt mit den Antigenen zur Beseitigung der Zellen. Der Theorie-Schachzug besteht darin, daß man die beiden Pole des „immunologischen *double bind*" voneinander abtrennt: Man schreibt die eine Seite der Unterscheidungs-Funktion den Erwachsenen und die andere Seite dem Embryo zu. Außerdem sind ja die Klone, die in der Embryonalphase eliminiert werden sollen, Komponenten des „Selbst", so daß „Selbst"-Zerstörung zu einer Implikation jener Konstruktion wird, welche just Selbstzerstörung abwenden sollte. Es wird deutlich, daß die Verstrickung zwischen diesen beiden gegenläufigen Prozessen der Preis ist, den man für logische Konsistenz zu entrichten hat.

Immerhin lieferte die Klon-Selektions-Theorie wertvolle Vorgaben für Experimentalarbeit. Sie führte etwa Burnet zu der Hypothese, daß das Immunsystem dadurch „getäuscht" werden konnte, daß Zellen in den Embryo eingeführt wurden, die eine Toleranz gegenüber Molekülen bewirkten, die normalerweise nicht vorhanden war. Burnets Annahme ließ sich durch Experimente bestätigen, und man erkannte, daß diese Toleranz gelernt wurde. Doch später stellte sich heraus, daß nicht nur der Emryo zu solcher Toleranz fähig ist. Auch der Erwachsene ist ihrer fähig, woraus folgt, daß sich der Lernprozeß nicht in eine *spezifische* Entwicklungsphase verlegen ließ. Schon daraus ergaben sich für die Klon-Selektions-Theorie prekäre Fragen. Aber auch der Begriff eines „mit Ausnahme der Selbst-Determinanten kompletten Sets" ist problematisch. Denn die Voraussetzung jener „Ausnahme" wirkt zwar zunächst recht harmlos, aber sie hat erschreckende Folgen, wenn man sich an das erinnert, was ich über das breite Spektrum von Molekularprofilen gesagt habe, an welche sich der Antikörper bindet und welches die erste Grundlage für den Begriff der Vollständigkeit ist. Der Gedanke der Zerstörung von Autoimmun-Klonen ist nur solange einfach, wie man die Annahme einer Spezifizierung der Antikörper aufrechterhält, die aus den medizinischen Ursprüngen der Immunologie kommt und durch die Impf-Praxis bestätigt zu werden schien, wo in der Tat eine bestimmte Gruppe von Antikörpern gegen ein „Pathogen" gebildet (oder induziert) wird. Aber man kann daraus keine Regel ableiten. Wenn wir eine hinreichende Zahl von Klonen beseitigen, um die Reaktion auf die Moleküle des Organismus auszuschalten, dann würde das bedeuten, daß wir das Lebewesen außerstande setzten, auf die riesige Anzahl potentieller Antigene zu reagieren und so seine Erhaltung aufs Spiel setzten. In diesem Fall wäre der Immunitätsschild durchlöchert wie ein Sieb. Wir sehen also, daß auch die Annahme eines kompletten Sets „mit der Ausnahme von", die entstanden war, um das Dilemma der beiden gegenläufigen Formen des Erkennens aufzulösen, die man ihrerseits voraussetzen muß, um die Unterscheidung zwischen „Selbst" und „Nicht-Selbst" verstehen zu können, zu einem neuen Widerspruch führt: Man muß dann den Begriff des Erkennens eines „Selbst" so spezifizieren, daß er mit der Annahme eines vollständigen Sets unvereinbar wird.

So trat eine Entwicklung ein, wie wir sie in den Naturwissenschaften oft beobachten: Nach einigen Jahren allgemeiner Akzeptanz wurden die Schwächen der Klon-Selektions-Theorie immer deutlicher (wir brauchen das hier nicht im Detail darzustellen). Am Ende war es ein Zusammentreffen von offenbleibenden theoretischen Fragen (wie sie allerdings die Immunologen längst nicht immer beeindruckt haben) und einiger zentraler empirischer Beobachtungen, die in den siebziger Jahren eine neue Perspektive entstehen ließen.

4. Der Weg zur Theorie eines autonomen Immun-Netzes

Die hier skizzierten Probleme bleiben solange unlösbar, wie man nicht bereit ist, die Vorstellungen des *„horror autotoxicus"* aufzugeben. Heute weiß man, daß im Embryo und im Erwachsenen Antikörper zirkulieren, die sich mit vielen (allen?) Molekülen des Organismus verbinden. Deswegen kann man sich nun nicht mehr vorstellen, daß diese Antikörper *gegen* die Moleküle des Organismus wirksam werden. Vielleicht lösen zwar diese Arten von Antikörpern Autoimmunkrankheiten aus, wenn sie in größerer Konzentration vorkommen, aber das ist bei der normalen Dichte ihres Vorkommens gewiß nicht der Fall.

Aber eine andere grundsätzliche Theorie-Revision ist wichtiger. Man darf nicht außer acht lassen, daß die zirkulierenden Antikörper, von denen wir annehmen, daß sie für die Unterscheidung zwischen „Selbst" und „Nicht-Selbst" verantwortlich sind, *selbst* Teil des Organismus sind. Daraus folgt, daß es Antikörper gibt, die sich mit anderen Antikörpern verbinden müssen. Diese Annahme ließ sich experimentell bestätigen, und darüber hinaus wurde klar, daß die zirkulierenden Elemente der frei flottierenden Serum-Antikörper und die Antikörper auf den Zell-Oberflächen nicht voneinander abgegrenzte individuelle Elemente oder Klone sind, sondern in intensiver Durchdringung die Organisationsform eines *Netzwerkes* bilden. Erstaunlicherweise verdanken wir auch diese Idee Jerne (1974 u. 1984). Man war also geradezu zu der Einsicht gezwungen, daß das System aufgrund seiner internen Dynamik funktionieren konnte; Jerne nannte das *Eigenbehavior* im dynamischen Gleichgewicht. Damit aber war die Konzeption der Heteronomie des Immunsystems radikal in Frage gestellt. Doch man muß wohl noch einige weitere theoretische Annahmen verändern, bevor man die vollen Konsequenzen dieser Umorientierung absehen kann.

Stellen wir uns vor, daß ein Antigen in einen Organismus eindringt. Ein Teil des Antigens, seiner Antigen-Determinante, wird von gewissen Antikörpern erkannt werden. Wir können dieses Molekular-Profil E (für den Terminus „Epitop") nennen. Im Rahmen des alten Paradigmas würde dies bedeuten, daß der Antikörper „Anti-E" bereit wäre, das „E"-tragende Antigen zu eliminieren. Das „Erkennen" würde sich nur zwischen diesen beiden Einheiten abspielen, und die Funktion der Selektion würde weiterhin von dem Antigen abhängen. Wenn man hingegen mit dem Paradigma des Netzwerks arbeitet, dann findet dieser „Privatdialog" nicht mehr statt. Erstens deshalb, weil man sich nun anstelle einer dualen eine multiple Bindung zwischen „E" und verschiedenen Antikörpern „Anti-E" vorzustellen hat. Zweitens – und vor allem – aber, weil wir nun die Antikörper zu berücksichtigen haben, die sich mit dem Idiotopen der „Anti-E's" verbinden, diese haben dann wiederum selber Antikörper, die sich mit ihren Idiotopen verbinden und so weiter ...

Das läuft darauf hinaus, daß wir immer Antikörper-Klassen antreffen werden, die zumindest teilweise dem eindringenden Epitop ähneln. Einfacher formuliert: Das Antigen kann nur deshalb in das Netzwerk eindringen, weil dort schon Antikörper zirkulieren, deren Molekular-Profil ihnen ähnlich, ihr „inneres Bild" ist. Das Antigen ist dann also nicht mehr eine „Determinante", sondern *eine kleine Perturbation in der Existenz eines Netzwerks*. Das bedeutet, daß die Wirkungen des eindringenden Antigens – so wie bei jeder Perturbierung eines komplexen Netzwerks – von dem Netzwerk als Kontext abhängen.

Man sieht daran, daß die Heteronomie-Perspektive des Systems schon dadurch geschwächt wird, daß man seine Logik als Netzwerk näher analysiert. Dabei bleibt bestehen, daß immer dann, wenn der Immunologe eine hohe Dosis eines Antigens injiziert, die Immunreaktion wie eine eigenständige Reaktion des Systems aussieht. Das Paradigma des Netzwerks hingegen läßt uns verstehen, daß es sich hier in hohem Maße um ein Labor-Artefakt handelt. Denn normalerweise werden einem Organismus ja *nicht* große Antigenmengen verabreicht. Es gibt eine vergleichsweise kleine Zahl verschiedener Moleküle des Organismus, die sich verändern, und eine gewisse Anzahl von Molekülen, denen wir aufgrund der Nahrungsaufnahme und des Atmens ausgesetzt sind. Das System ist also prinzipiell eine autonome Einheit, die für alle Arten von Modulationen offen ist, wobei die Modulationen kleine Veränderungen im Inneren des Organismus verursachen – aber gewiß ist er nicht eine Maschine, die Immunreaktionen produziert. Das wird etwa dadurch belegt, daß auch Lebewesen, die von ihrer Geburt an nie Antigenen ausgesetzt werden, ein ganz normales Immunsystem ausbilden. Hier genau stoßen wir auf einen Gegensatz zur Klon-Selektions-Theorie, welche in diesem Fall eine Atrophie des Immunsystems hätte prognostizieren müssen.
Der nächste wesentliche Schritt der Umorientierung liegt darin, das Immunsystem nicht als ein Abwehr-System zu sehen, das sich auf Ereignisse in seiner Umwelt richtet, und es stattdessen als eine Funktion der Selbstbehauptung zu verstehen, die dadurch, daß sie verschiedene Ebenen der Molekül-Zirkulation aufrechterhält, so etwas wie eine *molekulare Identität* ausbildet. Erst unter dieser Sicht entspricht das Immunsystem den gegenwärtigen Forschungen über biologische Netzwerke. Ein komplexes Netzwerk, das mit anderen Netzwerken in Verbindung steht, bringt diese interne Ebenenunterscheidung hervor. Mit anderen Worten: Die Dynamik der Begegnung zwischen Antikörpern und Zellen regelt die Quantität der Zellen und das Profil-Niveau der zirkulierenden Moleküle. Dieser Gedanke entspricht genau der Vorstellung, daß ein Netzwerk von Lebewesen einem Ökosystem seine Identität gegenüber der Umwelt gibt. Daraus folgt natürlich auch, daß so etwas wie eine Ökologie der Lymphozyten innerhalb des Körpers existiert. Dieser „Tanz" des Immunsystems mit dem Körper steht im Zentrum der hier vorgestellten neuen Konzeption, denn eben ein solcher „Tanz" ermöglicht es dem Körper, über sein ganzes Leben und in den verschiedensten Konfrontationen eine stets sich verändernde und plastische Identität zu haben. Die

Konstituierung einer System-Identität ist nun freilich eine *positive* Aufgabe – und nicht eine Reaktion gegen Antigene. Und die Aufgabe der Identitäts-Konstituierung wird hier – logisch sowohl als biologisch – als primär angesehen. Aus all dem folgt, daß das Immun-Netzwerk – wie jedes Ökosystem – einen besonderen *Lern-Mechanismus* haben muß. Er beruht auf dem beständigen Austausch von Netzwerk-Komponenten, der darin besteht, daß neue Lymphozyten aus einem *Pool* gezogen werden. Dabei handelt es sich um einen aktiven Prozeß, der – etwa bei Mäusen – bis zu zwanzig Prozent aller Lymphozyten einbezieht. Genau dieser beständige Austausch ist der Mechanismus, der Lernen und Gedächtnis möglich macht (und er ist funktionsäquivalent den bereits besser erforschten Lern-Algorithmen in neuronalen Netzwerken, Varela u. a. 1988 a/b).

Natürlich ist all das Gesagte nicht mehr als eine stark vereinfachende Skizze des Immunsystems. Es geht hier ja auch nur darum, einige Überlegungen zur Grundkonzeption und einige Elemente des logischen Gerüsts darzustellen. Es ist deshalb vor allem wichtig, genau zu verstehen, was „Netzwerk" in der heutigen Immunologie bedeutet. Daß es die anti-idiotypischen Antikörper gibt, steht mittlerweile außer Frage. Weniger klar ist es, worin ihre Bedeutung und ihre Funktion liegen. Für die meisten Immunologen bedeutet „Immun-Netzwerk" eine Kette aufeinanderfolgender Antiidiotypen. Aber man versteht nicht recht die Komplexität der Prozesse im Netzwerk und die sich aus ihr ergebenden Eigenschaften, wie sie sonst bei der Untersuchung komplexer Systeme und in der *cognitive science* im Zentrum stehen. Man kann die Zahl von Veröffentlichungen über Experimentaluntersuchungen, welche sich tatsächlich mit den Problemen des Immun-Netzwerks befassen, immer noch an einer Hand abzählen, und die theoretische Erforschung hat eben erst begonnen (Coutinho/Varela 1990; Perelson 1988). Diese Situation ist wohl eine Folge der Schwierigkeit, endlich die Prämisse aufzugeben, daß die Immunität etwas mit „Verteidigung" zu tun hat und stattdessen das Immunsystem in der Funktion der Konstituierung molekularer Identität – und das heißt dann auch: *als autonomes Immunsystem* – zu sehen. Es geht um den Gegensatz zwischen „autonom" (Selbst-Produktion) und „heteronom" (außengesteuert).

Wir können uns nun fragen, was in der Konzeption des autonomen Netzwerks aus dem „immunologischen *double-bind*" und dem Problem der Unterscheidung zwischen „Selbst" und „Nicht-Selbst" wird. Die Antwort ist ziemlich einfach. Denn sie entspricht dem Grundprinzip bei der Lösung eines jeglichen Paradoxes: Man muß aus dem Bereich herausspringen, in dem es gültig ist. In unserem Fall bedeutet das: *Grundsätzlich kann das Immunsystem nicht zwischen „Selbst" und „Nicht-Selbst" unterscheiden.* Der normale Funktionsprozeß des Netzwerks kann, wie wir gesehen hatten, nur von eindringenden Antigenen perturbiert oder moduliert werden, er reagiert nur auf das dem schon Vorhandenen Ähnliche. Deshalb ist jegliches Antigen, welches das Immun-Netzwerk perturbiert, *per definitionem* ein „Innen-Antigen" und kann deshalb nur die laufenden Funktionsprozesse des Netzwerks modulieren. Ein Element, das dazu nicht fähig ist, wird ganz einfach nicht wahrgenommen.

Aus der Unterscheidung „Selbst/Nicht-Selbst" wird die Unterscheidung „Selbst/ Nicht-Wahrnehmung".

Normalerweise sind Antigene im Essen oder in der Atemluft enthalten, und sie werden von zahlreichen Schleifen verarbeitet, die auf sie einwirken, woraus sofort niedere Ebenen von Antigenen und Antikörpern entstehen. Genau dasselbe geschieht mit den Elementen des Organismus. In seiner ganzen Entwicklung wirken Moleküle des Organismus mit den Immun-Komponenten so zusammen, daß ihr Frequenz-Spiegel in gewissen Grenzen gehalten wird, weil sie von den Immun-Aktivitäten beherrscht werden. Man kann zum Beispiel zeigen, daß der Spiegel des Renins – eines ganz „normalen" Hormons also – von verschiedenen Antikörpern kontrolliert wird, die stets im Immunsystem vorhanden sind. Dabei gibt es wohl in den meisten Fällen für diese Prozesse keine stabilen Regelmäßigkeiten: Dazu ist ihre Variabilität und die Frequenz des Austauschs zu hoch. Eher gibt es so etwas wie ein Prinzip der „Machbarkeit": Bei ständig sich ändernden Bewegungsrichtungen werden bestimmte Grenzwerte nicht überschritten (es darf also zum Beispiel nicht eine Explosion der Produktion eines bestimmten Antikörper-Typs eintreten). Man sieht also, daß das, was wir auf der Ebene der Moleküle „sind", und das, was unser Immunsystem „ist", in einem Verhältnis der Ko-Evolution stehen.

Wer sich nun immer noch das Immunsystem als ein Abwehrsystem vorstellt, wird wohl langsam ungeduldig werden. Er kann zum Beispiel einwenden, daß immer dann, wenn die Immunität geschwächt ist – wie zum Beispiel bei AIDS –, eine wahre Invasion der Pathogene in unserem Körper stattfindet. Ich will auch gar nicht abstreiten, daß das Immunsystem *auch* dazu imstande ist, eine Immunreaktion gegen Infektionen zu aktivieren. Das geschieht, wenn der Betrag oder die Frequenz der eindringenden Antigene bestimmte Werte überschreitet: Dann werden dadurch bestimmte Mechanismen einer Immunreaktion ausgelöst, wie zum Beispiel die Entzündung an einer Wunde. Aber obwohl auch diese Reaktionen primär von den Netzwerk-Prozessen abhängen, die wir eben beschrieben haben, hat sich die klassische Immunologie ausschließlich mit der (sekundären Ebene der) Immunreaktionen beschäftigt. Es geht ja auch nicht darum, die Möglichkeit von Abwehrfunktionen zu leugnen, sondern darum zu sehen, daß sie ein Sonderfall von etwas viel Grundlegenderem sind: der Konstituierung von Molekular-Identität. Und in der Tat ist multizellulares Leben ja auch sehr wohl ohne die Verteidigungsfunktion von Immunreaktionen möglich. Verteidigungsreaktionen, denen die medizinische Immunologie ihre ganze Aufmerksamkeit gewidmet hat, sind sekundär – so wie Verteidigungs-/Vermeidungs-Reaktionen im neuronalen Verhalten notwendige spätere Varianten des grundlegenderen Paradigmas „Bewegung/Beziehung" im multizellularen Leben sind. Zu sagen, daß das Immunsystem grundsätzlich mit Verteidigung zu tun hat, ist ebenso irreführend wie zu sagen, daß Verteidigung und Vermeidung die Hauptaufgabe des Gehirns ist. Natürlich verteidigen wir uns und versuchen, Angriffen auszuweichen, aber das ist nicht die Grundlage der Kognition (mit anderen Worten: des in einer flexiblen Weise Am-Leben-Seins).

5. Koda

Wir haben nun den Wandel der Grundkonzepte in der Immunologie vom Anfangs-Paradigma der „Instruktion" über das der „Klon-Selektion" bis hin zu dem des „Netzwerks" verfolgt. Diese Entwicklung in der Forschung hat sehr viel mit Problemen der Kognition zu tun. Es ist faszinierend zu sehen, daß das Immun-Netzwerk nun an die Seite neuronaler Netzwerke tritt, daß es – wie sie – zu einem Mechanismus und einer Erklärung für grundlegende Kognitionsphänomene wie das Erkennen, das Lernen, das Gedächtnis und die Adaptionsfähigkeit wird. Wenn man bereit ist anzuerkennen, daß der Kollektivismus und die Konzeption künstlicher Netzwerke ein brauchbarer Forschungsansatz in der *cognitve science* sind, dann wird man auch Immun-Aktivitäten als kognitive Phänomene ansehen. Es gibt freilich weiterhin Forschungsrichtungen, die das Wort „kognitiv" für Phänomene reservieren möchten, die mit Sprache und Reflexion bei Menschen und Maschinen zu tun haben. Für diesen Gebrauch des Wortes „kognitiv" gibt es gute Gründe, aber es gibt ebenso gute Gründe dafür, solche „höheren" Prozesse in Kontinuität mit jenen „niedrigeren" Prozessen darzustellen, wie sie von Kollektivisten untersucht werden und in Immun-Netzwerken beobachtet werden können. Es geht uns nicht um eine Frage der Semantik, sondern um grundlegende konzeptionelle Probleme, wie man sie bei der Untersuchung des Immungeschehens bedenken muß.

Heute ist die Immunologie dabei, sich langsam von den Folgen der Tatsache zu befreien, daß sie aus der Behandlung der Infektionskrankheiten entstanden war – und sich deswegen auf Impfungen als ihr zentrales Paradigma verließ. Zugleich befreit sich auch die *cognitive science* von der Vorherrschaft des Paradigmas des digital funktionierenden Computers. Wenn wir bereit sind, uns mehr auf die Autonomie der Prozesse in diesen beiden biologischen Netzwerken, dem Neuronal-System und dem Immun-System zu konzentrieren, dann können wir vielleicht lernen, *wie wir mit unserem gesamten Körper denken.*[1]

Aus dem Englischen von Hans Ulrich Gumbrecht

[1] Die in diesem Artikel angelegten Gedanken sind teilweise in anderen Publikationen ausführlicher entwickelt. Zu den biologisch-konzeptionellen Fragen vgl. Vaz/Varela 1978, Coutinho u. a. 1984; zu den Problemen der Kognition und ihrer Modellierung vgl. Varela 1979, Varela u. a. 1988 a/b. Weitere einschlägige Abhandlungen finden sich in Brockmann, J., Hg., 1989, *The Reality Club*, 2 Bde, New York und Thompson, W. I., Hg., 1990, *Biology as a Basis for Design*, Mailand.
Die Entwicklung meiner eigenen Position wäre ohne die fruchtbare Zusammenarbeit mit meinem Freund Antonio Coutinho, dem Direktor der Unité d'Immunbiologie am Institut Pasteur nicht möglich gewesen. Des weiteren habe ich sehr von der Lektüre eines Arbeitsdokuments von M. Anspach profitiert, dem ich an dieser Stelle herzlich danken möchte.
Unsere Arbeit wird finanziell unterstützt von der Fondation de France und dem Prince Trust Fund.

Literatur

Burnet, M., 1959, The Clonal Selection Theory of Acquired Immunity, Nashville.

Coutinho, A./Varela, F., 1990, „Immune networks: The latest on a growing field". In: Immunology Today.

Coutinho, A./Forni, L./Holmberg, D./Ivars, F./Vaz, N., 1984, „From an antigen-centered, clonal perspective on immune responses to an organism-centered, network perspective of autonomous activity in a self-referential immune system". In: Immunology Review 79, S. 151–168.

Huetz, F./Jacquemart, F./Peña-Rossi, C./Varela, F./Coutinho, A., 1988, „Autoimmunity: The moving boundaries between physiology and pathology". In: Journal of Autoimmunity 1, S. 50–518.

Jerne, N., 1974, „Towards a network theory of the immune system". In: Annuel Immunologique Institut Pasteur 125 C, S. 373–389.

Jerne, N., 1984, „Idiotypic networks and other preconceived ideas". In: Immunology Review 79, S. 5–24.

Lundqvist, I./Coutinho, A./Varela, F./Holmberg, D., 1989, „Evidence for the functional interactions among natural antibodies". In: Proceedings of the National Academy of Science (USA).

Perelson, A., Hrsg., 1988, Theoretical Immunology, 2 Bde., Redwood City/California.

Urbain, J., 1986, „Idiotypic networks: A noisy background or a breakthrough in immunological thinking?". In: Annuel Immunologique Institut Pasteur 137 C, S. 57–64.

Varela, F., 1979, Principles of Biological Autonomy. New York.

Varela, F./Coutinho, A./Dupire, B./Vaz, N., 1988a, „Cognitive networks: Immune, neural and otherwise". In: Perelson, Hrsg., 1988.

Varela, F./Sanchez, V./Coutinho, A., 1988b, „Viable strategies gleaned from immune systems dynamics". In: Sauders, P./Goodwin, B., Hrsg., Epigenetic and Evolutionary Order in Complex Systems: A Waddington Memorial Symposium, Edinburgh.

Vaz, N./Varela, F., 1978, „Self and nonsense: An organism-centered approach to immunology". In: Medical Hypothesis.

Francisco J. Varela
IMMUNOKNOWLEDGE
THE IMMUNE SYSTEM AS A LEARNING PROCESS OF SOMATIC
INDIVIDUATION.

I. A change of metaphors

The standard role attributed to immunity is to protect the "self" from the assault of foreign infections. The immune system is supposed to produce defenses against invaders, and surveillance cells that kill the pathogens and keep the self from foreignness or non-self. Every immunology text will start by defining immunology as the study of such immune *responses*. A recent issue of *Time* magazine carried a cover story on immunity complete with diagrams of platoons of troops ready for battle.

Immunological discourse is centered around *military* metaphors just as strongly as cognitive science was once centered around the (digital) *computer* metaphor. Our purpose is to introduce here a substantially different metaphor and conceptual framework for the study of immunity, one that puts the emphasis on the *"cognitive"* abilities of immune events. Although the term cognitive will undoubtedly sound too strong to many people, it seems useful to introduce here if for nothing else than as a sharp contrast to the military framework of immunity as defense. For the time being let us agree to use the word cognitive in the same (vague) sense that can be applied to other biological processes such as brains and ecosystems, and not exclusively to mental and linguistic human processes.

The alternative view we are suggesting can best be carried by the notion of Gaia as introduced by J. Lovelock. He claims that the atmosphere and earth crust cannot be explained in their current configurations (gas composition, sea chemistry, mountain shapes, and so on) without their direct partnership with life on earth. We all are used to think that the biosphere is constrained and adapted to its terrestrial environment. But the Gaia hypothesis proposes that there is a circularity here: this terrestrial environment is itself the result of what the biosphere did to it. As Lovelock puts it metaphorically: we live in the breath and bones of our ancestors. As a result the entire biosphere/earth—Gaia—has an identity as a whole, adaptable and plastic unity, acquired through time in this dynamic partnership between life and its terrestrial environment.

We are not concerned here with the scientific merits of this idea. Let us transpose the metaphor to immunobiology, and suggest that the body is like earth, a textured environments for diverse and highly interactive populations of individuals. These individuals in this case are the white blood cells or lymphocytes which constitute the immune system. The lymphocytes are a diverse collection of species since each one of them is differentiated by their peculiar molecular markers or antibodies they advertise on their membrane surfaces. Like the living species of the biosphere, these lymphocyte populations stimulate or inhibit each other's growth. Like species in an ecosystem they are also enormous generators of diversity: the antibodies and other molecules produced by lymphocytes are by far (a million fold) the most varied collection of molecules produced in the body, and there are exquisite mechanisms to assure the constant change and diversity of those present at all times.

The lymphocytes network exists in harmony with its natural ecology, the somatic environment of the body, which shapes which lymphocytes species exist. But as in Gaia, the existing lymphocyte alter in a radical way every molecular profile in the body. Thus, as adults, our molecular identity is none other than the immune/body partnership shaped throughout life, in a unique configuration. Like a microcosmic version of Gaia.

Let us now try and give substance to this alternative view of immune events, by shifting from a metaphorical mode into an analysis of the way in which military metaphors became dominant in immunology and the problems that such a view raised.

II. The inescapable cognitive side of immune phenomena

In fact, even to fulfill a defensive role the immune system must exhibit properties which are typically cognitive. To start with, there must be some form of *"recognition"* of molecular profiles: the shapes of the intruding agents—or antigens in the jargon of immunology—, the "foreignness" capable of endangering the bodily integrity of the subject. Next, it must have a *learning* to recognize and defend itself against the new antigens. Then there must be a *memory* in order to retain these new form once encountered. Recognition, learning and memory are the kinds of processes and mechanisms discussed in the current connectionism or network approaches to cognitive mechanisms. Such models are normally linked to the brain as their biological counterpart. We argue that *the immune system is a cognitive network* not only because of properties which share with the brain, but, more interestingly, because in both cases we have similar (or at least comparable) global properties of biological networks giving rise to cognitive behavior as emergent properties. This makes the immune system a significant voice in the current investigations of basic cognitive mechanisms.

This discussion would not be possible without new results and trends in experimental immunobiology which emphasize the network side of things. This view entails important shifts in immunological practice and applications. We can illustrate this by the well established observation of the "promethean" character of the immune system: it can respond to antigens it has never seen, including those which are man-made and hence not even explainable by some form of evolutionary adaptation. If one were to think the immune system merely as a genetically programmed repertoire of responses disconnected one from the other, it would be necessary to find a specific response to unpredictable events. Briefly, the immune system would be the kind of general problem solver which artificial intelligence has concluded after years of frustrating trials to be an impossibility. Instead immunology points to very specific processes through which this network operates. We want to show that this network view naturally leads to the notion of an autonomous "cognitive" self at the molecular level as the proper view of immune events.

III. The emergence of the immunological double bind

The first immunological theories confronted these cognitive issues by ignoring them. The basic assumption was that all foreign molecules or antigens would act as instructions to form the corresponding antibodies against them. Instructionist theories viewed the immune system as entirely directed from the outside—an heteronomous process—, since antibodies would operate like molecular playdough. The idea was strongly motivated by the apparent completeness of the immune response including artificial substance as demonstrated in 1912 by Eric Landsteiner. These observations made literally unconceivable that the system could have all of that inside; that would be too wasteful, things must have to be guided from the antigenic side directly.

In these theories *"the antibody molecule was considered like universal glue, capable of interacting with any antigenic form, to take its complementary form, to remove the antigen and to keep the memory of the 'learned' configuration"* (Urbain, 1986). The quotation marks around the word learning is significant here. Since the cognitive nature of the process is inevitable one must refer to same sort of learning. At the same time, the process involved is evidently far from cognitive. Otherwise the paper on which one's signature appears could be said to have learned. Furthermore the lack of cognitive capacities is more evident in that a reference to an individuality *for* which the discrimination and learning happens is completely absent. *"These theories contained their own death since such a universal dough cannot discriminate between self and non-self antigens"* (Urbain, 1986: 58).

This touches the key issue. It is by now classical in immunology to talk about the self/non-self discrimination. This arises inevitably since the immune system acts in its discriminative capacities *inside* a body. This simple fact has deep consequences. Until recently, as we will discuss below, immunology had followed the same tendency as in other areas of cognitive science considering any form of cognitive capacity as some form of information processing. Information is supposed to come in, the system is supposed to act adequately on it so as to produce an appropriate response. Such input/output relations usually conceived in terms of internal programs for their "information" processing, is the core of *heteronomous* approaches—i.e. viewing a system as outer-directed (Varela, 1979).

This heteronomous scheme has been faithfully followed by immunologists. There is an antigen that comes in, and the appropriate response is the production of antibody with the resulting removal of the antigen. But who is going to determine how the antibody is formed? Unlike the nervous system, there are no sensorial organs in the immune system which are spatially located. Antibodies circulate freely inside the organism and they have as much chances of meeting molecules which belong to the organism tissues (self), than antigens (non-self). Briefly stated, antibody recognition makes it inevitable that *there must be a way to recognize what has to be recognized.*

If the reader thinks things are getting a little too complicated we agree: they are. But it is important to see well that the inevitable need to postulate some form of knowing what is to know makes a simple heteronomous operation for immunity very unsatisfactory, as an automatic response to something coming from outside. Without anticipating too much what we will develop later, we shall see that recent immunology (1950—1970) has tried to circumvent this difficulty while still keeping the heteronomous viewpoint with little success, and that a more satisfying solution demands a more radical revision towards understanding the immune system as an autonomous network. But let's go step by step and examine a little more precisely what "recognition" could mean in this context.

To say that an antibody "recognizes" an antigen means that it binds chemically to it, and by so doing neutralizes it. Admirable economy when it is a foreign molecule, and not molecules which are essential components of the organism. This simple logic has been the reason why immunologist have excluded a priori the possibility that antibodies could attach to self molecules without triggering consequences typical of autoimmune diseases. Outside these pathological conditions the organism normally does not manifest deleterious immune reactions against its own tissues. It is the phenomenon of tolerance identified in 1900 by Paul Ehrlich as horror autotoxicus. One important idea established gradually was that the recognition of unknown antigens can be to some important extent based on the inprecision of the mechanisms itself, that is, on the fact that an antibody can bind with varying degrees of affinity to a large spectrum of molecular shapes. Thus a repertoire of 10^5 kinds of antibodies is sufficient to make the tadpole live, while man posses a repertoire of more than 10^9 varieties and is also viable. In other words there are various ways of being complete for the task performed by the immune system. This makes the self/non-self issue way more complex. Double discrimination, double recognition: it is necessary to know who is a non-self antigen before knowing which one it is; logically to recognize non-self entails knowing what self is. The difficulty is that, as we have said, recognition entails destruction. Diabolical predicament that can be summarized thus: "The classical theories demand on the one hand the comparison that differentiates between self and non-self structures, while, on the other hand, it imposes the ignorance of the existence of self or the threat of immunological self-destruction" (Coutinho et al, 1984: 152). We would like to call this predicament the immunological double bind: one cannot defend without recognizing, one cannot recognize without destroying. Like the US policy in Vietnam of "destroying to save", one is faced with two incompatible constraints linked in an inextricable fashion, as in a malicious traffic signal that asserts: IGNORE THIS SIGN.

IV. The establishment of current doctrine (clonal selection).
We are now in a position to examine the next important step in immunological thinking to confront the knot evoked above, while still holding tightly to a heteronomous view of the immune system. Clonal Selection Theory was the

result of the contributions of Niels Jerne and MacFarland Burnet during the 50's, and has dominated immunology until recently, much like the symbolic/computational view of cognition has dominated cognitive sciences since that time. It took quite a while for immunology to let go of the grip of instructionist theories, and it did so reluctantly.

The first main idea, due to Jerne, was that of an antibody repertoire that remains in the body permanently. In contrast to instructionist theories, he proposed that antibody production *precede* and in a certain sense anticipates the coming of the antigen. At the time, as we have said this was quite inconceivable. Today we know that there are about 10^{20} antibodies with a high degree of diversity and degeneracy of binding, and the notion of a internal repertoire is no longer in doubt.

It remained to be explained how an initially random collection of antibodies relative to a given world of antigens could be shaped by it. One knows that antigenic encounters leave a trace in the system: the antibodies that bind to it augment in substantial amounts, the key aspect of an *immune response.* In fact it is these sort of phenomena that eventually will force to come to grips with cognitive properties, but we aren't there yet. Jerne made the most remarkable suggestion to circumvent this difficulty: he invoked Darwin and natural selection. Even if the antigen does not operate as the blueprint or instruction for the antibody to be formed it can nevertheless *select* those antibodies which were there already and bind to it sufficiently, and cause them to increase in numbers. It was then left for M. Burnet to propose a specific mechanism whereby this selective process could be embodied in terms of mere lymphocyte traffic. The basic idea was that every lymphocyte only carries (and can produce) one type of antibody, so that to each antigen would link up a subclasses of lymphocyte families, or *clones* . The contact between antigen and clone leads to the proliferation of the cells of that clone which then leads to an increased production of antibodies of that particular type thus neutralizing the incoming antigen (Burnet, 1959). In this fashion the lymphocyte and antibody population evolve under the selective pressure of antigen. It is not a genetic but an *antigenic* determination; the name "antigenic determinant" is still in use.

Clonal selection theory, that is, the ensemble of ideas we have evoked, was a brilliant answer to the thorny question of how does the immune system operate faced with unbounded novelty. The cognitive issues here appear under the garb of an evolutionary play. Transposition of one temporal scale to another; transposition also from the outside environment to an organismic inside. Still, the question of self-tolerance has not been answered.

The answer of clonal selection theory to this perennial problem was simple. It postulates that the initial antibody repertoire is not, in fact, complete: it is missing *precisely* those clones which can recognize self-molecules. Simple solution shifting the initial problem to a new one, since this could not be done *a priori* through genetic mechanisms, as we have already discussed. Thus one could neither invoke genetic process, nor selective process in the adult to accomplish this necessary pruning. The only viable solution was to leave this intermediate step to the embryo, where clonal selection proposed that anti-self clones had to be deleted. This idea is usually expressed by saying that the organism learns the self/non-self discrimination during ontogeny.

Thus the old cognitive issues reappear through the window after being chased through the door. The selectionist model is not sufficient by itself; one is still forced to introduce a process of learning to delimit a self, albeit relegated to embryonic life. By which specific mechanisms would this be accomplished? As Burnet says, anti-self clones can be avoided "by assuming that at this stage of embryonic life the antigenic contact leads to cell death" (Burnet, 1959: 58). Curious twist of the previous logic: the mechanisms that assure the discrimination between self vs. antigens becomes precisely the opposite of that which allows to discriminate later between different antigens. In the second case antigen contact leads to antigen removal. In the first case antigen contact leads to cell removal. The theoretical move here consists of separating the two poles of the immunological double bind leaving one side of the discrimination to the adult and the other to the embryo. Moreover, the clones to be eliminated in embryonic life are themselves self-components, and thus self-destruction is implicit in a framework developed to avoid it. Clearly the clumsy fit between these two contradictory processes is a matter of logical consistency.

Clonal selection provided a rich source of guidance for experimental work. It led Burnet to postulate the possibility to fool the immune system by introducing cells into an embryo to tolerize it against molecules not normally present. This proved to be experimentally correct, and it was established clearly that tolerance was learned. However, it was later to be found that such tolerance is not the exclusive domain of the embryo. The adult also can be tolerized, and hence the learning cannot be boxed into a particular period of time. This already poses difficult questions to clonal selection theory.

Furthermore, the notion of a complete repertoire except for self determinants, is already problematic. This 'except for', so innocent, is demonic if one keeps in mind what we said about the broad range of molecular profiles to which an antibody binds, and which is at the base of the notion of completeness in the first place. The simple notion of anti-self clonal deletion is only simple under the assumption of antibody specificity, dear at the medical origins of immunology, and strenghted by vaccination procedures in the few instances when these work by inducing a narrow class of antibodies against a pathogen. But a rule of the form "one antibody, one antigen" is certainly wrong. If we were to remove sufficient clones to have no response to self molecules, would amount to deprive the animal of responding to such a huge number of potential antigen so as to compromise its completeness. The protective immunity shield would be perforated like a percolator. We thus see that the formula of a complete repertoire 'except for' conceived to solve the dilemma of the two contradictory forms of recognition necessary for self/

non-self discrimination, ends up in another form of contradiction demanding a precision in recognition towards self that is incompatible with the assumption of completeness.

As it often happens, over a few decades of dominance, the weaknesses of clonal selection theory have become sharper and sharper. We shall not elaborate this evidence further. But it was the combination of the theoretical unsatisfactoriness (not always a concern for immunologists) evoked above, and a few key empirical observations, that opened up in the mid 70's a new perspective to which we now turn.

V. Towards an autonomous immune network

The dilemmas evoked above remain untouched unless one is willing to give up to original notion of *horror autotoxicus*. It is clear today that there are normal, circulating antibodies that bind to many (all?) self molecules, both in embryos and adults. These are not antibodies that can be conceived as being *against* self molecules. In fact, these same antibody types when in larger concentration may cause autoimmune diseases, but not in their normal circulating level.

But there is something even more important that needs to be re-evaluated. One cannot forget that antibodies that circulate and that are supposed to carry on the self/non-self discrimination are *themselves* part of the self. This entails the existence of antibodies which bind to other antibodies, or antiidiotypic antibodies in technical jargon. There is now ample evidence that this is indeed so, and hence that the circulating elements of free-floating serum antibodies and the antibodies advertised on cell surfaces are not separate individual elements or clones, but are tightly meshed with each other, in what is properly a *network* organization, an idea (again!) due for the first time do Jerne in 1974 (Jerne, 1974, 1984). Thus for the first time it was necessary to see that the system could operate by its own internal dynamics in what Jerne called an eigenbehavior (self-determined behavior) in a dynamical equilibria. With these ideas the notion of an heteronomous immune system was deeply questioned. But it is still necessary to change a few other theoretical assumptions before we can arrive, in our opinion, to its full consequences. Let us take this one step at the time.

Imagine a foreign antigen entering into the organism. A part of the antigen, its antigenic determinant will be recognized by certain antibodies. Let us call this molecular profile E (for epitope in technical jargon). In the old framework these would be the anti-E antibody ready to eliminate the E-carrying antigen. Recognition happens only between the two of them, and the antigen keeps its selective role. In the network perspective these private dialog is no longer valid. First, because this is not a dual but a multiple binding between E and several antibodies anti-E. But more significantly because now we have to take into account the antibodies which bind to the idiotopes of the anti-E's. These, in turn, will have antibodies which bind to their idiotopes, and so on ... The end result is that we will always run into antibody classes that will at least partially resemble the incoming epitope E. Stated more simply: the antigen will be able to enter into the network to the extent that there is already circulating an antibody with a molecular profile sufficiently similar to it, an "internal image". The antigen ceases to be a 'determinant', and *becomes a small perturbation in an ongoing network*. This means that, as any perturbation in a rich network, the effects of an incoming antigen will be varied and dependent on the entire context of the network as it is now known to be the case.

We see how the heteronomous view of the system is weakened by merely examining the network logic with which it is constructed. Evidently, when the immunologist injects large amount of an antigen, the immune response seems like an heteronomous response of the system. But the network view brings into focus how this is a highly contrived laboratory situation. Normally we do *not* receive large amount of an antigen. We have small amount of various self molecules that change over life, and a certain amount of molecules we are exposed to through feeding and breathing. In other words the system is basically an autonomous unit, open to all sorts of modulation which acts to slightly change its internal levels, but it is certainly not a machine to produce immune responses. Thus for example, animals which are not exposed to antigen at all from birth (antigen-free animals) develop an immune system which is quite normal, in blatant contradiction with clonal selection theory which would have predicted an atrophied immune system.

The next important step to take, then, is to drop the notion of the immune system a defensive device, built to address external events, and to conceive it in terms of self-assertion, establishing a *molecular identity* by the maintenance of circulation levels of molecules through the entire distributed network. It is here where the immune system acquires its full dignity, and joins in full with the current research on biological networks. Like in all of them, a rich interconnected network generates internal levels through distributed processes. More precisely, a dynamical level of antibody/cell encounters regulates cell numbers, and circulating levels of molecular profiles. This idea is strictly parallel to the species network giving an ecosystems an identity within its environment. The interesting consequences of course is that such an ecology of lymphocytes exists within the body which affects and changes.

The mutual dance between immune system and body is the key to the alternative view proposed here, since it is this mutual dance which allows the body to have a changing and plastic identity throughout its life and its multiple encounters. Now the establishment of the system's identity is a *positive* task, and not a reaction against antigens. The task of specifying the identity is seen here as both logically and biologically primary; the ontogenic antigenic history modulates over that.

This requires that the immune network—like an ecosystems—has a specific *learning mechanism*. This is precisely based on the constant changing the components of networks by recruitment of new lymphocytes from a resting pool, in an active process which reaches up to 20 % of all lymphocytes in the mouse. It is this ongoing replacement which provides the mechanism for learning and memory, instead of the better known learning algortihms for neural networks. In fact, from the theoretical standpoint, the immune system resembles more the flexibility sought by current research in artificial intelligence known as genetic algortihms or classifier systems (Varela *et al*, 1988 a, b).

Now, the reader is surely aware that this presentation of the immune system is sketchy and simplified. It leaves asides enormously important issues such the different cell classes that cooperate at the interior of the system (there a host of distinction to be made among lymphocytes: in technical jargon e. g. T-helper, T-suppressor, small and large B, etc), the incredibly complexity of molecular mechanisms and its genetic controls (again in immune jargon: MHC restriction markers, somatic hypermutations, etc.). But our purpose here is to trace some fundamental conceptual outline and logical backbones. In this sense it is important to understand properly what is meant today by a network perspective in immunology. The reality of anti-idiotypic antibodies is unquestioned. What is less clear is their importance and significance. Immune network means in the eyes of most immunologists a chain of successive anti-diotypes. The richness of the network process and their emergent properties so pervasive elsewhere in the study of complex systems and cognitive science is, however, not well understood. The number of experimental papers which properly speaking, study immune networks problems can be counted with the fingers of one hand, and the theoretical explorations are just beginning (Coutinho and Varela, 1988; Perelson, 1988). This depends crucially on the willingness to leave behind the view of immunity as defense even when mediated through idiotype network process, and, instead, to learn how to see the immune system as establishing a molecular identity, that is, as an *autonomous immune system*. The accent here is on autonomous-self-production-instead of heteronomous-outer directed.

Let us now turn to see how this autonomous network viewpoint deals with the immunological double bind and the eternal self/non-self discrimination issue. In fact the answer is quite simple. This approach does what the resolution of any paradox entails: jumping outside of the domain where it is valid. In the case at hand this means: *the immune system fundamentally does not (cannot) discriminate between self and non-self.* As we have been discussing the ongoing network can only be perturbed or modulated by incoming antigens, thus responding only to that resembling what is already there. So any antigen that perturbs the immune network is by *definition* an 'antigen on the interior', and therefore will only modulate the ongoing network dynamics. Something that cannot do so is simply non-sensical, and may well trigger a "reflexive" immune response, that is, one produced by quasi-automatic processes which are only peripheral to the network itself. The old self/non-self discrimination becomes, at this light a *self/non-sense distinction*.

Normally, antigens come in through food or air breathing, and will be regulated by the multiple loops impinging on them and thus low levels of both the antigens and the binding antibodies will be created. This is precisely what happens with self components. All along development, self molecules interact with the immune components in such a way that their levels are kept within bounds because there is an ongoing immune activity incorporating them. Thus for example the level of renin, a normally existing hormone, can be shown to be under the regulation of the multiple antibodies normally present in the individual's immune system. Notice that this ongoing phenomena need not be (and most generally is not) a matter of stability: there is too much variety and replacement of components to be so. It is rather a matter of viability, that some constantly changing trajectory that, nevertheless never goes over board certain limits (such as explosive amounts of one antibody type for example). In this sense the immune system, unlike the nervous system, is more a matter of constrained patterns of change like the weather, rather than a few stable nodes acquired through experience as is typical of neural network models. This is what we mean by a *positive* assertion of a molecular identity: what we are in the molecular domain and what our immune system is stand in relation to each other as two co-evolving processes. Again, we are in squarely in what seems like a re-enactment of Gaia inside the body.

The reader used to think of immunity as defense gets impatient. Surely, he says, you must be joking. For instance if we have a weakened immunity as in AIDS we are immediately ravaged by pathogens. To be sure, the system is *also* able to mount an immune response against infection. This will happen when the entry of antigen is too large in amounts or enters too quickly, and will then trigger specific mechanisms to mount an immune response including inflammation at the wound site. These mechanisms are, interestingly, mostly independent of the network processes just described, and it is almost exclusively these "reflex" immune reactivity that has been the concern of classical immunology.

The point is not to deny that defense is possible, but to see it as a limiting case of something more fundamental: individual molecular identity. In fact, multicellular life is possible without immune defense as in invertebrates. Defensive responses, the center of attention in medical immunology, are secondary acquisitions, much like defensive/avoidance reactions in neural behavior are necessary later variants of the more fundamental task of motion/relationship in multicellular life. Or in the Gaian metaphor, certainly the stability and plasticity of the eco/biosphere has been remarkably succesful to cope with, say, large meteoric impacts. But such events were rare and inbetween, and it seems odd to say that ecosystems evolved because of those events. To say that immunity is fundamentally defense, is as distorted as saying that brain is fundamentally about defense and avoidance. Certainly we do defend and escape attack, but this hardly does justice to what cognition must be about, i. e. being alive with flexibility.

VI. Remarks on the future

The implications of this alternative view are multifarious, but for the sake of brevity let us emphasize three of special significance in our own current work:
1. *Research questions*: this viewpoint suggests new questions about dyna-

mics of immune events: e. g. population dynamics, network non-linearities and emergent properties, connectivity issues, and mechanisms of learning. The number of published paper addressing directly such networks questions can (literally) be counted with the fingers of one hand. See for instance Lundqvist *et al.* (1988) more an example.

2. *Clinical questions*: this viewpoint suggests some alternative ways to address old problems in medicine such as autoimmunity. In fact, if this Gaian viewpoint is correct *every* molecular profile in the body is under immune regulation and could be manipulated in principle. For more on this see Huetz *et al.* (1988).

3. *Machine learning:* this viewpoint suggests specific mechanisms through which a complex network is capable of adaptive learning in changing environment. Such algorithms can naturally be lifted and embodied in aritifical devices, thus providing artificial intelligence with another biological source of metaphors beyond neural networks. See Varela *et al.* (1988b) for more on this.

VII. Coda: Jonny's parable

We have been following the conceptual movement of immunological thinking, from its instructionist inception, through clonal selection, into a modern network perspective. This research logic is inseparable from cognitive issues. It is in fact fascinating that, at this light, the immune network takes a place side to side to neural networks as sources of both mechanisms and explanations for basic cognitive phenomena such as recognition, learning, memory, and adaptability. If one accepts that connectionism and artificial networks is a valid research alternative in cognitive science then, by the very same reasons, immune activities are cognitive phenomena. We are fully aware however that many would prefer to keep the work cognitive exclusively for phenomena that involve language and reasoning in human or machines. We fully acknowledge that this use of cognitive is a defensible one, but it seems equally defensible to see these "higher" process in continuity with "simpler" ones such as those studied by connectionists and exhibited by immune networks. We are not interested in the trivial semantic issue, but in the underlying conceptual issues raised by immune events.

A parable (adapted and modified from Piatelli-Palmerini, 1988) will allow us a summary. Jonny needs a suit. Now, he is an instructionist, so he goes to a tailor, has his measurement taken, and cut *sur mesure*. In a second version of the parable, Jonny, is a convinced selectionist. So he goes to a department store and tries out different suits, until he finds one that fits him rather well. Clearly, if there is enough diversity in the store when we see Jonny walking out of the store, we cannot tell if he is an instructionist or a selectionist. But this is not realistic since department stores cannot have unbounded varieties, so there is no confusion between Jonnys who is still the center of the story. Now, the parable has yet a third copy of Jonny. This one is a true network thinker. He realizes that choosing a suit is not just a matter of going to the store and picking one, since the choices available depend on a huge social mesh whereby a certain amount of different styles and shapes are on display, at a certain moment of the year in his particular country. He knows that his buying a suit does not affect the social fabric of society but as the faintest perturbation. He knows that whether he buys his suit or not, society keeps on churning a given variety and regulating style and shape by its own internal logic. This global network activity has constraints, to be sure. For one, there must be some form of clothing for Jonny and everybody else. Second, if armies of Jonnys were to demand a specific type of suit, then the whole social fabric will respond to it by being monotonously fitting that particular taste, as in the self-fulfilling prophesy of fashion.

The morale of the parable is that for the first Jonny-the-antigen, society (immunity) is merely heteronomous playdough for his desire. For the second Jonny-the-antigen society (a clonally selected immune system) is present to the extent that it provides an initial diversity for selection and subsequent amplification mechanisms. Such a view is compatible with some form of (weak) network structure for the underlying processes. In the third, the full autonomy of the society has come forth, making it clear that Jonny's choices are not the most interesting event, and even his existence is inseparable from the autonomy of social fabric which is where our attention should go, and leave Jonny as a secondary side of the story.

Immunology is about to emerge from a long dominance of its original sin of being born from the medicine of infectious diseases, and of having vaccinations as its main paradigm, a heteronomous view par excellence. This happens just at the time that the cognitive sciences are waking up from the dominance of the digital computer as their main metaphor. If we are willing to follow the central importance of the autonomy of the process in both these biological networks, neural and immune, they can teach us how we think with our entire body.

A note on further reading

This text has been published elsewhere with minor modifications: J. Brockman (Ed.), *Doing Science,* Prentice-Hall, New York, pp. 237—257; H. Gumbrecht and L. Pfeiffer (Eds.), *Materialities of Communication,* Stanford Univ. Press, 1993, pp. 273—285, 1993; K. L. Pfeiffer and H. U. Gumbrecht (eds.), *Paradoxien, Dissonanzen, Zusammenbrüche,* Suhrkamp Verlag, Frankfurt, pp. 727—746, 1991; D. Andler (Ed.), *Introduction aux Sciences Cognitives,* Gallimard, Paris, 1992, pp. 489—509.

The ideas presented here have been discussed more in detail elsewhere. For the biological/conceptual motivation see Vaz and Varela (1978), Coutinho et al. (1984). For the cognitive/modelling side see Varela, (1979), Varela et al. 1988, a. b. In particular, this article is partly adapted from a document originally drafted by Mark Anspach, to whom we heartly thank for his diligent clarifications. A presentation to the Learning Conference IV (Big Sur, CA) on

October 1—2, and to the Reality Club (New York City) on October 5, 1988 raised a number of interesting points which help to clarify this draft.

Acknowledgments
Financial support for this work provided by the Fondation de France (Chaire Scientifique to FV) and a grant from the Prince Trust Fund. This ideas would not have been possible without the interactions with Antonio Coutinho from Pasteur Institute, Paris.

References
Burnet, M. (1959), The Clonal Selection Theory of Acquired Immunity, Nashville: Vanderbilt U. P.
Coutinho, A. and F.Varela, Second generation immune networks, Immunology Today 12: 159—167
Coutinho, A., L. Forni, D. Holmberg, F. Ivars, N. Vaz (1984), From an antigen-centered, clonal perspective on immune responses to an organism-centered network perspective of autonomous activity in a self-referential immune system, Immunol. Revs. 79: 151—168.
Huetz, F., F. Jacquemart, C. Peña-Rossi, F. Varela, and A. Coutinho, Autoimmunity: The moving boundaries between physiology and pathology, J. Autoimmunity 1: 507—518.
Jerne, N. (1974), Towards a network theory of the immune system, Ann. Immun. Inst. Pasteur 125 C: 373—389.
Jerne, N. (1984), Idiotypic networks and other preconceived ideas, Immunol. Revs. 79: 5—24.
Lundqvist, I., A. Coutinho, F. Varela and D. Holmberg (1989), Evidence for the functional interactions among natural antibodies, Proc. Natl. Acad. Sci. (USA) 86: 5074—5078
Perelson, A. (Ed.), Theoretical Immunology, 2 vols. Addison Wesley, New Jersey.
Piatelli-Palmerini, M. (1988), Evolution, selection and cognition, in: E. Quagliarello et al. (Eds.), From enzyme adaptation to natural philosophy, Elsevier, Amsterdam.
Urbain, J. (1986), Idiotypic networks: A noisy background or a breakthrough in immunological thinking?, Ann. Inst. Pasteur/Immunologie, 137 C: 57—64.
Varela, F., A. Coutinho, B. Dupire, and N. Vaz (1988a), Cognitive networks: Immune, neural and otherwise, in: A. Perelson (Ed.), Theoretical Immunology, Vol. 2. (SFI Series on Complexity), Addison Wesley, New Jersey.
Varela, F. V. Sanchez, and A. Coutinho (1988b), Viable strategies gleaned from immune systems dynamics, in: P. Sauders and B. Goodwin (Eds.), Epigenetic and Evolutionary Order in Complex System: A Waddington Memorial Symposium, Edinburgh Univ. Press.
Varela, F. (1979), Principles of Biological Autonomy, North-Holland, New York.
Vaz, N. and F. Varela, (1978), Self and nonsense: An organism-centered approach to immunology, Medical Hypothesis 4: 231—267.

Robert W. Witkin
VON DER „BERÜHRUNG" DER ALTEN ZUM „BLICK" DER NEUZEIT
GESELLSCHAFTLICHE STRUKTUREN UND DIE SEMIOTIK
DER ÄSTHETISCHEN FORM

Die verschiedenen Formen der Darstellung, die von Künstlern im Laufe der
Geschichte verwendet wurden, sind mit verschiedenen Arten der Visualisierung oder des Sehens verbunden. Was heißt aber nun Art des Sehens? Die
Kunst der alten Ägypter war durch eine besonders bezeichnende Form der
zweidimensionalen Darstellung von Gestalten und Gegenständen charakterisiert, die der Bildfläche als etwas tatsächlich Flaches Rechnung trug. Die
Köpfe und Beine der Gestalten wurden im Profil abgebildet, während Rumpf
und Augen nach vorne schauten. Die Proportionen der Körperteile stimmten
darüberhinaus mit den echten Proportionen überein, nicht mit der visuellen
Erscheinung (Panofsky: 1970)[1] (z.B. sind die Gliedmaßen nicht perspek-
tivisch verkürzt, und man versuchte nicht, einen realistischen und kontinuierlichen Raum der Wahrnehmung zu schaffen). Wenn damit eine Art des Sehens
gegeben war, so wohl kaum ein Sehen im alltäglichen Sinn.
Am Anfang seines Buches über Kunst und Illusion reproduziert Gombrich[2] einen
Comic-Strip von Alain, in dem Kunststudenten als altägyptische Gestalten dargestellt werden, während sie altägyptische Bilder ihrer altägyptischen Modelle
malen. Der Bilderwitz stellt auf verschmitzte Weise die Frage nach der Beziehung zwischen Darstellungsform und normaler Wahrnehmung. Wir *sehen* Gestalten und Gegenstände eindeutig nicht so, wie sie die alten Ägypter *dar-
stellten*. Sahen sie die alten Ägypter anders als wir, entsprach ihre alltägliche
Wahrnehmung auf irgendeine Weise der Art, in der sie die Dinge in Bildern dar-
stellten?
Wir können die Frage zur Verzerrung in der modernen Malerei in Beziehung
setzen. Die Darstellung gewöhnlicher Gegenstände, von Obst, Gitarren, Geigen,
Pfeifen, Flaschenständern usw., wie sie Picasso, Braque und Gris zu Stilleben
anordneten, entsprang der intensiven Untersuchung und visuellen Analyse
dieser Dinge. Die Maler konzentrierten all ihre Aufmerksamkeit auf die Gegenstände. Allerdings haben auch achtzig Jahre später die meisten Betrachter noch
Probleme, diese Gegenstände in den flachen, gegliederten Facettenebenen zu
erkennen, denen sie bei kubistischen Gemälden gegenüberstehen. War es so, daß
diese Maler keine wirkliche Obstschale auf dem Tisch mehr betrachteten und
nicht dasselbe sahen wie wir? Wurden die normalen, alltäglichen Wahrnehmungs-
fähigkeiten durch die Perfektion ihrer Darstellungsweise verändert? Als Picasso
oder Braque nach einer wirklichen Frucht in der Schale griffen, wurden ihre
Bewegungen zweifelsohne eher von der allgemein verbreiteten und alltäglichen
Wahrnehmung geleitet als von der Sichtweise, die sie in der Malerei wiedergeben. Dasselbe galt vermutlich für die Künstler des Alten Ägypten. Und doch
ist es klar, daß die Darstellungsweisen, derer sich Künstler innerhalb einer
bestimmten Kultur bedienen, *doch* auf wahrheitsgetreue Wahrnehmung ausgerichtet sind. Es *besteht* ein Zusammenhang zwischen der Art der Darstellung

und der Art des Sehens. Darüberhinaus ist diese Verbindung der Schlüssel zum Verständnis der Beziehung zwischen Kunst und Gesellschaftsstruktur.

Jede Form der Darstellung schließt die *Aneignung* eines Wahrnehmungssystems (einer Art des Sehens) ein, und diese Aneignung unterliegt den semiotischen Erfordernissen sinnlichen Wertedenkens unter bestimmten sozialen Bedingungen. Die Werte einer Gemeinschaft spiegeln die Prinzipien wider, denen die Ordnung des gesellschaftlichen Lebens in dieser Gemeinschaft unterliegt, eine Ordnung, die in der und durch die Gestaltung sozialen Handelns hergestellt wird. Diese Gestaltung des Handelns stellt ein ‚Verstehen‘, ein ‚Wissen‘ dar, das eine sinnliche Intelligenz im Subjekt voraussetzt, eine *Intelligenz des Fühlens*. Die Umsetzung dieser ‚Intelligenz des Fühlens‘ in der und durch die (sinnliche) Herstellung von Werten erfordert zu ihrer Realisierung ein sinnliches Medium – ein ästhetisches Medium. Der ästhetische Prozeß ist im Alltag ebenso wie in den komplexeren Formen, die er in der Kunst annimmt, eine sprachliche, symbolische Umsetzung, in der und durch die das sinnliche Wesen (individuell und kollektiv) einer Ordnung unterworfen wird.

Der ästhetische Prozeß benutzt die Sinne als Wahrnehmungssysteme, die Wahrnehmungssysteme des Sehens, Hörens, Tastens usw. Ästhetisch betrachtet ist ein Kunstwerk die Herstellung einer Ordnung von Sinneswerten, von Wahrgenommenem. In einem Gemälde sprechen wir in diesem Zusammenhang gerne von ‚optischen Werten‘. Farben, Formen, Texturen, tonale Rhythmen und sinnliche und sensorische Kontraste aller Art sind der Stoff, aus denen Kunstwerke vornehmlich gemacht sind. Die Entwicklung ästhetischer Systeme erfordert daher die Aneignung von Wahrnehmungssystemen. Eine Art der Darstellung bedarf der Aneignung einer Art des Sehens. Diese Aneignung unterliegt den Erfordernissen der gesellschaftlichen Ordnung, in der Werte zu postulieren sind. Darstellen und Sehen sind eigenständige Prozesse. Künstler machen keine Bilder, um sich in der Fruchtschale zurechtzufinden. Als Cézanne dem Wunsch Ausdruck verlieh, „Paris mit einem Apfel zu erstaunen", erwartete er nicht, daß das Erstaunen aus der praktischen Wahrnehmung entspringen würde, mit der man voraussetzt, daß der Apfel, den man in einer Schale sieht, eßbar ist. Cézannes Äpfel sind Teil von Cézannes Darstellungsweise. Ihre Farbwerte sind integrierende Bestandteile der Symphonie aus Farben, Schatten und linearen Akzenten, die ein Gemälde von Cézanne ausmachen. Die Entwicklung solcher Bilder wurde durch das intensive Gefühl des Künstlers für solche ‚optischen Werte‘ gesteuert. Es besteht jedoch zwischen den komplexen Strukturen der Sensibilität, die an der Umsetzung dieser optischen Werte beteiligt ist, und dem sinnlichen Wesen des Künstlers Resonanz und Kontinuität. Cézannes Art der Darstellung, des Fühlens oder Verstehens war die Umsetzung eines persönlichen und kollektiven Wesens, es war die Ausführung kultureller Werte in der und durch die symbolische Konstruktion optischer Werte. Ich will damit einfach sagen, daß das Kunstwerk und der ästhetische Prozeß mit dem sinnlichen Wesen des Subjekts – individuell und kollektiv – in Beziehung stehen, wie zwischen der diskursiven Argumentation und der Objektwelt eine Beziehung besteht, daß die Kunst eine Form des Verstehens ist, daß sie eine *Intelligenz des Fühlens* in die Praxis umsetzt (Witkin 1974)[3].

Warum sollte der Künstler sich so eindringlich mit der Wahrheit der Wahrnehmung befassen? Wenn die semiotische Funktion die Strukturierung der ästhetischen Mittel steuert und Kunstwerke der greifbare Ausdruck gesellschaftlicher oder kultureller Werte sind, muß man dann annehmen, daß der Künstler an einer Wahrheit der Sinne oder der Wahrnehmung interessiert ist? Die Sichtweise des Künstlers wäre dann doch einfach eine *konventionelle* Form des Wertedenkens, unabhängig davon, wie Gestalten und Gegenstände vom Auge oder von der Hand im Alltag wahrgenommen werden. Das stilistische Rätsel, das uns der Comic-Strip von Alain aufgibt, würde sich damit auflösen, ohne nach Lösung zu verlangen. Dieser Blickwinkel ist jedoch unhaltbar. Künstler haben sich zu allen Zeiten, und mögen sie in noch so archaischer Ferne liegen, eindringlich mit der Welt der Wahrnehmung und den Wahrheiten der Wahrnehmung beschäftigt. Sie standen diesen Beziehungen nicht gleichgültig gegenüber und betrachteten sich als nicht frei von den Erfordernissen der Wahrheit der Wahrnehmung. Wir brauchen nur an die Intensität zu denken, mit der Cézanne tatsächlich die Natur, die er malt, *beobachtet*, eine Intensität, die umso bemerkenswerter ist, als er das Sehen verändert, das über fünf Jahrhunderte die europäische Kunst beherrschte, bzw. uns die gleichermaßen tiefgreifende Beobachtung der Landschaft vor Augen zu führen, aus der die verflachte Gliederung von Formen bei Braque entsteht. Wahrnehmungswerte sind immer von Bedeutung, wenn es um die Umsetzung neuer Formen der bildlichen Darstellung geht.

Es besteht auch nicht unbedingt ein Widerspruch zwischen dem Anliegen, der Wahrheit der Wahrnehmung einerseits und den realen, stofflichen ‚Sinnes'-werten andererseits nachzuspüren, und dem Bedürfnis des Künstlers, Werke zu schaffen, die nicht nur inhaltlich, sondern auch formal wichtige ‚kulturelle' Werte hervorbringen. Die Aussage, daß die Form eines Kunstwerkes ein strukturelles Prinzip schafft, das gesellschaftlichen Beziehungen innewohnt, ist nicht der Behauptung gleichzusetzen, daß dies ohne Beschäftigung mit den Beziehungen der Wahrnehmung (Sinne) geschehen kann. Weil ein Kunstwerk ein Aufbau aus Wahrgenommenem, aus sinnlicher Materie ist und den *Körper* des Subjekts nur in und durch sinnliche(n) Mittel organisieren kann, bestimmen Wahrnehmungsbeziehungen und Wahrheiten der Wahrnehmung, welche Form der Organisation des Körpers möglich ist (hier entspricht diese dem Verständnis) und welche Organisation von gesellschaftlichen und kulturellen Werten daher in einem Kunstwerk realisiert werden kann.

Die Erfüllung der semiotischen Ansprüche des sinnlichen Wertedenkens ist unter bestimmten gesellschaftlichen Bedingungen entscheidend für die Auswahlmöglichkeiten, die bei der Aneignung von Wahrnehmungssystemen bestehen, und der Ursprung der verschiedenen Arten des Sehens in der Kunst. Um zum Rätsel im Comic-Strip von Alain zurückzukehren: wir können eine Lösung herbeiführen, wenn wir erkennen, daß weder die Alten Ägypter noch die modernen Kubisten an das Anliegen gebunden waren, die praktischen Wahrnehmungsbeziehungen, denen die alltägliche Wahrnehmung unterliegt, (zur Gänze) wiederzugeben, Wahrnehmungsbeziehungen, von denen wir abhängig sind, wenn wir in der Welt als Körper bestehen wollen. Andererseits ging es diesen Künstlern darum, jene Wahrnehmungssysteme aus den alltäglichen Wahrnehmungsbeziehungen herauszufiltern, die den zu erfüllenden semiotischen Ansprüchen entsprachen.

An unseren alltäglichen Wahrnehmungsbeziehungen sind verschiedene sensorische Abläufe beteiligt und bestätigen einander. Wir sehen etwa mit den Augen, was wir mit den Händen berühren. Die ‚Kontakt‘-werte, die wir erhalten, wenn wir Gegenstände *umfassen* und *berühren*, werden visuell durch die ‚Distal‘-werte verstärkt, die durch die Betrachtung derselben Gegenstände aus der Entfernung entstehen. Darüberhinaus sind die visuellen Systeme, die uns die Wahrnehmung eines Gegenstandes aus der Ferne liefern, von den ‚Proximal‘-werten zu unterscheiden, rein visuellen Eigenschaften wie Farbe, Textur, Form usw., die dem Auge als Sensorium am ‚nächsten‘ liegen. So kann eine Ansicht in erkennbare Gegenstände und Gestalten aufgelöst werden, mit denen man ‚umgehen‘ kann (und dadurch Kontaktwerte erhält), die man aus der Entfernung sehen kann (wodurch Distalwerte geliefert werden) und die sinnlich als Muster von Formen und Farben, visuellen Eigenschaften (d. h. Proximalwerten) erfaßbar sind. Jedes dieser Wahrnehmungssysteme kann aus dem gesamten System der Wahrnehmungsbeziehungen genommen werden. Jedes System bietet einzigartige Möglichkeiten für die ästhetische Ideenbildung, und ihre Aneignung durch den Künstler in einer gegebenen Gesellschaftsform wird durch diese Möglichkeiten gesichert.

Die Künstler des Alten Ägypten bedienten sich einer Darstellungsweise, die sich die Möglichkeiten eines ‚haptischen‘ Systems der Wahrnehmung aneignete, das auf Kontaktwerten basierte. Die Künstler der Renaissance wiederum eigneten sich die Möglichkeiten eines ‚optischen‘ Systems an, das auf Distalwerten aufbaute. Bei den modernen Künstlern wurzelt der ästhetische Prozeß in einem ‚somatischen‘ System der Wahrnehmung auf der Grundlage von Proximalwerten. So ist hier der Anspruch zu verstehen, daß die semiotischen Erfordernisse für das Wertedenken in einer bestimmten Gesellschaft entscheidend sind, da sie bei der Entwicklung einer Sehweise die Aneignung von Wahrnehmungssystemen bestimmen.

Die Kunst der klassischen Antike im Griechenland des fünften vorchristlichen Jahrhunderts versuchte ernsthaft, Gestalten und Gegenstände in drei und zwei Dimensionen lebensecht abzubilden. Die Haltung Platons gegenüber der neuen Kunst verhilft uns zu einem Verständnis der kulturellen Bedeutung, die ‚Stilrichtungen‘ in der Kunst innewohnt. Die Wunder der künstlerischen Technik, durch die es gelang, (den Griechen) Gestalten und Gegenstände so lebensecht erscheinen zu lassen, beeindruckten Platon nicht im mindesten. Als ‚Realist‘ im älteren Sinne des Glaubens, daß alle Erscheinungsbilder der Dinge nur die Schatten einer Wirklichkeit waren, die über die Erscheinungen hinausging, lehnte Platon die neue Kunst seiner Zeit moralisch ab. Aus seiner

Sicht war ihr die archaische Kunst der Ägypter überlegen, weil sie keinen Versuch unternahm, ‚zu täuschen' oder mit ‚Unwahrheiten' zu handeln, sondern sich mit dem ‚Realen' auseinandersetzte. Die ägyptische Kunst war vor allem eine Kunst, die in der bildnerischen Darstellung nicht danach strebte, die Erscheinung der Dinge von einem einzigen Standpunkt aus – wie sie gesehen werden – wiederzugeben, sondern die realen (idealen) Verhältnisse der Teile der Gestalten und Gegenstände *an sich*, wie sie von ihrem ästhetischen Kodex vorgegeben waren.

Wie Platon in *Der Staat* erklärt, *tut die Malerei, oder die gesamte Kunst der Nachahmung im allgemeinen, mit einem Werk geschäftig, das weit entfernt ist von der Wahrheit und das sie darüberhinaus mit jenem Teil von uns verbindet, der von der Weisheit weit entfernt ist; es ist zu keinem nützlichen oder wahren Zweck ihr Geliebter oder Freund ... so ist die Kunst der Nachahmung denn die nichtswürdige Geliebte eines nichtswürdigen Freundes und bringt eine nichtswürdige Nachkommenschaft hervor. (Platon, Der Staat)* [4]

Es ist richtig, daß an Revolutionen in der Kunst oft technische Entwicklungen und neue Fähigkeiten beteiligt sind, die den Künstlern einer früheren Zeit nicht zugänglich waren. Platon warnt mit seiner feindseligen Haltung gegenüber den künstlerischen Veränderungen vor jeder Simplifizierung dahin gehend, daß künstlerische Revolutionen mit technischen Entwicklungen gleichzusetzen seien. Aus Platons Blickwinkel ist die wichtigste Frage die der moralischen Implikationen der Revolution. Eine Kunst, die die Erscheinungen aufwertet, war auch eine Kunst, die die parteiische und persönliche Perspektive des Individuums aufwertete. Seiner Meinung nach hieß dies, das Universelle, Ewige und Unveränderliche zugunsten des Vergänglichen, Schattenhaften und Nichtsubstantiellen zu opfern. Platons Kritik an der mimetischen Kunst ist in gewisser Weise im Lichte seiner Kritik an der Demokratie zu sehen. Man kann die beiden sogar durchaus miteinander in Verbindung bringen. Der Kodex, dem die künstlerische Praxis in einer Kultur unterliegt, ist eng mit der gesamten „Geisteshaltung" der Kultur, ihrer Gestaltung einer Wirklichkeit, verwoben, und eine solche Gestaltung setzt bestimmte Formen der gesellschaftlichen und politischen Beziehungen voraus, die diese ermöglichen. Durch seinen Angriff auf die Kunst schlug Platon vom Standpunkt der eher aristokratischen und traditionsverbundenen Gesellschaft Alarm – einer Gesellschaft, die weniger individualistisch oder relativistisch zu den Werten stand als die Gesellschaft, die zu seinen Lebzeiten in Entwicklung begriffen war. Es wäre ein Fehler, so meine ich, Platons Kritik lediglich als ästhetisch auszulegen, es sei denn, man versteht unter dem Ästhetischen etwas, was das gesamte soziale Leben erfaßt, nicht nur die Kunst. Platon hatte Einwände gegen die Aufwertung des einzelnen in Kunst und Gesellschaft. In *Der Staat* sind seine Bemerkungen zur Demokratie mit einem Schuß Ironie versehen:

Zunächst sind alle Bürger frei, der Staat ist voll der Freiheit der Handlung und der Freiheit der Rede – man kann dort tun und sagen, was man will. Wo das Prinzip des Gewährenlassens herrscht, kann sich der einzelne sein Leben so zurechtlegen, wie es ihm gefällt. Und so wird es in dieser Art von Staat die größte Vielfalt menschlicher Charaktere geben. Es wird sich herausstellen, daß dies die gerechteste der Verfassungen ist – wie ein buntes Kleid, das mit allen Arten von Blumen bestickt ist, wird diese Verfassung mit jedem Menschen vielfältiger werden und von höchster Schönheit sein. Diese und andere, verwandte Eigenschaften sind typisch für die Demokratie, eine reizende Form des Staatswesens ohne Herrscher und mit großer Vielfalt, die eine eigentümliche Art von Gleichheit an Gleiche wie Ungleiche verteilt.

Der wichtigste Unterschied zwischen der mimetischen Kunst und der sogenannten realistischen Kunst der Antike liegt in dem Maß, in dem sich die erstere bemüht, eine Welt der *optischen Wahrheit* wiederzugeben. Die optisch wahrheitsgetreue Darstellung eines Gegenstandes ist die Darstellung dieses Gegenstandes *aus einer bestimmten Entfernung.* Es handelt sich um den Gegenstand dort drüben, nicht hier. Darüberhinaus ist es ein Gegenstand, der aus einem bestimmten Blickwinkel betrachtet wird. Dieser Blickwinkel führt unvermeidlicherweise zu einer Teilansicht, es können nur Facetten der Dinge gesehen werden, wie die Seite einer Tasse oder die Vorderseite eines Körpers, was auch immer. Die optische Erfahrungsebene, jene Ebene, die die Menschen mit der am natürlichsten scheinenden und lebensnahesten Kunst verbinden, ist die Ebene, die sich nicht mit den Dingen, sondern mit den komplexen optischen Beziehungen beschäftigt, in die die Dinge in einem Blickfeld eintreten. Die Wirklichkeit entspricht auf dieser Ebene dem, was ich als *distale Erfahrung* bezeichnet habe.

Die archaische Kunst versucht demgegenüber nicht, das Optische auf diese Weise aufzuwerten. Im Gegenteil, sie vermittelt den Eindruck, als würde sie alle rein optischen Beziehungen unterdrücken, um die Dinge ‚an sich' abzubilden, nicht die Dinge, wie sie zu sein ‚scheinen'. Freilich werden Gemälde und Skulpturen und Reliefs dazu gemacht, daß man sie sieht. Sie sind eine Erfahrung, die man die Augen machen läßt. Die archaische Kunst berücksichtigte in ihren Werken bestimmte Aspekte der Beziehung zum Betrachter. Zum Beispiel setzt diese Kunst die vertikale Position eines aufrecht stehenden Betrachters voraus. Dennoch wurden, wie Panofsky[5] und andere[6] einwendeten, minimale Zugeständnisse an den Blickpunkt des einzelnen, der sich mit dem Werk beschäftigt, gemacht; es wurde vielmehr versucht, visuell die ‚Wahrheit' des Gegenstandes *an sich* einzufangen. Sinnlich und ästhetisch gesehen strebte diese Kunst die größtmögliche Annäherung an die inhaltliche Wirklichkeit an, den Gegenstand, wie er aufgrund der ‚taktilen' Werte bekannt ist, die man durch den direkten Kontakt mit den Dingen erhält. Man kann sich die archaische Kunst als eine von ‚taktiler' oder ‚haptischer' Ästhetik – im Gegensatz zur ‚optischen' – geleitete Kunst vorstellen. Sie betont nicht die Wiedergabe einer *distalen* Wirklichkeit, sondern die einer *Kontakt*realität. Diese schlichte Wahrheit ist ein theoretischer Grundstein zu einem Großteil der Kunst- und Philosophiegeschichte der deutschen Denker, insbesondere jener, die von der Hegelschen *Ästhetik* beeinflußt sind.[7]

Nicht immer klar ist in diesem Theoriegebäude die Frage, welche semiotische Bedeutung der Einsatz eines haptischen (auf Kontakt aufgebauten) ästhetischen Kodex im Gegensatz zum optischen (distalen) hat. Was konnte man – *symbolisch gesehen* – mit dem taktilen Kodex der Antike tun, was mit dem optischen Kodex der Renaissance nicht möglich war, und umgekehrt? Welche gesellschaftlichen Faktoren und damit verbundenen ästhetischen Forderungen machten den Umstieg von einem Kodex auf den anderen notwendig? Was ich hier nachweisen will, ist, daß gerade diese gesellschaftlichen und semiotischen Faktoren für die Entwicklung ästhetischer Kodizes entscheidend sind. Technische Faktoren spielen eine untergeordnete Rolle. Es ist auch nicht erforderlich, mit manchen Kunsthistorikern in der Annahme übereinzustimmen, daß die normalen Wahrnehmungsprozesse verschiedener Epochen grundlegend oder radikal voneinander abweichen. Daß wir uns an die Abbildung der visuellen Wirklichkeit durch die Moderne gewöhnt haben, heißt noch nicht, daß wir normale Gegenstände nicht mehr auf ähnliche Weise sehen können wie ein Mensch des 19. Jahrhunderts. Hier geht es nicht so sehr um die Wahrnehmung im physischen Sinn als um die semiotische Aneignung von Wahrnehmungssystemen als Mittel zur Ordnung kultureller Erfahrung, das heißt, zur Umsetzung wesentlicher Werte auf symbolischer Ebene. Die Aneignung eines taktilen ästhetischen Kodex deutet auf die semiotische Aneignung haptischer Wahrnehmungssysteme zur Ordnung von gesellschaftlichen und kulturellen Erfahrungen hin, die anders nicht geordnet werden können; ähnlich verhält es sich bei der semiotischen Aneignung optischer Wahrnehmungssysteme. Diese Aneignungen liegen dem zugrunde, was man als *Stil* bezeichnet.

Was normalerweise bei Kunstwerken als ‚Stil‘ bezeichnet wird, kann man sich vielleicht am besten als komplexe Verflechtung von Invarianzen vorstellen. Eine Epoche oder eine internationale Kultur kann eine bestimmte Gruppe von Konventionen mit sich bringen, z. B. die internationale Gotik, und diese Konventionen werden in verschiedenen Nationalkulturen verschieden umgesetzt, in Frankreich anders als in Italien, den Niederlanden usw. Die nationalen Ausprägungen der internationalen Gotik waren sogar sehr vielfältig. Darüberhinaus entwickeln die Künstler und Architekten einer Region innerhalb einer Nationalkultur oft Variationen, man denke an die italienischen Städte des Mittelalters. Letztendlich können auch einzelne Künstler innerhalb einer bestimmten Bandbreite der Variation ihren eigenen unverwechselbaren Stil verwirklichen. Auf diese Weise kann man sich die ästhetische Ordnungsgebung am besten vorstellen, nicht als Einzelgruppe invarianter Beziehungen, sondern als *Verflechtung* von Invarianzen, bei der die untergeordneten Invarianzen (jene mit geringerer Tragweite, etwa der unverwechselbare persönliche Stil eines Künstlers) in die Invarianzen höherer Ordnung eingebettet sind und die äußerste Schicht durch die umfassendste oder universellste Ebene der Ordnung (den Darstellungskodex, durch den der Stil einer Epoche oder einer ganzen Kultur beschrieben wird) gebildet wird.

Die Theorie der Zeichen
In der modernen Theorie der Zeichen, wie sie in Europa vor allem in den Werken französischer Poststrukturalisten wie etwa Jean Baudrillard[8] entwickelt

wurde, wird zwischen den Elementen des semiotischen Prozesses (Signifikant, Signifikat und Referent) unterschieden. Darüberhinaus besteht eine Tendenz dazu, die Moderne als eine Periode zu betrachten, in der es eine substantielle ‚Wert'verlagerung zum Signifikanten und weg vom Referenten und vom Signifikat gab. *Signifikant* steht für das Bild oder die Zeichen auf dem Papier, den Klang oder die ‚stimmliche Äußerung', sozusagen das ‚reine Symbol', unabhängig vom Symbolisierten. Unter *Signifikat* ist der Gedanke oder Wert zu verstehen, der durch Signifikanten symbolisiert wird, das, was das Symbol auszudrücken beabsichtigt. *Referent* schließlich bezeichnet den Gegenstand oder das Ding in der außersprachlichen Wirklichkeit, auf das sich die Bedeutungsgebung bezieht. In diesem Zusammenhang ist die Unterscheidung zwischen Signifikat und Referent wesentlich. Denken wir an Louis Davids Gemälde *Der Tod des Marat*. Das Bild stellt den ermordeten Marat in der Badewanne dar. Die Bilder und Formen aus Farbe, die die Leinwand füllen, bilden den ‚Signifikanten', das ästhetische Symbol. Marat selbst, das Bad und andere Gegenstände und Details, auf die sich der bildliche Text bezieht, sind klar als die ‚Referenten' zu den Signifikanten zu verstehen. Die Werte und Gedanken, die David mit dem Gemälde vermitteln wollte, die Vorstellung vom Edlen, von der heroischen Ruhe, von Opferbereitschaft und Märtyrertum (mit all den impliziten Parallelen zu einer anderen Geschichte) bilden die ‚Signifikate'.

Meine *Formulierung* des semiotischen Problems im Hinblick auf Kunstwerke ist Lévi-Strauss und seiner Erörterung von Fragen der Kunst in einem Radiointerview[9] sowie einem Artikel verpflichtet, in dem es um Baudrillards auf Lévi-Strauss aufbauende Gedanken zur Entwicklung einer historischen Zeichentheorie[10] ging. Die Einsicht, derer ich mich hier bedienen will, liegt darin, wie sie die Beziehungen zwischen den Elementen des semiotischen Prozesses problematisieren und versuchen, die ‚Entwicklung' dieser Beziehungen als eine historische Theorie der Zeichen zu analysieren, welche wiederum selbst mit einer Analyse der Entwicklung gesellschaftlicher Beziehungen ‚verbunden' ist. Baudrillard sieht zum Beispiel den Kapitalismus als den wirtschaftlichen Ausdruck des abstrakten symbolischen Kodex, der in der Renaissance entstand und durch die ‚Befreiung' der Zeichen von ihren Referenten gekennzeichnet war. Dieser abstrakte Kodex wird von Baudrillard mit dem Geld als abstraktem Medium der Äquivalenzen verglichen. In der Gesellschaft des ausgehenden 20. Jahrhunderts betrachtet Baudrillard die Trennung der Zeichen von ihren Referenten als praktisch abgeschlossen und die moderne Konsumgesellschaft als von einem endlosen Umlauf von Signifikanten beherrscht.

In der nachstehenden Analyse der Beziehungen zwischen den Elementen im semiotischen Prozeß (d.h. Signifikant, Signifikat und Referent) wird die Entwicklung dieser Beziehungen durch die Entwicklung der Abstraktion auf eine im weitesten Sinne behaviouristische Weise beschrieben. Die unterste Ebene der Abstraktion findet sich im symbolischen Prozeß, wenn das Zeichen (Signifikant und Signifikat) in den Referenten *eingebettet* ist. Auf dieser Ebene besteht wenig Autonomie in der Organisation der Zeichen; es handelt sich um eine Funktion der Beziehungen, die die Organisation der Referenten, d. h. der Personen, Gegenstände und Ereignisse in der Welt, bestimmt. Was man in diesem Zusammenhang Referent nennt, sind die Dinge, die man als *substantielle Dinge* an und für sich erfährt. Diese Substantialität ist, wie ich bereits ausgeführt habe, eine Funktion der durch Kontakt entstandenen Wahrnehmungserfahrung, das heißt, des Gefühls, das man für die Dinge durch körperlichen Kontakt, vor allem durch Berührung, erwirbt. Man erfährt den Gegenstand in seiner und durch seine ,Reaktion' auf den Druck, der durch körperlichen Kontakt ausgeübt wird, als Substanz. Der Gegenstand, den ich in der Hand halte, erscheint mir fest und mit einer bestimmten Form ausgestattet, vollständig und in sich geschlossen usw. In der Alltagssprache könnten wir von ,wirklichen' oder ,substantiellen' Dingen sprechen und sie von ,abstrakten' Vorstellungen unterscheiden. Dies wäre jedoch irreführend. In einer symbolischen Darstellung können auch ,abstrakte' Vorstellungen, mythische Wesen etc. Referenten sein, solange sie so behandelt werden, *als ob* sie wirklich wären, das heißt, im Sinne der ,haptischen' (substantiellen) Eigenschaften, die man mit der körperlichen ,Kontakterfahrung' verbindet. Wenn Symbole eng mit ihren Referenten verbunden sind, so verweist das geringe Maß an Abstraktion nicht auf das Wesen der Gegenstände, die die Referenten bilden, sondern auf die Tatsache, daß Symbole (und daher Erkenntnisse) ihre Ordnung auf der Ebene der *Kontakterfahrung mit Dingen* erhalten und daher den Zwängen und ,Grenzen' dieser ,konkreten' Erfahrungsebene unterworfen sind. Symbolische Formen und symbolische Konstrukte simulieren daher auf dieser unteren Abstraktionsebene die Kontaktbeziehungen, durch die die Referenten gebildet werden, und haben keinen eigenen autonomen Wirkungsbereich.

Auf einer höheren Abstraktionsebene erhält das Paar Signifikant-Signifikat eine gewisse Distanz zum oder ein Maß an Unabhängigkeit vom Referenten, einen autonomen Ort der Organisation. In der Malerei entstand dieser Ort der Organisation mit der Entwicklung einer Kunst des Wahrnehmungsrealismus, in der die *optischen* Beziehungen zwischen den Elementen eines Gesichtsfeldes wichtiger sind als die visuelle Darstellung haptischer Beziehungen. In der Kunst des Wahrnehmungsrealismus wird das Optische ein eigenständiger Ort der Organisation und ermöglicht dadurch die Abspaltung des Paares Signifikant–Signifikat vom Referenten; diese Abspaltung ermöglicht die Umsetzung von ,Werten' auf einer höheren Abstraktionsebene. Die Kunst des Wahrnehmungsrealismus in der Renaissance war nicht eine weniger abstrakte Kunstform, weil sie die sinnliche und fleischliche Materialität der Welt darstellte. Im Gegenteil, gerade durch die Entwicklung einer systematischen Darstellung optischer Beziehungen ermöglichte sie die Abbildung kultureller Bedeutungen auf sehr hohen Abstraktionsebenen, während die emblematische Kunst des Mittelalters wie die archaische Kunst das Denken in kulturellen Werten nur auf sehr niedrigen Abstraktionsebenen zuließ. Die weitverbreitete Tendenz, von archaischer Kunst als abstrakter Kunst zu sprechen, ist – wie ich bereits ausgeführt habe – höchst irreführend (Witkin 1992)[11].

Die höchste Abstraktionsebene findet sich in semiotischen Systemen dort, wo der Ort der Ordnung am weitesten von der Kontakterfahrung entfernt ist, wo die symbolischen Beziehungen unabhängig von den Zwängen strukturiert werden können, denen die Beziehungen zwischen materiellen Dingen auf der Ebene der körperlichen Kontakterfahrung unterliegen. Eine solche Situation tritt ein, wenn der Signifikant sich von Signifikat und Referent befreit hat und die beiden anderen Ebenen im semiotischen Prozeß seinen eigenen Ordnungsprinzipien unterworfen hat. Auf den höchsten Abstraktionsebenen werden die Kontaktbeziehungen durch und durch von ‚formalen Beziehungen‘ vermittelt, das heißt, von rein symbolischen Operationen. Dieser Situation nähert man sich in der Kunst des 20. Jahrhunderts, wo die rein ästhetischen Elemente, aus denen der Signifikant besteht, immer stärker von den Anforderungen der Bedeutungsgebung und den Zwängen des Referenten befreit wurden. In dieser Kunst verlagert sich der Ort der Ordnung von der Ebene der optischen Beziehungen auf jene der semiotischen, d. h. der rein ästhetischen Beziehungen. Ich werde mich im weiteren Text auf eine umfassendere Betrachtung der semiotischen Implikationen konzentrieren, die mit der ästhetischen Aneignung haptischer und optischer Systeme einhergehen, mit dem Übergang von der ‚Berührung‘ der Alten zum ‚Blick‘ der Neuzeit.

Einer der explizitesten Versuche, das Taktile und das Optische einander gegenüberzustellen, findet sich in *Art and Geometry—A study in space intuitions* von William M. Ivins Jr.[12] Es muß jedoch darauf hingewiesen werden, daß sich Ivins in seiner Erörterung der Kunst des klassischen Griechenland mit ihrer Abgrenzung von der Kunst der Wahrnehmungswirklichkeit in der europäischen Renaissance befaßt und die charakteristischen Merkmale betont, für die meiner Meinung nach die archaische Kunst, auf die Platon verwies, bessere Beispiele bietet. Kurz gesagt, Ivins unterstreicht im Gegensatz zu Platon in seinen kritischen Kommentaren die traditionellen Merkmale, die in dieser Kunst bewahrt sind.

Ivins bemerkt, in welchem Ausmaß die wirkliche optische Erfahrung eine Erfahrung der Veränderung, der Schwankungen und des Übergangs ist. Die optische Wirklichkeit ist dynamisch und relativistisch.

Gegenstände werden kleiner und weniger strahlend, wenn sie weiter von uns entfernt sind. Sehr weit entfernte Gegenstände sind nichts als formlose Umrisse. Nahegelegene Gegenstände ändern dauernd ihre Form, wenn wir uns um sie herumbewegen. Ein Nadelwald aus der Nähe ist für uns eine Mischung aus Tiefgrün und Schattierungen von Braun, aus der Ferne betrachtet strahlt er durchscheinendes Hellblau aus. Im Verlauf eines Tages ändert die ganze Landschaft stark ihre Farbe. Mit abnehmendem Licht verschwinden verschiedene Farben zu verschiedenen Zeiten. Parallele Linien, die von uns wegführen, tendieren dazu, zusammenzulaufen.

Diesem Ein- und Ausblenden, dieser „sich verlagernden, veränderlichen, ungebrochenen Kontinuität von höchst verschiedenen visuellen Wirkungen" setzt Ivins die Diskontinuität und Absolutheit der taktilen Wahrnehmung entgegen.

... das taktile Bewußtsein entsteht praktisch nicht durch ein stufenweises Ein-
und Ausblenden des Bewußtwerdens, sondern durch plötzliche Kontakte und
deren Unterbrechungen. Meine Hand berührt etwas oder sie berührt es nicht.
Meine Hand sagt mir, daß etwas leicht oder schwer ist, heiß oder kalt, glatt
oder rauh. Ich kann einen einfach geformten Gegenstand in Daumen- oder
Stocklängen messen und durch Abzählen meiner Bewegungen feststellen, wie
viele Daumen- oder Stocklängen lang oder breit er ist. Wenn nichts passiert,
so sagen mir meine Muskeln, daß die Messung immer dieselbe Zahl von Bewe-
gungen in Anspruch nimmt und daß sich daher die Größe oder Form des
Gegenstandes nicht verändert. Handelt es sich bei dem Gegenstand um eine
erhabene Form, so kann ich mit den Fingern oder dem Stock darüberstreichen
und feststellen, daß die Linien in Reichweite meiner Hand immer den gleichen
Abstand haben und nicht zusammenlaufen, d. h. parallel sind. Die Tatsache, daß
ich einen Gegenstand berühren, halten, drücken, ziehen kann, gibt mir das
Gefühl, daß wirklich etwas da ist, daß ich nicht einem Trick oder einer Illusion
aufsitze, daß dieses Etwas gleich bleibt, egal, wie schwer oder leicht, heiß oder
kalt, glatt oder rauh es ist. Die Umrisse von Gegenständen, die mit der Hand
erfühlt werden, verändern sich bei Positionswechseln nicht, wie das bei
betrachteten Objekten der Fall ist. (S. 4)
Aus Ivins' Erklärung der taktilen Wahrnehmung geht klar hervor, daß eine bil-
dende Kunst, die taktilen Werten treu bleiben wollte, Gegenstände und Beziehungen ganz anders darstellen mußte, als wenn sie sie optisch wiedergeben
wollte. Eine solche Darstellung müßte die abgegrenzten Oberflächen der Dinge betonen, die Oberflächen, mit denen der einzelne in Kontakt tritt, wenn er
oder sie den Gegenstand berührt oder hält. Dinge erscheinen vollständig und
in sich geschlossen. Jedes Ding, das berührt wird, steht allein und von anderen, ebenso in sich geschlossenen Dingen abgesondert da. Je genauer sie
untersucht werden, umso mehr umgibt diese taktilen Dinge eine Art von
Abgeschlossenheit und Isolation. Dauerhaftigkeit und Unveränderlichkeit sind
die Kennzeichen des Taktilen im Unterschied zum Optischen.
Von ebensolcher Bedeutung ist nach Ivins' Ansicht die Tatsache, daß bei der
taktilen Wahrnehmung die Dinge in einer Abfolge von Punkten im „Hier" und
„Jetzt" im Raum existieren. Wo ein Ding endet und kein Ding ist, besteht
immer noch der Raum, weil die forschende Hand weiß, daß sie sich im Raum
befindet, auch wenn sie nichts berührt. Ivins verweist hier darauf, daß der
Raum selbst im taktilen Bewußtsein als dingartig, wenn auch negativ, erfahren
wird. Die Hand, die sich unter Dingen bewegt, die sie berühren kann, ist
immer im wahrsten Sinn des Wortes hier und jetzt. Sie hat keinen Blickpunkt
und daher keinen Fluchtpunkt. Die Augen sehen im Gegensatz dazu eher das,
was dort ist, als das, was sich hier befindet. Es gibt einen Blickpunkt und
einen Fluchtpunkt. Für die Hand ist der Raum substantiell und unabhängig existent wie andere taktile Dinge, während er für das Auge eine Beziehung von
Dingen ist und selbst, ohne sie, keine Substanz oder Existenz hat. [Ivins
argumentiert hier eigentlich auf irreführende Weise, da er dazu tendiert, zwei
Bedeutungen der ‚unabhängigen Existenz' im Bezug auf den Raum miteinan-

der zu verwechseln. Der taktile Raum hat in dem Sinn eine unabhängige Existenz, als er dingartig ist. Die Erfahrung eines solchen Raumes bezieht sich aber eher auf Räume als auf ein Kontinuum der räumlichen Existenz. Der optische Raum wird in seiner unabhängigen Existenz in dem Sinn erfahren, daß er ein Medium mit Kontinuität ist, jedoch nicht objektartig. Objekte werden optisch eher als *im Raum* befindlich, haptisch als *zwischen Räumen* befindlich wahrgenommen.]

Zu diesen grundlegenden Behauptungen über die taktile Wahrnehmung kommt eine weitere, die bei der Betrachtung des essentiellen Charakters eines von taktilen oder haptischen Werten beherrschten ästhetischen Kodex von großer Wichtigkeit ist. Ivins' eigene Aussage ist es wert, hier zitiert zu werden. In seiner Sicht der griechischen Kunst lassen sich Ähnlichkeiten zu Piagets[13] Beschreibungen des parallelen Spielens bei Kleinkindern erkennen. Ohne daß es eine bekannte Verbindung oder Einflußnahme zwischen dem Erkenntnistheoretiker und Psychologen einerseits und dem Kurator des Metropolitan Museum of Art andererseits gibt, sieht Ivins in den Beziehungen zwischen den Gestalten in griechischen Skulpturen und Reliefs denselben Mangel an interaktiver Perspektive wie im Spiel, dieselbe Tendenz der Spieler, eher nebeneinander als miteinander, koaktiv eher als interaktiv zu spielen.

Auf der Schwelle dieser Kunst finden wir die Eigenart, die das griechische Weltbild am meisten von dem der Neuzeit unterscheidet ... . Die Griechen bildeten Jim ab, während er eine einzige Geste machte, wie er sie vielleicht im Kampf machen würde, und irgendwo bildeten sie Jack ab, der eine andere Geste dieser Art machte, aber niemals stellten sie den Kampf zwischen Jim und Jack dar oder die Art, in der die Gesten der beiden Kämpfer in einer einzigen, fortlaufenden, rhythmischen Bewegung verschmolzen, so daß die Geste des einen durch die Serie der zugehörigen Gesten des anderen einen Sinn ergeben hätte. Wenn man den langsam laufenden Film des Kampfes zwischen Johnson und Jeffries gesehen hat, sollte man die Einheit der sich verlagernden, Veränderungen unterworfenen Gruppe verstehen und die Art, in der sie den Kampfesregeln entsprechend einen ständigen fließenden Übergang von einer Gruppenform zur nächsten bildet. Die Einheit der im Fluß begriffenen Gruppe, für die die Griechen blind waren, wurde für den Blick der Neuzeit zu einem essentiellen Aspekt der Welt. (S. 15)

In vieler Hinsicht steht Ivins in der Kunstgeschichte für die Tradition, die sich vornehmlich mit technischen Entwicklungen in der Kunst beschäftigt. Es wird praktisch kein Versuch gemacht, zwischen den verschiedenen semiotischen Möglichkeiten zu unterscheiden, die durch die beiden ästhetischen Kodizes, den taktilen und den optischen, geboten werden, und die gesellschaftlichen Bedingungen zu berücksichtigen, unter denen der eine oder der andere bevorzugt würde. Das zentrale Anliegen seines Buches ist es, in jedem Fall die Grenzen der griechischen Kunst auf gewisse Mängel in ihrer Geometrie zurückzuführen. Veränderungen in der Geometrie sind es, die Ivins mit den wichtigen Entwicklungen der Kunst in Bezug zu setzen sucht. Vielleicht zeigt nichts die soziologische Leere dieser kunsthistorischen Tradition besser als seine in einer Fußnote auf Seite 59 angeführte Spekulation über die Abwendung von den klassischen Formen in der westlichen Kunst bereits ab dem 2. nachchristlichen Jahrhundert. Sie war, so Ivins, nicht so sehr auf die Unkenntnis der klassischen Formen zurückzuführen als darauf, daß man ihrer müde war. Der Westen war der ausgeschöpften Fadesse überkommener Formen überdrüssig, von ihnen zu Tode gelangweilt. Es stellt sich sofort die Frage, warum dies der Fall gewesen sein sollte. Die Kunstgeschichte ist voll der Beispiele künstlerischer Stilrichtungen, die sich über lange Zeiträume hielten, ohne daß sie Langeweile ausgelöst hätten. Abgesehen davon bietet eine solche Spekulation, auch wenn sie vielleicht gar nicht so zweifelhaft wäre, wie sie mir erscheint, nichts, was uns ein Verständnis des Phänomens ästhetischer Kodizes aus einem semiotischen oder soziologischen Blickwinkel ermöglichen könnte.

In Ivins' Studie wird, und das ist eine Tatsache, der taktile Aspekt der klassischen griechischen Kunst überbewertet und der optische klar vernachlässigt. Das haptische Prinzip findet sich in der archaischen Kunst, etwa jener der Alten Ägypter, reiner ausgebildet. Die Kunst des klassischen Griechenland machte viele Zugeständnisse an das Optische, und wenn die Griechen auch keine Perfektionierung einer Kunst des Wahrnehmungsrealismus verfolgten, wie sie uns aus der europäischen Kunst seit der Renaissance bekannt ist, so drangen sie doch weit in diese Richtung vor. Keiner dieser Kritikpunkte kann uns jedoch davon abhalten, den Wert von Ivins' Beschreibung des Gegensatzes zwischen dem Taktilen und dem Optischen anzuerkennen. Eine solche Beschreibung verleiht vielen Theorien über die Sozialgeschichte der Kunst Sinn, auch wenn Ivins diese Theoretiker in seiner Arbeit praktisch mit keinem Wort erwähnt. Letztlich unterscheidet Ivins im Hinblick auf das Wesen der taktilen Erfahrung ihre Abgeschlossenheit und Eigenständigkeit, ihre Betonung des disjunktiven und diskontinuierlichen Wesens der Formen, die Tendenz der Formen zur Isolation, zur koaktiven, nicht interaktiven Anordnung bei der Gruppenbildung, die Erfahrung des Raums als unabhängig existierende Substanz, die Erfahrung von Gegenständen als im allgemeinen dauerhaft und unveränderlich, das Hier und Jetzt als Charakteristikum der Wahrnehmung und das Fehlen eines Gesichtspunktes usw.; all das verweist auf eine Reihe von Zwängen, die im semiotischen Kontext von größter Bedeutung sind. Der Untersuchung dieser semiotischen Bedeutung und ihren soziologischen Korrelaten sei der Rest dieses Kapitels gewidmet.

Während die Annahme vernünftig erscheint, daß die Kultivierung einer bestimmten Darstellungsweise für Gegenstände und Ereignisse auf gewisse Weise mit dem Wahrnehmungsprozeß zusammenhängt, das heißt, mit dem alltäglichen Sehen, erscheint es ebenso wahrscheinlich, daß uns künstlerische Stilrichtungen wenig über die Wahrnehmung von Gegenständen und Ereignissen im Alltag sagen. Kunsthistoriker wie Panofsky[14] haben sich oft bemüht, die Prinzipien, denen die Darstellung in der Kunst unterliegt, mit einer angenommenen Wahrnehmungsweise in Verbindung zu bringen, als ob der Unterschied zwischen archaischer Kunst und Renaissancekunst z. B. durch zwei verschiedene Reaktionen auf visuelle Reize zu erklären wäre. Entscheidend ist vielleicht die Aneignung der Wahrnehmungssysteme, die den Ansprüchen der symbolischen Funktion Genüge tun. Wahrnehmungssysteme haben Eigenschaften, die sie mehr oder weniger für den Prozeß der Symbolbildung geeignet machen. Wenn sich die archaische Kunst das taktile oder haptische System aneignet, um Gegenstände und Beziehungen darzustellen, so geschieht dies, weil dieses System für die Symbolbildung auf einer relativ niedrigen Abstraktionsebene geeignet ist.

Es gibt drei Aspekte haptischer Wahrnehmung, die in diesem Zusammenhang relevant sind; Ivins spricht sie, wenn auch unsystematisch, an:

1. Die Betonung der begrenzten und kontinuierlichen Oberfläche des Gegenstandes. Gegenstände werden als isoliert, in sich geschlossen und eigenständig erfahren. Sie verfügen über Masse und Festigkeit, denen in taktilen Begriffen der Druck auf die Oberfläche entspricht.

2. Gegenstände können als Teil einer Anordnung vollständiger und einzelner Dinge in Beziehung zueinander lokalisiert werden. Vom haptischen Standpunkt aus gibt es jedoch keine wirkliche Interaktion zwischen Gestalten oder Gegenständen. Ihre Beziehungen sind koaktiv. Jeder Teil spielt seine vom Leben oder Schicksal vorgegebene Rolle.

3. Gegenstände werden als völlig präsent und im Hier und Jetzt vollständig vorhanden erfahren. Solche Gegenstände sind in ihren und durch ihre Kontaktoberflächen bekannt. Zu einer solchen Erfahrung gibt es keine ausgesetzte Wirklichkeit, keinen Hintergrund, kein Innenleben.

Die Ästhetik Hegels[15] ist eine reiche Quelle für Einblicke in eine im wesentlichen ähnliche Form der Betrachtung archaischer Kunst. Für Hegel liegt der Unterschied z. B. zwischen dem Bau der Pyramiden und der gotischen Kathedralen in dem Maß, in dem die Pyramiden in erster Linie um ihrer äußeren Erscheinung und die gotischen Kathedralen um des großartigen Innenraums willen gebaut wurden. Hegel unterscheidet hier zwischen dem ‚Spirituellen‘, das er mit dem ‚Inneren‘ des Gegenstandes gleichsetzt, und der äußeren Form. In den archaischen Zivilisationen, deren Wissen über das eigene Wesen unvollkommen und unklar ist, werden Objekte – wie die Pyramiden – hergestellt, deren Äußeres nicht zum Inneren gehört, bei denen das Äußere als äußere Form und Schleier fungiert und nicht das Innere ausdrückt oder fortsetzt. Dies trifft auf die Hochrenaissance nicht zu; dort war die spirituelle Entwicklung so weit fortgeschritten, daß sie die Materie beherrschte, was sich in der Dominanz des Inneren von Gebäuden und Skulpturen gegenüber dem Äußeren niederschlug. In der ‚klassischen Kunst‘, so Hegel, erreicht der Geist eine Entwicklungsstufe, auf der er adäquaten Ausdruck in äußeren Formen findet, auf der diese Formen das Leben des Geistes atmen. Die ausgeglichene und bewegliche menschliche Gestalt in der klassischen Kunst könnte als Ausdruck der durch und durch vom Geist durchdrungenen Materie dienen. Die Darstellung der menschlichen Gestalt dient daher Hegel als Bild für die Vereinigung von Körper und Geist, wie die unbewegliche und ‚ineloquente‘ Gestalt die Disjunktion zwischen den beiden in den archaischen Zivilisationen widerspiegelte.

Je mehr die Malerei die Flachheit der zweidimensionalen Bildebene betont, wie dies in der archaischen Kunst der Fall ist, umso mehr zeigt sich im und durch den Akt der Selbstbeschränkung, d. h. im und durch den Rückzug aus der äußeren Form, die Innerlichkeit. Im Gegensatz dazu zeigt sich in der Betonung der Dreidimensionalität, etwa in der Renaissancekunst, die Innerlichkeit umso mehr in der Fülle, in der lebendigen Beweglichkeit und Ausdrucksstärke der Formen.

Hegels Gedanken über die Kunst finden starken Widerhall in den Werken anderer Kunsthistoriker, besonders bei Schnaase, Riegl und Panofsky. Mein Überblick über die Arbeit der beiden Erstgenannten stützt sich vor allem auf die hervorragende Studie von Michael Podro[16]. Schnaase erörtert ähnlich wie Hegel die Entwicklung der mittelalterlichen Architektur als Ausdruck des Gegensatzes zwischen Gebäuden, die ihrer Fassade wegen gebaut wurden, und solchen, bei denen das Hauptgewicht auf dem Innenraum lag. Die Tempelarchitektur der Antike war eher auf das Äußere ausgerichtet, während die Kirche vor allem als Innenraum konzipiert wurde, in der sich die Gemeinde versammelt. In der Entwicklung des Kirchenbaus im Christentum war die architektonische Gliederung in zunehmendem Maß darauf ausgerichtet, ein Gefühl des *Raumes* zu schaffen, nicht der *Solidität*. In der gotischen Kathedrale durchdringt das Kircheninnere die äußere Erscheinung. Schnaase bemerkt im Hinblick auf den Unterschied zwischen Kunst und Architektur der Antike einerseits und der Renaissance andererseits auch anderes, das sich auch in Ivins' bereits erwähnter Beschreibung der griechischen Kunst findet. Er stellt in der Malerei der Antike einen Mangel an Bezug zwischen den Gestalten fest:

... die Gestalten bleiben isoliert, scheinen sich kaum umeinander zu kümmern, werden meist im Profil oder en face abgebildet. Gruppen sind, wenn sie eine rein äußerliche Handlung vollziehen, oft mit höchster Eleganz und Feinfühligkeit angeordnet ... wir finden jedoch niemals eine Gruppe im spirituellen Sinn, die für uns durch Position, Haltung und Form die Beziehung der Mitglieder zueinander, die Gegenseitigkeit von Rede und Gefühl, die inneren Bindungen vertrauter Beziehungen wiedergeben, durch die die Isolation des einzelnen durchbrochen wird und die das Ganze als Familie im spirituellen Sinn, als Mitglieder einer Gemeinschaft, eins mit der Umgebung, darstellt. (Podoro)

Der Bezug zwischen Figuren und Objekten in der Kunst des Christentums steht der Trennung von Gestalten und Gegenständen in der archaischen Kunst gegenüber. Schnaase verbindet dies mit der Entwicklung der Perspektive, in der er den Ausdruck einer höheren Einheit, der Einheit der Gemeinschaft entsprechend, sieht. Der psychologische Austausch, der zwischen den Gestalten in einem Gemälde stattfindet, ist für Schnaase eine Funktion der Perspektive, von ‚Blicken durch ein Inneres'. Das Innenleben wird mit dem Inneren des Gebäudes assoziiert, die perspektivischen Säulen gelten als Bild der christlichen Gemeinschaft.

Mit denselben Hegelschen Gedanken beschäftigt sich der Kunsthistoriker Alois Riegl in seinem Werk. Seine Ansichten über die archaische Kunst stimmen im wesentlichen mit jenen von Hegel und Schnaase überein. Seiner Meinung nach war das wichtigste Merkmal für die Darstellung von Gegenständen in den archaischen Gesellschaften, daß sie kompromißlos in sich geschlossen waren. Dies impliziert, daß die Gegenstände mit anderen Gegenständen im selben Kontext nicht verbunden sein durften, jeder mußte in sich in ungebrochener Form geschlossen und von anderen Dingen abgesondert sein. Die innere Kontinuität des Gegenstandes und seine Trennung von anderen Gegenständen bestimmte auch die Beziehung des Objekts zum Betrachter, das heißt, das Objekt blieb in sich geschlossen und vom Betrachter abgesondert und war nur geringfügig von der aktiven Projektion des Betrachters abhängig, der ergänzte, was nicht gezeigt wurde. Mit diesen beiden Implikationen war eine dritte verbunden, daß nämlich die Vorstellung der Räumlichkeit, der dritten Dimension, so weit wie möglich unterdrückt werden sollte.

Am anderen Ende der Skala finden wir die Antithese des Prinzips des in sich geschlossenen Gegenstandes. Wir könnten dies anhand der impressionistischen Malerei exemplifizieren. Gegenstände und Gestalten sind weder deutlich abgesetzt noch in sich geschlossen. Alles unterliegt der totalen Impression, der komplexen und interaktiven Nuancierung von Licht und Form, die in einem bestimmten ‚Augenblick‘ eingefangen werden. Formen sind eher verschwommen, Umrisse weniger deutlich, Farbmodulierungen und Farbinteraktionen schwächen die Grenzen zwischen der Gegenständen. Diese Kunst ist so sehr optisch ausgerichtet, wie die archaische Kunst haptisch ist, und sie setzt die bewußte Beteiligung und Projektion des Betrachters ebenso sicher voraus, wie die archaische Kunst sie ausschließt. Riegl sah in der Kunstgeschichte eine mehr oder weniger kontinuierliche Entwicklung, in der eher ‚lineare‘, ‚planare‘ und taktile Werte in der Kunst den eher ‚malerischen‘ optischen Werten wichen. Diese Entwicklung war klar mit einem Abgehen von der Vorherrschaft des Objekts und der Äußerlichkeit und einem Streben zum Subjekt und zur Innerlichkeit verbunden. Kunsthistoriker wie Riegl bedienen sich einer Terminologie, die sehr gut die visuelle Absicht einer Darstellung wiedergibt. Von dort rührt auch die Betonung der Vorstellung vom in sich geschlossenen Gegenstand her, dem vollständigen, absoluten Objekt. Im Kontext der semiotischen Linie, die ich hier entwickelt habe, ist die Überwindung der in sich geschlossenen Erfahrung das Zeichen der Abstraktion. Je mehr etwa das Objekt der Erfahrung an Absolutheit verliert und als Element in ein umfassenderes Beziehungssystem aufgenommen werden kann, desto höher ist die Abstraktionsebene, auf der das Objekt organisiert wird. Die Vorstellung Piagets von der intellektuellen Entwicklung spiegelt eine solche wachsende Abstraktionsfähigkeit wider. Piaget bezeichnet sie als einen Prozeß der Dezentralisierung. Der intellektuelle Fortschritt in der Piagetschen Psychologie reicht daher von der haptischen Welt der sensorisch-motorischen Intelligenz, in der das Kind das in sich geschlossene Objekt durch Manipulieren kennenlernt und vom Objekt selbst Wissen erwirbt (über dessen Härte oder Schärfe usw.), zum Stadium der formalen (abstrakten) Operationen, in der Distanz zum Objekt geschaffen wird, indem man es in ein umfassendes System an daran zu vollziehenden Operationen einführt und Wissen nicht aus dem Objekt selbst, sondern dem System der Operationen, an denen es beteiligt ist, abstrahiert. Der Verlust der in sich geschlossenen Gegenstände und Gestalten, der von Kunsthistorikern Hegelscher Ausprägung häufig als Entwicklungsprinzip dargestellt wird, kann in diesem Sinne als Prozeß der fortschreitenden Abstraktion auf der Ebene der ästhetischen Erfahrung gesehen werden. Beim Ordnen ästhetischer Elemente ist es die Funktion von Kunstwerken, auf eine gewisse Abstraktionsebene zu führen. Diese Abstraktionsebene, auf der Werte in der Kunst entstehen können, hängt von jener ab, auf der sich dieser Prozeß in der Gesellschaft im allgemeinen ereignet. Diesem Hegelschen Ansatz zur Entwicklung der Kunst wohnt daher eine Soziologie der Kunst inne, in der die Abstraktionsebene, die die sozialen Beziehungen in einer gegebenen Gesellschaft bestimmt, jener entspricht, auf welcher die in dieser Gesellschaft geschaffenen Werke aus Kunst und Architektur definiert sind.

Die Gleichung von der Entwicklung des Gebäudeinneren parallel zur Innerlichkeit des spirituellen Lebens in der Gemeinschaft läßt sich auf diese Weise sehen, wenn wir uns vorstellen, daß in sozialen Beziehungen im allgemeinen der Sinn für die Innerlichkeit aus der sozialen Interaktion und Gegenseitigkeit entsteht, und vor allem aus der Verflechtung der Individuen in komplexen Beziehungssystemen, deren vielfache Perspektiven dem einzelnen die Möglichkeit zur Konstituierung des Ichs bieten. Je differenzierter und spezifischer die sozialen Beziehungen, desto weniger wird das Ich mit einer spezifischen Rolle gleichgesetzt und desto distanzierter ist es von dem Kontext, aus dem es sich konstituiert. Diese konstitutiven Beziehungen sind die Mittel, mit deren Hilfe sich das Ich als ein *Inneres,* als Innerlichkeit entwickelt. Bei dieser Entstehung der Innerlichkeit sind zwei Faktoren zu berücksichtigen. Die Einbindung des einzelnen in eine Vielzahl von sozialen Beziehungsnetzen führt insofern zu einer Distanzierung des Individuums von anderen, als es sich von anderen im sozialen Prozeß abhebt, einzigartig ist. Zweitens hat dieses differenzierte Ich eine entwickelte Innerlichkeit, weil die sozialen Beziehungsnetze, die das Ich bilden, als eine Art Schwebezustand vorhanden und aktiv sind. Diese ausgesetzte, schwebende Wirklichkeit bildet sowohl Biographie als auch Geschichte. Mit Schwebezustand meine ich die Vergangenheit als Gegenwart und konstituierenden Bestandteil der Gegenwart. Das Innere entspricht der Vergangenheit, der Biographie und der Geschichte. Was wir Persönlichkeit nennen, sind der Niederschlag dieses biographischen Schwebezustandes, die Dispositionen und Attribute, durch die er fortgesetzt wird. Es ist daher die Verflechtung, die die Geschichte, die Persönlichkeit und jene metaphysischen Substrukturen entstehen läßt, die transhistorisch sind, Bestand haben und Handlungen für einzelne vermitteln.

In einer Gesellschaft, die über eine Geschichte verfügt und die das Individuum mit einer entwickelten Persönlichkeit und einem Bewußtsein seiner selbst entstehen hat lassen, müssen Kunstwerke dieselbe Fähigkeit zur Ausbildung einer Innerlichkeit entwickeln. Das heißt, die Verflechtung der Elemente, wie sie die Entwicklung der Perspektive, des Chiaroscuro und der Farbinteraktionen usw. widerspiegelt, ermöglicht den Aufbau von Persönlichkeit, Biographie etc. Sie schaffen das dynamische Wechselspiel von Hintergrund und Vordergrund, das Auftreten des Individuums und dessen inneren Ich, wie es sich in der äußeren Form ausdrückt.

Die Voraussetzung für diese Art der Verflechtung ist die Entwicklung von Systemen sozialer Produktion, die zu einiger Distanz zur Natur geführt haben, mehr oder weniger abstrakt sind. Wenn Systeme sozialer Produktion in die Natur eingebettet sind, wenn die Natur und der natürliche Prozeß die Parameter des sozialen Lebens bestimmen, erscheint die Ordnung des sozialen Lebens als Reflex der materiellen Natur, in die sie integriert ist. Die Beziehungen zu anderen werden durch die Beziehungen bestimmt, die man zur materiellen Natur hat. Es ist die materielle Natur, die in der sozialen Welt Beziehungen, Bindungen herstellt. Die Ordnung selbst bleibt verschlossen, steht außerhalb. Diese Beziehung zu anderen ist eher koaktiv als interaktiv. Jeder spielt seine Rolle in der Natur, und das Gefühl, das man mit der Anordnung als Ganzem verbindet, ist das einer Ansammlung von gesonderten und in sich geschlossenen Teilen. Das heißt, in dem Maß, in dem die in sozialem Handeln und in sozialen Beziehungen verbundenen Subjekte sich selbst nicht als an der Gestaltung und dem Aufbau der Beziehungen beteiligt sehen, sondern sozusagen alles fix und fertig vorgesetzt erhalten, ist das Gefühl des Aufbaus, des historischen Gestaltens nicht möglich. Wenn es darum geht, die soziale Welt und ihre Autorität und Werte darzustellen, kann die Gesellschaft nicht auf Bilder zurückgreifen, die ihre Elemente dynamisch in Vordergrund und Hintergrund ausdrücken. Alle Elemente sind einheitlich und koaktiv *präsent*. Die Kunst verletzt diese Präsenz nicht, dieses Gefühl des plötzlichen Zum-Leben-Erwachens. Jeder einzelne ist an die ewige und zyklische Natur gebunden. In solchen Gesellschaften haben Individuen und Kollektive Schicksale, und wiewohl diese auf gewisse Weise Geschichten sind, so erlangen sie doch niemals den Status des Geschichtlichen.

In seiner klassischen Erörterung der Odyssee des Homer weist Auerbach[17] darauf hin, daß das Werk voll lebendiger Details und Beschreibungen steckt, ihm aber dennoch Tiefe oder Hintergrund fehlen, alle Ereignisse spielen sich in einem einheitlich beleuchteten Vordergrund ab. Jede Gestalt erwacht am Morgen, als wäre es der erste Morgen ihres Lebens. Es gibt kein Innenleben, keinen kumulativen Schwebezustand, in dem Ereignisse der Vergangenheit aktiv zur Gestaltung des Verlaufs der Gegenwart beitragen, keine Veränderung oder Entwicklung in den Gestalten unter dem kumulativen Gewicht ihrer Erfahrungen usw. Alles wird zur Gänze ausgesprochen, ist ganz präsent. Odysseus ist erfinderisch und listenreich, er bleibt aber eher ein Typus als ein Individuum. Auerbach bemerkt, daß die Gesellschaft, aus der diese Literatur hervorging, aristokratisch und agrarisch war. Er stellt dem Werk die in etwa zeitgleiche Literatur der Hebräer gegenüber. Im Alten Testament ist Gott im großen und ganzen immer eine Gestalt im Hintergrund, die aus der Tiefe spricht, nie ganz enthüllt und sichtbar wird. Das Volk als geschlossene Einheit mit dem einen Gott entwickelt einen tiefen Sinn für sich als ‚historisch‘ und für seinen Gott als in der Geschichte wirkend.

Die Individuation ist eine Funktion der Interaktion, der gegenseitigen Anpassung und des Austauschs; die Handlungen des anderen werden dadurch in der Gestaltung der eigenen Handlungen berücksichtigt. Interaktion ist hier von *Koaktion* zu unterscheiden, die dann eintritt, wenn die Handlungen einer Person zeitlich mit den Handlungen anderer abgestimmt sind, jedoch nicht durch die Beziehung zu den Handlungen anderer beeinflußt oder bestimmt werden. Je größer der Grad der gegenseitigen Anpassung, der Interaktion unter den Elementen eines Systems, umso stärker die Individuation des Systems; das heißt, umso mehr ist das System als Ganzes vorausgesetzt und in jedes der Elemente oder Teile eingeschrieben. Die Gesamtheit der Beziehungen, die das System bilden, gehört zum ‚Hintergrund‘. Die Aktivierung dieses Hintergrundes und seine Artikulierung durch die Elemente im ‚Vordergrund‘ lassen den Sinn für die Innerlichkeit, das Historische, das Biographische, die Persönlichkeit entstehen, alle jene teleologischen Strukturen, die die besonderen Ereignisse des täglichen Lebens vermitteln.

Die gesellschaftlichen Bedingungen, die für ein solches Niveau der Individuation erforderlich sind, sind jene, unter denen die Organisation des sozialen Lebens, die Strukturierung des sozialen Handelns, ein bestimmtes Maß an wirklicher Autonomie und Distanz von der Natur erzielen kann. Dies ist in der Entwicklung bürgerlicher Kulturen der Fall, wo die Organisation des gesellschaftspolitischen Lebens immer stärker von endogenen Formen der sozialen Produktion dominiert wird, in der die Manufaktur und die kaufmännische Tätigkeit eine große Rolle spielen. Die politischen Beziehungen nehmen eine primitiv demokratische Form an, insofern als diese für die durch immer stärkere Interaktivität gekennzeichneten sozialen Beziehungen notwendig ist.

Je stärker die Integration der durch zunehmende Individuation charakterisierten städtischen Gesellschaften, die sich in Europa aus der Renaissance entwickelten, war, umso mehr nahm diese Organisation auch eine historische Dimension an, die diachron und synchron strukturiert werden sollte. Persönlichkeit und Biographie, das kumulative Gewicht der Erfahrung bei der Gestaltung des Lebens von Individuen und Projekten, kurz, das *Historische*, ersetzte das Schicksal und die Sterne. Interaktion – nicht Koaktion – war der Schlüssel; in jenem Maß, wie die Individuen aufeinander reagierten und im Aufbau wie in der Verfolgung ihrer wechselseitigen Beziehungen Verantwortung zeigten (und dies war in zunehmendem Maß der Fall, je weiter die städtische Wirtschaft entwickelt war), nahmen soziale Handlungen und persönliche Projekte eine wahrhaft historische Dimension an. Dies spiegelte sich natürlich in der Literatur und den Künsten in einer neuen Beschäftigung mit dem Projekt des Menschen, der humanistischen Philosophie und einem wachsenden Interesse an Persönlichkeit, Individualität und individuellen Standpunkten wider.

Es führte auch zu großen Veränderungen auf stilistischer Ebene. Durch die Teilung des Werks aus Kunst oder Literatur in Vorder- und Hintergrundereignisse und -beziehungen sowie der Unterscheidung der zwischen ihnen liegenden Ebenen und das damit verbundene Anliegen der ‚Tiefe‘ wurden ästhetische Strukturen zum Ausdruck des neuen Individuationsniveaus der

Gesellschaft, der Erweckung des Sinnes für das Historische, dessen Funktion als Schwebezustand, dessen Aktivierung in der Verwirklichung der Persönlichkeit. Je höher der Entwicklungsstand der Gesellschaft, desto stärker dominierte ein Gefühl der Innerlichkeit, der fließenden Bewegung der Innenwelt in allen äußeren Ausdrucksformen die ästhetischen Erscheinungen. Dieses starke Gefühl der Innerlichkeit, des Ausdrucks und der Bewegung ging von Individuen aus, die interagierten, und ersetzte eine Kunst, in der die Formen und Gestalten weniger transparent waren, mehr von ihrem ‚äußeren' Wesen beherrscht, stark eingeschränkt in der Bewegung und von transzendenten Mächten besessen. In solchen Gesellschaftsformen führte die Nähe zur natürlichen Welt zu einer sozialen Organisation, in der die Interaktion als Leitprinzip der sozialen Struktur eingeschränkter und die Gesellschaft eher eine Konstellation koaktiver Gruppen war.

In jeder grob konzipierten Entwicklungsgeschichte, wie ich sie hier darlege, scheinen die Stadien zu abrupt abzubrechen, zu allgemein formuliert. Man fragt sich mit Recht, was mit all den subtilen Entwicklungen und Übergängen geschehen ist, die es gibt, und den subtilen Stilvariationen in der Kunst, die sich nicht so einfach in solche Schemata pressen lassen. Ich möchte hier jedoch mit meiner Erörterung nicht ins Detail gehen, wiewohl die Vielzahl an Daten dies erfordern würde. Mir scheint allerdings, daß man über den Ablauf viel erfahren kann, wenn man sich mit den Arbeiten von Kunsthistorikern wie Riegl beschäftigt, der nicht nur eine großangelegte und umfassende ästhetische Theorie entwickelte, sondern diese auch durch sorgfältige Berücksichtigung der Zwischenstadien bereicherte. Dies gilt vor allem für Riegls Analyse der Entwicklung der Reliefskulptur von den völlig in sich geschlossenen Formen in der ägyptischen Kunst zu den Reliefs, die immer stärkere Beziehungen zwischen den Gestalten und einen immer dynamischeren Ausdruck von Vorder- und Hintergrund zuließen. Riegl meinte in diesem Zusammenhang, daß die Abgeschlossenheit der ägyptischen Reliefgestalten absolut ist, während es in klassischen Reliefs ein gewisses Maß an Interaktion und Beziehung zwischen den Gestalten gibt, wobei sich jedoch ihre Kohärenz und Geschlossenheit auf die Bildebene bzw. die einander überschneidenden Bildebenen, auf denen die Gestalten angesiedelt sind, verlagert hat. In einem späteren Stadium verschiebt sich diese Geschlossenheit weiter nach außen und wird zur Geschlossenheit der ausgehöhlten Raumnische, in der die Gestalt steht. Noch später wird die Gestaltung der Gliedmaßen und Gewandfalten so weit vertieft, daß sie die Einheit oder Geschlossenheit des Körpers auflöst und damit auch den Unterschied zwischen dem Körper und dem Raum, der ihn umgibt. Was bleibt, ist einfach die homogene optische Ebene, die beide enthält. Für Riegl ist der daraus entstehende Eindruck des homogenen Kontinuums der optischen Ebene eine Voraussetzung für den Sinn für ein räumliches Kontinuum und damit für die spätere Entwicklung der Perspektive und der dreidimensionalen Darstellung (Michael Podro)[18].

Diese Kunsthistoriker verfolgten ein hochgestecktes Ziel und manche – wie Riegl – argumentierten nicht zugunsten vereinfachter Übergänge, ohne den zarten evolutionären Faden in den Werken selbst zu verfolgen. Ich glaube jedoch, daß Riegls Unterscheidungen im Hinblick auf den Ablauf der Evolution eher allgemeine Merkmale der Entwicklung der Abstraktion in der Kunst beinhalten. Jedes seiner Zwischenstadien scheint die Abstraktionsebene, auf der etwas dargestellt wird, um eine Stufe höher anzusetzen. Das Prinzip der Geschlossenheit verlagert sich von den Figuren selbst nach außen, zu ihrer ‚Umgebung‘ (der Reliefebene und danach der Raumnische) und löst schließlich den inneren Unterschied zwischen ihnen und ihrer Umgebung auf. In diesem Stadium wird eine neue und qualitativ eigenständige Ebene der Darstellung möglich (Wahrnehmungsrealismus): hier findet sich eine Revolution in der Kunst. Die Geschlossenheit ist genau jener Zustand, der durch die Abstraktion verändert wird. Die Abstraktion vergrößert den Umfang der formalen Kohärenz; sie ist eine Erweiterung der Grenzen des in sich Geschlossenen. Ich glaube nicht, daß meine Interpretation an den Haaren herbeigezogen ist. Wir sollten eigentlich nicht überrascht sein, da doch die Entwicklung der Abstraktion bis zur höchsten Manifestation der Idee der Kern der Hegelschen Philosophie ist, die die Arbeiten dieser Kunsthistoriker inspirierte.

Panofsky schuf einen systematischen Ansatz zur Entwicklung von Kunst und Architektur, der in groben Umrissen den Positionen von Riegl und Cassirer ähnelte. Wenn man, so Panofsky, in der Wissenschaft danach strebte, Ursachen zu verstehen, so suchte man im Studium der Kunst die *Kohärenz* eines Kunstwerks zu erfassen. Diese Kohärenz war als Lösung aus zwei Komplementärfaktoren zu sehen – der *Objektivität* und der *Subjektivität*. Das Objektive bezeichnet das Objekt als außerhalb des Denkens, während mit dem Subjektiven die Projektion des Denkens auf das außerhalb befindliche Objekt gemeint ist. Je objektiver die formale Lösung in der Kunst, desto stärker tragen Kunstwerke ihre eigene Autorität in sich und setzen die Rolle des Betrachters, der Bedeutung seines Standpunkts auf ein Minimum herab. In einer subjektiven Lösung wird der Betrachter in das Kunstwerk einbezogen und ein hoher Anteil an Beteiligung und Projektion vorausgesetzt. Kunst hat immer mit einer Art von Mischung aus diesen beiden Faktoren zu tun. Die Zusammensetzung dieser Mischung variiert von einem Extrem mit dem Schwergewicht auf dem Objektiven bis zum anderen Extrem mit der Betonung des Subjektiven. Für Panofsky wie Riegl ist die evolutionäre Ausrichtung der Kunst als einheitliche historische Entwicklung vom objektiven zum subjektiven Extrem zu sehen, von einer Kunst, die vom haptischen Objekt dominiert wird, zu einer, die vor allem optischer Natur ist.

Was Panofsky über die Kohärenz zu sagen hat, betont die tiefgreifende Systematik der formalen Beziehungen in einem Kunstwerk. Alle ästhetischen Faktoren tendierten seiner Meinung nach dazu, von derselben subjektiv-objektiven Mischung bestimmt zu werden. Wäre die Objektivität also in einer Formenmischung vorherrschend, so würde sich dies nicht nur in der relativen Abgesetztheit der Formen voneinander, ihrem stark abgegrenzten Wesen zeigen, sondern auch in der Betonung von Linie und Ebene, flacher räumlicher Komposition und stark ‚polychromatischer‘ Farbauswahl. Alle formalen ästhetischen Elemente im Werk stehen in derselben Beziehung zur (subjektiv-objektiven) Formenmischung, die die ‚Kohärenz' des Werks bestimmt. Die wichtigsten Stilrichtungen in der Kunst lassen sich daher als einheitliche Systeme definieren, die durch eine Formenmischung aus subjektivem und objektivem Anteil geschaffen werden. Für Panofsky geht die Frage dieser Formenmischung aber viel weiter. Sie kommt im Kontext sozialer Beziehungen und Institutionen, und vor allem in jenem ideologischer Systeme und Weltsichten, die eine Isomorphie dazu bilden, zum Tragen. Die wichtigsten Stilrichtungen in der Kunst werden als allgemeinere Lösungen der Beziehung zwischen Geist und Welt betrachtet. Dies schlägt sich etwa exemplarisch in Panofskys Darstellung der Beziehung zwischen gotischer Architektur und Scholastik nieder[19].

Die Scholastik entwickelte ein komplexes dialektisches Verfahren zur Versöhnung gegensätzlicher Positionen von Schriftgelehrten und Theologen. Erörterungen folgten systematisch einer Form der Ausführung, die in Hauptteile, Unterabschnitte und deren Unterteilungen gegliedert waren. Das Ganze bildete eine ‚architektonische' Einheit, und man konnte jederzeit durch Bezugnahme auf diesen Raster jedes beliebige Element oder Prinzip im gesamten ‚Argumentationsgebäude' finden. Panofsky sah die gotische Architektur als Ausdruck einer ähnlichen Systematik, die miteinander kontrastierende Elemente verband. Die verschiedenen Teile der Kirche, Hauptschiff, Seitenschiffe, Apsiskapellen, werden in einer einheitlichen Ordnung homologer Teile zusammengefaßt. Nach Panofskys Analyse sind die Säulenbündel so unterteilt, daß sie eine Fortsetzung des Bogengewölbes bilden; es kann nicht nur jede Komponente des Säulenbündels mit der entsprechenden Rippe im Gewölbe in Beziehung gesetzt werden und umgekehrt, sondern die Rippen selbst sind im Gewölbe entsprechend der Hierarchie aus Haupt- und Nebenunterteilungen angeordnet. All diese Koordination, Systematik und Verbundenheit bildet die Struktur der Kathedrale als Innenraum, ja als Innerlichkeit. Die enge Bindung der Innengerichtetheit der gotischen Architektur und der Innerlichkeit des spirituellen Lebens in der christlichen Gemeinschaft verweisen auf die Argumente von Riegl, Schnaase und Hegel. Panofsky will uns nicht darauf aufmerksam machen, daß wir diese Beziehung zwischen gotischer Architektur und Scholastik als reine Analogie oder Metapher sehen. Er weist darauf hin, daß die gotischen Kathedralbauten des 12. und 13. Jahrhunderts um Paris in unmittelbarer Nähe der Zentren der Scholastik entstanden. Darüberhinaus gibt es in der Architektur einen grundlegenden Unterschied zwischen dem Weltbild der Romanik und der Gotik, durch die sie abgelöst wurde. Kunstwerke und Bauten sind für Panofsky zusammen mit allen anderen Hervorbringungen einer Kultur und ideologischen Prozessen die Umsetzung einer Beziehung zwischen Geist und Welt.

In einer Arbeit über die Geschichte der Theorie der menschlichen Proportionen meint Panofsky, daß die Beschäftigung mit den Verhältnissen von Figurenteilen zueinander in einer Darstellung nur dann von zentraler Bedeutung für die Kunst ist, wenn das der Kunstproduktion zugrundeliegende Ideal – mit Panofskys Worten – eines der ‚Objektivität' ist. Unter diesen Bedingungen wird die Proportionalität der Figuren durch den Referenten, die Figur als solche und die Proportionen, die ihr als entsprechend zugeordnet werden, bestimmt. Zugeständnisse in Form einer Änderung dieser Proportionen, um visuelle Effekte zu erzielen oder den Blickwinkel des Betrachters zu berücksichtigen, gibt es nicht. Er führt dies anhand der ägyptischen Kunst vor und erwähnt dabei vieles, was von Kennern der afrikanischen Kunst oder anderer Formen der, wie ich es nennen möchte, ‚beschwörenden' Kunst, gesagt wurde.

In der ägyptischen Kunst zählte nur das Objektive, weil die dargestellten Wesen sich nicht durch eigenes Wollen und Bewußtsein bewegten, sondern durch die Gesetze der Mechanik auf ewig in dieser oder jener Haltung festgehalten zu sein schienen, weil es keine perspektivische Verkürzung gab und weil an die visuelle Erfahrung des Betrachters keine Zugeständnisse gemacht wurden. Im Mittelalter trat die Kunst sozusagen gegen Subjekt und Objekt für die Sache der Fläche ein und brachte einen Stil hervor, bei dem sich die Gestalten, wiewohl es wirklich und nicht nur potentiell Bewegung gab, eher unter dem Einfluß einer höheren Macht zu bewegen scheinen denn aus eigenem freien Willen, und bei dem, wenngleich sich die Körper auf verschiedene Weise drehen und wenden, kein wirklicher Eindruck der Tiefe erzielt oder beabsichtigt wird.

Erst mit der Entwicklung der klassischen griechischen Kunst, die Platon ablehnte, wurde wirklich versucht, organische Bewegungen einzuführen und den Standpunkt des Betrachters durch Anpassung, wie die perspektivische Verkürzung von Gestalten, zu berücksichtigen. Diese Entwicklungen traten in der Renaissance wieder in Erscheinung und wurden zum ersten Mal systematisiert und perfektioniert. Zu dieser Entwicklung heißt es bei Panofsky etwa:

Wer die Fakten gerne symbolisch auslegt, kann darin den Geist einer spezifisch modernen Auffassung der Welt erkennen, die es dem Subjekt erlaubt, sich gegen das Objekt als etwas Unabhängigem und Gleichrangigen durchzusetzen, während die klassische Antike die explizite Formulierung dieses Gegensatzes noch nicht zuließ und das Mittelalter Subjekt wie Objekt in einer höheren Einheit aufgegangen glaubte.

Der Triumph der optischen (distalen) Organisationsebene in der Kunst der Renaissance ließ gerade diese Durchsetzung von Gleichheit und Autonomie des Subjekts zu – seine Loslösung aus der Umklammerung des Objekts. Die Autonomie des Subjekts ist daher mit dem Aufstieg zu einer höheren Abstraktionsebene verbunden, wie er sich ästhetisch in der Verlagerung zur optischen Organisation und semiotisch in der Erreichung der symbolischen Organisation, beherrscht vom (autonomen) Paar Signifikant-Signifikat anstelle des Referenten, widerspiegelt.[21, 22]

Übersetzung: Elly Großebner

Anmerkungen:
[1] E. Panofsky, „The History of the Theory of Human Proportions as a Reflection of the History of Styles", in: E. Panofsky, *Meaning in The Visual Arts,* 1970, Penguin, Harmondsworth

[2] E. H. Gombrich, *Art and Illusion: A Study in the Psychology of Pictorial Representation,* 1959, Phaidon Press, Oxford

[3] R. W. Witkin, *The Intelligence of Feeling,* 1974, Heinemann Educational Books

[4] Plato, *The Republic* Book X, 1968, New York: Basic Books

[5] W. Panofsky, „Über das Verhältnis der Kunstgeschichte zur Kunsttheorie", in: E. Panofsky, *Aufsätze zu Grundfragen der Kunstwissenschaft,* 1964, Berlin

[6] A. Riegl, *Spätrömische Kunstindustrie,* 1927, Wien

[7] G. Hegel, *Aesthetics: Lectures on Fine Art* (transl. T. Knox), 1975, Oxford

[8] J. Baudrillard, *Selected Writings,* 1988, Polity Press, Cambridge

[9] C. Lévi-Strauss, *Conversations with Levi-Strauss,* 1972, London: Cape

[10] M. Gane, *Baudrillard: Critical and Fatal Thory,* 1991, London: Routledge

[11] R. W. Witkin, „Van Eyck Through the Looking Glass—Presentational Codes and Social Transition in the Formal Stucture of a Fifteenth Century Pictorial Text", in: *Journal For The Theory of Social Behaviour* 1992, Vol. 22, no. 3, pp. 329–350

[12] W. M. Ivins, Jr., *Art and Geometry: A Study in Space Intuitions,* 1964, New York: Dover

[13] Jean Piaget, *The Moral Judgement of the Child,* 1977, Harmondworth: Penguin

[14] Hegel, *Aesthetics: Lectures on Fine Art,* 1975, op.cit

[16] M. Podro, *The Critical Historians of Art,* 1986, New Haven/London: Yale University Press

[17] E. Auerbach, *Mimesis: The Representation of Reality in Western Literature,* 1968, New Jersey: Princeton University Press

[18] M. Podro, 1986, *op. cit,* pp. 71–97

[19] E. Panofsky, *Gothic Art and Scholasticism,* 1957, New York/London: Meridian

[20] A. Hauser, *The Social History of Art,* 4. vols., 1962, London: Routledge and Kegan Paul

[21] J. Burkhardt, *The Civilization of The Renaissance in Italy,* 1981, Oxford: Phaidon

[22] L. Martines, *Power and Imagination: City-States in Renaissance Italy,* 1983, Harmondsworth: Penguin

Robert W. Witkin
FROM THE "TOUCH" OF THE ANCIENTS TO THE "SIGHT"
OF THE MODERNS: SOCIAL STRUCTURE AND THE SEMIOTICS
OF AESTHETIC FORM

The varied modes of picturing employed by artists throughout history are linked to different ways of visualising or seeing. But what is meant by a way of seeing? The art of the ancient Egyptians was marked by a very distinctive style in which figures and objects were depicted in a two-dimensional way that respected the flatness of the picture plane. The figures were presented with their heads and legs in profile and their torsos and eyes facing front. Moreover, the proportions of the parts of the figure correspond to some idea of actual proportions and not to visual appearances (Panofsky: 1970)[1]— e. g. limbs are not foreshortened nor is there an attempt to construct a perceptually realist and continuous space. If this is a way of seeing, it can hardly be said to correspond to seeing in the everyday sense. It does not help to assert that such art was *symbolic* or that seeing in the everyday sense did not matter. A theory of art and its functioning must confront this issue of the relationship between picturing and seeing if only to account for the intense interest that artists themselves have taken in this relationship.

At the beginning of his book on Art and Illusion, Gombrich reproduces a cartoon by Alain in which art college students are shown as ancient Egyptian figures painting ancient Egyptian images of their ancient Egyptian models (Gombrich: 1959)[2]. The visual joke slily raises the question of the relationship of a mode of picturing to ordinary perception. We clearly do not *see* figures and objects in the way that the Egyptians *pictured* them. Did the ancient Egyptians see them differently from us, did their everyday perceptions of things correspond in any way to their way of picturing them in paintings?

We can consider the question in relation to the distortions produced in modern painting. The presentation of ordinary objects, fruit, guitars, violins, pipes, bottle racks and so forth arranged as still-lifes by Picasso, Braque and Gris emerged from the most intense study and visual analysis of these things. These painters were deeply concentrated in their attention to objects. Even eighty years later, however, the majority of viewers have difficulty in recognising such objects in the flat articulation of facet-planes that confronts them in Cubist paintings. Did these painters no longer look at a real bowl of fruit on a table and see the same kind of thing as the rest of us? Have ordinary everyday perceptual skills actually been transformed by the accomplishment of their way of picturing? When Picasso or Braque reached for a real piece of fruit in a bowl their movements were no doubt guided more by common everyday perceptual understandings than by the understandings they record in paintings. The same was probably true of Ancient Egyptian artists. And yet, it is clear that the modes of picturing adopted by artists working within a given culture *do* aim at *perceptual* truth. There *is* a link between a way of picturing and a way of seeing. Moreover, this link is key to understanding the relationship between art and social structure.

It is not my intention to construct a dichotomy in which ordinary perception stands on one side as somehow 'natural' and 'culture-free' while picturing is seen as culturally impregnated and therefore different on that account. Popper claimed of all observation in science that it was "theory impregnated" and the same can as easily be claimed for all so-called natural perception. Culture is at work in conditioning both ordinary perception as well as the perceptual values in pictures. Rather, the point of view taken here is that every mode of picturing involves an *appropriation* of a perceptual system (a way of seeing) and that this appropriation is governed by the semiotic demands of thinking values, sensuously, under definite social conditions.

What are ordinarily called the values of a community-expressed in ideals such as justice, freedom, honour, duty and so forth-reflect the principles governing the ordering of social life in that community. That ordering of social life is not simply carried in a system of beliefs; it is also manifest directly in the demeanor and bearing, in the whole orientation of each individual as a sensuous being in his or her relations with other sensuous beings and with the objects which mediate those relations. A certain idea of honour and of personal dignity will be reflected in the adoption of a certain demeanor, even a certain *body language* with respect to others. This orientation and demeanor is perhaps best described by the term 'style'.

The principles governing the ordering of social life are thus realised in and through the *styling* of social action. 'Style' is a term which applies as much to the construction of ordinary social relations as it does to the construction of a work of art. It is aesthetic in character. Every style constitutes an 'understanding', a 'knowing' which presupposes a sensuous intelligence in the subject, an *intelligence of feeling*. The exercising of this 'intelligence of feeling' in and through the (sensuous) making of values requires, for its realisation, a sensuous medium-an aesthetic medium (Witkin: 1974)[3]. The aesthetic process, in everyday life, as well as in the more sophisticated forms it assumes in art, provides the aesthetic means-the languaging, the symboling-in and through which sensuous being (both personal and collective) is ordered. The 'styling' of a work of art presupposes a process of abstracting from ordinary perceptual values in order to construct a coherent way of seeing, one that can simulate the styling of social relations.

The aesthetic process draws upon the senses used as perceptual systems, upon the perceptual systems comprising seeing, hearing, touching and so forth. Aesthetically, a work of art is an ordering of sense values, of *perceptua*. In a painting we might want to speak of these as 'optical values'. Colours, shapes, textures, tonal rhythms and sensuous and sensory contrasts of every kind are the primary stuff of works of art. The appropriation of perceptual values is governed by the demand characteristics of the social order in which values must be thought. Artists dont make pictures in order to find their way around the fruit bowl. When Cézanne expressed the desire "to amaze Paris with an apple" he didn't expect this amazement to come from the kind of practical perception that is involved in anticipating the edibility of an apple seen in a bowl. Cézanne's apples are part of Cézanne's picturing. Their chromatic values are integral elements in the symphony of colours, shadows and linear accents that constitute a Cézanne painting. The development of such pictures was controlled by the artist's intense feeling for these 'optical values'. There is, however, a resonance and continuity between the complex structures of sensibility involved in the realisation of these optical values and the sensuous being of the artist. Cezanne's way of picturing, of feeling, or understanding was a realising of personal and collective being, it was a realising of cultural values in and through a symbolic construction of optical values. My argument is simply that the work of art and the aesthetic process stands in relation to the sensuous being of the subject, both personal and collective, much as discursive reasoning stands in relation to the world of objects; that art is a mode of understanding, that it realises an *intelligence of feeling*. Such an idea is not new. There are many versions of it. My own is constructed in the light of the need to develop a version of the sociology of art which can be more securely situated within the sociology of knowledge.

Why should the artist pay such close attention to perceptual truth? Surely, if the semiotic function controls the structuring of aesthetic means and works of art are realisations of social or cultural values, there is no need to presume an interest on the part of the artist in sensory or perceptual truth? The artist's way of seeing would then be purely a *conventional* way of thinking values and would not depend upon the way in which figures and objects appear to eye or hand in everyday perception. The riddle of style posed by the Alain cartoon would then dissolve without demanding resolution. Such a view cannot be sustained, however. Artists, in every age, including archaic times, have paid close attention to the perceptual world and to perceptual truths. They have not been indifferent to such relations nor seen themselves as free from the demands of perceptual truth. We have only to think of the intensity with which Cézanne actually *observes* the Nature he paints, an intensity that is all the more marked as he transforms the way of seeing which had predominated in European art for five centuries; or to consider the equally studied observation of landscape that results in the flattened articulation of forms produced by Braque. Perceptual values are always of importance in realising new ways of picturing. Because a work of art is an organisation of perceptua, of sensuous matter, and is only able to organise the *body* of the subject in and through sensuous means, perceptual relations and perceptual truths determine what kind of organisation of the body (here, equivalent to an *'understanding'*) is possible and, therefore, what organisation of social and cultural values can be realised in a work of art.

Meeting the semiotic demands of thinking values (as reflected in the styling of social action), under definite social conditions, is decisive in respect of choices concerning the appropriation of perceptual systems and is the origin of the different ways of seeing in art. Returning to the riddle of style posed by the Alain cartoon, we can resolve the matter by recognising that neither the ancient Egyptians nor the modern Cubists were bound by a concern to reproduce (fully) the practical perceptual relations governing ordinary every-day perception, perceptual relations upon which we depend to negotiate the world as bodies. On the other hand, these artists were concerned to abstract from such everyday perceptual relations those perceptual systems that answered to the semiotic demands they sought to meet.

In our everyday perceptual relations, different sensory modalities are involved together and are mutually confirming. We see with our eyes what we grasp with our hands, for example. The *'contact'* values yielded through *grasping* and *touching* objects are visually reinforced by the *'distal'* values yielded in seeing those same objects at a distance. Moreover, those visual systems that yield the perception of an object as a thing at a distance have to be distin-guished from the *'proximal'* values that constitute the pure visual qualities, colour, texture, shape and so forth, that are 'closest' to the eye as a sensory system. Thus, a visual scene may be resolved into recognisable objects and figures which can be 'handled' (yielding contact values) and which can be seen at a distance (yielding distal values) and which can be sensuously appre-hended as a patterning of shapes and colours, of visual qualities (yielding proximal values). Each of these perceptual systems can be abstracted from the total system of perceptual relations. Each system affords unique possibili-ties for aesthetic ideation and its appropriation by artists in a given type of society is secured by its affordance of these possibilities.

The ancient Egyptian artists adopted a mode of picturing that appropriated the possibilities of a *'haptic'* system of perception based upon contact values. Renaissance artists, by contrast, appropriated the possibilities of an *'optic'* system of perception based upon distal values. Modern artists have grounded the aesthetic process in a *'somatic'* system of perception based upon proximal values. This is what is meant here by the claim that the semio-tic requirements for thinking values in a given society are decisive in govern-ing the appropriation of perceptual systems in the development of a way of seeing.

Classical Greek art of the fifth century B.C. involved a real attempt to make figures and objects look life-like, both in three-dimensional and two-dimensional forms. The attitude of Plato towards the new art is helpful in enabling us to appreciate the cultural significance with which 'styles' in art are invested. The marvels of artistic technique which managed to make figures and objects appear (to the Greeks) to be so life-like did not impress Plato at all. As a 'real-ist' in the older sense of believing that all appearances of things were but shadows of a reality that was beyond appearance, Plato disapproved, moral-ly, of the new art of his day. From his point of view, the archaic art of the Egyptians was superior because it made no attempt to 'deceive', or deal in 'untruths' but concerned itself with the 'real'. Egyptian art was, above all, an art which sought to reproduce in visual representation, not the appearances of things from a single point of view-things *as seen* but the real (ideal) ratios of the parts of figures and objects *as such*, as specified by their aesthetic code. As Plato asserts in *The Republic*:

... Therefore, imitation is surely far from the truth; and as it seems, it is due to this that it produces everything because it lays hold of a certain small part of each thing, and that part is itself only a phantom ... and the same things look bent and straight when seen in water and out of it, and also both concave and convex, due to the sight's being misled by the colours and every sort of confusion of this kind is plainly in our soul ... painting and imitation are far from the truth when they produce their work; and [that] moreover, imitation keeps company with the part in us that is far from prudence, and is not comrade and friend for any healthy or true purpose (Plato: 1968 pp. 283—286).[4]

While it is true that revolutions in art often involve technical developments and new skills that were not available to artists of a former time, Plato's hostility to the artistic changes warns against any simple equation of artistic revolutions with developments in technique. The most important issue, from Plato's point of view, concerns the moral implications of the revolution. An art which valorised appearances, was also an art which valorised the partial and personal perspective of the individual. It was, to his mind, a sacrificing of the universal, eternal and unchanging in favour of the transitory, shadowy and insubstantial. Plato's criticisms of mimetic art are not unrelated to his criticisms of democracy. Indeed the two may, quite reasonably, be linked. The code governing artistic practice in a culture is closely bound up with the entire 'mind set' of the culture, its construction of reality, and such a construction presupposes definite modes of social and political relations which make it possible. In attacking art in this way, Plato was sounding the alarm from the standpoint of a more aristocratic and traditional society, one that was less individualistic or relativistic about values than the society of his own day was becoming. It would be a mistake, I feel, to see Plato's critique as merely aesthetic, unless one understands by the aesthetic, something that extends to all social life and not simply to art. Plato objected to the valorisation of the individual in both art and society. In *The Republic,* for example, his remarks on democracy are laced with irony:

First of all the citizens are free, the city is full of liberty and freedom of speech ... you may do and say what you like there. Where the permissive principle rules, the individual is clearly able to arrange his own life to suit himself. And so in this kind of state there will be the greatest variety of human character. It will turn out to be the fairest of constitutions ... like a coloured dress embroidered with every kind of flower, this constitution will be variegated with every character and be most beautiful ... These and other related characteristics are typical of democracy, a charming form of government with no rulers and plenty of variety, dispensing its peculiar kind of equality to equals and unequals alike. (Plato: 1968 pp. 235—236)

The major distinction between a mimetic art and the so-called realist art of antiquity lies in the extent to which the former seeks to reproduce a world that is *optically true*. An optically true representation of an object is a representation of the object *at a distance*. It is the object which is over there, not here. Moreover, it is the object as seen from a particular point of view. Such a point of view is inevitably partial and only facets of things are actually seen, the side of a cup or front of a body or whatever. The optical level of experience, which is the level most people associate with the most natural-appearing and life-like art, is the level which deals not with things as such but with the complex optical relations into which they enter in a visual field. Reality, at this level, is thus identified with what I have called *distal* experience.

Archaic art, by contrast, makes no attempt to valorise the optical in this way. On the contrary, it gives the impression of seeking to suppress all purely optical relations in favour of depicting things conceived to be 'as such' rather than as they 'appear' to be. Of course, paintings and sculptures and reliefs are made to be seen. They are an experience given to the eyes. Archaic art took account of certain aspects of the viewing relationship in constructing its works. For example, such art does presuppose the vertical stance of an upright viewer. Nevertheless, as Panofsky and others have argued (Panofsky: 1964[5], Riegl: 1927[6]). the concessions made to the point of view of the individual receiving the work are minimal; rather, there is an attempt to reproduce, visually, the 'truth' of the object *as such*. In a sensuous and aesthetic sense, such art sought to achieve the greatest approximation to the substantive reality, the object as it is known in the 'tactile' values obtained through direct contact with things. Archaic art can be thought of as governed by a 'tactile' or 'haptic' aesthetic as distinct from an 'optical' aesthetic. Its emphasis was not on the reproduction of a *distal* reality but of a *contact* reality. This simple truth has been a theoretical keystone in much of the History and Philosophy of art that developed among German thinkers, especially those influenced by Hegel's *Aesthetics* (Hegel: 1975)[7].

What is not always so clear, in this body of theory, is the question of the semiotic significance of the use of a haptic (contact) aesthetic code or an optical (distal) aesthetic code. What could you do, *symbolically*, with the tactile code of antiquity that you could not do with the optical code of the Renaissance and vice versa? What social factors and associated semiotic demands required a shift from the one code to the other? In the argument developed here, it is these social and semiotic factors that are considered decisive in the development of aesthetic codes. Technical factors only play a secondary role. Nor is it necessary to suppose, as historians of art have sometimes done, that normal perceptual processes are fundamentally or radically different as between one cultural epoch and another. To have become habituated to the modernist depictions of visual reality does not mean that we cease to see ordinary objects in a similar way to that in which a nineteenth century person would see them. What is at issue, here, is not so much how we perceive in a physical sense, but how we appropriate perceptual systems semiotically, as a means of ordering cultural experience, that is, of realising significant values at a symbolic level. The appropriation of a tactile aesthetic code suggests the semiotic appropriation of haptic perceptual systems for the purpose of ordering social and cultural experience that cannot be ordered in any other way, similarly with the semiotic appropriation of optical perceptual systems. These appropriations are at the very root of what is called *style*.

The Theory of Signs

In the modern theory of signs as developed in Europe, particularly in the writings of the French post-structuralist thinkers such as Jean Baudrillard, a distinction is drawn between the elements of the semiotic process, the signifier, the signified and the referent (Baudrillard)[8]. Moreover, the tendency has been to see the modern period as one in which there is a substantial shift of 'value' towards the signifier and away from the referent and the signified. By the *signifier* is meant the image or marks on paper, the sound or 'voicing', the 'pure symbol' as it were, considered independently of anything symbolised. By the *signified*, is meant the idea or value that is symbolised by such signifiers, what the symbol is intended to communicate. Finally, by the *referent*, is meant the object or thing referred to in the signification. It is important to distinguish in this context between the signified and the referent. Let us consider Louis David's painting *The Death of Marat*. The painting depicts the murdered Marat in his bath. The pigmented images and forms that fill the canvas constitute the 'signifier', the aesthetic symbol itself. Clearly Marat himself, the bath and other objects and details referred to in the pictorial text, constitute the 'referents' of the signifiers. However, the values and ideas that David sought to communicate in this painting, the idea of nobility, of heroic composure, of sacrifice and martyrdom (with all its implicit parallels with another story) constitute the 'signifieds'.

My *formulation* of the semiotic problem with regard to works of art owes much to Lévi-Strauss's discussion of art in a radio interview (Lévi-Strauss: 1972)[9] as well as to an account I have read of Baudrillard's ideas which build upon Lévi-Strauss's arguments in developing an historical theory of signs (Gane: 1991)[10]. The insight which I seek to make use of, here, is their treatment of the relations among the elements of the semiotic process as problematical, together with their attempts to analyse the 'development' of these relations in terms of an historical theory of signs that is itself 'linked' to an analysis of the development of social relations-for example, Baudrillard sees capitalism as a reflection, in economic relations, of the abstract symbolic code that emerged at the time of the Renaissance and which was characterised by the 'emancipation' of signs from their referents. This abstract code is even likened by Baudrillard to money, as an abstract medium of equivalences. In late twentieth century society Baudrillard sees the separation of signs from their referents to be virtually complete and modern consumer society to be dominated by an endless circulation of signifiers.

In the analysis provided below of the relations among the elements in the semiotic process (that is, signifier, signified and referent) the development of these relations is theorised in terms of the development of abstraction, a theorising which is broadly *behaviouralist* in character. The lowest level of abstraction occurs in the symbolic process when the sign (both signifier and signified) is *embedded* in its referent. At this level, the organisation of signs has little autonomy; it is a function of the relations governing the organisation of referents, that is, of individuals, objects and events in the world. What are called referents, in this context, are things experienced as *substantial things* in and of themselves. Such substantiality is, as I have argued above, a function of perceptual contact experience, that is, of the sense of things acquired through bodily contact, specifically touch. An object is experienced as substantial in and through its 'answering' to pressures exerted upon it in bodily contact with it. The object I hold in my hand seems solid to me and to have a definite shape or form, to be complete and self-contained and so forth. In ordinary language we might speak of 'real' or 'substantial' things and distinguish them from 'abstract' ideas. However, this would be misleading. In a symbolic representation even abstract ideas, mythical beings, or whatever, can be referents, just so long as they are treated *as if* they are real things, that is, in terms of the 'haptic'(substantial) attributes which answer to bodily 'contact experience'. When symbols are closely bound to their referents, the low level of abstraction refers not to the character of the objects constituting the referents but to the fact that symbols (and, therefore cognitions) are ordered at the level of *contact experience with things* and thus must share all the constraints and 'limits' of that 'concrete' level of experience. Symbolic forms and symbolic constructions thus simulate, at this low level of abstraction, the contact relations through which referents are constituted and have no autonomous field of operation of their own.

At a higher level of abstraction the signifier-signified acquires a degree of distance or independence from the referent, an autonomous locus of organisation. In Painting this locus of autonomy was acquired with the development of a perceptual-realist art in which *optical* relations among elements in a visual field take precedence over the visual depiction of haptic relations. In a perceptual-realist art, the optical becomes a locus of organisation in its own right and thus facilitates the separation of the signifier-signified from the referent, a separation which in turn makes possible the realisation of 'values' at a higher level of abstraction. Thus the perceptual-realist art of the Renaissance was not a less abstract art because it depicted the sensuous and fleshy materiality of the world. On the contrary, precisely because this art developed the power of a systematic depiction of optical relations it permitted of the representation of cultural meanings at very high levels of abstraction whereas the emblematic art of the Middle Ages, like the art of Archaic times permitted the thinking of cultural values only at relatively low levels of abstraction. The widespread tendency to speak of archaic art as abstract is misleading as I have argued elsewhere (Witkin 1992)[11].

The highest level of abstraction occurs in semiotic systems when the locus of ordering in symbolic processes is at its most distanced from contact experience, when symbolic relations can be structured independently of the constraints that govern relations among material things at the level of bodily contact experience. Such a situation obtains when the signifier has broken free from both the signified and the referent and has subordinated the other two levels in the semiotic process to its own principles of ordering. At the highest levels of abstraction, therefore, contact relations are mediated through and through by 'formal relations', that is, by purely symbolic operations. This situation is approached in the art of the twentieth century where the purely aesthetic elements constituting the signifier were progressively liberated from both the demands of signification and the constraints of the referent. In this art, the locus of ordering moves from the level of optical relations to that of semiotic relations, that is to the level of purely aesthetic relations. My focus in the remainder of the paper will be restricted to a fuller consideration of the semiotic implications of the aesthetic appropriation of haptic and optic systems, that is, of the transition from the 'touch' of the ancients to the 'sight' of the moderns.

One of the most explicit attempts to oppose the tactile to the optical is that of William M. Ivins Jr. in his *Art and Geometry—A study in space intuitions* (Ivins: 1964)[12]. It must be pointed out, however, that Ivins' discussion of classical Greek art is concerned to differentiate it sharply from the perceptual-realist art of the European Renaissance and to stress those characteristic features which I prefer to see as better exemplified by the Archaic art to which Plato referred. In short, Ivins, unlike Plato, in his critical comments, stresses the traditional characteristics that are conserved in this art.

Ivins notes the extent to which truly optical experience is experience of change, of fluctuation and transition. Optical reality is dynamic and relativistic.

Objects get smaller and less brilliant as they get further away from us. Very distant objects are mere shapeless nubbins. Near objects continuously change their shapes as we move about them. A pine wood close to us is a mixture of deep greens and browns, but at a distance it becomes a diaphanous light blue. In the course of the day the whole landscape drastically changes its colour. As the light decreases, the different colours disappear from view at different times. Parallel lines as they recede from us tend to come together. (Ivins p. 3)

Against all this fading in and out, this "shifting, varying, unbroken continuity of quite different visual effects", Ivins sets the discontinuity and absolute quality of tactile perception.

... tactile awareness, for practical purposes, is not accomplished by a gradual fading in and out of consciousness, but by catastrophic contacts and breaking of contacts. My hand either touches something or it does not. My hand tells me that something is light or heavy, hot or cold, smooth or rough. I can measure an object that is simple in form against a phalanges of my thumb or a stick, and by counting my motions I can tell how many phalanges or sticks high or wide it is. Short of accidents, my muscles tell me that these measurements always require the same number of movements, i. e. that the object does not change in size or shape. If the object is a molding, I can run my fingers or stick along it and determine that within the reach of my hand its lines are always the same distance apart and do not come together, i. e. that the lines are paral-

lel. Furthermore, the fact that I can touch an object, hold it, push it, pull it, gives me a sense that there is really something there, that I am not the sport of a trick or an illusion, and that this something remains the same no matter what its heaviness or lightness, its hotness or coldness, its smoothness or roughness. Moreover, the shapes of objects as known by the hand do not change with shifts in position as do shapes known by the eye. (Ivins p. 4)

It is clear from Ivins' account of tactile perception that a visual art that wished to remain faithful to tactile values would have to depict objects and relations very differently from the way in which they would be represented optically. Such a presentation would have to emphasise the bounded surfaces of things, the surfaces with which the individual is in contact when he or she touches or holds the objects. Things appear as complete and self-contained. Each thing that is touched stands alone and disjoined from other equally self-contained things. There is about such tactile things a certain self-enclosing isolation the more they are explored. Durability, unchangingness is also the hallmark of the tactile thing as distinct from the optic thing.

Equally important, in Ivins' view, is the fact that in tactile perception, things exist in a series of 'heres' and 'nows' in space. Where a thing ends, and there is no thing, space continues to exist, because the exploring hand knows it is in space even when it is in contact with nothing. Ivins is arguing here that to the tactile awareness space is itself experienced as thing-like, albeit negatively. The hand, moving among things it feels, is always literally here and now. It has no point of view, and in consequence, no vanishing point. The eye, by contrast sees what is there rather than here. It does have a point of view and a vanishing point. To the hand, space is substantive and independently existing, like other tactile things but to the eye, space is a relationship of things and has no substance of its own, no existence without them. [Actually, Ivins' argument is misleading here because it appears to confound two senses of 'independently existing' when applied to space. Tactile space is independently existent in the sense of being thing-like. However, the experience of such space is of spaces rather than of a continuously existing space. Optic space is experienced as existing independently in the sense of being a continuous medium that is not object-like. Objects are perceived optically to be *in space,* rather than, as is the case with haptic objects, to be *between spaces.*]

In addition to these basic claims about tactile perception, Ivins makes another which is of major importance in considering the essential character of an aesthetic code dominated by tactile or haptic values. Ivins' own account is worth quoting here. In the reading he offers of Greek art, it is possible to discern similarities to the description given by Piaget of parallel play among young children (J. Piaget: 1977)[13]. Without there being any known connection or influence between the cognitive psychologist and the curator from the Metropolitan Museum of Art, the same lack of a truly interactional perspective in the play, the same tendency of each of the players to play beside each other rather than with each other and for play to be co-actional rather than interactional, is read by Ivins into the relations among figures in Greek sculptures and reliefs.

At the very threshold of that art we meet the peculiarity which most differentiates the Greek picture of the world from that of modern times ... The Greeks represented Jim as making a single gesture such as he might use in a fight, and somewhere they represented Jack making another such gesture, but they never represented the fight between Jim and Jack or the way in which the gestures of the two fighters coalesced in a single continuous rhythmical movement, such that each gesture of the one had meaning through the series of related gestures of the other. Any one who saw the slow movie of the Johnson-Jeffries prize fight should understand the unity of the shifting changing group and the way in which, subject to the rules of the game, it presents an unceasing flow of group forms out of and into one another. The unity of the group in flow, to which the Greeks were blind, has become the essential aspect of the world for modern eyes. (Ivins, p. 15)

In many respects, Ivins represents the tradition within art historical study which concerns itself primarily with technical developments in art. There is virtually no attempt to differentiate between the different semiotic possibilities afforded by the two aesthetic codes, tactile and optic, and to consider the social conditions under which one or other would be favoured. The central purpose of his book is, in any case, to trace the limitations in Greek art to certain deficiencies in their Geometry. It is changes in Geometry that Ivins seeks to correlate with the important developments in art. Perhaps nothing exemplifies the sociological emptiness of this art historical tradition than his speculation, in a footnote on page 59, concerning the movement away from the use of classical forms in the art of the West from as early as the second century A.D. It was due, according to Ivins, not so much to ignorance of the classical forms as to weariness of them. The West was fed up, bored to death with the deadly monotony, the exhausted dullness of the inherited forms.The question immediately comes to mind as to why this should be the case. The history of art is replete with examples of artistic styles that continued for vast periods of time without apparently arousing boredom. Quite apart from all this, however, even if such a speculation was not as dubious as it seems to me, it offers nothing that would enable us to understand the phenomenon of aesthetic codes from either a semiotic or a sociological point of view.

There is also the fact that in Ivins' study, the tactile character of classical Greek art is overstated and its optical aspect is clearly understated. The haptic principle is found more purely in archaic art, in the art of the ancient Egyptians, for example. The art of classical Greece made many concessions to the optical and, although the Greeks did not perfect a perceptual-realist art of the kind that developed in Europe from the time of the Renaissance, they did go a long way in that direction. However, none of these criticisms precludes us from acknowledging the value of Ivins' description of the opposition between the tactile and the optical. Such a description helps to make sense of a great deal of theorising in respect of the social history of art, notwithstanding the fact that Ivins makes virtually no reference to these theorists in his work. Finally, Ivins' distinctions concerning the nature of the tactile experience, its self-contained and self-sufficient character, its emphasis on the disjunctive nature and discontinuity of forms; the tendency of forms to be isolated and, when grouped, to be arranged co-actionally and not interactionally; the experience of space as independently existing substantiality(ies); objects, generally, experienced as enduring and unchanging; the here and now quality of perception and the lack of a point of view and so forth; all offer a set of constraints of the utmost significance in a semiotic context. It is to an exploration of this semiotic significance together with its sociological correlates, that the remainder of this chapter will be devoted.

While it seems reasonable to assume that the cultivation of a particular mode of depicting objects and events may be related in some way to the perceptual process, that is, to ordinary ways of seeing, it may as likely be the case that artistic styles tell us little about how objects and events are perceived in everyday life. Historians of art, such as Panofsky, have expended some effort on seeking to relate the principles that govern representation in art to some supposed mode of perception as though the distinction between Archaic art and the art of the Renaissance, for example, can be understood in terms of two different ways of responding to visual cues (Panofsky: 1964)[14]. What is, perhaps, decisive, is the appropriation of perceptual systems to meet the needs of the symbolic functioning. Perceptual systems have characteristics which make them more or less useful to the symbolic process. If Archaic art appropriates the tactile or haptic system in order to depict objects and relations, it is because that system is appropriate for symboling at a relatively low level of abstraction.

There are certain aspects of haptic systems which are relevant in this context Ivins raises all three of these aspects of haptic perception, albeit not systematically:

1. The emphasis on the bounded and continuous surface of the object. Objects are experienced as isolated, self-contained and self-sufficient.They also have mass and solidity, represented in tactile terms by the pressure of their surfaces.

2. Objects can be located relative to each other as part of an arrangement of complete and separate things. From a haptic standpoint, however, there is no true interaction between figures or objects. Their relations are coactional. Each plays its 'part' as ordained by life or fate.

3. Objects are experienced as fully present and complete in the here-and-now. Such objects are known in and through their contact surfaces. There is no suspended reality, no background or interior to such experience.

The aesthetics of Hegel is a rich source of insights into an essentially similar way of viewing Archaic art (Hegel: 1975)[15]. Hegel's distinction, for example between the construction of the ancient pyramids and the construction of Gothic cathedrals contrasts them in terms of the extent to which the ancient buildings were built essentially for their exteriority, for their outsides, whereas the Gothic cathedral is primarily built as a great interior space. Hegel makes a distinction here between the 'spiritual' which he identifies with the 'inside' or the 'interior' of the object and its external form. In archaic civilisations, which have imperfect and unclear knowledge of their own nature, the objects produced are those in which, like the pyramids, the outsides are extrinsic to the interiors, in which the outside functions as an external form and veil and does not express or continue the interior. This is not true of the high Renaissance, in which spiritual development had proceeded to the point where it dominated matter, a domination which corresponded to the dominance of the interiors of buildings and sculptures over their exteriors. In 'classic art', according to Hegel, Spirit reaches a point of development in which it can find adequate expression in outer forms, in which these forms become redolent with the life of the mind. The poised and mobile human figure in classic art could serve as an expression of matter permeated throughout by Spirit. The representation of the human figure is thus seen by Hegel as serving as an image of the integration of body and Spirit just as the immobile and 'ineloquent' figure served as an image of the disjunction between the two in archaic civilisations. Both the integration of body and Spirit, and their disjunction, occurs at the level of painting, too. The more that the flatness of the two-dimensional plane is emphasised in painting, as it is in archaic art, the more does inwardness show itself in and through the act of self-limitation, that is, in and through its withdrawal from the external form. By contrast, insofar as the fullness of tri-dimensionality is emphasised, as it is in Renaissance art, the more does inwardness show itself in that fullness, in the lively mobility and expression of forms.

Hegel's ideas on art are echoed powerfully in the work of other art historians, notably Schnaase, Riegl and Panofsky. My account of the work of the former two writers owes a great deal to Michael Podro's excellent study (Podro: 1986)[16]. Schnaase, in a similar way to Hegel, discusses the development of mediaeval architecture in terms of the opposition between the conception of a building constructed for its exterior and that of a building constructed to create an interior space.The temple architecture of the ancient world was designed primarily to be seen from the outside in contrast to the church which was designed primarily as an interior space in which the community gathers. The evolution of Christian church building was one in which architectural membrification was increasingly directed towards the realisation of a sense of *space* rather than *solidity*. In the Gothic cathedral the interior of the building comes to permeate the exterior. Schnaase makes yet other observations concerning the distinction between ancient art and architecture and that of the Renaissance, which are echoed in Ivins' account of Greek art discussed above. He observes, in ancient painting, a lack of the interconnectedness of figures:

... the forms remain isolated, scarcely attending to each other, shown mostly in profile or frontally. Groups, when they are concerned with a mere external action, are often arranged with extreme elegance and delicacy ... but we never

find a group in the spiritual sense which makes manifest to us through position, bearing and form, their relation to each other, the reciprocity of speech and feeling, the inner bonds of intimate relationship through which the individual isolation is overcome, and shows the whole as forming the spiritual character of a family, a community between members and a unity with their environment. (Podro: 1986)

The interconnectedness of figures and objects in Christian art stands opposed to the separateness of figures and objects in archaic art. That interconnectedness is associated by Schnaase with the development of perspective which he sees as realising a higher unity corresponding to the unity of the community. The psychological interchange that takes place between figures in paintings, is seen by Schnaase to be a function of perspective, of 'views through an interior'. The inward life is associated with the interior of the building, and the perpectival rows of columns are seen as an image of the Christian community.

These same Hegelian themes are taken up in the work of the art historian Alois Riegl. The view of archaic art is essentially similar to that developed by Hegel and Schnaase. The most important characteristic of the representation of objects in archaic societies was, according to Riegl, their uncompromising self-containedness. The implications of this self-containedness were that objects had to be unconnected with other objects in their context, each had to be internally continuous within an unbroken form and discontinuous with other things. This internal continuity of the object and its discontinuity from other objects also governed the object's relationship to the spectator, that is, the object remained self-contained and discontinuous with the spectator and minimally dependent upon the spectator's active projection in order to supplement what is not shown. Associated with both of these implications was a third, namely that suggestions of space, of the third dimension should be suppressed so far as was possible.

At the opposite pole we have the antithesis of the principle of self-containedness. We might exemplify it with Impressionist painting. Objects and figures are neither distinct nor self-contained. Everything is subordinated to the total impression, the complex and interactive nuancing of light and form captured at an 'instant'. Forms are more shadowy, outlines less distinct, colour modulation and colour interaction weakening the boundaries of objects. It is an art which as optical as the painting of archaic art is haptic and it presupposes the participative and projective consciousness of the spectator as surely as the art of archaic society precludes it. Riegl saw the history of art as a more or less continuous development in which the more 'linear', 'planar' and tactile values in art gave way to the more 'painterly' optical values; and this development was clearly associated with a movement from the predominance of the object and of exteriority, to the predominance of the subject and of interiority.

Historians of art such as Riegl adopt a terminology which describes very well the visual intention of a representation. Hence, the emphasis on the concept of the self-contained object, the object complete in itself, absolute. However, in the context of the semiotic argument which I have developed here, overcoming the self-contained experience is the mark of abstraction. The more, for example, the object of experience can lose its absolute character and be inserted as an element in a more comprehensive system of relations, the higher the level of abstraction at which the object is being organised. The Piagetian concept of intellectual development is just such a notion of increasing abstraction. Piaget refers to it in terms of a process of de-centering. Thus, the march of intellectual progress in Piagetian psychology reaches from the haptic world of sensory-motor intelligence, in which the self-contained object is known in and through the manipulations which the child performs upon it and which yield a knowledge which is obtained from the object itself (its hardness or sharpness etc.), to the stage of formal (abstract) operations in which the object is distanced through being inserted into a comprehensive system of operations performed with respect to it and where knowledge is abstracted not from the object itself but from the system of operations in which it participates.

The loss of the self-containedness of objects and figures, so frequently adopted as a principle of development by Hegelian historians of art can thus be seen as describing a process of progressive abstraction at the level of aesthetic experience. In ordering aesthetic elements, works of art function to realise a certain level of abstraction. The level of abstraction at which the value-making process in art can proceed is determined by the level of abstraction at which this process occurs in the society generally. Implicit in the Hegelian approach to the development of art is, therefore a version of the sociology of art in which the level of abstraction governing social relations in a given society corresponds to that governing works of art and of architecture produced in that society.

The whole equation of the development of interiority in buildings with the interiority of the spiritual life in the community can be seen in this way when we consider that in social relations generally, the sense of interiority arises from social interaction and social reciprocity, above all from the interconnectedness of individuals in complex systems of relations which yield multiple perspectives from which the individual can constitute the self. The more that there is this differentiation and specificity in social relations, the less is the self identified with any one specific role set and the more distanced it is from its constitutive contexts. Those constitutive relations are the means by which the self develops as an *inside*, as an interiority. There are two factors to consider here in this making of interiority.The involvement of the individual in a plurality of networks of social relations results in a distancing of the individual from others in the sense that he or she is differentiated from others in the social process, is unique. Secondly this differentiated self is a developed interiority because the networks of social relations that constitute the self are present and active as a kind of suspense. It is this suspended reality that constitutes both biography and history. By suspense, I mean the past as present and as constitutive of the future. The interior is equivalent to the past, to bio-graphy and history. What we call the personality is the precipitate of this biographical suspense, the set of dispositions and attributes through which it is continued. Thus it is interconnectedness which gives rise to history, to personality and to those metaphysical substructures that are trans-historical, that persist and mediate action for individuals.

In a society which has become historical and which has given rise to the indi-vidual with a developed personality and self-consciousness, works of art must develop the same capacity to develop interiority. That is, the interconnect-edness of the elements as reflected in the development of perspective, chia-roscuro and colour interactions etc. make possible the construction of person-ality, of biography etc. They produce the dynamic interplay of background and foreground, the emerging of the individual and his or her interior self as expressed in outer forms.

The precondition for this type of interconnectedness is the development of systems of social production which have achieved some distance from na-ture, are more or less abstract. When systems of social production are em-bedded in nature, when nature and natural process sets the parameters of social life, the ordering of social life appears as a reflex of the material nature in which it is embedded. Relations to others are determined by ones relation-ship to material nature. It is material nature that relate or binds the social world. The order itself remains occluded, beyond. This relationship to others is coactive, rather than interactive. Each plays his or her part in nature and the sense that one has of the arrangement as a whole is of an arrangement of discrete and self-contained parts. That is, to the extent that the subjects conjoined in social action and relationship do not appear to themselves to participate in the design and construction of that relationship, but to receive it all ready-made, as it were, the sense of its construction, of its historical making is not possible. To represent the social world and its authority and values, the society can have no recourse to imagery which dynamically articu-lates its elements in terms of foreground and background. All the elements are uniformly and co-actively *present*. Art does not violate this presence, this sense of the eternal and cyclical nature to which each individual is bound. In such societies, individuals and collectivities have destinies and while these are histories of a sort they never attain the status of being historical.

Auerbach in his classic discussion of Homer's Odyssey (Auerbach: 1968)[17], points to the fact that it is filled with lively detail and description but, for all that, it is a work which lacks any depth or background, events all occurring in a uniformly lit foreground. Each character wakes each morning as though it is the first morning of his life. There is no interior life, no cumulative suspense whereby past events are active in shaping the course of the present, no change or development of the characters through the cumulative weight of their experiences and so forth. All is fully disclosed, fully present. Ulysses is resourceful, he is cunning but he remains more of a type than an individual—he seems to have no inner life held back of the action. Auerbach notes that the society which produced this literature was both aristocratic and agrarian. He contrasts it with the roughly contemporary literature of the Hebrews. In the Old Testament, God is always largely a figure of background, speaking out of depths, never fully disclosed or visible. The People as a unitary entity, together with its unitary God, developed a deep sense of itself as 'historical' and of its God as at work in its history.

Individuation is a function of *interaction*, of mutual adjustment and interchange whereby the actions of the other are taken into account in the shaping of one's own actions. Interaction is to be distinguished here from *co-action* which occurs when the actions of one individual are sequenced with those of others but without each being affected or determined by its relationship to the actions of others. The greater the degree of mutual accommodation, of interaction, among the elements of a system, the more individuated is that system; that is, the more is the system as a whole presupposed and mapped into each of the elements or parts. The totality of relations constituting the system belongs to the 'background' The activation of this background and its articulation with the elements in the 'foreground' gives rise to the sense of interiority, of the historical, the biographical, the personality, to all those teleological structures which mediate the particular events of everyday life.

The social conditions necessary for such a level of individuation are those in which the organisation of social life, the structuring of social action, can achieve a degree of real autonomy and distance from nature. This occurs in the development of bourgeois cultures where the organisation of socio-political life comes progressively to be dominated by endogenous modes of social production in which manufacture and mercantile activity play a large part. Political relations assume a primitively democratic character since this is but the necessary form of social relations which are becoming comprehensively interactional.

The more comprehensive the integration of the increasingly individuated urban societies that developed from the Renaissance in Europe, the more did that organisation assume an historical dimension, to be structured both diachronically and synchronically. Personality and biography, the cumulative weight of experience in the shaping of the lives of individuals and projects, in short, the *historical*, replaced destiny and the stars. Interaction, as distinct from coaction, was the key; insofar as individuals were mutually responsive and responsible in constructing as well as conducting their relations with one another (and this was increasingly the case the more developed were the city economies), social action and personal projects acquired a truly historical dimension. Of course, this was reflected in the literature and the arts in a new concern with the human project, in humanist philosophies and in an increasing attention given to personality, individuality and individual points of view.

It also resulted in major changes at the level of aesthetic form. Through the division of a work of art or literature into foreground and background events and relations together with the articulation between them and the associated concern with 'depth', aesthetic structures became equal to representing the new level of individuation in society, to arousing the sense of the historical, its functioning as suspense, its activation in the realisation of personality. The more that such a society developed the more were its aesthetic realisations dominated by a sense of interiority, of the fluid motion of the interior world in all outward expressions. This powerful sense of interiority, of expression and movement proceeding from individuals interacting with one another replaced an art in which forms and figures were more opaque, more dominated by their character as 'exteriors', were severely restricted in movement and possessed by forces of a transcendental kind. In such societies the proximity to the natural world resulted in social organisation in which interaction was more limited as a governing principle of social structure, in which society was more a constellation of coactional groups.

In any crude developmentalism of the type I am developing here, the stages seem to be too abrupt, too comprehensive. One is entitled to ask about all the subtle developments and transitions that occur and, about all, about the subtle variations in styles of art which do not fit quite so neatly into such schemes. It is not part of my project here to work on the refinements of the argument made necessary by the richness of the data. It does seem to me, however, that one can learn a great deal about the process by learning from the work of art historians such as Riegl who not only developed a large and comprehensive aesthetic theory but enriched it with a careful consideration of the substages in which a development was brought about. This is particularly true of Riegl's analysis of the development of relief sculpture from the completely self-contained and enclosed forms of Egyptian art through reliefs that admitted of more and more relationship among the figures and more dynamic articulation of foreground and background elements. Thus Riegl argues that while the self-containedness of Egyptian figures in relief sculpture is absolute, in Classical reliefs (figure) there is a degree of interaction and of relationship among the figures but their coherence and self-containedness has shifted to the level of the plane and the overlapping planes in which the figures lie. At a later stage, this self-containedness moves outwards further and becomes the self-containedness of the excavated spatial niche in which the figure is set. At a later stage still, the carving of limbs and folds of drapery deepens to the point where it dissolves the unity or self-containedness of the body and with it the distinction between the body and the space around it. What is left is simply the homogeneous optical plane which contains both. The resulting sense of the homogeneous continuum of the optical plane is seen by Riegl to be a precondition of the sense of a continuous space and therefore of the later development of perspective and three-dimensional representation (see M. Podro: 1986)[18].

The Project of these art historians was an ambitious one and some, like Riegl, did not argue for crude transitions without pursuing the delicate evolutionary thread in the works themselves. I believe, however, that Riegl's distinctions concerning the line of evolutionary development capture more general features of the development of abstraction in art. Each of his substages seems to ratchet up the level of abstraction at which a representation is realised. The principle of closure and self-containedness moves outwards from figures themselves to their 'settings' (the relief plane and then the spatial niche) and finally dissolves the internal distinction between them and their settings. At this stage a new and qualitatively distinct level of representation becomes possible (perceptual-realism); that is, an artistic revolution. Self-containedness is precisely the condition that is altered by abstraction. Abstraction enlarges the compass of formal coherence; it is an enlargement of the boundaries of self-containedness. I do not believe that my interpretation is forced. Indeed it ought not to surprise us since the march of abstraction to the most elevated manifestations of the Idea is the very core of the Hegelian philosophy which was the inspiration for the work of these art historians.

Panofsky developed a systematic approach to the development of art and architecture which was similar in its broad outlines to the position of Riegl and Cassirer. For Panofsky, if science sought to understand causes, the study of art sought to understand the *coherence* of a work of art. This coherence was understood to be a resolution of two complementary factors-*objectivity* and *subjectivity*. The objective is what marks the object as being outside the mind while the subjective is that which marks the mind's projection upon the object outside itself. The more objective the formal resolution in art, the more do works of art come complete with their own authority, minimising the role of the viewer and his or her point of view. By contrast in a subjective resolution, the viewer is taken into account in the work and a high level of participation and projection is presupposed. All art involves some kind of resolution of these two factors. That resolution ranges from one extreme in which the resolution is chiefly on the side of the objective to the opposite extreme in which the resolution is predominantly on the side of the subjective. For Panofsky, like Riegl, the evolutionary tendency of art is seen in terms of a unilinear historical movement from the objective extreme to the subjective, from an art which is dominated by the haptic object to one which is predominantly optical in character.

Panofsky's argument concerning coherence emphasised the systematicity of formal relations in a work of art. All aesthetic factors tended, in his view, to be governed by the same subjective-objective resolution. Thus, if objectivity was predominant in a formal resolution this would show itself not only in the relative separation, of forms, their strongly bounded character, but in the emphasis on line and plane, the flatness of spatial composition, and in the strong 'polychromatic' treatment of colour. All formal aesthetic elements in the work stand in the same relationship to the formal resolution (subjective-objective) governing the 'coherence' of the work. The major styles in art can thus be conceptualised as unitary systems brought about by a formal resolution of the subjective-objective relation. But the notion of this formal resolution has a far wider compass for Panofsky. It occurs in the context of social relationships and institutions and, above all, ideological systems and world views which are somehow isomorphic with it. The major styles of art are seen as more general resolutions of the mind-world relationship. This is exemplified, for example, in Panofsky's treatment of the relationship between Gothic architecture and scholasticism (Panofsky: 1957)[19].

Scholasticism developed a complex dialectical procedure for reconciling opposed scriptural and theological positions. Arguments proceeded systematically by the form of the exposition which was divided into main sections, subsections and subdivisions of those. The whole had an 'architectonic' unity and it was always possible to locate any element or principle in the total 'edifice' of the argument by reference to this grid. Panofsky saw Gothic architecture as manifesting a similar systematicity in reconciling conflicting elements. The various parts of the church, the naive, aisles, apsidal chapels, are drawn into a single order of homologous parts. In Panofsky's analysis, the clustered columns in the Gothic cathedral are articulated so that they become continuous with the vaulting system so that not only is each component of the clustered column relatable to its corresponding rib in the vaulting and vice versa, but the ribs themselves are ordered in a hierarchy of main divisions and subdivisions of the vault. All of this coordinaton, this systematicity and interrelatedness constitutes the structure of the cathedral as an interior, even as an interiority. The close identification of the interiority of Gothic architecture and the interiority of the spiritual life of the Christian community recalls the arguments of Riegl, Schnasse and Hegel. Panofsky does not intend that we should see this relationship between Gothic architecture and scholasticism as merely analogical or metaphorical. He points out that the building of Gothic cathedrals in the twelfth and thirteenth centuries around Paris occurred in the immediate vicinity of the centres of Scholasticism. Moreover, between the Romanesque architecture and the Gothic which displaced it, there is a fundamental difference in world vision. Works of art and architecture are thus seen by Panofsky as participating with all other cultural constructions and ideological processes in the realisation of a mind-world relationship.

In a paper on *The History of the Theory of Human Proportions,* Panofsky argues that a concern with the ratios of parts of figures in a representation is only central to art when the ideal governing its production is, in Panofsky's term, one of 'objectivity' (Panofsky: 1970). Under such conditions, the proportionality of figures is determined by the idea of the referent, of the figure as such and the proportions that are deemed to belong to it. No concession is made to altering those proportions in order to achieve some visual effect or take account of how an observer will see them. Egyptian art is his exemplar here and what he has to say of it recalls many things that have been said by observers about African art or other forms of what I have called 'invocational' art.

In Egyptian art only the objective counted because the represented beings did not move from their own volition and consciousness, but seemed, by virtue of mechanical laws, to be eternally arrested in this or that position; because no foreshortening took place; and because no concessions were made to the visual experience of the beholder. In the middle ages, art espoused, as it were, the cause of the plane against that of the subject as well as that of the object,

and produced the style in which, though actual as opposed to potential move-
ment took place, the figures seemed to act under the influence of a higher
power rather than of their own free will; and in which, though the bodies turn
and twist in different ways, no real impression of depth is achieved or intend-
ed. (Panofsky: 1970)

It is not until the development of the classical Greek art of which Plato disapproved, was there a real attempt to introduce organic movement and to
take the observer's viewpoint into account by means of adjustments such as
the perspective foreshortening of figures. These developments resurfaced at
the time of the Renaissance where, for the first time they were properly
systematised and perfected. Of this latter development, Panofsky comments:
Those who like to interpret facts symbolically may recognise in this the spirit
of a specifically modern conception of the world which permits the subject to
assert itself against the object as something independent and equal; whereas
classical antiquity did not as yet permit the explicit formulation of this con-
trast; and whereas the middle ages believed the subject as well as the object to
be submerged in a higher unity. (Panofsky: 1970)

The triumph of an optical (distal) level of organisation in Renaissance art
allowed for just such an assertion of the equality and autonomy of the subject—its disembedding from the object. It was a development which presupposed a radical set of changes in the organisation of social life, a set of changes which Hauser and others have analysed in terms of the development of
urban and bourgeois socio-political forms (Hauser)[20]; forms which involved, in
their 'governance', a degree of *democracy* and *individuation* that was new
(Burkhardt: 1981[21], Martines: 1983[22]). At an aesthetic level, the autonomy of
the subject is bound up with the move to a higher level of abstraction involving the shift to an optical level of organisation and, semiotically, in the attain-
ment of a symbolic organisation dominated by the (autonomous) signifier-
signified rather than by the referent.

References:

[1] E. Panofsky, "The History of the Theory of Human Proportions as a
Reflection of the History of Styles" in E. Panofsky, *Meaning in The Visual*
Arts, 1970, Penguin, Harmondsworth
[2] E. H. Gombrich, *Art and Illusion: A Study in the Psychology of Pictorial*
Representation, 1959, Phaidon Press, Oxford
[3] R. W. Witkin, *The Intelligence of Feeling,* 1974, Heinemann Educational Books
[4] Plato, *The Republic* Book X, 1968, New York: Basic Books
[5] W. Panofsky, "Über das Verhältnis der Kunstgeschichte zur Kunsttheorie",
in: E. Panofsky, *Aufsätze zu Grundfragen der Kunstwissenschaft,* 1964, Berlin
[6] A. Riegl, *Spätrömische Kunstindustrie,* 1927, Vienna
[7] G. Hegel, *Aesthetics: Lectures on Fine Art* (transl. T. Knox), 1975, Oxford
[8] J. Baudrillard, *Selected Writings,* 1988, Polity Press, Cambridge
[9] C. Lévi-Strauss, *Conversations with Lévi-Strauss,* 1972, London: Cape
[10] M. Gane, *Baudrillard: Critical and Fatal Thory,* 1991, London: Routledge

[11] R. W. Witkin, "Van Eyck Through the Looking Glass—Presentational Codes and Social Transition in the Formal Stucture of a Fifteenth Century Pictorial Text", in: *Journal For The Theory of Social Behaviour*, 1992, Vol. 22, no. 3, pp. 329—350

[12] W. M. Ivins, Jr., *Art and Geometry: A Study in Space Intuitions*, 1964, New York: Dover

[13] Jean Piaget, *The Moral Judgement of the Child*, 1977, Harmondworth: Penguin

[14] Hegel, *Aesthetics: Lectures on Fine Art*, 1975, op. cit.

[16] M. Podro, *The Critical Historians of Art*, 1986, New Haven/London: Yale University Press

[17] E. Auerbach, *Mimesis: The Representation of Reality in Western Literature*, 1968, New Jersey: Princeton University Press

[18] M. Podro, 1986, *op. cit.*, pp. 71—97

[19] E. Panofsky, *Gothic Art and Scholasticism*, 1957, New York/London: Meridian

[20] A. Hauser, *The Social History of Art*, 4. vols., 1962, London: Routledge and Kegan Paul

[21] J. Burkhardt, *The Civilization of The Renaissance in Italy*, 1981, Oxford: Phaidon

[22] L. Martines, *Power and Imagination: City-States in Renaissance Italy*, 1983, Harmondsworth: Penguin

Barbara Jaffee
DIE MODERNE UND DAS VERSPRECHEN DER AUTONOMIE:
GREENBERG MIT ADORNO LESEN

Die Historiker meinen, daß die revolutionären Doktrinen des 20. Jahrhunderts
aus dem Glauben des 19. Jahrhunderts an das Überleben derer, die sich am
besten an ihre Umwelt anpassen, heraus operieren. Wenn wir nun beginnen,
die Bedeutung des Formalismus in der Geschichte, Theorie, Kritik und Praxis
der Kunst im 20. Jahrhundert zu rekonstruieren, sollten wir den Fortschritt
berücksichtigen, wie ihn das 19. Jahrhundert sah. Wenn es nämlich eine historische Logik gibt, die so unterschiedliche politische Rezepte wie Sozialdarwi-
nismus, Nationalismus, Faschismus und Kommunismus vereint, dann vereint
sie auch zwei formalistische Theorien der modernen Kunst, wie sie in den Jahren kurz vor und nach dem Zweiten Weltkrieg entstanden und von dem amerikanischen Kunstkritiker Clement Greenberg und dem deutschen Philosophen
und Sozialtheoretiker Theodor W. Adorno vertreten wurden. In ihrer Reaktion
auf das Schreckgespenst des kulturellen Zerfalls bestätigten diese Kritiker auf
unterschiedliche und doch auffallend ähnliche Weise die Notwendigkeit einer
autonomen Ästhetik. Beide forderten die Theorie der Ästhetik als eine Form
der Praxis – als Eingriff – dies sind Variationen zu Schillers existentiellem
Imperativ, daß eine Bewußtseinsänderung bereits in sich selbst eine Revolution ist. Trotz der ideologischen Unterschiede, die sich in der stark abwei-
chenden Rezeption ihrer Theorien heute finden (eine protopolitische Kulturtheorie im Falle Adornos und eine entpolitisierte Kulturtheorie bei Greenberg),
waren den beiden bestimmte Schlüsselbegriffe gemein: eine Ablehnung der
Massenkultur, eine Verteidigung der formalen Werte der Hochkultur und eine
Neigung zu utopischen und humanitären Idealen.
Es besteht die Auffassung, daß es zumindest „zwei miteinander in Konflikt
stehende und voneinander abhängige Strömungen der Moderne gibt – eine
des sozialen Fortschritts, des Rationalismus, des Wettbewerbs und der Technologie; die andere kulturkritisch und selbstkritisch, darauf aus, die Grund-
werte der ersteren zu entmystifizieren ..."[1] Diese Charakterisierung folgt dem
Gegensatz zwischen Moderne und Avantgarde, wie sie in unserem Land nach
dem Erscheinen der englischen Übersetzung von Peter Bürgers *Theorie der
Avantgarde*[2] 1984 populär wurde. Der folgende Vergleich vermeidet es, die
Moderne auf eine solche absolute Polarisierung miteinander in Wettbewerb
stehender Modi zu reduzieren, indem er die Übereinstimmungen und Unterschiede in Adornos kritischer Theorie (welche die dialektische Rolle der Kunst
in der Erhaltung eines aktiven Bewußtseins für die in der Gesellschaft allge-
genwärtigen Widersprüche betonte) und Greenbergs Positivismus (sein Ran-
gieren mit empirischen Beweisen, um eine Sehnsucht nach universellen und
kollektiven Werten zu dokumentieren) untersucht. Eine Parallelbetrachtung
von Greenberg und Adorno wird auf diese Weise, so hoffe ich, zum laufenden
Projekt eines nuancierteren historischen Verständnisses der Moderne und der
Tradition des Formalismus beitragen. Zu diesem Zweck möchte ich auf die

Widersprüche in jüngsten Versuchen hinweisen, eine Theorie der Postmoderne im Sinne Adornos dadurch zu formulieren, daß man einfach den Inhalt von Greenbergs Formalismus negiert.

Clement Greenberg verteidigte, was er die reine Kunst der abstrakten Malerei nannte, und Theodor Adorno verfocht die intellektuelle Kunst der atonalen Musik. Greenbergs Stimme erhob sich gegen ein Umfeld aus Kompromiß und Anpassung, das die linksintellektuellen Debatten im New York der dreißiger Jahre kennzeichnete, als Amerika seine Rolle auf der Weltbühne neu definierte. Auch Adornos Werk war Teil einer Reaktion auf etwas, was als Krise wahrgenommen wurde: das Projekt der marxistischen Wiederbelebung, das 1923 begann und vom Institut für Sozialforschung, der sogenannten Frankfurter Schule, initiiert wurde. Diese geographischen und zeitlichen Unterschiede schlagen sich in der Form des Engagements nieder: Greenberg setzte die positivistische Sprache der Wissenschaft ein und vertraute seine Revolution einem neokantischen Ideal an (den unparteiischen und absoluten Urteilssprüchen des Kritikers). Adorno reagierte auf einen anderen Imperativ (seine anfänglichen Erfahrungen mit der Politik des Pragmatismus und später dem Beispiel von Auschwitz) und beharrte stattdessen auf einer durch und durch dialektischen Vorgangsweise, die sich – seiner Meinung nach unvermeidlich – durch die Geschichte entwickelte.

Für Adorno war die Moderne in Schönbergs Musik zum Beispiel eine dialektische Negation der Modernität der Zeit. Moderne, abstrakte Kunst, so Adorno, war Ausdruck der Negativität einer Gesellschaft wie auch Beginn einer Umkehr der Negativität durch Verweigerung der Nützlichkeit. Wie Adorno in seiner postum veröffentlichten *Ästhetischen Theorie* formulierte:

Gesellschaftlich aber ist Kunst weder nur durch den Modus ihrer Hervorbringung ... noch durch die gesellschaftliche Herkunft ihres Stoffgehalts. Vielmehr wird sie zum Gesellschaftlichen durch ihre Gegenposition zur Gesellschaft, und jene Position bezieht sie erst als autonome. Indem sie sich als Eigenes in sich kristallisiert, anstatt bestehenden gesellschaftlichen Normen zu willfahren und als ‚gesellschaftlich nützlich‘ sich zu qualifizieren, kritisiert sie die Gesellschaft durch ihr bloßes Dasein ... . Nichts Reines, nach seinem immanenten Gesetz Durchgebildetes, das nicht wortlos Kritik übte, die Erniedrigung durch einen Zustand denunzierte, der auf die totale Tauschgesellschaft sich hinbewegt: in ihr ist alles nur für anderes. Das Asoziale der Kunst ist bestimmte Negation der bestimmten Gesellschaft.[3]

Mit anderen Worten garantiert die Autonomie der Kunst einen Raum des Widerstandes gegenüber den regressiven Tendenzen der kapitalistischen Massenkultur. Das, so schloß Adorno, war das utopische Versprechen der modernen Kunst.

Adorno schrieb die *Dialektik der Aufklärung* mit seinem Kollegen Max Horkheimer, während die beiden als intellektuelle Flüchtlinge in den frühen vierziger Jahren in Amerika lebten. Das Buch gilt als die definitive Formulierung der kritischen Theorie der Frankfurter Schule und war ein Versuch, die Entstehung der Massenkultur zu analysieren. Was Adorno und Horkheimer als „Kulturindustrie" bezeichneten, war ein Zeichen der sozialen Entfremdung des Menschen, das entschiedene und negative Ergebnis seines Triebes, die Natur zu unterwerfen. „Im Denken", so schrieben sie, „distanzieren sich die Menschen von der Natur, um sie sich in der Phantasie vorzustellen – jedoch nur, um festzulegen, wie sie zu beherrschen sei."[4] Der technische Fortschritt sollte alle befreien, stattdessen war er zum Werkzeug der Überlegenheit einer Klasse geworden. Er ermöglichte es einer Elite, die politische Macht zu ergreifen und ihre Herrschaft durch eine Umkehr des sozialen Versprechens der Technik zu garantieren. Die aufgeklärte Vernunft wird auf dialektische Weise zur Unterdrückung oder, um Adornos und Horkheimers Ausdruck zu verwenden, sie wird „zur instrumentellen Vernunft". Wie Susan Buck-Morss bemerkte, war Adornos Ziel jedoch nicht der reine Nihilismus. Sein Werk wurde vom Glauben, daß „eine neue Logik aus den Widersprüchen des Idealismus abgeleitet werden könnte", beseelt.[5]

Greenberg war ebenfalls ein kompromißloser Gegner der Massenkultur. Eine seiner frühesten Veröffentlichungen, der Aufsatz „Avantgarde and Kitsch" in der *Partisan Review* (1939), stellte Vorstellungen klar, die zunehmend unter den New Yorker Intellektuellen verbreitet waren, und war eine Anklage gegen die Rolle der „Warenform" der Kunst. In diesem Essay lobte Greenberg die Innovation, in der Hoffnung darauf, die Praxis vor der wirtschaftlichen Entfremdung einerseits zu schützen, die die Künstler zurück in das Akademische locken könnte, und vor der Leere der Erfahrungen aus zweiter Hand und der falschen Empfindungen andererseits.[6] Im Gegensatz zu Adornos dialektischem Beharren darauf, daß die Abstraktion in der Kunst dazu bestimmt ist, sich in den tiefsten Tiefen der Entfremdung zu zeigen (wo die instrumentelle Vernunft am repressivsten ist), war Greenbergs Logik einer ästhetischen Avantgarde auf der Grundlage der Reinheit evolutionär und drückte seinen Glauben an den Diskurs des wissenschaftlichen Rationalismus aus. Die Kunst, die er forderte, bot – wie er sagte – eine „Vision der ... umfassenden und positiven Rationalität ... das einzige Heilmittel gegen unsere derzeitige Verwirrung."[7] Die Tatsache, daß er seine Praxis nach der empirischen Methode gestaltete, war für Greenberg freilich Ausdruck einer Reaktion auf einen historischen Imperativ. In seinem Essay aus dem Jahr 1940 „Towards a Newer Laocoon" bemerkte er: „Ich glaube, daß ich keine andere Erklärung für die derzeitige Überlegenheit der abstrakten Kunst biete als ihre historische Rechtfertigung. Was ich geschrieben habe, hat sich daher als historische Apologie der abstrakten Kunst erwiesen".[8]

Für Greenberg garantierte die Autonomie der Kunst ihre Qualität, und er trat für die Abstraktion als letzte Hoffnung für ein Überleben der Kunst ein. Die Qualität in der Kunst war nach Greenbergs Auffassung ein Selbstzweck, und die unparteiischen Urteile des Geschmacks konnten als universelles Kriterium für die Beurteilung von Qualität dienen. Der Schlüssel zu Greenbergs Wandlung vom trotzkistischen Marxisten zum eifernden Richter für Fragen des öffentlichen Geschmacks müssen seine Erfahrungen während der späten vierziger und frühen fünfziger Jahre gewesen sein, die er als Redakteur bei dem jüdischen Magazin *Commentary* verbrachte. Ab Dezember 1945 veröffentlichte *Commentary* eine ehrgeizige Serie unter dem Titel „The Crisis of the Individual", die führende amerikanische und europäische Denker dazu aufforderte, sich angesichts der nachweislichen Fähigkeit des Menschen zur Brutalität mit der Frage seines politischen und moralischen Glaubens auseinanderzusetzen. Eine Antwort muß den jungen Greenberg ganz besonders angesprochen haben, die einer einzigartigen Gestalt nach humanistischer Tradition des französischen Schriftgelehrten Julien Benda. Benda schrieb, daß die Autonomie des Denkens als Ausgleich für die politische Zweckmäßigkeit unabdingbar sei. Der neue Gelehrtentypus des „Aktivisten" war die wahre Bedrohung für den Rationalismus, der, wie Benda meinte, der einzige Weg zur Aufklärung blieb.[9]

In „Modernist Painting", das viel später (1965) erschien, formulierte Greenberg seine frühere Dialektik von Avantgarde und Kitsch stärker im kantischen Sinne um: Greenbergs Avantgarde war so gestaltet, daß sie die Bewegung durch die Kraft ihrer eigenen Kreativität vorwärtstrieb.[10] Im Laufe seiner Karriere wurde die politische Dimension von Greenbergs Projekt durch seinen Glauben an die Vorzüge der künstlerischen Qualität in den Schatten gestellt, künstlerische Qualität freilich nach seiner Definition. Die Arroganz seines Formalismus lag in dieser angenommenen Objektivität, in der Postulierung eines idealen Standpunkts. Für Adorno war die Frage der Qualität untrennbar mit der historischen Entwicklung verbunden, und die Autonomie der modernen Kunst hing von ihrer Obskurität ab – ihrer Fähigkeit, den ideologischen Grenzen, wenn schon nicht des Markts, dann zumindest der Erklärung, zu entfliehen. Mit ihrer Verweigerung der Nützlichkeit stellte die abstrakte Kunst für Adorno die einzig mögliche Strategie des Widerstands gegen die Einverleibung durch die kapitalistische Kulturindustrie dar, dessen was er als die „totale Verwaltung der Kultur von oben" bezeichnete. Adorno hielt einen hegelianischen Glauben an die Geschichte, an die Dualität und Dichotomie von Moderne und Massenkultur aufrecht. Obgleich er gegen den Verfall des Niveaus wetterte, empfand er aufgrund seiner Sympathie für die Sozialkritik von Max Weber die optimistische Einstellung zu Fortschritt sowie industrieller und rationaler Modernisierung, wie sie durch Greenberg vertreten wurde, als verdächtig. Er interpretierte die kulturelle Moderne weiterhin als Symptom ebenso wie als Lösung.

Greenberg und Adorno skizzierten beide Genealogien der modernen Kunst. Parallel zu Greenbergs Weg von der französischen Avantgarde der sechziger Jahre des 19. Jahrhunderts zu den Abstrakten Expressionisten der vierziger Jahre in den USA zieht sich der rote Faden bei Adorno von der Musik der Spätromantik zu Wagner und Schönberg. Jeder von ihnen fühlte sich durch die Entwicklungen nach den Augenblicken der Apotheose dieser Gattungen bedroht. Greenberg sah in der Gegenständlichkeit der Pop-Art die Rückkehr des Kitsch und Adorno in der authentischen ästhetischen Reaktion, die die neue Musik mit ihrem Fetischwesen auslöste, eine Regression. Jeder sah sich gezwungen, mit dem pessimistischen Determinismus von Oswald Spenglers provokativ *Der Untergang des Abendlandes* betitelten Werk zu Rande zu kommen. Adorno bereits 1941, Greenberg erst 1981, als er merkte, wie sich die Geschichte gegen seine Urteile wendete. Adornos Essay „Spengler Today" war eine eifernde Widerlegung dessen, was er als Spenglers positivistische Metaphysik beschrieb und konkret „seiner Eliminierung der Kategorie des Möglichen", eine Handlung, die – so Adorno – den Menschen ungerechtfertigt auf den blinden Determinismus seiner Natur beschränkte.[11] Der eher positivistische Greenberg nahm Spenglers Namen endlich in „To Cope With Decadence" auf, einem Vortrag, den er 1981 in Vancouver auf dem Symposium „Modernism and Modernity" hielt. Nach Jahren der autoritären Urteile wandte sich Greenberg wieder an die Geschichte, indem er sein Programm auf nicht weniger prophetische Weise als in den vierziger Jahren darlegte: die Moderne, entstanden in Frankreich Mitte des 19. Jahrhunderts als Präventivschlag gegen sinkendes Niveau, erschien noch immer als die einzige Hoffnung der Menschheit auf eine aufgeklärte (das heißt in Greenbergs Diktion urbane) Existenz. „Der Moderne alleine bleibt es", schloß Greenberg, „dem Verfall zu widerstehen und die Lebensfähigkeit der Hochkultur zu erhalten."[12]

In seinem Essay „Die Moderne – ein unvollendetes Projekt" aus dem Jahr 1981 meint Jürgen Habermas, daß solch bewußte Strategien der Ausschließung nur das umfassendere Gefüge des aufgeklärten Rationalismus wiederholen. Von der Mitte des 18. Jahrhunderts an wurden – so Habermas – religiöse Ideale wieder in die voneinander abgegrenzten kulturellen Sphären der Wissenschaft, Moral und Kunst eingebracht.[13] Die Spezialisierung trieb die Maschinerie des Fortschritts an und ermöglichte es der Gesellschaft, Angst und Aberglauben schneller zu überwinden. Die Desillusionierung vor der Technik, wie sie der Erste Weltkrieg hinterließ, führte das radikale intellektuelle Denken jedoch in eine andere Richtung. Man konzentrierte die Bemühungen auf die noch spezialisiertere Untersuchung der Möglichkeiten zum Widerstand, die in der Kunst noch vorhanden waren. Der Gegensatz zwischen Hochkultur und Massenkultur – der sogenannte „große Einschnitt" der Moderne – entstand aus diesen leidenschaftlichen kulturellen Diskussionen.

Clement Greenberg und Theodor Adorno entschlossen sich also, sich auf die Seite der weltlichen Religion der Aufklärung zu schlagen, was auch immer da kommen mochte. Ihre Treue könnte dem Werk von Adornos älterem Freund und engem Kollegen Walter Benjamin gegenübergestellt werden, dessen Selbstmord im September 1940 ihn für viele zu einem Märtyrer des Faschismus machte. 1936 forderte Benjamin eine Kunst, die „den Betrachter wie ein Geschoß traf ...".[14] Ein solches Kunstwerk, das in eine reale Welt der Objektbeziehungen eingetaucht ist, war Teil von Benjamins These gegen die Autonomie: *Die Menschheit [schrieb er], die einst bei Homer ein Schauobjekt für die Olympischen Götter war, ist es nun für sich selbst geworden. Ihre Selbstentfremdung hat jenen Grad erreicht, der sie ihre eigene Vernichtung als ästhetischen Genuß ersten Ranges erleben läßt. So steht es um die Ästhetisierung der Politik, welche der Faschismus betreibt. Der Kommunismus antwortet mit der Politisierung der Kunst.*

Benjamins Aussage hat historisches Pathos. Die Frage, ob sie wirkliche Alternativen bietet oder ob sie – wie ich glaube – nur eine Neuformulierung des ewigen Dilemmas der Avantgarde war, bleibt offen. Die Geschichte dieses Dilemmas ist es wert, hier kurz geschildert zu werden: ihre politische Wurzel bilden die Schriften des französischen Sozialreformers des 18. Jahrhunderts, Claude Henri de Rouvroy, Comte de Saint-Simon, nach denen der Gedanke der Avantgarde für die privilegierte Position des Künstlers als jene kreative Kraft stand, die die neue Bewegung vorwärts treiben würde. Zur gleichen Zeit komplizierte Saint-Simon diese Frage, indem er darauf hinwies, daß der Künstler nur ein bereits formuliertes didaktisches Programm ausführen sollte. Das Dilemma des Künstlers bestand nun darin, zu wählen, ob die sozialen Ideale durch die am leichtesten zugängliche der stilistischen Möglichkeiten zu fördern wären, oder ob man als „Vorhut" dem Ruf des individuellen Ausdrucks folgen sollte, während man von der Gesellschaft erwartete, daß sie die Nachhut bildete. Hans Magnus Enzensberger beklagte 1962, daß der letztgenannte Weg nur zu einer „machtlosen Avantgarde" geführt habe, „die damit zufrieden war, ihre eigenen Produkte auszulöschen." Vielleicht drückte der marxistische Historiker Meyer Schapiro dieses Problem am pessimistischsten aus, als er 1936 in dem Essay „The Nature of Abstract Art" meinte, daß eine echte ‚Avant'-garde überhaupt nicht möglich sei. Schapiro argumentierte dahingehend, daß die gesamte Kunst, sogar die Abstraktion, in das Kontinuum der Geschichte gehörten und den Geist und die Bestrebungen ihrer Produzenten widerspiegelten, nicht inspirierten.[15]

Als Schlachtruf ist nun nach dem formalistischen Paradigma die Relevanz wieder zutage getreten. Der heutige Sozial- und Kunsthistoriker T. J. Clark ließ sich zum Beispiel nicht von Greenbergs Gedanken der universellen Kriterien überzeugen. Greenbergs Qualitätshörigkeit sei irrelevant, sagt Clark, und Adornos Betonung der Negativität nur wenig besser: Clark schließt damit, daß die negative Geste an sich nicht ausreicht, um Kunst im Sinne des Materialismus zu erfassen. Clark vertritt nur eine der vielen Tendenzen, die in den jüngsten Debatten über die Moderne zusammenkommen, Debatten, die sich gegen die Lebensfähigkeit der Tradition des Formalismus aussprechen. Indem sie die Unterscheidungen zwischen der kritischen und der wissenschaftlichen Moderne mit Verachtung strafen, die zu treffen in einem Vergleich zwischen Greenberg und Adorno versucht wird, hoffen einige Kritiker, die Avantgarde im Kleid einer dekonstruktiven Postmoderne wieder aufleben lassen zu können. Dieses „Post-" feiert die Adornosche Negativität, oder besser, ihre Wiedergeburt in der Produktion einer ironischen allegorischen Kunst. Indem sie Adornos Verteidigung einer Abstraktion, die heute selbst als Kitsch institutionalisiert ist, als „elitär" verspottet, argumentiert diese Generation zugunsten der kommunikativen Macht des Konventionalisierten. In einer dialektischen Umkehr der Adornoschen Theorie werden die „herabgewürdigten" Werke der Massenkultur durch ihre Aktualität zur Verkörperung der einzigen Möglichkeit eines avantgardistischen Ausdrucks. Durch die Wiederbelebung von Adornos Schwerpunkt der Negativität setzen diese Postmodernen aber gleichzeitig die ernsthafte Neubewertung von Adornos Werk fort, die nach seinem Tod 1969 begann.

Adornos und Horkheimers Kritik der Massenkultur wurde in den sechziger Jahren von der jungen Neuen Linken in Deutschland wiederentdeckt und *Dialektik der Aufklärung* wurde, wie Martin Jay bemerkte, in den USA nach der Herausgabe der englischen Fassung 1972 mit großer Begeisterung aufgenommen.[16] Am Ende des Jahrzehnts verleibten progressive Kritiker und Künstler die Theorie der Frankfurter Schule eifrig dem französischen Diskurs ein, der hier als Poststrukturalismus bekannt ist, und setzten Benjamins historischen Aufruf gegen Greenberg und als Rechtfertigung der kulturellen Ware als eigentlichen, neuen Ort des Widerstandes ein.[17] Die Anti-Greenberg-Bewegung, die hinter diesem Projekt steht, findet sich klar in verschiedenen Reaktionen wiedergegeben, die Joshua Dector anläßlich des fünfzigsten Jahrestages von „Avantgarde and Kitsch" sammelte. Er brachte verschiedene jüngere Künstler, Kritiker und Kuratoren zusammen, um die Wirkung von Greenbergs polemischen Werken zu messen. Einer von ihnen klagte: „Indem Greenberg das Interesse an Kunst erhöht hat, beschränkte er die Kunst auf eine Produktion und ein Verständnis innerhalb eines unverdorbenen Ästhetizismus." Ein anderer behauptete, „was wir heute haben, ist eine institutionalisierte Avantgarde, die als Vermarktungsmittel für die Massen eingesetzt (und in Kitsch verwandelt) wird; Kitsch wird von einer gebildeten Elite zur mächtigen, scharf umrissenen Form des Ausdrucks erhoben, die noch immer jenen Schockwert hat, den früher nur die Avantgarde-Kunst hatte." Nur der Maler und Kritiker Stephen Westfall spielte auf die Gefahren dieses Taschenspieleransatzes zum historischen Inhalt an: „Avant-Garde and Kitsch", bemerkte er, wurde „zu einer Zeit geschrieben, als man die Feinde der Hochkultur mit den Händen greifen konnte: Stalinismus, Faschischmus, Kitsch ... Ich mache mir eher Gedanken über die Kulturindustrie selbst. Wie alle Industrien kann sie gesteuert werden, ‚absolute Werte' und theoretische Modelle vorschreiben ... All das innerhalb eines Staatsapparates, der nach außen hin nicht totalitär aussieht."[18]

Für Adorno war die Ablehnung der Massenkultur ein zentraler Punkt in seiner Vorstellung von Fortschritt. *Dialektik der Aufklärung* war daher zumindest teilweise als Widerlegung von Benjamins Theorie des Warenfetischismus gedacht. Wo Benjamin meinte, daß die „Aura" (jene Qualität, die man in einem großen oder wichtigen Kunstwerk aus der Verbindung mit der Originalität und dem Genie des Künstlers wahrnimmt) „durch die mechanische Reproduzierbarkeit [verkümmern]" würde, hielt Adorno dem entgegen, daß die Kulturindustrie durch eine Festigung des kulturellen Konsens, der wahren Quelle der Autorität, zur Aura beitragen würde. Heute wird ein neuer kultureller Konsens durch die Ablehnung der Herrschaft des Formalismus bestimmt. Im Falle der Kritik ist Greenberg das verachtete Vorbild – der Kritiker, der zunächst entschied, auf welche Seite der Geschichte bestimmte Formen der Darstellung gehörten, und sich dann dazu entschloß, die Verbindung zwischen seinem Publikum und dieser Geschichte zu unterbrechen. Es wäre jedoch zu einfach, die transgressive Wirkung der Abstraktion nur zu diskreditieren, wie dies Greenbergs Kritiker getan haben: der Wirkungsgrad von Greenbergs Argumentation sollte nicht außer acht gelassen werden. Das Schicksal von Greenbergs Kritik ist an ihren Bezug zu Kant gebunden (wie Adornos Kritik an ihren Bezug zu Hegel); damit meine ich, daß jeder von ihnen in genau jenem Maß appelliert und abschreckt, in dem das Publikum ein Vokabular braucht, um Veränderungen zu formulieren. Das Problem bei Greenbergs Kant ist, daß er nur Werkzeuge zur Analyse, nicht zur Durchführung liefert. Das Problem bei Adornos Hegel ist, daß er die Handlungen des Einzelnen unter einer Form von Geschichtsgläubigkeit subsumiert.

Im Gegensatz dazu möchte ich sagen, daß das derzeitige Auftreten allegorischer Modi ebenso sehr ein Ausdruck der Rastlosigkeit ist wie ein Appell an die Geschichte. Patrick Frank hat darauf hingewiesen, daß „der Vorgang des Bildermachens immer noch ein Vehikel für innere Untersuchungen sein kann, unabhängig davon, wie oft die daraus entstehenden Bilder reproduziert werden, und unabhängig davon, welcher Verwendung sie zugeführt werden."[19] Dasselbe könnte man von der Geschichtsschreibung sagen. Wenn nun die Bedeutung des Kitsch in der aktuellen Kunstproduktion und die Rückkehr zu früheren Paradigmen des Historizismus in der Kunstgeschichte als Bestätigung der Macht des eigenen Ausdrucks begrüßt würden, anstatt als unvermeidlicher historischer Imperativ vollzogen zu werden? Wir leben in einem Augenblick, der durch verminderte wirtschaftliche Erwartungen und kulturellen Konservativismus gekennzeichnet ist, eine eher bescheidene Koda nach der Ära der Expansion und des Optimismus nach dem Zweiten Weltkrieg. Auf der Suche nach neuen Paradigmen könnte der Vergleich zwischen Greenberg und Adorno dazu dienen, uns daran zu erinnern, daß der Traum des Formalisten von der reinen Präsenz nicht falsch, sondern einfach vorbei ist. Wie Adorno sagen würde, den Gedanken der universellen Geschichte abstrakt, in der Theorie, zu negieren führt nur dazu, daß er in der Praxis blind bestätigt wird.

Übersetzung: Elly Großebner

Anmerkungen:

[1] Matei Calinescu, *Five Faces of Modernity: Modernism, Avantgarde, Decadence, Kitsch, Postmodernism* (Durham, North Carolina: Duke University Press, 1987).

[2] Peter Bürger, *Theory of the Avantgarde* (Minneapolis: University of Minnesota Press, 1984).

[3] Theodor W. Adorno, *Ästhetische Theorie* (Frankfurt am Main: Suhrkamp, 1975).

[4] Theodor W. Adorno und Max Horkheimer, *Dialektik der Aufklärung*, (Frankfurt am Main: Fischer, 1971).

[5] Susan Buck-Morss, *The Origins of Negative Dialectics: Theodor W. Adorno, Walter Benjamin and the Frankfurt Institute,* (New York: Free Press, 1977).

⁶ Clement Greenberg, „Avantgarde and Kitsch," *Partisan Review* 6 (Herbst, 1939).

⁷ Clement Greenberg, „Our Period Style", *The Collected Essays*, Band II, Hrsg. John O'Brien (Chicago: University of Chicago Press, 1986).

⁸ Clement Greenberg, „Towards a Newer Laocoon", *Partisan Review* 7 (Juli/August 1940).

⁹ Julien Benda, „The Attack on Western Morality, Can European Ideals Survive?" *Commentary* (November 1947).

¹⁰ Clement Greenberg, „Modernist Painting", *Art and Literature* 4 (Frühjahr 1965), 193–201.

¹¹ Theodor W. Adorno, „Spengler Today", *Studies in Philosophy and Social Science IX* (1941).

¹² Clement Greenberg, „To Cope With Decadence", *Modernism and Modernity*, Hrsg. Benjamin H. Buchloh, Serge Guilbaut und David Salkin (Halifax, Nova Scotia: Press of the Nova Scotia College of Art und Design,1983).

¹³ Jürgen Habermas, „Die Moderne – ein unvollendetes Projekt", *Wege aus der Moderne,* Hrsg. Wolfgang Welsch (Weinheim: VCH, 1988). Dieser Essay war ursprünglich jene Rede, die Habermas anläßlich der Verleihung des Adorno-Preises 1981 der Stadt Frankfurt hielt.

¹⁴ Walter Benjamin, *Das Kunstwerk im Zeitalter seiner technischen Reproduzierbarkeit* (Frankfurt am Main: Suhrkamp, 1979).

¹⁵ Vergleiche Donald Drew Egberts „The Idea of ‚Avant-Garde' in Art and Politics", *The American Historical Review* 72 (Dezember 1967), 339–366; Hans Magnus Enzensberger, „The Aporias of the Avantgarde" [1962]; *The Consciousness Industry: On Literature, Politics, and the Media,* Hrsg. Michael Roloff (New York: Seabury Press, 1974), 34; Meyer Schapiro, „The Nature of Abstract Art" [1936], *Modern Art: 19th and 20th Centuries* (London: Chatto & Windus, 1978), 185–211.

¹⁶ „Die Frankfurter Schule als Ganzes profitierte von der Popularität ihres früheren Kollegen Herbert Marcuse in den sechziger Jahren und erregte in den Vereinigten Staaten in breiten Kreisen Aufmerksamkeit, nachdem sie nur wenige Jahre zuvor in Westdeutschland schlagartig bekanntgeworden war. Die kritische Theorie schien für eine Gesellschaft ohne breite militante Arbeiterbewegung und mit einer wachsenden Subkultur, die der Rationalität der Technik gegenüber mißtrauisch war, die geeignetste Form des heterodoxen Marxismus zu sein." Martin Jay, „Adorno in America", *Permanent Exiles, Essays on the Intellectual Migration from Germany to America* (New York: Columbia University Press, 1985).

¹⁷ Jay zitiert Michael Ryan, *Marxism and Deconstruction: A Critical Articulation* (Baltimore, 1982), und Hubert L. Dreyfus und Paul Rabinow, *Michel Foucault: Beyond Structuralism and Hermeneutics* (Chicago, 1982) als Beispiele des ersteren. Ich würde Rainer Nägeles „The Scene of the Other: Theodor W. Adornos Negative Dialectic in the Context of Poststructuralism", *Postmodernism and Politics,* Hrsg. Jonathan Arac (Minneapolis, 1986) hinzufügen. Fredric Jameson mit seiner Definition der Postmoderne in „The Cultu-

ral Logic of Late Capitalism", *New Left Review* 146 (1984), und Andreas Huyssens *After the Great Divide: Modernism, Mass Culture, Postmodernism* (1986), sind zwei Beispiele für eine neue Auffassung von der Avantgarde, die sich an Peter Bürgers von Adorno geprägter *Theorie der Avantgarde* orientieren. Der Diskurs in Magazinen wie *New German Critique* und *October* sowie in *Art in America* von Hal Foster und Craig Owens in den achtziger Jahren erkennt offen Anleihen bei der kritischen Theorie wie beim Poststrukturalismus an.

[18] Joshua Decter, „The Greenberg Effect, Comments by Younger Artists, Critics, and Curators", *Arts Magazine* 64 (Dezember 1989). Alle Zitate in diesem Absatz stammen aus diesem Artikel.

[19] Patrick Frank, „Recasting Benjamins Aura", *The New Art Examiner* 16 (März 1989)

Barbara Jaffee
MODERNISM AND THE PROMISE OF AUTONOMY
READING GREENBERG WITH ADORNO

Historians suggest that the revolutionary doctrines of the twentieth century have operated in the afterglow of a nineteenth century belief in the survival of the fittest. As we begin now to reconstruct the meaning of formalism in the history, theory, criticism, and practice of art in the twentieth century, we might as well take into consideration nineteenth century notions of progress. For if there is an historical logic that unites such disparate political prescriptions as social Darwinism, nationalism, fascism, and communism, then it unites also two formalist theories of modernist art introduced in the years immediately preceding and following the second World War, by the American art critic Clement Greenberg, and by the German philosopher and social theorist Theodor W. Adorno. Responding to a specter of cultural disintegration, these critics would reaffirm in distinct yet strikingly similar ways, the necessity of an autonomous aesthetic realm. Both advanced aesthetic theory as a form of praxis—as intervention—variations on Schiller's existential command that a change in consciousness will in itself be a revolution. And despite the ideological differences suggested by the widely divergent receptions of their theories today (proto-political cultural theory in the case of Adorno, and depoliticized cultural theory in Greenberg), the two shared several key concepts: a rejection of mass culture, an advocacy of the formal values of high art, and a dedication to utopian and humanitarian ideals.

It has been proposed that there are at least "two conflicting and interdependent modernities—one socially progressive, rationalistic, competitive, technological; the other culturally critical and self-critical, bent on demystifying the basic values of the first ..."[1] This characterization follows the opposition between modernism and avant-gardism popularized in this country after the 1984 translation into English of Peter Bürger's *Theory of the Avant-Garde*.[2] The comparison that follows will avoid the reduction of modernism to such an absolute polarization of competing modes, by exploring the correspondences and contrasts of Adorno's critical theory (which emphasized the dialectical role of art in maintaining an active self-awareness of the contradictions everpresent in society), and Greenberg's positivism (his marshalling of empirical evidence to support a yearning for universal and collective values). Reading Greenberg and Adorno together in this way will, I hope, contribute to the continuing project of a more nuanced historical understandig of modernism and the formalist tradition. Towards that end, I intend to direct some attention to the incongruity of recent attempts to formulate an Adornian theory of postmodernism simply by negating the content of Greenberg's formalism.

Clement Greenberg championed what he called the pure art of abstract painting and Theodor Adorno, the cerebral art of atonal music. Greenberg's voice emerged against the horizon of compromise and accommodation that was leftist intellectual debate in New York in the 1930s, as America reassessed its role on the world stage. Adorno's work was also part of a response to perceived crisis; the project of Marxist revitalization that had been initiated by the Institute for Social Research, the socalled Frankfurt School, beginning in 1923. These geographic and temporal differences are reflected in the form of their commitment: Greenberg would entlist the positive language of science, entrusting his revolution to a neo-Kantian ideal (the disinterested and absolute judgments of the critic). Adorno, responding to a different imperative (his early experience of the politics of pragmatism, and later, the example of Auschwitz), would insist instead on a thoroughly dialectical procedure, one that would unfold, inevitably he believed, through history.

Adorno considered the modernism of Arnold Schönberg's music, for example, a dialectical negation of the modernity of the age. Modern, abstract art, Adorno reasoned, was both the expression of society's negativity and, at the same time, by refusing to become useful, the beginning of a reversal of negativity. As articulated by Adorno in his posthumously published *Aesthetic Theory*, art is not *social only because it derives its material content from society. Rather, it is social because it stands opposed to society. Now this opposition art can mount only when it has become autonomous. By congealing into an entity unto itself—rather than by obeying existing norms and thus proving itself to be 'socially useful'—art criticizes society just by being there. Pure and immanently elaborated art is a tacit critique of the debasement of man by a condition that is moving towards a total-exchange society where everything is for-other. This social deviance of art is the determinate negation of a determinate society.*[3]

In other words, art's autonomy guarantees a space of resistance to the regressive tendencies of capitalist mass culture. That, Adorno concluded, was the utopian promise of modern art. Adorno wrote *Dialectic of Enlightenment* with his colleague Max Horkheimer while the two were refugee intellectuals in America in the early 1940s. The book, considered a definitive statement of the Frankfurt School's critical theory, was an attempt to analyze the emergence of mass culture. What Adorno and Horkheimer identified as a "culture industry" was a sign of man's social alienation, the determined and negative result of his drive to dominate nature. "In thought," they wrote, "men distance themselves from nature in order thus imaginatively to present it to themselves—but only in order to determine how it is to be dominated."[4] Technological progress should be liberating for all; instead it had become one class's tool of supremacy. It allowed an elite to seize political power, and by inverting the social promise of technology, guarantee their own rule. Enlightened reason dialectically becomes repression; to use Adorno's and Horkheimer's term, it becomes "instrumental reason." Still, as Susan Buck-Morss has observed, Adorno's goal was not sheer nihilism. What animated his work was the belief that "a new logic could be deduced out of the very contradictions of idealism."[5]

Greenberg was also an uncompromising enemy of mass culture. One of his earliest published essays, "Avant-Garde and Kitsch" in the *Partisan Review* of 1939, clarified notions that had been gathering currency among New York intellectuals and was an indictment of the role of "commodity" forms of art. In the essay, Greenberg ennobled the pursuit of innovation in hopes of protecting the practice from, on the one hand, economic alienation which might tempt artists back to academicism, and on the other, the emptiness of vicarious experience and faked sensation.[6] In contrast to Adorno's dialectical insistence that abstraction in art is destined to appear at the very depths of alienation (when instrumental reason turns most repressive), Greenberg's logic of an aesthetic avant-garde based on purity was evolutionary, and reflected his faith in the discourse of scientific rationalism. The art he promoted offered, he said, a "vision of ... complete and positive rationality ... the only remedy for our present confusion."[7] Of course, modeling his practice on the method of the empiricist, Greenberg felt he was responding to an historical imperative. He noted in his 1940 "Towards a Newer Laocoon," "I find that I have offered no other explanation for the present superiority of abstract art than its historical justification. So what I have written has turned out to be an historical apology for abstract art."[8]

For Greenberg, art's autonomy guaranteed its quality, and he championed abstraction as the last hope for the survival of culture. Quality in art was its own end, Greenberg believed, and the disinterested judgments of taste could provide a universal criterion for assessing quality. A pivotal experience in Greenberg's transition from a Marxist of Trotskyite persuasion to a zealous arbiter of public taste must have been the years in the late forties and early fifties that he spent as an associate editor of *Commentary*, the journal of Jewish record. Beginning in December 1945, *Commentary* instituted an ambitious series entitled "The Crisis of the Individual," which invited leading American and Continental thinkers to address the question of man's political and moral beliefs in light of his demonstrated capacity for brutality. One response in particular must have struck a chord with the young Greenberg; that of a unique figure in the humanist tradition, the French man of letters, Julien Benda. Autonomy of thought, Benda wrote, was imperative as a balance to political expediency. The new "activist-type" scholar was the true threat to rationalism, which remained, Benda argued, the only path to enlightenment.[9]

The much later "Modernist Painting" of 1965 reworked Greenberg's early dialectic of avant-garde and kitsch into more strictly Kantian terms: Greenberg's was an avant-garde that would carry the movement forward through the force of its own creativity.[10] As his career developed, the political dimension of Greenberg's project was subsumed by this faith in the benefits of artistic quality, of course as he had defined it. The conceit of his formalism was this supposed objectivity, the positing of an ideal viewpoint. For Adorno, the issue of quality was inseparable from historical development, and the autonomy of modern art depended on its obscurity—its ability to escape the ideological limitations of, if not the marketplace, then at least explanation. Abstract art, in its refusal to be useful, represented for Adorno the only possible strategy of opposition to incorporation into the capitalist culture industry, what he described as the "total administration of culture from above."

Adorno maintained a Hegelian faith in history, in the duality and dichotomy of modernism and mass culture. Although he railed against declining standards, his sympathy for the sociological critique of Max Weber left him suspicious of such optimistic beliefs as Greenberg's, in progress, and industrial and rational modernization: he continued to interpret cultural modernism as a symptom, as much as a solution.

Both Greenberg and Adorno sketched genealogies of modern art. Parallel to Greenberg's trajectory from the French avant-garde of the 1960's to the American abstract expressionists of the 1940's, is Adorno's from late Romantic music, to Wagner, to Schönberg. And each felt threatened by developments subsequent to their moments of apotheosis. Greenberg saw the return of kitsch in pop art's figuration, and Adorno a regression in authentic aesthetic response brought on by the fetish character of new music. Each was compelled to come to terms with the pessimistic determinism of Oswald Spengler's provocatively entitled tome, *The Decline of the West;* Adorno as early as 1941, Greenberg only in 1981, when he felt the tide of history turning against his judgments. Adorno's essay "Spengler Today," was a zealous refutation of what he described as Spengler's positivist metaphysics, specifically, "his elimination of the category of potentiality" an action that relegated man unfairly, said Adorno, to the blind determinism of his nature.[11] The more positivist Greenberg evoked Spengler's name at last in "To Cope With Decadence," a paper he delivered at the 1981 Vancouver Conference on "Modernism and Modernity." After years of issuing authoritarian judgments, Greenberg appealed to history once again, laying out his program in no less foreboding terms than he had in the 1940's ... modernism, conceived in mid-nineteenth century France as a preemptive strike against lowering standards, still stood as humanity's only hope for enlightened, (i. e., urban, in Greenberg's lexicon), existence. "It remains to Modernism alone," Greenberg concluded, "to resist decline and maintain the vitality of high art."[12]

Jürgen Habermas, in his 1981 essay "The Incomplete Project of Modernity," suggests that such conscious strategies of exclusion merely repeat the larger scheme of enlightened rationalism. Beginning in the mid-eighteenth century, according to Habermas, religious ideals were reinvested into the divided cultural spheres of science, morality, and art.[13] Specialization would propel the machinery of progress, and enable society more rapidly to conquer fear and superstition. However the technological disillusionment that was the legacy of the first World War redirected radical intellectual thought. Efforts were concentrated on the even more specialized investigation of the possibilities for resistance still available within the realm of art. The opposition of high art and popular culture—the so-called "great divide" of modernism—emerged out of these impassioned cultural debates.

For better or for worse then, Clement Greenberg and Theodor Adorno chose to align themselves with the secular religion of the Enlightenment. Their allegiances might be contrasted with the work of Adorno's older friend and close colleague Walter Benjamin, whose suicide in September, 1940 made him for many a martyr to fascism. In 1936, Benjamin called for an art that would "hit the spectator like a bullet ..."[14] Such a work of art, one immersed in a real world of object relations, was part of Benjamin's thesis against autonomy:

Mankind, [he wrote] which in Homer's time was an object of contemplation for the Olympian gods, now is one for itself. Its self-alientation has reached such a degree that it can experience its own destruction as an aesthetic pleasure of the first order. This is the situation of politics which Fascism is rendering aesthetic. Communism responds by politicizing art.

Certainly, Benjamin's plea has historical pathos. Yet the question remains as to whether it offers real alternatives, or was his, as I believe, simply a restatement of the perennial avantgarde dilemma. The history of this dilemma is worth rehearsing briefly here: at its political root in the writings of eighteenth century French social reformer Claude Henri de Rouvroy, Comte de Saint-Simon, the idea of an avant-garde created a privileged position for artists to occupy, as the creative force that would carry the new movement forward. At the same time, Saint-Simon complicated the issue by suggesting that the artist was only executing an already articulated didactic program. The dilemma for the artist, then, was whether to forward social ideals through the most accessible of possible styles, or to follow the call of individualized expression, expecting society to bring up the rear. In 1962, Hans Magnus Enzensberger complained that to follow the latter procedure had led only to an "impotent avant-garde ... content to obliterate its own products." Perhaps the Marxist historian Meyer Schapiro expressed this problem most pessimistically when, in his 1936 essay "The Nature of Abstract Art," he suggested that no truly 'avant'-garde was possible at all. Schapiro argued that all art, even abstraction, belonged to the continuum of history, reflecting, not inspiring, the spirit and aspirations of its producers.[15]

Relevancy has reemerged as a rallying cry in the wake of the formalist paradigm. Today's social historian of art, T.J. Clark, for example, is unpersuaded by Greenbergian talk of universal criteria. Greenberg's devotion to quality is irrelevant, Clark has said, and Adorno's emphasis on negation only slightly better: Clark concludes that the negative gesture is in itself isufficient to comprise a truly materialist art. Clark represents but one tendency that commingles in recent debates over modernism. debates that turn on the viability of the formalist tradition. Scorning the distinctions between critical and scientistic modernisms that a comparison of Greenberg and Adorno rehearses, some critics hope to revive avant-gardism in the guise of a deconstructive postmodernism. This "post" celebrates Adornian negativity, albeit reborn in the production of an ironic, allegorical art. Deriding as "elitist", Adorno's defense of an abstraction now itself institutionalized as kitsch, this generation argues for the communicative potency of the conventionalized. In a dialectiocal reversal of Adornian theory, the "degraded" works of mass culture, in their very currency, have come to represent the only possiblility for vanguard expression. Still, in revitalizing Adorno's emphasis on negativity, these postmodernists are continuing the serious reappraisal of Adorno's work which began following his death in 1969.

Adorno and Horkheimer's critique of mass culture was rediscovered in the 1960s by the young German New Left, and *Dialectic of Enlightenment* was received enthusiastically in the United States following its publication in English in 1972, as Martin Jay has noted.[16] By decade's end, progressive critics and artists would be eagerly assimilating Frankfurt School theory to the French discourse known here as poststructuralism, turning Benjamin's historical plea against Greenberg and into a justification of the cultural commodity itself as the new location of resistance.[17] The anti-Greenbergism that motivates this project is clearly articulated in several responses gleaned by Joshua Dector when, on the occasion of the fiftieth anniversary of "Avant-Garde and Kitsch," he solicited a variety of younger artists, critics, and curators for the purpose of measuring the impact of Greenberg's polemical works ... one respondent lamented that "by raising art's stakes, Greenberg was restricting art to production and understanding only within the field of an unspoiled aestheticism." Another claimed "what we have today is an institutionalized avant-garde used as a marketing tool for the masses (and turned into kitsch), and kitsch elevated by an educated elite as a potent, edgy form of expression still capable of the kind of shock value that only vanguard art used to have." Only the painter and critic Stephen Westfall alluded to the dangers of this shell-game approach to historical content: "Avant-Garde and Kitsch," he noted, was written at "a time when the enemies of high culture could be easily fingered: Stalinism, Fascism, Kitsch ... I worry more about the culture industry itself. Like all industries, it can be regulated, prescribe 'absolutes' and theoretical models ... all this within a state apparatus that gives no *outward appearance* of totalitarianism."[18]

Adorno considered the rejection of mass culture central to his notion of progress. Thus, the *Dialectic of Enlightenment* was intended, at least in part, to refute Benjamin's theory of commodity fetishism. Where Benjamin suggested that "aura" (the quality perceived in a great or important work of art from an association with the originality and genius of the artist) would "[wither] away under the impact of mechanical reproduction", Adorno countered that the culture industry would contribute to aura by solidifying cultural consensus, the true source of authority. What today conditions a new cultural consensus is the rejection of formalist rule. In the case of criticism, the despised model is Greenberg, a critic who, having decided on what side of history certain modes of representation belonged, elected to sever his audience's connection to that history. Yet is not sufficient simply to discredit, as Greenberg's critics have done, the transgressive efficacy of abstraction: the effectiveness of Greenberg's criticism is tied to its Kantianism (as Adorno's is to its Hegelianism), by which I mean that each appeals and appalls precisely to the degree that an audience requires a vocabulary to articulate change. The problem with Greenberg's Kant is that he provides tools only to analyze, not to effect. The problem with Adorno's Hegel is that he subsumes individual action into a faith in history.

In contrast, I'd like to suggest that the present ascendancy of allegorical modes is as much an expression of restlessness as it is an appeal to history. Patrick Frank has pointed out that "the process of picture-making can still be a vehicle for inner explorations, no matter how often the resulting images are reproduced, and no matter what use they are put to."[19] The same might be said of the writing of history. What if the importance of kitsch in current art production *and* the return to older historicist paradigms in the writing of art history were welcomed as an affirmation of the power of self-expression, rather than enforced as inevitable historical imperative? We live in a moment characterized by diminished economic expectations and cultural conservatism, a more modest coda to the post-World War II era of expansion and optimism. As we search for new paradigms, the comparison of Greenberg and Adorno may serve to remind us that the formalist's dream of pure presence is not so much false, as it is merely over. As Adorno would say, to negate the notion of universal history abstractly, in theory, leads only to its blind affirmation in praxis.

Notes

[1] Matei Calinescu, *Five Faces of Modernity ... Modernism, Avant-Garde, Decadence, Kitsch, Postmodernism,* (Durham, North Carolina: Duke University Press, 1987).

[2] Peter Bürger, *Theory of the Avant-Garde* (Minneapolis: University of Minnesota Press, 1984).

[3] Theodor Adorno, *Aesthetic Theory* (London, Boston, Melbourne, and Henley: Routledge & Kegen Paul, 1984), 321.

[4] Theodor Adorno and Max Horkheimer, *Dialectic of Enlightenment,* (New York: Herder and Herder, 1972).

[5] Susan Buck-Morss, *The Origins of Negative Dialectica: Theodor W. Adorno, Walter Benjamin, and the Frankfurt Institute,* (New York: Free Press, 1977).

[6] Clement Greenberg, "Avant-Garde and Kitsch", *Partisan Review* 6, (Fall, 1939).

[7] Clement Greenberg, "Our Period Style", *The Collected Essays,* Vol II, edited by John O'Brian, (Chicago: University of Chicago Press, 1986).

[8] Clement Greenberg, "Towards a Newer Laocon," *Partisan Review* 7, (July/August, 1940).

[9] Julien Benda, "The Attack on Western Morality, Can European Ideals Survive?" *Commentary* (November 1947).

[10] Clement Greenberg, "Modernist Painting," *Art and Literature* 4 (Spring 1965): 193—201.

[11] Theodor Adorno, "Spengler Today," *Studies in Philosophy and Social Science* IX, (1941).

[12] Clement Greenberg, "To Cope With Decadence", in *Modernism and Modernity*, edited by Benjamin H. D. Buchloh, Serge Guilbaut, and David Solkin, (Halifax, Nova Scotia: Press of the Nova Scotia College of Art and Design, 1983).

[13] Jürgen Habermas, "Modernity—An Incomplete Project", in: *The Anti-Aesthetic, Essays on Postmodern Culture*, edited by Hal Foster, (Seattle: Bay Press, 1985). The essay was originally delivered by Habermas on accepting the 1981 Adorno award from the city of Frankfurt.

[14] Walter Benjamin, "The Work of Art in the Age of Mechanical Reproduction", Illuminations, Hannah Arendt, editor (New York: Schocken Books, 1969), 238.

[15] See Donald Drew Egbert's "The Idea of 'Avant-Garde' in Art and Politics", *The American Historical Review* 72 (December 1967): 339—366; Hans Magnus Enzensberger, "The Aporias of the Avant-Garde [1962]," in: *The Consciousness Industry: On Literature, Politics, and the Media,* edited by Michael Roloff (New York: Seabury Press, 1974), 34; Meyer Schapiro, "The Nature of Abstract Art [1936]," Modern Art: 19th and 20th Centuries (London: Chatto & Windus, 1978), 185—211.

[16] "Benefiting from the popularity of their former colleague Herbert Marcuse in the 1960s, the Frankfurt School as a whole gained widespread attention in the United States only a few years after its explosive rise to prominence in West Germany. Critical theory seemed the most appropriate form of heterodox Marxism for a society without a large-scale militant working-class movement and with a growing counterculture distrustful of technological rationality." Martin Jay, "Adorno in America," *Permanent Exiles, Essays on the Intellectual Migration from Germany to America*, (New York: Columbia University Press, 1985).

[17] Jay cites Michael Ryan's *Marxism and Deconstruction: A Critical Articulation*, (Baltimore, 1982), and Hubert L. Dreyfus and Paul Rabinow's *Michel Foucault: Beyond Structuralism and Hermeneutics,* (Chicago, 1982) as examples of the former. I would add Rainer Nägele's "The Scene of the Other: Theodor W. Adorno's Negative Dialectic in the Context of Poststructuralism," *Postmodernism and Politics*, Jonathan Arac, editor (Minneapolis, 1986). Fredric Jameson's formulation of postmodernism in "The Cultural Logic of Late Capitalism," *New Left Review* 146, (1984), and Andreas Huyssen's *After the Great Divide* ... (1986), are two examples of a rethinking of the avant-garde that follow Peter Bürger's Adornian *Theory of the Avant-Garde,* (Minneapolis, 1984). The discourse of such journals as *New German Critique*, and *October*, and the *Art in America* of Hal Foster and Craig Owens in the 1980s, openly acknowledges debts to both critical theory and to poststructuralism.

[18] Joshua Decter, "The Greenberg Effect, Comments by Younger Artists, Critics, and Curators", *Arts Magazine* 64 (December, 1989). All quotes in this paragraph are from this article.

[19] Patrick Frank, "Recasting Benjamin's Aura", *The New Art Examiner* (March, 1989).

Teresa de Lauretis
TRIEB UND GEWOHNHEIT. FREUD MIT PEIRCE LESEN

Dieser Essay stammt aus Teil III meines nächsten Buches *The Practice of Love,* in dem ich die Freudsche Sexualtheorie als eine Theorie der Perversion interpretiere und ein Modell des perversen Begehrens auf der Grundlage von Freuds Begriff der Verleugnung und einer unorthodoxen Interpretation des Fetischismus vorstelle.[1] Hier möchte ich mich damit beschäftigen, wie (1) die Verleugnung als allgemeiner psychischer Mechanismus, der nicht auf spezielle Perversionen beschränkt ist, und (2) die Sexualität als ein Prozeß der sexuellen Strukturierung anstatt als stabile oder fixierte psychische Struktur gesehen werden kann, inwiefern (3) Peirces Gedanke der Semiosis nützlich für die Interpretation oder Konzeptualisierung des Prozesses der sexuellen Strukturierung sein und (4) die Semiosis dazu dienen kann, jenen Prozeß, durch den das soziale Subjekt zum sexuellen Subjekt gemacht wird – mit anderen Worten, wie die Semiosis als theoretische Verbindung oder Drehscheibe zwischen Freuds psychosexueller Sichtweise der Innenwelt des Ich und Foucaults Theorie der Sexualität als soziale Technik und Praxis des Ich dienen kann.

Zwei Merkmale des Freudschen Denkens sagen mir besonders zu: (1) seine Ambivalenz oder systematische Instabilität, die bei der Betrachtung eines theoretischen Objekts – sei es der Gedanke der Phantasie, der Sexualität, des Ich oder der Verführung – weniger daran interessiert ist, dessen Definition festzulegen, als vielmehr sozusagen vor unseren theoretischen Augen dessen Transformationen oder Veränderungen zu registrieren, und (2) seine Retroaktivität, in dem es nach einer gewissen Zeit zu früheren Formulierungen zurückkehrt und diese durch eine Verschiebung der Perspektive in einen neuen Kontext setzt. Diese Art des Denkens hat zwei aufeinanderfolgende Modelle des psychischen Apparates hervorgebracht, eines topisch (in *Die Traumdeutung*), das andere strukturell (in *Das Ich und das Es*), weiters zur radikalen Neuformulierung des Wesens der Triebe (in *Jenseits des Lustprinzips*) geführt, schließlich in den späten zwanziger und dreißiger Jahren zu einer Revision seiner Theorie der weiblichen Sexualität, oder auch zur Umformulierung seiner Auffassung vom Fetischismus selbst, wie sich diese in dem Band *Drei Abhandlungen* (1915), in der Arbeit „Fetischismus" (1927) und letztlich in den zwei Arbeiten aus dem Jahr 1938 nachvollziehen läßt.

Sehr spät im Leben (mit 82, als er krebskrank und todgeweiht als Flüchtling aus dem nazibesetzten Wien in London lebte) kehrte Freund in dem Fragment „Die Ichspaltung im Abwehrvorgang" (1940 [1938]) und in „Ein Abriß der Psychoanalyse" (1940 [1938]) zum Begriff der Verleugnung zurück. Hier exemplifizierte er sie wieder durch einen Bezug zum Fetischismus und verband die Verleugnung konkret mit Abwehrmechanismen des Ichs, eine Frage, die ihn damals, möglicherweise aufgrund von Diskussionen mit seiner Tochter Anna Freud, die gerade eben ihre eigene große Arbeit *Das Ich und die Abwehrmechanismen* (1937 [1936]) publiziert hatte[2], stark beschäftigte. In „Ein Abriß der Psychoanalyse" wird die Verleugnung von Teilen der Außenwelt und die psychische Spaltung, die aus zwei einander widersprechenden Auffassungen resultiert, als allgemeiner psychischer Prozeß, der auch in Psychosen und Neurosen vorherrscht, folgendermaßen wieder aufgeworfen:

... daß das kindliche Ich unter der Herrschaft der Realwelt unliebsame Triebansprüche durch die sogenannten Verdrängungen erledigt. Wir ergänzen sie jetzt durch die weitere Feststellung, daß das Ich in der gleichen Lebensperiode oft genug in die Lage kommt, sich einer peinlich empfundenen Zumutung der Außenwelt zu erwehren, was durch die Verleugnung der Wahrnehmungen geschieht, die von diesem Anspruch der Realität Kenntnis geben. Solche Verleugnungen fallen sehr häufig vor, nicht nur bei Fetischisten (...) Die Ablehnung wird jedesmal durch eine Anerkennung ergänzt, es stellen sich immer zwei gegensätzliche voneinander unabhängige Einstellungen her, die den Tatbestand einer Ichspaltung ergeben. Der Erfolg hängt wiederum davon ab, welche von beiden die größere Intensität an sich reißen kann. (SE 23: 203—204; Gesammelte Werke, Bd. XVII, Frankfurt, 1978: 134f.)

Freud fährt fort, daß im Fall von Neurosen eine der beiden Haltungen dem Ich zuzuordnen sei und die andere, die unterdrückt werde, dem Es. Der Unterschied zwischen diesen beiden Formen der Ichspaltung, Neurose und Fetischismus, „ist im wesentlichen ein topischer oder struktureller und es ist nicht immer leicht zu entscheiden, mit welcher der beiden Möglichkeiten man es im einzelnen zu tun hat". In beiden Fällen jedoch gilt: „was immer das Ich in seinem Abwehrbestreben vornimmt, ob es ein Stück der wirklichen Außenwelt verleugnen oder einen Triebanspruch der Innenwelt abweisen will, niemals ist der Erfolg ein vollkommener, restloser", denn, so schließt er, „[wie] wenig von all diesen Vorgängen wird uns durch bewußte Wahrnehmung bekannt" (SE 23: 204, GW XVII: 135).

Diese Passage erfordert mehrere Überlegungen. Erstens bringt sie wiederum indirekt, und zwar diesmal im Bezug auf Abwehrmechanismen des Ich, das übertragene Bild von Neurose und Perversion als die positive und negative Seite des jeweils anderen ins Spiel, wie dies in den *Drei Abhandlungen* hinsichtlich der Sexualität ausgeführt wurde. Zweitens wiederholt sie in diesem neuen Kontext, daß es sogar innerhalb einer Einzelperson unmöglich ist, einen formalen Unterschied zwischen den normalen und pathologischen Auswirkungen der Verleugnung zu machen (zu einem früheren Zeitpunkt, in „Fetischismus" hatte Freud gesagt: „ein Fetisch wird wohl von seinen Anhängern als eine Abnormität erkannt, aber nur selten als ein Leidenssymptom empfunden" [SE 21: 152; *Das Ich und das Es – Metapsychologische Schriften*, Frankfurt, 1992: 329]. Drittens werden Verdrängung und Verleugnung als Abwehrmechanismen des Ich dargestellt, die einander ebenbürtig sind, jedoch verschiedene Ergebnisse haben. Man kann nun freilich argumentieren, daß die Verdrängung „als jener Abwehrmechanismus, der die größten Einsichten in die Struktur des psychischen Apparates zuließ", der Grundstein der Psychoanalyse war, daß aber die neue Betonung der Verleugnung als allgemeine Abwehrstrategie zu einer Verschiebung des Brennpunktes in Freuds Verständnis der psychischen Wirklichkeit führt: „Die Allgemeinheit der Verleugnung kann unsere Sichtweise der Außenwelt verändern, ebenso wie die Verdrängung unsere Sichtweise der Innenwelt verändert hatte" (Bass 320).

Viertens ist das Ich nicht mehr der ungeteilte Sitz des Bewußtseins. Der Vorgang einer Ichspaltung in der Verleugnung, schreibt Freud, „scheint uns so sonderbar, weil wir die Synthese der Ichvorgänge für etwas Selbstverständliches halten. Aber wir haben offenbar darin unrecht. Die so außerordentlich wichtige synthetische Funktion des Ichs hat ihre besonderen Bedingungen und unterliegt einer ganzen Reihe von Störungen." (SE 23: 276; *Das Ich und das Es – Metapsychologische Schriften*, Frankfurt, 1992: 338). Im Lichte des zweiten Modells der Psyche – wo die Innenwelt des Subjekts aus Ich, Es und Über-Ich besteht – kann das Ich nicht als identisch oder koextensiv mit der Tätigkeit des Bewußtseins aufgefaßt werden. Es ist vielmehr, wie ich in „Freud, Sexuality, and Perversion" (Kapitel 1 von *The Practice of Love*) argumentiert habe und wie Freud mit der Betonung der Wahrnehmung hier bemerkt, ein „Körper-Ich", eine Grenze und ein Ort der ständigen Verhandlungen zwischen den Forderungen des Es und des Über-Ich an der einen Front und jenen der äußeren Wirklichkeit auf der anderen, das heißt, zwischen der inneren oder psychischen Wirklichkeit des Subjekts und der Außenwelt. Auf ähnliche Weise sind die beiden Mittler Bewußtsein und Unterbewußtsein nicht mehr durch die Schwelle der Zensur (Verdrängung) voneinander abgeriegelt, wie sie das in der früheren Vorstellung von der Psyche waren; hier bringen sie beide gleichermaßen unaufhörlich das Ich dazu, mit der Außenwelt zu interagieren.

In Kapitel 1 stellte ich eine Analogie zwischen dieser Formulierung der Beziehungen des Ich zum Es und Über-Ich und der Relativität der Position, die die „normale" Sexualität (das heißt, die Projektion einer erfolgreich ödipalisierten Sexualität) gegenüber der Perversion und der Neurose einnimmt, her. Wenn das Ich effektiv aus seinen Abwehrmechanismen gegenüber den Triebansprüchen des Es und Über-Ich und gegenüber der Außenwelt zu bestehen scheint – Abwehrmechanismen, die durch verschiedene Grade der Verdrängung charakterisiert sind oder deren Vorgangsweisen bewußt und unbewußt sind –, so kann die Sexualität als aus positiven und negativen Perversionen bestehend betrachtet werden, abhängig vom Grad der Verdrängung. Ich möchte die Analogie nun erweitern und ausführen, daß diese Sexualität, so wie das Ich aufgrund verschiedener Vorgänge innerer und äußerer Abwehr ständigen Veränderungen unterworfen ist, als Serie von Veränderungen gesehen werden kann, als Abfolge von triebhaften Objektbesetzungen (von denen einige normal und andere in einem gegebenen soziokulturellen Kontext als pervers bezeichnet werden können). In diesem Sinn scheint die Sexualität weniger eine stabile Struktur, die ein für alle Mal in der ödipalen oder pubertären Phase eingerichtet wurde, als vielmehr ein relativ offener Prozeß der sexuellen Strukturierung zu sein, der durch die Wechselfälle und Zufälligkeiten der Innen- und Außenwelt des Subjekts überdeterminiert wird.

So besteht zum Beispiel nach Whitney Davis der Übergang vom Präfetischismus im „normal neurotischen, präperversen Modus der Maskulinität", den

Freud als „Abscheu vor dem weiblichen Genital" bezeichnet („Homovision" 97) zum eigentlichen Fetischismus bei einem bestimmten Subjekt aus einer zweiten Verleugnung, der Formulierung eines weiteren Kompromisses oder einer Verstärkung des ersten Kompromisses aufgrund einer fortdauernden oder stärkeren Kastrationsangst. Mit anderen Worten, der Unterschied zwischen Perversion und normaler Neurose wäre im Hinblick auf die Verleugnung eine Frage ihres Ausmaßes und daher den Zufälligkeiten in der Geschichte eines Individuums unterworfen. Die Untersuchung des Fetischismus in bezug auf die (verdrängte) männliche Homosexualität bei Davis tangiert mein Projekt nur peripher, aber sein Argument, daß die Verleugnung auch im „Präfetischisten – dem normalen neurotischen, präperversen Mann" (97) auftritt, stimmt mit Freuds Sicht der Verleugnung als allgemeinem psychischen Vorgang überein, der nicht auf eine bestimmte Perversion beschränkt ist.

Nachdem ich den Gedanken entwickelt habe, daß das Körper-Ich (mit seinen bewußten und unbewußten Abwehrmechanismen – Verleugnung, Verdrängung usw.) sich ständig mit der Innen- und der Außenwelt auseinandersetzen muß, ist es notwendig, daß ich auf eine frühere Arbeit zurückgreife, in der ich versuchte, die Beziehungen des Subjekts zur Welt der Zeichen zu formulieren und Subjektivität mit Hilfe des Begriffs der Erfahrung dort aufzuspüren, wo Semiotik und Psychoanalyse in der Theorie einander überschneiden („Semiotics and Experience", *Alice Doesn't* 158–86). Ich befaßte mich in diesem Buch mit der Begriffsbildung, das Hauptgewicht lag auf der Semiotik als Theorie der Zeichen, einer Theorie von bezeichnenden Systemen sowie der Bedingungen der Zeichenproduktion. Indem ich jedoch darlegte, daß das Subjekt in der Semiotik gleichzeitig Produzent und Deuter von Zeichen ist und daher „in die Produktion von Sinn, Vorstellung und Selbstdarstellung physisch impliziert oder körperlich einbezogen ist" (183), griff meine Studie auch auf den Bereich der Psychoanalyse über: der psychische Apparat mit seinen Primär- und Sekundärprozessen, den Trieben und ihren Triebschicksalen und den unbewußten und bewußten Abwehrmechanismen, die das Subjekt als körperliches Ich ausmachen, waren integrierender, wenn auch noch nicht integrierter Bestandteil des Bereiches, den ich in diesem Buch zu beschreiben begann, um zu einer semiotischen Auffassung von Subjektivität zu gelangen.

Ich möchte mich nun näher mit der Bildung des Subjektbegriffs in Freuds Sexualtheorie und in Charles Sanders Peirces Theorie der Semiosis beschäftigen, zwei Theorien, die chronologisch ungefähr gleichzeitig anzusiedeln sind, jedoch ansonsten sehr weit voneinander entfernt, wenn nicht miteinander unvereinbar zu sein scheinen. Ich tue dies mit dem Ziel, die Verbindung zwischen dem Psychischen und dem Sozialen genauer zu formulieren, indem ich mich diesmal auf die Sexualität als ein bestimmtes Beispiel für einen allgemeineren Vorgang konzentriere, der die Subjektivität mit der sozialen Sinngebung und der materiellen Wirklichkeit verbindet. In *Alice Doesn't*, wo ich Anleihen bei Peirces Theorie der Interpretanten nehme, insbesondere beim Begriff der Gewohnheitsveränderung (habit-change), definierte ich die Erfahrung als Komplex von Gewohnheiten*, Anlagen, Assoziationen, Wahrnehmungen und

Erwartungen, die aus der ständigen semiotischen Interaktion der „Innenwelt" des Ich mit der „Außenwelt" hervorgehen, neu. Die Peirceschen Welten – am offensichtlichsten die erstgenannte – fallen nicht genau mit der Innen- und Außenwelt des Ich in Freuds zweitem Modell der Psyche zusammen, sondern sind mit ihnen homolog; in beiden Theorien ist es die erkenntnistheoretische Funktion der Begriffe „innen" und „außen", „Innen- und Außenwelt", die Konstruiertheit der Subjektivität und ihrer Überdeterminiertheit durch das Soziale zu begründen (was Peirces semiotische Sichtweise der Subjektivität anlangt, verweise ich auf Colapietro).

Was die Außen- und Innenwelt bei Peirce verbindet, ist die Kette der Interpretanten, eine fortlaufende Serie semiotischer Vermittlungen, die Objekte, Zeichen und Ereignisse in der Welt mit ihren „Signifikatwirkungen" im Subjekt verbinden – einem Subjekt, von dem man sagen kann, daß es „der Ort ist, an dem, oder der Körper, in dem die Signifikatwirkung des Zeichens sich festsetzt und realisiert wird" (*Alice Doesn't* 182–83). Freuds Ich, so argumentiere ich hier, ist ein Grenzwesen, ein Ort der Verhandlungen, sozusagen eine offene Grenze – zwischen innerem oder triebhaftem Druck und äußeren oder gesellschaftlichen Forderungen. Aus der Perspektive der Semiotik können die Veränderungen des Ich, die aus dessen Abwehrmechanismen resultieren, als eine fortlaufende Serie der Vermittlungen gesehen werden, die das Ich durchführt oder die für das Ich in bezug auf die Innen- und Außenwelt performativ funktionieren. Aus dieser Perspektive scheinen die Abwehrmechanismen des Ich Homologien zu Peirces Interpretanten zu sein: sie haben eine ähnlich konstitutive Funktion gegenüber dem Ich wie die Interpretanten in der Semiosis gegenüber dem Subjekt. Um dieser Aussage mehr Klarheit zu verleihen, möchte ich kurz die Argumentation meiner früheren Arbeit zusammenfassen.[3]

Als Interpretant bezeichnet Peirce die dynamische Struktur, die den Nexus zwischen Objekt, Zeichen und Bedeutung sowie den Prozeß der Vermittlung selbst stützt. Eine Serie von Interpretanten oder „Signifikatwirkungen" (ich bestehe auf diesem Ausdruck, da er das prozessuale und offene Wesen der Sinngebung vermittelt) trägt jeden Fall von Semiosis, jedes Beispiel für den endlosen Prozeß der Vermittlungen oder Verhandlungen zwischen dem Ich und der Welt, das heißt, jeder Augenblick dessen, was für das Subjekt ein unmerklicher Übergang vom Objekt (oder Ereignis in der Außenwelt) zum Zeichen (geistiger oder physischer Vorstellung) und zur Bedeutungswirkung (in der Innenwelt) ist, wird von Peirce mit dem Begriff „Interpretant" zusammengefaßt. Interpretanten sind nicht nur geistige Vorstellungen: es gibt natürlich „intellektuelle" Interpretanten (Begriffe), ebenso aber auch „emotionale" und „energetische" Interpretanten. Zum Beispiel kann die Signifikatwirkung, die ein Zeichen wie etwa die Aufführung eines Musikstückes hervorruft, nur ein Gefühl sein; ein solches Gefühl ist ein emotionaler Interpretant dieses Zeichens. Durch die Vermittlung des emotionalen Interpretanten kann jedoch eine weitere Signifikatwirkung hergestellt werden, die eine Geistes- oder „Muskelanstrengung" sein kann. In diesem Fall handelte es sich um einen energetischen Interpretanten, da hier eine „Anstrengung" erforderlich ist, sei sie nun geistig oder körperlich. Die dritte Form der Wirkung, die durch die Zeichen hervorgerufen werden kann, ist eine „Gewohnheitsänderung": „Die Änderung der Bereitschaft einer Person zur Handlung, die aus früheren Erfahrungen oder früheren Anstrengungen resultiert" (*Collected Papers* 5.491). Dies, so schreibt Peirce, ist die letzte oder „ultimative" Signifikatwirkung des Zeichens, die er als logischen Interpretanten bezeichnet: „Der reale und lebendige logische Abschluß (der Serie von Vermittlungen, die dieses besondere Beispiel der Semiosis ausmacht) ist diese Gewohnheit." Er schränkt jedoch die Bezeichnung „logisch" rasch ein: *Der Begriff des logischen Interpretanten ist unvollkommen. Er hat etwas vom Wesen einer verbalen Definition an sich und ist der Gewohnheit ebenso unterlegen wie eine verbale Definition einer wirklichen Definition unterlegen ist. Die bewußt gestaltete, selbstanalysierende Gewohnheit – selbstanalysierend deswegen, weil sie mit Hilfe der Analyse jener Übungen gestaltet wird, die sie nähren – ist die lebende Definition, der wahre und endgültige logische Interpretant. (5.491)* Wie ich daher in *Alice Doesn't* ausgeführt habe, ist der endgültige Interpretant logisch, nicht wie ein Syllogismus, oder weil er sich aus einem intellektuellen Vorgang wie einer deduktiven Schlußfolgerung ergäbe, sondern vielmehr, weil er aus der ihm vorangegangenen Emotion und körperlichen/geistigen Anstrengung Sinn stiftet, indem er eine begriffliche Darstellung dieser Anstrengung liefert. Peirce benutzt den Ausdruck *Gewohnheit* in einem sehr weitgefaßten Sinn, es gehören „Assoziationen" und sogar „Dissoziationen" dazu, obwohl er an einer Stelle Gewohnheit mit Glauben und bewußter Zielgerichtetheit verbindet: „Ein praktischer Glaube", sagt er, „kann als Gewohnheit bewußten Verhaltens beschrieben werden". Er schränkt diese Aussage jedoch ein, indem er hinzufügt, daß „das Wort ‚bewußt' *kaum vollständig definiert* ist, wenn man sagt, daß es die Aufmerksamkeit gegenüber den Erinnerungen an vergangene Erfahrungen und gegenüber dem gegenwärtigen Ziel zusammen mit der Selbstbeherrschung impliziert" (5.538; Hervorhebungen der Autorin). Die Zielgerichtetheit der Gewohnheit ist mit anderen Worten nicht allein rational oder eigenwillig; wenn mich ihre Aufmerksamkeit gegenüber „Erinnerungen an vergangene Erfahrungen" an Freuds Assoziationen von Deckerinnerungen mit der Phantasie erinnert, so schwingt in der Gewohnheit, wie Peirce sie verwendet, um „eine originäre oder erworbene Spezialisierung im Wesen eines Menschen oder eines Tieres, einer Ranke einer kristallisierbaren chemischen Substanz oder einer anderen Sache, so daß er oder es sich bei jeder Gelegenheit auf eine Weise verhalten wird, die in allgemeinen Begriffen beschrieben werden kann, oder immer zu einem solchen Verhalten tendieren wird" (5.538), zu beschreiben, Freuds Vorstellung von den phylogenetischen oder erblichen Faktoren im geistigen Leben mit (SE 17: 121).

In „Triebe und Triebschicksale" unterscheidet Freud zwischen äußeren Reizen und Triebreizen. Letztere entspringen innerhalb des Organismus und können nicht wie erstere durch eine zielgerichtete oder „zweckmäßige" Muskelbewegung (vgl. Peirces „körperliche Anstrengung") beherrscht werden, sondern veranlassen das Nervensystem zu „verwickelten, ineinandergreifenden Tätigkeiten, welche die Außenwelt so weit verändern, daß sie der inneren Reizquelle die Befriedigung bietet". Nichts steht für uns jedoch, so schließt er, „der Annahme im Wege, daß die Triebe selbst, wenigstens zum Teil, Niederschläge äußerer Reizwirkungen sind, welche im Laufe der Phylogenese auf die lebende Substanz verändernd einwirkten" (SE 14: 120; *Das Ich und das Es – Metapsychologische Schriften*, Frankfurt, 1992: 84). An anderer Stelle schreibt er in Ausführungen über die gesonderte Entwicklung der Libido und der Ich-Triebe, daß beide im tiefsten Grunde Erbgut sind, eine verkürzte Rekapitulation der Entwicklung, die die gesamte Menschheit von den frühesten Tagen über lange Zeiträume durchlaufen hat (SE 16: 354), und daß die Urphantasien selbst „eine phylogenetische Gabe" sind (SE 16: 371).

Ich beabsichtige hier nicht, leicht behauptbare Parallelen in den erkenntnistheoretischen Annahmen oder im jeweiligen Hintergrund von Peirce und Freud aufzuzeigen, sondern vielmehr zu betonen, daß die Gewohnheit bei Peirce nicht das reine geistige, vernunftmäßige oder intellektuelle Ergebnis des semiotischen Prozesses ist. Es ist zwar eine geistige Vorstellung, jedoch in dem Sinn, in dem Freud das geistige Leben als psychische Wirklichkeit bezeichnet, ein Bereich, in dem das Geistige immer mit dem Somatischen in Beziehung steht. Um es anders zu sagen, Gewohnheit oder Gewohnheitsveränderung ist der endgültige Interpretant oder Repräsentant eines somatisch-geistigen Prozesses (Semiosis), nicht unähnlich der Art, in der der Trieb in seinen Vorstellungen wahrnehmbar wird oder durch seine Repräsentanten bezeichnet werden kann. Während Freuds konkrete Darlegung des Unbewußten in Peirces Werk fehlt, kann man heute dennoch die Vorstellung von der Gewohnheitsveränderung als Endergebnis geistiger Prozesse interpretieren, die zum Teil oder völlig unbewußt sein können; die Gewohnheit wiederum könnte man sich als ein Element vorstellen, das zum Beispiel an der zwanghaften Wiederholung beteiligt ist. Wenn Laplanche und Pontalis erklären, daß bei Freud „eine Tendenz dazu besteht, unbewußte Wünsche durch die Wiederherstellung von Zeichen zu erfüllen, die an die früheste Erfahrung der Befriedigung gebunden sind", und daß die „Wiederherstellung nach den Gesetzen von Primärvorgängen funktioniert" (*Das Vokabular der Psychoanalyse*), so sehe ich keinen Grund dafür, den Schluß als falsch anzusehen, daß diese frühen Erfahrungen Zeichen hervorgebracht haben könnten, deren endgültige Interpretanten unbewußte Gewohnheiten waren. Unbewußte Wünsche könnte man sich daher ebenso als die Signifikat*wirkungen* jener frühen Erfahrungen vorstellen wie als *Ursachen* der Vorstellungen von den *Zeichen*, die sie erfüll(t)en – sei es durch Symptombildung, Halluzination, Traumbilder oder Fetische.

Andererseits bestreitet Lacan die Verwandtschaft des Unbewußten mit dem Trieb als „archaische Funktion" (Freuds Phylogenese) entschieden. Obwohl die Vorstellung des Unbewußten als „verschleierte Präsenz eines Gedanken, der auf der Seins-Ebene anzusiedeln ist, bevor er enthüllt wird", lange vor Freud existierte, (Eduard von Hartmann benutzte den Ausdruck zum ersten Mal in seiner *Philosophie des Unbewußten* 1869), beharrt Lacan darauf, daß „jeder Bezug, den Freud darauf nimmt ..., nichts mit dem Freudschen Unbewußten zu tun hat, gar nichts, wie auch immer sein analytisches Vokabular, seine Abwandlung, seine Abweichungen sein mögen" (*Die vier Grundbegriffe der Psychoanalyse*). In seiner „neuen Allianz mit der Bedeutung der Freudschen Entdeckung" erklärt Lacan programmatisch, daß er sich nur mit „dem kartesischen Subjekt" befaßt, dem Subjekt, das ein Ergebnis der „Rede" ist und nicht irgendeiner „Substanz", eines „Pathos", „Leidens" usw. Er schließt damit die triebhaften, somatischen und materiellen Komponenten von Freuds Trieben und ironischerweise auch von Peirces Semiosis aus seinem Umfeld aus. Wie jedoch Laplanche bei einem Freud-Zitat bemerkt, lehnt der Trieb an einer „für das Leben wesentlichen Körperfunktion" oder wird von ihr gestützt (16). Wenn also diese Lacanschen Theoretiker, die sich mit der Wirksamkeit der analytischen Praxis und Interpretation (Felman, *Jacques Lacan and the Adventure of Insight* 125 und 140) oder mit dem Realen als Ursache der psychischen Realität (Copjec 239) beschäftigen, die Peirceschen Begriffe des Interpretanten und der Gewohnheitsveränderung evozieren oder sich explizit darauf berufen, so könnte man annehmen, daß sie dies tun, weil Peirces Interpretanten und Gewohnheitsveränderungen, indem sie im Sinne der Konfrontation mit der materiellen Wirklichkeit die Subjektivität mit dem Sozialen verbinden, dem Subjekt auch eine historische Dimension verleihen. (Eine ausführlichere Erörterung dieses Punktes und ein Vergleich zwischen Peirces und Lacans Formulierungen der Subjektbeziehung zum Zeichen bzw. zum Signifikanten finden sich in *Alice Doesn't* 178–81).

Es sind diese speziellen Aspekte der Gewohnheitsveränderung, wie ich sie dargelegt habe – der somatischen, materiellen und historischen Dimensionen, die sie im Subjekt einschreibt – die für mich bei der Formulierung der Sexualität als *Vorgang der sexuellen Strukturierung* besonders wichtig sind, eines Prozesses, der von inneren wie äußeren Kräften und Zwängen überdeterminiert ist. Die Homologie, die ich zwischen dem Subjekt der Semiosis und Freuds Körper-Ich sehe, ermöglicht es mir, die Sexualität selbst als semiotischen Prozeß zu betrachten, in dem die Zufälligkeiten der persönlichen und sozialen Geschichte das Subjekt zum veränderlichen Schnittpunkt machen. Oder, von einer anderen Perspektive aus gesehen, erscheint die Sexualität als semiotischer Prozeß, in dem das Begehren des Subjekts das Ergebnis einer Serie von Signifikatwirkungen ist (bewußter und unbewußter Interpretanten sozusagen), die eine zufällige Wirkung auf die persönliche und soziale Geschichte haben. Mit Geschichte meine ich die spezifischen Kombinationen von Diskursen, Vorstellungen und Praktiken – familiär und im weitesten Sinn institutionell, kulturell und subkulturell, öffentlich und privat – die das Subjekt im Sinne der Eventualitäten einer einzigartigen Existenz in der Welt durchläuft, während diese umgekehrt auch das Subjekt durchlaufen. Ich möchte dahingehend argumentieren, daß diese Sexualität eine Form der (Selbst-)darstellung und die Phantasie ein spezifisches Beispiel für den eher allgemeinen Prozeß der Semiosis ist, der die Subjektivität mit dem sozialen Sinn und der Wirklichkeit selbst verbindet.

Man könnte sich an dieser Stelle fragen, ob die Semiosis eine nützliche Analogie, ein nützlicher theoretischer Interpretant ist, für intrapsychische Prozesse in der Innenwelt bei Freud ebenso wie für die Arten, in der äußere Faktoren von Anfang an die sexuelle Existenz des Subjekts beeinflussen und formen. Im Hinblick auf die Innenwelt sollten wir Laplanches Beschreibung der Objekt-beziehung beim kindlichen Subjekt betrachten:

Einerseits gibt es von Anfang ein Objekt, aber ... andererseits hat die Sexualität nicht von Anfang an ein reales Objekt. Es sollte hier klar sein, daß das reale Objekt, die Milch, das Objekt der Funktion war, was einer regelrechten Vorherbestimmung für die Welt der Befriedigung gleichkommt. Dieses reale Objekt ist verlorengegangen, aber das mit der Wendung zur Autoerotik verbundene Objekt, die Brust – die zur Phantasmen-Brust wird – ist ihrerseits Objekt des Sexualtriebes. So ist das Sexualobjekt nicht identisch mit dem Objekt der Funktion, sondern wird in der Beziehung dazu verdrängt ... Das wiederzuentdeckende Objekt ist nicht das verlorene Objekt, sondern dessen Ersatz durch Verschiebung, das verlorene Objekt ist das Objekt der Selbsterhaltung, des Hungers, und das Objekt, das man sucht, um es in der Sexualität wiederzufinden, ist ein Objekt das in bezug zu jenem ersten Objekt verschoben wurde. Daraus entsteht freilich die Unmöglichkeit, jemals das Objekt wiederzufinden, da das verlorene Objekt nicht dasselbe ist, wie jenes, das es wiederzuentdecken gilt. (Leben und Tod in der Psychoanalyse)

Vergleichen wir dies nun, was die Beziehung des Zeichens zum Objekt anlangt, mit Peirces Unterscheidung zwischen „dem dynamischen Objekt" und „dem unmittelbaren Objekt". Ersteres steht außerhalb des Zeichens und entspricht in der Sprachwissenschaft dem Referenten oder dem realen Objekt in der Gemeinsprache (es ist, wie er schreibt, „die Wirklichkeit, der es auf irgendeine Weise gelingt, das Zeichen zur Vorstellung zu bestimmen"), während letzteres eine dem Zeichen innewohnende Vorstellung ist („das Objekt, wie dieses das Zeichen selbst darstellt und dessen Sein daher von seiner Darstellung im Zeichen abhängig ist") (4.536). Der Unterschied zwischen dem dynamischen und dem unmittelbaren Objekt ergibt sich aus der Beziehung des letzteren zur „Grundlage der Vorstellung" (dem Hintergrund oder Kontext, der bestimmte Merkmale des Objektes in der/für die Vorstellung herausstellt)[4]. Umberto Eco erklärt diesen Unterschied so:

Zeichen haben nur insoferne eine direkte Verbindung zu dynamischen Objekten, als Objekte die Bildung des Zeichens bestimmen; andererseits „kennen" Zeichen nur unmittelbare Objekte, das heißt Bedeutungen. Es gibt einen Unterschied zwischen dem Objekt, dessen Zeichen ein Zeichen ist, und dem Objekt eines Zeichens; ersteres ist das dynamische Objekt, ein Zustand der Außenwelt, zweiteres ist eine semiotische Konstruktion. („Peirce and the Semiotic Foundations of Openness" 193)

Der Unterschied zwischen dynamischem Objekt und unmittelbarem Objekt ist meiner Meinung nach analog zu jenem zu sehen, den Laplanche zwischen der milchspendenden Brust (dem Objekt des Hungers oder der Selbsterhaltung) und der Phantasmen-Brust (dem Sexualobjekt, dem verlorenen Objekt, das man in der Sexualität wiederzufinden sucht) postuliert, ein Unterschied, den er als Ersatz durch Verschiebung beschreibt. Die beiden Objekte „stehen in einer Beziehung essentieller *Nähe*, die dazu führt, daß wir fast gleichgültig von einem zum anderen gleiten, von der Milch zur Brust als ihr Symbol" (20). (Auf ähnliche Weise wird das unmittelbare Objekt übrigens in das System von Saussure übertragen und mit dem Bezeichneten gleichgesetzt, oft assimiliert und in den Referenten, das dynamische Objekt, übergeleitet.) Das in der Phantasie aufgebaute Sexualobjekt und das in der Semiosis aufgebaute unmittelbare Objekt stehen einander nahe, werden jedoch in bezug auf das Reale verschoben, daher die Homologie zwischen Phantasie (in der Sexualität) und Semiosis im Hinblick auf die Beziehung des Subjekts zum Objekt der Vorstellung.

Auch Freud betont die Triebverschiebung in bezug auf das Objekt und die Veränderbarkeit des letzteren im Laufe der Wechselfälle des ersteren.

Das Objekt des Triebes ist dasjenige, an welchem oder durch welches der Trieb sein Ziel erreichen kann. Es ist das variabelste am Triebe, nicht ursprünglich mit ihm verknüpft, sondern ihm nur infolge seiner Eignung zur Ermöglichung der Befriedigung zugeordnet. Es ist nicht unbedingt ein fremder Gegenstand, sondern ebensowohl ein Teil des eigenen Körpers. Es kann im Laufe der Lebensschicksale des Triebes beliebig oft gewechselt werden; dieser Verschiebung des Triebes fallen die bedeutsamsten Rollen zu. (SE 14: 122–23; Das Ich und das Es – Metapsychologische Schriften, Frankfurt, 1992: 85)

In der Formulierung *wird zugeordnet* kann man eine Art Motivation für das Objekt lesen, nämlich seine Eignung dazu, Befriedigung hervorzurufen: (irgend)ein Objekt – sozusagen ein reales Objekt – kann Objekt des Triebs werden, kann aufgrund der Eignung dieses (realen) Objektes, Befriedigung zu ermöglichen, zum Sexualobjekt werden. Mir scheint, daß eine sehr ähnliche Vorstellung von der Motivation ausschlaggebend für den Begriff der Grundlage bei Peirce ist, das heißt dessen, was dem semiotischen Übergang vom dynamischen zum unmittelbaren Objekt zugrundeliegt und die Eignung des letzteren bestimmt. Dieser semiotische Übergang oder diese Bewegung ist eigentlich eine Verschiebung des realen Objekts in seine Darstellung im Zeichen.

Die Definition der Sexualität bei Laplanche – eine Neufassung von Freuds Formulierung des Triebs in vier Begriffen in „Trieb und Triebschicksale", dem der zentrale Gedanke vorangeht, daß „der eigentliche Trieb im einzigen der Entdeckung Freuds entsprechenden Sinn die Sexualität ist" – liest sich wie die Beschreibung eines semiotischen Prozesses: „Die kindliche Sexualität liegt zur Gänze in einer Bewegung, die den Trieb ablenkt, sein Ziel in Metaphern umsetzt, sein Objekt verschiebt und verinnerlicht und seine Quelle darauf konzentriert, was letztlich eine minimale Zone, die erogene Zone ist" *(Leben und Tod in der Psychoanalyse)*. Meiner Meinung nach ist diese Art der Bewegung durch *Ablenkung*, *Metaphorisierung*, *Verschiebung* und *Verinnerlichung* der Darstellungsarbeit der Interpretanten durchaus verwandt; ihnen ist wie dem Sexualtrieb das reale Objekt verlorengegangen und dieses ist *nicht dasselbe* wie jenes, das gefunden oder in der Semiosis neu bezeichnet wird. Die dynamische Struktur der Semiosis kann daher zur Erklärung intrapsychischer Prozesse nützlich sein – ist ein nützlicher Interpretant dafür. Bietet es auch einen nützlichen Interpretanten für die äußeren oder interpsychischen Faktoren, die die Erfahrung der Sexualität eines Subjekts bestimmen?

Nachdem er die Beziehung zwischen Trieb und Objekt untersucht hat, wendet sich Laplanche einer Darstellung seiner Quelle in den erogenen Zonen zu. Diese sind „eine Art von Bruch oder Wendepunkt innerhalb der Körperhülle", tragen „die wichtigsten Formen des biologischen Austauschs" (Nahrungsaufnahme, Entleerung usw.) und sind daher Zonen des Austauschs und der aufmerksamen mütterlichen Pflege.

Diese Zonen ziehen die ersten erogenen Manöver von Seiten des Erwachsenen an. Ein umso wichtigerer Faktor, wenn wir die Subjektivität des ersten „Partners" hinzufügen: Diese Zonen sind der Brennpunkt elterlicher Phantasien und vor allem mütterlicher Phantasien, so daß wir auf eine kaum metaphorische Weise sagen können, daß sie die Punkte sind, durch die das Kind an jene fremde innere Einheit herangeführt wird, die eigentlich sexuelle Erregung ist (24).

Auf subjektiver intrapsychischer und konkretester körperlicher Ebene entspricht diese psychoanalytische Sichtweise Foucaults historischer Auffassung von der Sexualität als „eine(r) Einsetzung von Perversionen" in das Subjekt, die durch jene diskursiven und institutionellen Praktiken (familiär und im weiteren Sinn sozial) vor sich geht, welche die Technik des Sex bilden. Aus dem semiotischen Blickwinkel oder im Sinne meiner Argumentation kann man die Position des Kindes gegenüber den elterlichen Phantasien als *Grundlage* der ersten Apperzeption oder rudimentären Vorstellung vom Sexuellen für das Subjekt sehen. Man könnte sagen, daß dies die Vorstellungsgrundlage ist, von der aus der Körper als dynamisches Objekt (der reale Körper des Kindes und der der Mutter) zum Körper als unmittelbares Objekt wird (das Körperbild des Subjekts sowie die Phantasmen-Brust), und *als solches* über die Kette der Interpretanten und ihrer Signifikatwirkungen in den Prozeß der Semiosis, die Welt der Zeichen, eintritt. Mit anderen Worten, wenn das, was die Verschiebung des realen Körpers in den Phantasmen-Körper zustandebringt, als die semiotische Verschiebung eines dynamischen Objekts in ein unmittelbares Objekt gesehen werden kann, dann ist der Bezug dieser Verschiebung in der Vorstellung die Grundlage der Vorstellung, die elterliche Phantasie, und von dieser Grundlage aus werden die ersten kindlichen Phantasien des Subjekts gebildet. In der Folge werden diese Phantasien in der weiteren Interaktion des Subjekts mit der Außenwelt durch andere Vorstellungen und Interpretanten verändert; andere Phantasien, privat und öffentlich, werden die Grundlage für die Selbstdarstellung in der Sexualität und dafür schaffen, welche Objekte dem Trieb *zugeordnet werden* können.

Im Sinne dieser Studie kann der Prozeß, durch den Fetischobjekte der Bedeutung des perversen Begehrens zugeordnet werden, wie folgt umformuliert werden: auf der Grundlage einer Kastrationsphantasie als Enteignung des weiblichen Körpers wird ein spezielles, jedoch variables und typischerweise ungeeignetes Objekt (dynamisches Objekt) dem Sexualtrieb als Objekt (unmittelbares Objekt) des perversen Begehrens des Subjekts zugeordnet. Das reale Objekt kann ein Körperteil sein, Kleidung oder ein anderes Requisit oder Element des subjektiven Phantasie-Szenarios. Wie ungeeignet er auch immer für sexuelle Zwecke zu sein scheint (sprich für die genitale Befriedigung oder Fortpflanzung), ist der Fetisch, um es mit Freuds Worten zu sagen, „in eigentümlicher Weise geeignet, Befriedigung zu ermöglichen" (wobei „eigentümlich" auf die mangelnde Eignung ebenso wie auf die Einzigartigkeit des Fetischobjekts verweist), weil es für etwas steht, was nicht da ist oder verweigert wird, jedoch in der Phantasie gewünscht wird und geeignet ist, gleichzeitig das Fehlen und das Begehren des Subjekts zu bezeichnen. Foucaults Terminus „umgekehrter" Diskurs weist eigentlich auf etwas an dem Vorgang hin, durch das subjektiv eine Vorstellung in der Außenwelt angenommen, durch die Phantasie in der Innenwelt verarbeitet und dann mit neuer Bedeutung diskursiv neu artikuliert und/oder durch Aktivität in der Selbstdarstellung des Subjekts – in Rede, Gestik, Kleidung, Körper, Haltung usw. – wieder an die Außenwelt gebracht wird. In diesem Sinne ist, wie ich dargelegt habe, die Popularität sichtbarer männlicher Signifikanten als lesbische Fetische in der westlichen Kultur direkt proportional zur ausdauernd hegemonistischen Darstellung des Lesbianismus als Phallusanmaßung oder Identifizierung mit dem Mann in diesem Kulturkreis zu sehen.

Die fundamentale Rolle der Phantasie in der Sexualität als die Grundlage, auf der das sozio-psychosexuelle Subjekt durch den Prozeß der Semiose, der Objekte Trieben zuordnet, konstituiert wird, ist sicher nicht auf das Subjekt des perversen Begehrens beschränkt. Man denke zum Beispiel an die Bedeutung, die Mode und gesellschaftliche Leistung in allen Kulturen und kulturellen (Selbst-)Darstellungen für die normative sexuelle Identität ihrer Subjekte haben. Ein weiteres Beispiel ist die Popularität der Ödipusphantasie in den westlichen Kulturen vor und nach Freud; diese Popularität ist so tief in kulturellen Vorstellungen verwurzelt und wird durch gesellschaftliche Umstände soweit perpetuiert, daß sie nicht nur als phylogenetisch angenommen, sondern sogar als universelles Phänomen auf die gesamte Welt projiziert werden könnte. Freud war also offenbar weder der erste noch der letzte, der die tiefgreifende Auswirkung der Ödipusphantasie auf die westliche Subjektivität kannte. Indem er sie jedoch ins Zentrum der Psyche und seiner Sexualtheorie setzte, formulierte er ihre strukturierende Rolle im gesellschaftlichen Aufbau der Sexualität, wie sie der Westen kennt. Während also daher der Ödipuskomplex eine dominierende, ja sogar grundlegende Phantasie der westlichen Vorstellungswelt sein könnte, wie ich anderswo (Alice Doesn't, Kapitel 5) dargelegt habe, liegt die Bedeutung der Theoretisierung der Phantasie als semiotischer Grundlage der Sexualität darin, daß diese Phantasie selbst als soziopsychischer Prozeß über ihre historisch bedingte Struktur und über die Struktur der Ödipusphantasie selbst hinausgeht. Mit anderen Worten, der Wert von Freuds Sexualtheorie übersteigt den der normativen Ödipusphantasie, in der sie verankert ist, bei weitem. Indem er analysierte, wie Subjektivität (seine eigene sowie die seiner Patienten) auf einer dominanten – sozialen und psychoanalytischen – Fiktion aufgebaut ist, deutete er den kritischen Weg zum Verständnis des semiotischen Wesens der Phantasie als das an, was das Subjekt über die Sexualität mit dem Sozialen verbindet, und öffnete diesen Weg.

Meine Studie nahm in Kapitel 1 ihren Ausgang bei Freuds Behauptung aus *Drei Abhandlungen*, daß der Sexualtrieb in erster Linie unabhängig von seinem Objekt sei (SE 7: 148). Im Lichte der verschiedenen Texte, durch die ich die Vorstellung des perversen Begehrens entwickelt habe, halte ich nun den Schluß für möglich, daß der Sexualtrieb *als* perverses Begehren *in letzter Instanz* von einem Phantasie-Szenario abhängt, das das Objekt evoziert und bei dessen Neuinszenierung es hilft. Umgekehrt erhält das Objekt gerade in diesem Szenario, in dieser Neuinszenierung, seinen Phantasma-Wert als Objekt. Wie Objekte einer Phantasie des Begehrens verbunden sein können, läßt sich als semiotischer Prozeß verstehen, in dem Objekte und Körper aus der äußeren in die psychische Wirklichkeit verschoben werden (vom Referenten zum Objekt/Zeichen – oder von der Vorstellung zur Phantasie). Dies geschieht durch eine Serie von Signifikatwirkungen, Gewohnheiten und Gewohnheitsänderungen. Und da das Subjekt der Ort ist, an dem, bzw. der Körper, in dem die Signifikatwirkungen der Zeichen Fuß fassen und realisiert werden – ist immer etwas Reales an der psychischen Phantasie: real für die Innenwelt des Subjekts und real für die Außenwelt, durch die die Phantasie vermittelt wird und in die sie zurückkehrt, wiederum vermittelt und zu einem größeren oder geringeren Maß durch die Handlungen des Subjekts im Sozialen mit neuen Bedeutungen versehen. Die soziale Wirklichkeit ist ein unendliches Universum von Zeichen, und jedes Subjekt ist wiederum Objekt und Zeichen. Zu sagen, daß die Sexualität eine Wirkung der Semiosis ist, bedeutet, daß öffentliche und private Phantasien oder soziale und subjektive Vorstellungen als Nexus wechselseitig konstituierender Wirkungen zwischen Subjekt und Sozialem funktionieren.

Ich möchte mit einer Bemerkung schließen, die vielleicht nicht bedeutsamer ist als ein interessanter Zufall im Universum der Zeichen. Mehrmals habe ich mich in dieser Arbeit auf Foucault bezogen und dies nicht zufällig. Meine Untersuchung des perversen Begehrens befaßt sich zwar mehr mit intrapsychischen als institutionellen Mechanismen, geht jedoch von einer Vorstellung des Sexuellen aus, die eigentlich Foucault näher steht als Freud, insbesondere dahingehend, daß die individuelle sexuelle Strukturierung sowohl eine Auswirkung als auch eine *Bedingung* der sozialen Struktur der Sexualität ist. Während Foucaults *Sexualität und Wahrheit* (Band 1) die diskursiven Praktiken und institutionellen Mechanismen beschreibt, die dem Subjekt in der Gesellschaft die Sexualität einpflanzen, beschreibt die psychoanalytische Theorie Freuds die subjektiven Mechanismen, durch die diese Implantation sozusagen führt, und die das Subjekt als Sexualsubjekt produzieren. Obwohl ich mit letzterem gearbeitet habe, grenzen die Sexualtheorien von Freud und Foucault gleichermaßen den konzeptuellen Horizont meiner Studie ab. Besonders in diesem Kapitel habe ich die Sexualität als Beispiel der Semiose betrachtet, um den Prozeß nachzuvollziehen, durch den das Sozialsubjekt als sexuelles Subjekt und als Subjektivität entsteht. Zu diesem Zweck zeigte ich, daß Peirces Begriffe „Interpretant" und „Gewohnheitsveränderung" als Schnittpunkt oder Drehscheibe zwischen Freuds psychosexueller Beschreibung der Innenwelt und Foucaults soziosexueller Sichtweise dienen können, indem sie erklären, wie Sexualität als Perversion tatsächlich in ein Subjekt, ein Körper-Ich ein-gepflanzt wird. Bei der Lektüre einer der letzten Veröffentlichungen von Foucault, die seine in Vorbereitung befindliche Studie über die Techniken des Ich beschreibt, stieß ich auf den Terminus *Selbstanalyse*, der sich auf die intro-spektiven Übungen und Schriften über das Ich bezog, welche seiner Meinung nach eine neue Selbsterfahrung im griechisch-römischen Denken der ersten beiden Jahrhunderte nach Christi Geburt definierten, wobei der Ausdruck *Selbstanalyse* zufällig mit der „selbstanalysierenden Gewohnheit" bei Peirce übereinstimmt, was mir kaum entgehen konnte.

In dem Maß, in dem Foucaults eigene Forschung in Band 2 und 3 seines Werks *Sexualität und Wahrheit* von der Makrogeschichte der modernen Sexualität im Westen zur „Genealogie des begehrenden Menschen" *(Der Gebrauch der Lüste)* und damit zur Mikrogeschichte lokaler Praktiken und Dis-kurse über eine Form der Sexualität (zwischen Männern und Knaben) hinüber-glitt, verschob sich auch das Zentrum seiner Betrachtungsweise vom Sozia-len zum Subjektiven, von der Technik des Sex zu den Techniken des Ich, den diskursiven Praktiken und Techniken der Konstruktion des Ich durch das Indi-viduum. Wie er retrospektiv beschreibt, war sein Projekt

eine Geschichte der Erfahrung der Sexualität, wobei Erfahrung als die Korrela-tion zwischen Wissensbereichen, Normativitätsarten und Formen der Subjekti-vität in einer bestimmten Kultur zu verstehen ist ... Als ich jedoch begann, die Art und Weise zu studieren, in der sich Individuen selbst als Sexualsubjekte erkennen, waren die Probleme wesentlich größer ... Es schien mir, daß man nicht einfach die Bildung und Entwicklung der Erfahrungen der Sexualität vom 18. Jahrhundert an analysieren konnte, ohne eine historische und kritische Stu-die über das Begehren und das begehrende Subjekt zu verfassen ... Um erfahren zu können, wie das moderne Individuum sich selbst als Subjekt einer „Sexua-lität" erfahren konnte, war es daher wesentlich, zunächst festzustellen, wie der Mensch in der westlichen Gesellschaft dazu gekommen war, sich selbst als Sub-jekt des Begehrens zu erkennen ... Es schien mir erforderlich, die Formen und Modalitäten der Beziehung zum Ich zu untersuchen, durch die der einzelne sich selbst als Subjekt konstituiert und erkennt. (Der Gebrauch der Lüste)

Im einleitenden Band 1 hatte er die Psychoanalyse als Komplizen der herrschen-den Macht- und Wissensapparate der Neuzeit angeklagt. Hier umgeht Foucault, während er vom Subjekt des Begehrens spricht, bewußt das psychoanalytische Wissen zu diesem Thema und sucht stattdessen nach einem anderen Ansatz. Der gesamte erste Teil von Band 3 beschäftigt sich zum Beispiel mit der *Traum-deutung* des Artemidorus, ohne ein einziges Mal auf Freud zu verweisen, dessen gleichnamiger Text ebenfalls einen Anfang und eine erste Darlegung seiner Theorie des Begehrens auf der Grundlage der Selbstanalyse darstellte. Man kann sich kaum vorstellen, daß Foucault diese offensichtlichen Analogien entgin-gen. Es muß eine Absicht dahintergestanden haben, mit der die Distanz zwi-schen Freuds wissenschaftlichem Projekt, wenn es auch auf seinen persönli-chen und erklärterweise ödipalen Phantasien beruhte, und Foucaults kritischer Genealogie des Begehrens betont werden sollte. Aber weder sein bewußter

Abstand von der Psychoanalyse noch seine viel größere historische Distanz von seinen Materialien und Quellen kann die wirksame Präsenz einer auslösenden Phantasie, wenn auch keiner ödipalen Phantasie, in Foucaults schöpferischem Subjekt des Begehrens völlig auslöschen. Die Sorgfalt, mit der er erotische Beziehungen zwischen Männern und Knaben untersucht, beschreibt und ihren Weg von Griechenland nach Rom anhand von Veränderungen der sexuellen Ethik zur Entwicklung einer „Kunst der Existenz" und zur Herausbildung des Ich „als ethisches Subjekt des eigenen Sexualverhaltens" (*Die Sorge um sich*) verfolgt, ist mehr als nur ein Hinweis auf eine Selbstanalyse und eine auslösende Phantasie in Foucaults Theorie – die Phantasie einer nicht ödipalen Welt jenseits des Sündenfalls, der Perversion, der Verdrängung oder der jüdisch-christlichen Selbstentsagung, stattdessen getragen von einer produktiv-kargen, offen homoerotischen, virilen Ethik und Praxis der Existenz.

In diesem Kontext eines genealogischen Projekts, eigentlich einer Genealogie des männerbegehrenden Mannes, ergibt sich ein Zufall im Reich der Zeichen. Bei der Beschreibung der „neuen Erfahrung des Ich", die aus der Introspektion, dem sorgfältigen Umgang mit sich selbst und der Praxis des Über-Sich-Schreibens entstand, wie diese im 2. Jahrhundert nach Christus sehr verbreitet war und im Brief des Marc Aurel an seinen älteren Liebhaber und „süßesten Meister" exemplifiziert wird, hebt Foucault „die Beschäftigung des Marcus mit dem täglichen Leben im kleinsten Detail, mit den Bewegungen des Geistes, mit der Selbstanalyse" hervor („Technologies of the Self" 28). Dieser letztgenannte Ausdruck, *Selbstanalyse*, sowie der Begriff der *Selbstübung* (27) und andere Techniken, „die es einzelnen erlauben, aus eigenem oder mit Hilfe anderer eine gewisse Anzahl von Handlungen an ihren Körpern und Seelen, Gedanken, Verhalten und ihrem Sein zu vollziehen" (18), entspricht Peirces Begriff der „Gewohnheit", der bewußt gestalteten, selbstanalysierenden Gewohnheit – selbstanalysierend deshalb, weil sie mit Hilfe der Analyse jener Übungen gestaltet wurde, die sie nährten (5.491, siehe Zitat oben), als endgültigen Interpretanten, als „lebendige" Wirkung der Semiosis. Die neue Selbsterfahrung, die Foucault beschreibt, ist eigentlich eine Gewohnheitsveränderung. Abschließend findet die sexuelle Strukturierung als Semiosis, wie ich sie verstehe, als die gegenseitige Überdeterminierung von Gewohnheiten, Vorstellungen, Phantasie und der Praxis der Liebe in der Erfahrung, oder, anders gesagt, mein Verständnis von Sexualität als Nexus einander bedingender Wechselwirkungen zwischen psychischen und sozialen Wirklichkeiten, welcher eine ständige *Veränderung* des Subjekts als Körper-Ich nach sich zieht, eine zufällige, aber willkommene Entsprechung in Foucaults Aussage, daß „jede Technik der Produktion eine Veränderung des Verhaltens des einzelnen erfordert – nicht nur der Fähigkeiten, sondern auch der Haltungen" (18). Daß seine Bezugnahme auf einen heute unpopulären Text, *Das Kapital* von Karl Marx, auf den letzten Seiten einer Untersuchung des perversen Begehrens mit Verweisen auf Peirce und Freud – selbst Autoren, die in den zeitgenössischen feministischen, lesbischen und homosexuellen Studien nicht gerade große Popularität genießen – zusammentrifft, ist vielleicht doch kein Zufall.

Übersetzung aus dem Englischen: Elly Großebner

Anmerkungen

[1] Dieser Titel, *The Practice of Love*, hat mich nicht mehr losgelassen, seit ich Valie Exports Film *Die Praxis der Liebe* (1984) sah. Ich bin ihr zu Dank dafür verpflichtet, daß sie mir gestattet hat, den Titel für mein Buch zu übernehmen.

[2] In Freuds Neuformulierung der Ich-Spaltung, so heißt es in einer Anmerkung der Herausgeber der englischen *Standard Edition*, „ist das Thema mit der weitreichenderen Frage der ‚Veränderungen des Ichs' verbunden, welche unausweichlich durch Abwehrvorgänge herbeigeführt werden. Damit wiederum hatte sich Freud kurz zuvor beschäftigt – in seiner behandlungstechnischen Arbeit ‚Die endliche und die unendliche Analyse' (1937 c, insbesondere Abschnitt V) – die uns jedoch wieder zu früheren Zeiten zurückbringt, zur zweiten Arbeit über Neuropsychosen der Abwehr (1896b) ... und zu dem noch älteren Entwurf K aus den Briefen an Wilhelm Fließ (1950a)" (SE 23: 274).

[3] Die Gedanken über Peirce in diesem und den folgenden Absätzen bauen auf S. 172–83 in *Alice Doesn't* auf, hin und wieder wird wörtlich zitiert, aber der Vergleich mit Freud, um den es mir hier geht, wurde dort nur angedeutet (181).

[4] „Ein Zeichen oder Repräsentamen ist etwas, das für jemanden in einer bestimmten Hinsicht oder in einer bestimmten Position für etwas steht. Es spricht jemanden an, das heißt, es ruft im Denken dieser Person ein entsprechendes Zeichen hervor, oder vielleicht ein höher entwickeltes Zeichen. Dieses Zeichen, das es hervorruft, nenne ich *Interpretant* des ersten Zeichens. Das Zeichen steht für etwas, sein *Objekt*. Es steht nicht in jeder Hinsicht für dieses Objekt, sondern in bezug auf eine Art von Idee, die ich manchmal die *Grundlage* der Vorstellung nenne" (Peirce 2.228).

* Der Begriff „habit", hier mit „Gewohnheit" wiedergegeben, ist bei Peirce in einem weiteren Sinn gefaßt und meint in erster Linie die Regel, nach der Verhalten sich bestimmt: „Um seine (des Denkens, A. d. Hrsg.) Bedeutung zu entfalten, müssen wir daher einfach bestimmen, welche Gewohnheiten es erzeugt, denn was es bedeutet, ist einfach, welche Gewohnheiten es einschließt. ... Was die Gewohnheit ist, hängt davon ab, wann und wie sie uns zu handeln veranlaßt." Charles S. Peirce, Über die Klarheit unserer Gedanken, Fft./Main ³1985, S. 59. (Anm. d. Hrsg.)

Bibliographie:
Bass, Alan. „Fetishism, Reality, and ‚The Snow Man'". American Imago 48 (Herbst 1991): 295–328.
Colapietro, Vincent M. Peirces Approach to the Self: A Semiotic Perspective on Human Subjectivity, Albany: State University of New York Press, 1989.
Copjec, Joan. „Cutting Up." Between Feminism and Psychoanalysis, Hrsg. Teresa Brennan. London: Routledge, 1989. 227–46.
Davis, Whitney. „HomoVision: A Reading of Freud's ‚Fetishism'". Genders 15 (Winter 1992): 86–118.

de Lauretis, Teresa. Alice Doesn't: Feminism, Semiotics, Cinema. Blooming-
ton: Indiana University Press, 1984.
– The Practice of Love: Lesbian Sexuality and Perverse Desire. Bloomington:
Indiana University Press, erscheint 1994.
Eco, Umberto. „Peirce and the Semiotic Foundations of Openness." The Role
of the Reader. Explorations in the Semiosis of Texts. Bloomington: Indiana
University Press, 1979.
Felman, Shoshana. Jacques Lacan and the Adventure of Insight: Psychoanalysis
in Contemporary Culture. Cambridge, Mass.: Harvard University Press, 1987.
Foucault, Michel. Sexualität und Wahrheit. Der Wille zum Wissen. Frankfurt:
Suhrkamp, 1989.
Sexualität und Wahrheit. Der Gebrauch der Lüste. Frankfurt: Suhrkamp, 1991
– Sexualität und Wahrheit. Die Sorge um sich. Frankfurt: Suhrkamp, 1992.
– „Technologies of the Self." Technologies of the Self: A Seminar with Michel
Foucault. Hrsg. Luther H. Martin, Huck Gutman, Patrick Hutton. Amherst:
University of Massachussetts Press, 1988. 16–49.
Freud, Anna. Das Ich und die Abwehrmechanismen. Wien: Internationaler
Psychoanalytischer Verlag, 1936.
Freud, Sigmund. The Standard Edition of the Complete Psychological Works
of Sigmund Freud. Übers. und Hrsg. James Strachey. 24 Bd. London:
Hogarth Press, 1953–74.
Die Originalzitate wurden den folgenden Ausgaben entnommen:
Freud, Sigmund. Gesammelte Werke. Frankfurt: Fischer, 1940–1978.
Freud, Sigmund. (Werke) Studienausgabe. Hrsg. Alexander Mitscherlich.
Frankfurt: Fischer, 1982.
Freud, Sigmund. Werke im Taschenbuch. Hrsg. Ilse Gubrich-Simitis. Frankfurt:
Fischer, 1992.
Lacan, Jacques. Die vier Grundbegriffe der Psychoanalyse. Hrsg. Norbert
Haas. Olten: Walter, 1978.
Laplanche, Jean. Leben und Tod in der Psychoanalyse. Olten & Freiburg i.
Br.: Walter, 1974.
Laplanche, Jean, und J.-B. Pontalis. Das Vokabular der Psychoanalyse. Frank-
furt: Suhrkamp, 1972.
Peirce, Charles Sanders. Collected Papers. Bd. 1–8. Cambridge: Harvard
University Press, 1931–1958.

Teresa de Lauretis
TRIEB AND HABIT: READING FREUD WITH PEIRCE

This essay is drawn from part III of my forthcoming book, *The Practice of Love*, in which I read Freud's theory of sexuality as, in effect, a theory of perversion and propose a model of perverse desire based on Freud's notion of disavowal [Verleugnung] and an unorthodox reading of fetishism.[1] Here I will consider (1) how disavowal may be envisaged as a general psychic mechanism, not limited to one particular perversion; (2) how sexuality may be envisaged as a *process* of sexual *structuring*, rather than a stable or fixed psychic structure; (3) how Peirce's notion of semiosis may be a useful interpretant or way of conceptualizing the process of sexual structuring; and (4) how semiosis may serve to identify the process by which the social subject is produced as a sexual subject—in other words, how semiosis may serve as the theoretical juncture or point of articulation of Freud's psychosexual view of the ego's internal world with Foucault's theory of sexuality as a social technology and a practice of the self.

Two characteristics of Freud's thought that I find particularly congenial are (1) its ambivalence or systematic instability which, while pursuing a theoretical object—be it the concept of fantasy, sexuality, the ego, or seduction—is less interested in fixing its definition than in registering its transformations or alterations under, so to speak, one's theoretical eyes; and (2) its retroactivity, the returning over time to prior formulations and reframing them through a perspectival shift. Such is the kind of thinking that has lead to the two successive models of the psychic apparatus, one topographical (in *The Interpretation of Dreams*) and the other structural (in *The Ego and the Id*); to the radical reformulation of the nature of the drives (in *Beyond the Pleasure Principle*); to the late 1920s and 1930s revisions in his theory of female sexuality; or to the reconsideration of fetishism itself, from the *Three Essays* edition of 1915 to the "Fetishism" paper of 1927 and finally the two papers of 1938.

Toward the very end of his life (at 82 and dying of cancer in London, a refugee from Nazi-occupied Vienna), Freud returned to the concept of disavowal in the unfinished "Splitting of the Ego in the Process of Defence" (1940 [1938]) and "An Outline of Psycho-Analysis" (1940 [1938]); there, again exemplifying it by reference to fetishism, he specifically linked disavowal to ego defenses, a question with which he was most concerned at the time, possibly through discussions with his daughter Anna Freud, who had just published her own major work, *The Ego and the Mechanisms of Defence* (1937 [1936]).[2] In "An Outline of Psycho-Analysis," the disavowal of portions of the external world and the psychical split consequent upon holding two contrary beliefs are recast as a general psychic process obtaining in psychoses and neuroses as well:

The childish ego, under the domination of the real world, gets rid of undesirable instinctual demands by what are called repressions. We will now supplement this by further asserting that, during the same period of life, the ego often enough finds itself in the position of fending off some demand from the external world which it feels distressing and that this is effected by means of a *disavowal* of the perceptions which bring to knowledge this demand from reality. Disavowals of this kind occur very often and not only with fetishists. ... The disavowal is always supplemented by an acknowledgement; two contrary and independent attitudes always arise and result in the situation of there being a splitting of the ego. Once more the issue depends on which of the two can seize hold of the greater intensity. (SE 23: 203—204)*Freud then goes on to say that, in the case of neuroses, one of the two attitudes belongs to the ego and the other, which is repressed, to the id. The difference between these two instances of ego splitting, neurosis and fetishism, then, "is essentially a topographical or structural one, and it is not always easy to decide in an individual instance with which of the two possibilities one is dealing." But in both cases, "whatever the ego does in its efforts of defense, whether it seeks to disavow a portion of the real external world or whether it seeks to reject an instinctual demand from the internal world, its success is never complete and unqualified"; for, he concludes, "little of all these processes becomes known to us through our conscious perception" (204).*

The passage calls for several considerations. First, it indirectly reproposes, now in relation to ego defenses, the tropical image of neurosis and perversion as the respective positive and negative of each other, which was elaborated in the *Three Essays* in relation to sexuality. Second, it reiterates in this new context the impossibility of making a formal distinction between normal and pathological effects of disavowal, even within a single individual (earlier on, in "Fetishism", Freud had stated that "though no doubt a fetish is recognized by its adherents as an abnormality, it is seldom felt by them as the symptom of an ailment accompanied by suffering" [SE 21: 152]). Third, both repression and disavowal are presented as ego defenses, on a par with one another if with different outcomes. Indeed it can be argued that, whereas repression was the cornerstone of psychoanalysis "as the defense mechanism that gave the greatest insight into the structure of the psychic apparatus," the new emphasis on disavowal as general defensive strategy shifts the focus in Freud's understanding of psychic reality: "the generality of disavowal can change our view of the 'external' world, just as repression had changed our view of the 'internal' world" (Bass 320). Fourth, the ego is no longer the undivided seat of consciousness. The process of a splitting of the ego in disavowal, Freud writes, "seems so strange to us because we take for granted the synthetic nature of the processes of the ego. But we are clearly at fault in this. The synthetic function of the ego, though it is of such extraordinary importance, is subject to particular conditions and is liable to a whole number of disturbances" (SE 23: 276). Seen in light of the second model of the psyche —where the subject's internal world is comprised of ego, id, and superego— the ego cannot be identified or coextensive with the agency of consciousness. Rather, as I have argued in "Freud, Sexuality, and Perversion" (chapter 1 of *The Practice of Love*), and as Freud's emphasis on perception here remarks, it is a "body-ego," a frontier and a site of incessant negotiations between the demands of id and superego, on one front, and those of external reality on the other; that is to say, between the subject's internal or psychic reality and the external world. Similarly, the two agencies Cs. and Ucs. are no longer sealed off from each other by the threshold of censorship (repression) as they were in the earlier conceptualization of the psyche; here, they both and equally incessantly engage the ego in its dealing with the external world.

In Chapter 1 I suggested an analogy between this formulation of the ego's relations to id and superego, and the relative position of "normal" sexuality (i. e., the projection of a successfully Oedipalized sexuality) vis-à-vis perversion and neurosis. If the ego, in effect, appears to consist in its defenses from the instinctual demands of id and superego, and from the external world-defenses that are characterized by varying degrees of repression or whose modalities are conscious and unconscious-then sexuality can be seen to consist of positive and negative perversions, depending on the degree of repression involved. I would now extend the analogy and suggest that, just as the ego, by dint of its various processes of internal and external defense, is subject to continuous alterations, so can sexuality be seen to consist in a series of alterations, a succession of instinctual investments in object-cathexes (some of which will be called normal and others perverse in a given socio-cultural context). In this sense, sexuality appears less a stable structure, set in place once and for all in the Oedipal or pubertal period, than a relatively open-ended *process* of *sexual structuring*, overdetermined by vicissitudes and contingencies in the subject's internal *and* external worlds.

Thus, for instance, according to Whitney Davis, the passage from the prefetishism of "the normally neurotic, preperverse mode of masculinity that Freud labels 'aversion to the female genitals'" ("Homovision" 97) to fetishism proper, in a given subject, would consist in a second denegation, a further compromise formation or a reinforcement of the first compromise, under a continuing or stronger threat of castration. In other words, the difference between perversion and normal neurosis, with respect to disavowal, would be a matter of degrees, of more or less disavowal, and thus of the contingencies of one individual history. Davis's exploration of fetishism in its relation to (repressed) male homosexuality is only tangentially relevant to my project, but his argument that disavowal also occurs in the "prefetishist-the normally neurotic, preperverse male" (97), does converge with Freud's view of disavowal as a general psychic process, not limited to one particular perversion.

Having advanced the idea that the body-ego (with its conscious and unconscious defenses: disavowal, repression, etc.) is subject to continuous negotiations with both the internal and external worlds, I must refer to an earlier work in which I sought to articulate the relations of the subject to the world of signs and to locate subjectivity, through the concept of experience, in the area of theoretical overlap between semiotics and psychoanalysis ("Semiotics and Experience," *Alice Doesn't* 158—86). My concern in that book was with representation, and its primary emphasis fell on semiotics as a theory of signs, a theory of signifyng systems as well as of the conditions of sign production. However, in proposing that the subject of semiotics is at once producer and interpreter of signs, and thus "physically implicated or bodily engendered in the production of meaning, representation and self-representation" (183), my study reached toward the domain of psychoanalysis: the psychic apparatus with its primary and secondary processes, the drives and their vicissitudes, and the unconscious and conscious defenses that constitute the subject as a bodily ego were an integral, though as yet unintegrated, part of the terrain I began to map out in that book for a semiotic approach to subjectivity.

I now would like to look more closely at the conceptualization of the subject in Freud's theory of sexuality and Charles Sanders Peirce's theory of semiosis, two theories that are roughly contemporary chronologically but seem otherwise quite distant, if not incompatible. My purpose in doing this is to articulate more precisely the join of the psychic to the social by focusing, this time, on sexuality as one particular instance of a more general process that links subjectivity to social signification and material reality. In *Alice Doesn't,* drawing on Peirce's theory of interpretants, in particular the concept of habit-change, I redefined experience as a complex of habits, dispositions, associations, perceptions, and expectations resulting from the continuous semiosic interaction of the self's "inner world" with the "outer world." The Peircian worlds-most obviously the former-are not strictly coterminous with the ego's internal and external worlds in Freud's second model of the psyche, but are homologous to them; for in both theories the epistemological function of the notions of inner and outer, and internal and external worlds is to account for the constructedness of subjectivity and its overdetermination by the social (on Peirce's semiotic view of subjectivity, see Colapietro).

What bridges or connects Peirce's outer and inner worlds is the chain of interpretants, an ongoing series of semiotic mediations linking objects, signs, and events of the world to their "significate effects" in the subject—a subject that can thus be said to be "the place in which, the body in whom, the significate effect of the sign takes hold and is real-ized" (*Alice Doesn't* 182—83). Freud's ego, I have argued here, is a frontier creature, a site of negotiations—an open border, so to speak—between internal or instinctual pressures and external or societal demands. In a semiotic perspective, then, the ego's alterations resulting from its defenses may be seen as an ongoing series of mediations which the ego performs or which are performative for the ego in relation to its internal and external worlds. In this perspective, the ego's mechanisms of defense appear homologous to Peirce's interpretants: they have a similarly constitutive function vis-à-vis the ego as the interpretants have vis-à-vis the subject in semiosis. To clarify this statement I briefly summarize the argument of my earlier work.[3]

Peirce names interpretant the dynamic structure that supports the nexus of object, sign, and meaning, as well as the process of mediation itself. A series of interpretants, or "significate effects" (I insist on this term which conveys the processual and open-ended nature of meaning), sustains each instance of semiosis, each instance of the unending process of mediations or negotiations between the self and the world; that is to say, each moment of what, for the subject, is an imperceptible passage from object (or event, in the outer world) to sign (mental or physical representation) to meaning effect (in the inner world) is conceptualized by Peirce as an interpretant. Interpretants are not only mental representations: there are, of course, "intellectual" interpretants (concepts), but there are also "emotional" and "energetic" interpretants. For example, the significate effect produced by a sign such as the performance of a piece of music may be only a feeling; such a feeling is an *emotional interpretant* of that sign. However, through the mediation of the emotional interpretant, a further significate effect may be produced, which may be a mental or a "muscular exertion"; this would be an *energetic interpretant*, for it involves an "effort," whether mental or physical. The third type of effect that may be produced by the sign is "a *habit-change*": "a modification of a person's tendencies toward action, resulting from previous experiences or from previous exertions" (*Collected Papers* 5.491). This is the final or "ultimate" significate effect of the sign, Peirce writes, designating it the *logical interpretant*: "The real and living logical conclusion [of the series of mediations that makes up this particular instance of semiosis] is that habit." But he quickly qualifies the designation "logical":

The concept which is a logical interpretant is only imperfectly so. It somewhat partakes of the nature of a verbal definition, and is as inferior to the habit, and much in the same way, as a verbal definition is inferior to the real definition. The deliberately formed, self-analyzing habit—self-analyzing because formed by the aid of analysis of the exercises that nourished it—is the living definition, the veritable and final logical interpretant. (5.491)

Therefore, as I argued in *Alice Doesn't*, the final interpretant is not logical in the sense in which a syllogism is logical, or because it is the result of an intellectual operation such as deductive reasoning, but rather because it makes sense out of the emotion and muscular/mental effort that preceded it by providing a conceptual representation of that effort. Peirce uses the term *habit* rather widely, to include "associations" and even "dissociations," although he does at one point join habit to belief and conscious purposefulness: "A practical belief," he states, "may be described as a habit of deliberate behavior"; but he qualifies the statement by adding that "the word 'deliberate' *is hardly completely defined* by saying that it implies attention to memories of past experience and to one's present purpose, together with self-control" (5.538; emphasis added). The purposefulness of habit, in other words, is not merely rational or willful; if its attentiveness to "memories of past experiences" makes me think of Freud's association of screen memories with fantasy, Peirce's own use of *habit* to denote "such a specialization, original or acquired, of the nature of a man, or an animal, or a vine, or a crystallizable chemical substance, or anything else, that he or it will behave, or always tend to behave, in a way describable in general terms upon every occasion" (5.538), recalls or resonates with Freud's notion of phylogenetic or hereditary factors in mental life (*SE* 17: 121).

In "Instincts and Their Vicissitudes" Freud distinguishes between external stimuli and instinctual stimuli. The latter, originating from within the organism, cannot be mastered, like the former, by a purposeful or "expedient" muscular movement (cf. Peirce's "muscular exertion") but require the nervous system "to undertake involved and interconnected activities by which the external world is so changed as to afford satisfaction to the internal source of stimulation." However, there is nothing to prevent us, he concludes, from "supposing that the instincts themselves are, at least in part, precipitates of the effects of external stimulation, which in the course of phylogenesis have brought about modifications in the living substance" (SE 14: 120). Elsewhere, elucidating the separate developments of the libido and the ego-instincts, he writes that both "are at bottom heritages, abbreviated recapitulations of the development which all mankind has passed through from its primaeval days over long periods of time" (SE 16: 354); and the primal fantasies themselves are "a phylogenetic endowment" (SE 16: 371).

My intention here is not to trace easily arguable parallels in Peirce's and Freud's epistemological assumptions or backgrounds, but rather to stress that Peirce's habit is not a purely mental, rational, or intellectual result of the semiosic process. While it is a mental representation, it is so in the sense in which Freud speaks of mental life as psychic reality, a domain where the mental is always implicated with the somatic. Put another way, habit or habit-change is the final interpretant or representative of a somatic-mental process (semiosis) not unlike the way in which the drive becomes perceptible in its representations or signifiable through its representatives. Thus, while Freud's specific elaboration of the unconscious is quite absent from Peirce's work, one may nevertheless, today, reread the notion of habit-change as the end result of mental processes that may be in part or wholly unconscious; in turn, habit might be thought of as one element involved in, for example, repetition compulsion. Indeed, when Laplanche and Pontalis explain that in Freud "unconscious wishes tend to be fulfilled through the restoration of signs which are bound to the earliest experiences of satisfaction" and that the "restoration operates according to the laws of primary processes" (*The Language of Psycho-Analysis* 481), I see no reason why it would be wrong to infer that those early experiences could have resulted in signs whose final interpretants were unconscious habits. Unconscious wishes, therefore, might be thought of as the significate *effects* of those early experiences as well as *causes* for the re-presentation—be it through symptom-formation, hallucination, dream images, or fetishes—of the *signs* that fulfill(ed) them.

On the other hand, Lacan absolutely denies the kinship of the unconscious with instinct as "archaic function" (Freud's phylogenesis). Although an idea of the unconscious as "veiled presence of a thought to be placed at the level of being before it is revealed" existed long before Freud (Edward von Hartmann first used the term in his *Philosophie des Unbewußten* in 1869), Lacan insists that "whatever reference Freud makes to it ... has nothing to do with the Freudian unconscious, nothing at all, whatever its analytic vocabulary, its inflection, its deviations may be" (*The Four Fundamental Concepts of Psycho-Analysis* 126). In his "new alliance with the meaning of the Freudian discovery," Lacan programmatically declares himself concerned only with "the Cartesian subject," the subject who is an effect of "speech," and not of any "substance," "pathos," "suffering," etc.; he thus excludes from his purview the instinctual, somatic, and material components of Freud's drives and, ironically, of Peirce's semiosis as well. But, as Laplanche remarks citing Freud, the drive leans or is propped up on a "bodily function essential to life" (16). Thus, when the Peircian notions of interpretant and habit-change are evoked or explicitly invoked by those Lacanian theorists concerned with the efficacy of analytic practice and interpretation (Felman, *Jacques Lacan and the Adventure of Insight* 125 and 140) or with the real as cause of psychic reality (Copjec 239), one may suppose that they do so because Peirce's interpretant and habit-change, in joining subjectivity to the social as a confrontation with material reality, also confer upon the subject a historical dimension. (For a fuller discussion of this point and a comparison of Peirce's and Lacan's formulations of the subject's relation to, respectively, the sign and the signifier, I must refer the reader to *Alice Doesn't* 178—81.)

It is these particular aspects of the concept of habit-change as I have elaborated it—the somatic, material, and historical dimensions it inscribes in the subject—that are especially important to me in conceptualizing sexuality as a *process of sexual structuring*, a process overdetermined by both internal and external forces and constraints. The homology I see between the subject of semiosis and Freud's bodily ego allows me to envisage sexuality itself as a semiosic process in which the contingencies of both a personal and a social history produce the subject as their shifting point of intersection. Or, looking at it another way, sexuality appears as a semiosic process in which the subject's desire is the result of a series of significate effects (conscious and unconscious interpretants, so to speak) that are contingent upon a personal *and* a social history; where by history I mean the particular configurations of discourses, representations, and practices—familial and broadly institutional, cultural and subcultural, public and private—that the subject crosses and that in turn traverse the subject, according to the contingencies of each subject's singular existence in the world. I want to argue that sexuality is one form of (self-)representation and fantasy is one specific instance of the more general process of semiosis, which enjoins subjectivity to social signification and to reality itself. One might ask, at this point, whether the concept of semiosis is a useful analogy, a useful theoretical interpretant, for intrapsychic processes in Freud's internal world, as well as for the ways in which external factors influence and shape, from its very beginning, the subject's *sexual* existence. With regard to the internal world, consider Laplanche's description of the infantile subject's relation to the object.

On the one hand there is from the beginning an object, but ... on the other hand sexuality does not have, from the beginning, a real object. It should be understood that the real object, milk, was the object of the function, which is virtually preordained to the world of satisfaction. Such is the real object which has been lost, but the object linked to the autoerotic turn, the breast—become a fantasmatic breast—is, for its part, the object of the sexual drive. Thus the sexual object is not identical to the object of the function, but is displaced in relation to it. ... The object to be rediscovered is not the lost object, but its substitute by displacement; the lost object is the object of self-preservation, of hunger, and the object one seeks to refind in sexuality is an object displaced in relation to that first object. From this, of course, arises the impossibility of ultimately ever rediscovering the object, since the object which has been lost is not the same as that which is to be rediscovered. (Life and Death in Psychoanalysis 19—20)

Compare this with Peirce's distinction, à propos of the relation of sign to object, between "the Dynamical Object" and "the Immediate Object." The former is external to the sign and corresponds to the referent in linguistics or to the real object in common language (it is, he writes, "the Reality which by some means contrives to determine the Sign to its Representation"), whereas the latter is a representation internal to the sign ("the Object as the sign itself represents it, and whose Being is thus dependent upon the representation of it in the Sign") (4.536). The difference between dynamic and immediate objects is given by the latter's relation to "the ground of the representation" (the setting or context which makes pertinent certain features of the object in/for the representation).[4] Umberto Eco explains the distinction thus:

Signs have a direct connection with Dynamic Objects only insofar as objects determine the formation of a sign; on the other hand, signs only "know" Immediate Objects, that is, meanings. There is a difference between the object of which a sign is a sign and the object of a sign; the former is the Dynamic Object, a state of the outer world; the latter is a semiotic construction. ("Peirce and the Semiotic Foundations of Openness" 193)

The difference between dynamic object and immediate object is analogous, I suggest, to the one Laplanche postulates between the breast with milk (the object of hunger or self-preservation) and the fantasmatic breast (the sexual object, the lost object one seeks to refind in sexuality), a difference that he describes as a substitution by displacement: the two objects "are in a relation of essential *contiguity* which leads us to slide almost indifferently from one to the other, from the milk to the breast as its symbol" (20). (Similarly, by the way, the immediate object, transposed in the Saussurian system and equated to the signified, is often assimilated and made to slide into the referent, the dynamic object.) Both the sexual object constructed in fantasy and the immediate object constructed in semiosis are contiguous but displaced in relation to the real; and hence the homology of fantasy (in sexuality) and semiosis with regard to the subject's relation to the object of representation.

Freud, too, stresses the instinct's *displacement* in relation to the object and the latter's mutability in the course of the former's vicissitudes.

The object [Objekt] of an instinct is the thing in regard to which or through which the instinct is able to achieve its aim. It is what is most variable about an instinct and is not originally connected with it, but becomes assigned to it only in consequence of being peculiarly fitted to make satisfaction possible. The object is not necessarily something extraneous: it may equally well be a part of the subject's own body. It may be changed any number of times in the course of the vicissitudes which the instinct undergoes during its existence; and highly important parts are played by this displacement of instinct. (SE 14: 122— 23; emphasis added)

In the phrase *becomes assigned* one can read a sort of motivation for the object, namely, its fitness or suitability to provide satisfaction: an(y) object— a real object, so to speak—can become the object of the instinct, can become a sexual object, by virtue of that (real) object's fitness to provide satisfaction. It seems to me that a very similar notion of motivation informs Peirce's notion of *ground* as that which underlies the semiosic passage from dynamic object to immediate object and determines the suitability of the latter; that semiosic passage or movement is, in effect, a displacement of the real object into its representation in the sign.

Indeed Laplanche's definition of sexuality—a recasting of Freud's four-term articulation of the concept of drive in "Instincts and Their Vicissitudes," premised with the crucial comment that "the drive properly speaking, in the only sense faithful to Freud's discovery, *is* sexuality"—reads like the description of a semiosic process: "Sexuality, in its entirety, in the human infant, lies in a movement which deflects the instinct, metaphorizes its aim, displaces and internalizes its object, and concentrates its source on what is ultimately a minimal zone, the erotogenic zone" (*Life and Death in Psychoanalysis* 23). The kind of movement rendered by *deflects, metaphorizes, displaces,* and *internalizes,* I suggest, is quite akin to the representational work of interpretants; for them, as for the sexual drive, the real object is lost and *is not the same* as the one which is found or resignified in semiosis. Thus the dynamic structure of semiosis can usefully account—is a useful interpretant—for intrapsychic processes. Does it also offer a useful interpretant for the external or interpsychic factors that overdetermine a subject's experience of sexuality?

After examining the drive's relation to the object, Laplanche turns to elaborating its source in the erotogenic zones. These, "a kind of breaking or turning point within the bodily envelope," bear "the principal biological exchanges" (feeding, evacuation, etc.) and are thus zones of exchange and of attentive maternal care (23—24).

These zones, then, attract the first erotogenic maneuvers from the adult. An even more significant factor, if we introduce the subjectivity of the first "partner": these zones focalize parental fantasies and above all maternal fantasies, so that we may say, in what is barely a metaphor, that they are the points through which is introduced into the child that alien internal entity which is, properly speaking, the sexual excitation. (24)

At the subjective, intrapsychic, and most concrete bodily level, this psycho-analytic view corresponds to Foucault's historical view of sexuality as "an implantation of perversions" in the subject by the discursive and institutional practices (familial and more broadly social) that constitute the technology of sex. In a semiotic view or in the terms of my argument, the child's placement vis-à-vis parental fantasies may be seen to constitute the *ground* of the subject's first apperception or rudimentary representation of the sexual; say, the representational ground from which the body as dynamic object (the real body of the child as well as that of the mother) becomes the body as imme-diate object (the subject's body-image as well as the fantasmatic breast) and *as such* enters into the process of semiosis, the world of signs, through the chain of interpretants and their significate effects. In other words, if what performs the displacement of the real body onto the fantasmatic body can be seen as the semiotic displacement of a dynamic object onto an immediate object, then the reference of this representational displacement, the ground of the representation, is the parental fantasies; and from this ground are ini-tially constituted the subject's infantile fantasies. Subsequently, in the sub-ject's further interaction with the external world, these fantasies will be modi-fied through other representations and interpretants; other fantasies both private and public will provide the grounds for self-representation in sexuality and for what objects may *become assigned* to the instinct.

In the terms of this study, the process by which fetish-objects become assigned to the signification of perverse desire may be recast as follows. On the ground of a fantasy of castration as dispossession of the female body, a particular but variable and typically inappropriate object (dynamic object) becomes assigned to the sexual instinct as object (immediate object) of the subject's perverse desire. The real object may be a part of the body, cloth-ing, or other prop or element of the subjective fantasy scenario; however inappropriate it may seem to sexual ends (read: genital or reproductive ends), the fetish is "peculiarly fitted to make satisfaction possible," in Freud's words (where "peculiarly" remarks the inappropriateness, as well as the singularity, of the fetish-object), because it stands for what is absent or denied but fantasmatically wished for, and is suitable to signify at once its absence and the subject's desire for it. Foucault's term *"reverse" discourse* actually suggests something of the process by which a representation in the external world is subjectively assumed, reworked through fantasy, in the internal world and then returned to the external world resignified, rearticu-lated discursively and/or performatively in the subject's self-representation—in speech, gesture, costume, body, stance, and so forth. Therefore, as I have suggested, the popularity of *visible* masculine signifiers as lesbian fetish in Western cultures is directly proportionate to the latter's enduringly hegemonic representation of lesbianism as phallic pretension or male identification.

However, the fundamental role of fantasy in sexuality as the ground from which the socio-psycho-sexual subject is constituted through the semiosic process that assigns object to instincts is certainly not limited to the subject of perverse desire; think, for one thing, of the importance that fashion and social performance have, in all cultures and cultural (self-)representations, for the normative sexual identity of their subjects; and, for another, of the popularity of the Oedipus fantasy in Western cultures before and after Freud, a popularity so deeply grounded in cultural representations and so widely perpetuated by social arrangements that it could be not only naturalized as phylogenesis but projected onto the entire world as a universal phenomenon. Obviously Freud was neither the first nor the last to know the profound effect of the Oedipus fantasy in Western subjectivities, but by placing it at the center of the psyche and of his theory of sexuality, he articulated its *structuring role* in the social construction of sexuality as the West knows it. Thus, while the Oedipus may be a dominant, even a founding fantasy of Western representation, as I argued elsewhere (*Alice Doesn't*, ch. 5), the importance of theorizing fantasy as the semiosic ground of sexuality lies in that fantasy itself, as sociopsychic process, exceeds its historically contingent configurations, the Oedipus included. In other words, the value of Freud's theory of sexuality far exceeds the normative Oedipal fantasy that grounds it; for in analyzing how subjectivity (his own, as well as his patients') is constructed from the ground of a dominant—social *and* psychoanalytic—fiction, he intimated and opened the critical path to understanding the semiosic nature of fantasy as that which links the subject to the social through sexuality.

I began this study in chapter 1 from Freud's assertion in the *Three Essays* that the sexual instinct is *in the first instance* independent of its object (SE 7: 148). Now, in light of the various texts through which I have developed the notion of perverse desire, I think it is possible to conclude that *in the last instance* the sexual instinct *as* perverse desire is dependent on a fantasy scenario which the object evokes and helps to restage; conversely, it is in that scenario, in that restaging, that the object acquires its fantasmatic value as object. How objects may become attached to a desiring fantasy can be conceptualized as a semiosic process in which objects and bodies are displaced from external to psychic reality (from referent to object/sign, or from representation to fantasy) through a series of significate effects, habits and habit-changes. And as the subject is the place in which, the body in whom, the significate effects of signs take hold and are realized, then there is always something real in psychic fantasy: real for the subject's internal world and real for the external world, from which the fantasy is mediated and to which it returns, again mediated and to a greater or lesser extent resignified through the subject's agency in the social. For in the infinite universe of signs that is social reality, each subject is in turn object and sign. To say that sexuality is an effect of semiosis is to say that public and private fantasies, or social representations and subjective representations, work as a nexus of reciprocally constitutive effects between the subject and the social.

I will end with an observation of perhaps no greater significance than that of an interesting coincidence in the universe of signs. Several times throughout this book references have been made to Foucault, and not casually. For my study of perverse desire, although more concerned with intrapsychic than with institutional mechanisms, is premised on a conception of the sexual that is actually closer to Foucault than to Freud; namely, that individual sexual structuring is both an effect and a *condition* of the social construction of sexuality. While Foucault's *History of Sexuality* (volume I) describes the discursive practices and institutional mechanisms that implant sexuality in the social subject, Freudian psychoanalytic theory describes the subjective mechanisms through which the implantation takes, as it were, producing the subject as a sexual subject. Although I have been working through the latter, both Freud's and Foucault's theories of sexuality delineate the conceptual horizon of my study. In this chapter, in particular, I have considered sexuality as an instance of semiosis in order to identify the process by which the social subject is produced as a sexual subject and a subjectivity. To that end I have suggested that Peirce's notions of interpretant and habit-change may serve as the juncture or point of theoretical articulation of Freud's psychosexual view of the internal world with Foucault's sociosexual view, by providing an account of the manner in which the implantation of sexuality as perversion actually occurs in one subject, one body-ego. When, reading one of Foucault's last published works, which outlines his projected study of the "Technologies of the Self," I encountered the term *self-analysis* in relation to the introspective exercises and the writing of self that, according to him, defined a new experience of the self in Greco-Roman thought of the first two centuries A. D., the coincidence of that term, *self-analysis*, with Peirce's "self-analyzing habit" could hardly fail to strike me.

As Foucault's own research in volumes 2 and 3 of his *History* shifted from the macrohistory of modern sexuality in the West to "a genealogy of desiring man" (*The Use of Pleasure* 12) and thus to the microhistory of localized practices and discourses on one type of sexuality (between men and boys), his focus, too, shifted from the social to the subjective, from the technology of sex to the "technologies of the self," the discursive practices and techniques of the individual's construction of self. As he described it retrospectively, his project was *a history of the experience of sexuality, where experience is understood as the correlation between fields of knowledge, types of normativity, and forms of subjectivity in a particular culture. ... But when I came to study the modes according to which individuals are given to recognize themselves as sexual subjects, the problems were much greater. ... It seemed to me that one could not very well analyze the formation and development of the experience of sexuality from the eighteenth century onward, without doing a historical and critical study dealing with desire and the desiring subject. ... Thus, in order to understand how the modern individual could experience himself as a subject of a "sexuality," it was essential first to determine how, for centuries, Western man had been brought to recognize himself as a subject of desire. ... It seemed appropriate to look for the forms and modalities of the relation to self by which the individual constitutes and recognizes himself qua subject.* (*The Use of Pleasure* 4—6)

In the introductory volume, he had indicted psychoanalysis as complicit with the dominant power-knowledge apparati of the modern era. Here, even as he speaks of the subject of desire, Foucault pointedly sidesteps the psychoanalytic knowledge on that subject, looking instead for another approach. The whole first part of volume 3, for example, is devoted to Artemidorus's *Interpretation of Dreams* without a single reference to Freud, whose homonymous text also marked the starting point and first elaboration of his theory of desire on the basis of his *self-analysis*. It is impossible to imagine that Foucault missed these obvious analogies; indeed they must have been intended to emphasize the distance between Freud's scientific project, if based on his personal and admittedly Oedipal fantasy, and Foucault's critical genealogy of desire. But neither his pointed taking of distance from psychoanalysis nor his much greater historical distance from his materials and sources can altogether erase the effective presence of an enabling fantasy, though not an Oedipal fantasy, in Foucault's authorial subject of desire. The care with which the erotic relations between men and boys are examined, described, and pursued from Greece to Rome, through modifications in sexual ethics, to the development of "an art of existence" and the constitution of the self "as the ethical subject of one's sexual behavior" (*The Care of the Self* 238—40), more than suggests the presence of both a *self-analysis* and an enabling fantasy in Foucault's theory—the fantasy of a non-Oedipal world, beyond the Fall, perversion, repression, or Judeo-Christian self-renunciation, and sustained instead by a productively austere, openly homoerotic, virile ethics and practice of existence. It is in the context of this genealogical project, effectively a genealogy of man-desiring man, that the coincidence in the universe of signs occurs. In describing the "new experience of self" derived from introspection, from taking care of oneself, and from the practice of writing about oneself that was prominent in the second century A.D., as exemplified in Marcus Aurelius's letter to his older lover and "sweetest of masters," Foucault highlights "Marcus's meticulous concern with daily life, with the movements of the spirit, with self-analysis" ("Technologies of the Self" 28). This latter term, *self-analysis*, together with *self-exercise* (27) and other techniques "which permit individuals to effect by their own means or with the help of others a certain number of operations on their own bodies and souls, thoughts, conduct, and way of being" (18), is altogether convergent with Peirce's notion of habit, the "deliberately formed, self-analyzing habit—self-analyzing because formed by the aid of analysis of the exercises that nourished it" (5.491, cited above) as the final interpretant, the "living" effect of semiosis. The new *experience* of self Foucault describes is, in effect, a habit-change.

Finally, my understanding of sexual structuring as semiosis, as the mutual overdetermination in experience of habits, representations, fantasy, and the practice of love; or, put otherwise, my understanding of sexuality as a nexus of reciprocally constitutive effects between psychic and social realities, which entails a continuing *modification* in the subject as a body-ego, also finds a welcome coincidence in Foucault's statement that "every technique of production requires modification of individual conduct—not only skills but also attitudes" (18). But that his reference to a nowadays unpopular text, Marx's *Capital*, intersects with references to Peirce and Freud—themselves authors less than popular in contemporary feminist, lesbian, and gay studies—in these closing pages of a study of *perverse desire*, is perhaps not a coincidence, after all.

Notes:

[1] This title, *The Practice of Love*, has been with me since I saw Valie Export's film *Die Praxis der Liebe* (1984). I am very grateful to her for allowing me to use her title for my book.

[2] In Freud's new formulation of the splitting of the ego [Ichspaltung], as the *Standard Edition* editors note, "the topic links up with the wider question of the 'alterations of the ego' which is invariably brought about by the processes of defence. This, again, was something with which Freud had dealt recently—in his technical paper on 'Analysis Terminable and Interminable' (1937c, especially in Section V)—but which leads us back to very early times, to the second paper on the neuro-psychoses of defence (1896b) ... and to the even earlier Draft K of the Fliess correspondence (1950a)" (SE 23: 274).

[3] The discussion of Peirce in this and the following paragraphs builds on pp. 172—83 of *Alice Doesn't*, occasionally borrowing a phrase or a sentence verbatim, but the comparison with Freud that I am about to elaborate was no more than suggested there (181).

[4] "A sign, or representamen, is something which stands to somebody for something in some respect or capacity. It addresses somebody, that is, it creates in the mind of that person an equivalent sign, or perhaps a more developed sign. That sign which it creates I call the *interpretant* of the first sign. The sign stands for something, its *object*. It stands for that object, not in all respects, but in reference to a sort of idea, which I have sometimes called the *ground* of the representation" (Peirce 2.228).

Works Cited

Bass, Alan. "Fetishism, Reality, and 'The Snow Man'." American Imago 48 (Fall 1991): 295—328.

Colapietro, Vincent M. Peirce's Approach to the Self: A Semiotic Perspective on Human Subjectivity. Albany: State University of New York Press, 1989.

Copjec, Joan. "Cutting Up." Between Feminism and Psychoanalysis. Ed. Teresa Brennan, pp. 227—46. London: Routledge, 1989.

Davis, Whitney. "HomoVision: A Reading of Freud's 'Fetishism'." Genders 15 (Winter 1992): 86—118.

de Lauretis, Teresa. Alice Doesn't: Feminism, Semiotics, Cinema. Bloomington: Indiana University Press, 1984.

– The Practice of Love: Lesbian Sexuality and Perverse Desire. Bloomington: Indiana University Press, forthcoming in 1994.

Eco, Umberto. "Peirce and the Semiotic Foundations of Openness." The Role of the Reader: Explorations in the Semiocis of Texts. Bloomington: Indiana University Press, 1979.

Felman, Shoshana. Jacques Lacan and the Adventure of Insight: Psychoanalysis in Contemporary Culture. Cambridge, Mass.: Harvard University Press, 1987.

Foucault, Michel. The History of Sexuality. Vol. I: An Introduction. Trans. Robert Hurley. New York: Random House, 1980.

– The Use of Pleasure: Volume 2 of The History of Sexuality. Trans. Robert Hurley. New York: Random House, 1985.

– The Care of the Self: Volume 3 of The History of Sexuality. Trans. Robert Hurley. New York: Random House, 1986.

– "Technologies of the Self." Technologies of the Self: A Seminar with Michel Foucault. Ed. by Luther H. Martin, Huck Gutman, and Patrick H. Hutton, pp. 16—49. Amherst: University of Massachusetts Press, 1988.

Freud, Anna. The Ego and the Mechanisms of Defense [1937]. [The Writings of Anna Freud, vol. II] Trans. Cecil Baines. New York: International Universities Press, 1966.

Freud, Sigmund. The Standard Edition of the Complete Psychological Works of Sigmund Freud. Trans. and ed. James Strachey. 24 vols. London: Hogarth Press, 1953—74.

Lacan, Jacques. The Four Fundamental Concepts of Psycho-Analysis. Trans. Alan Sheridan. New York: W. W. Norton, 1978.

Laplanche, Jean. Life and Death in Psychoanalysis. Trans. Jeffrey Mehlman. Baltimore: Johns Hopkins University Press, 1976.

Laplanche, Jean, and J.-B. Pontalis. The Language of Psycho-Analysis. Trans. Donald Nicholson-Smith. New York: W. W. Norton, 1973.

Peirce, Charles Sanders. Collected Papers. Vols. 1—8. Cambridge: Harvard University Press, 1931—1958.

Jacqueline Rose
SEXUALITÄT IM BLICKFELD

In einem ungewöhnlichen Augenblick beschuldigt Freud Leonardo da Vinci, nicht zeichnen zu können.[1] Seine Zeichnung des anatomischen Schnitts durch den Sexualakt ist ungenau. Noch wichtiger ist das Fehlen von Lust: der Mann macht ein angeekeltes Gesicht, die Stellung ist unbequem, die Brust der Frau unschön (einen Kopf hat sie nicht). Die Darstellung ist ungenau, unbequem, unerwünscht und ohne Begehren. Darüberhinaus zeigt sie eine Vertauschung: der Kopf des Mannes sieht wie der einer Frau aus, die Füße sind im Verhältnis zur Bildfläche verkehrt gezeichnet – der Fuß des Mannes befindet sich dort, wo der der Frau sein sollte, und umgekehrt. Freuds Studie über Leonardo handelt zum Großteil vom Versagen des Künstlers, das heißt, von den Beschränkungen und Grenzen, denen sich Leonardo im Hinblick auf das, was er hätte schaffen können, gegenübersah. Freud nimmt das Versagen sehr ernst, auch wenn es jemanden betrifft, der für die Außenwelt die höchste Stufe künstlerischen Erfolges repräsentiert. In dieser Anmerkung über die Zeichnung des Sexualakts geht Freud über die sonst in Leonardos Fall größtenteils psychobiographische Deutung hinaus. Er setzt – durchaus explizit – die Unfähigkeit, den Sexualakt darzustellen, mit der Bisexualität und einem Problem des Vorstellungsraums in Beziehung. Die ungewisse sexuelle Identität schafft Verwirrung auf der Bildebene, sodaß der Betrachter nicht weiß, wo er sich im Verhältnis zum Bild befindet. Die Unklarheit auf der sexuellen Ebene bringt eine Störung im visuellen Feld mit sich.

Eine künstlerische Praxis, die sich das doppelte Ziel setzt, visuelle Formen aufzubrechen und die sexuellen Gewißheiten und Stereotypen unserer Kultur in Frage zu stellen, kann auf diesen historischen Augenblick durchaus zurückgreifen (analytisch wie künstlerisch historisch, da der Verweis auf Leonardo heute vom Bezug auf die Anfänge der Psychoanalyse selbst überlagert ist.) Nicht um die Autorität geht es dabei (die hier ja unter anderem in Frage gestellt wird), sondern um die suggestive Andeutung einer potentiellen Beziehung zwischen Sexualität und Bild. Wir wissen, daß Freuds Schriften parallel zur Entstehung der „modernen" Kunst laufen; er selbst bediente sich dieser Kunst, als er sie mit den verschwommenen Bereichen der unbewußten psychischen Vorgänge verglich, die den Gegenstand seiner analytischen Arbeit bildeten.[2] In der Anmerkung über Leonardos Versagen im visuellen Akt erkennen wir bereits die Umrisse einer spezifischen Bewegung oder Logik: daß es keine Arbeit am Bild, keine Herausforderung seiner Kraft der Illusion und Zielrichtung gibt, ohne daß nicht gleichzeitig die Tatsache der sexuellen Differenz herausgefordert würde, deren Selbstverständlichkeit Leonardos Zeichnung kurzfristig untergraben hatte.[3]

Freuds übrige Arbeiten zeigen, daß die sexuelle Differenz tatsächlich eine unschlüssige und unvollkommene Konstruktion ist. Männer und Frauen nehmen Positionen im symbolischen und polarisierten Gegensatz ein, die der vielfältigen und bisexuellen Disposition gegen den Strich gehen, wie sie Freud erstmals im Symptom (und Genie ...) fand, bevor er erkannte, daß sie sich fortdauernd und kaum verhüllt durch das gesamte normale Sexualleben des Erwachsenen zieht. Diese Trennlinien sind genau in dem Maß zerbrechlich, in dem unsere Kultur sie mit rigider Beharrlichkeit festschreibt. Sie überschneiden einander immer wieder und drohen, ineinander überzugehen. Die Psychoanalyse selbst kann daher das Fehlen dieser klaren und vollkommenen Form der Sexualität erklären, die Freud vergeblich im Bild suchte.

Freud verband die Frage der Sexualität oft mit jener der visuellen Vorstellung. Bei der Beschreibung des schwierigen Weges, den das Kind zum Sexualleben des Erwachsenen zurücklegt, nahm er kleine Szenarien oder Inszenierungen als Beispiele, die die Komplexität eines im wesentlichen visuellen Raumes demonstrierten, Augenblicke, in denen die Wahrnehmung versagt (der Knabe weigert sich, den anatomischen Unterschied zu glauben, den er sieht)[4], oder in denen die Freude am Schauen in den Exzeß umkippt (bei der Beobachtung eines Sexualaktes, in welchem es sein eigenes Schicksal liest, versucht das Kind eine Unterbrechung herbeizuführen, indem es auf sich aufmerksam macht).[5] Jedesmal liegt die Betonung auf einem Problem des Sehens. Die Sexualität liegt weniger im Inhalt dessen, was man sieht, als in der Subjektivität des Betrachters, in der Beziehung zwischen dem, was angesehen wird, und dem sich entwickelnden sexuellen Wissen des Kindes. Die Beziehung zwischen Betrachter und Szene ist immer eine des Bruches, der teilweisen Identifizierung, der Lust und des Mißtrauens. Es ist, als ob Freud die geeignetste Analogie zum Problem unserer Identität als menschliche Subjekte im Versagen des Sehens oder in der Gewalt, die einem Bild angetan werden kann, wenn es sich dem Blick anbietet, gefunden hätte. Für Freud ist unsere männliche oder weibliche sexuelle Identität, unser Vertrauen auf die Sprache als richtig oder falsch und unsere Sicherheit gegenüber dem Bild, das wir als vollkommen oder fehlerbehaftet beurteilen, entschieden eine Phantasie;[6] Lacan nahm diesen Gedanken auf und machte ihn zum Zentrum seiner Arbeit. Diese archaischen Momente der gestörten visuellen Vorstellung, diese verwirrenden Szenen, die in der Vergangenheit unser tastend erlangtes Wissen ausdrückten und aus den Angeln hoben, können jetzt als theoretische Prototypen eingesetzt werden, um das, dessen wir uns sicher glaubten, neuerlich aus den Angeln zu heben. Daher kommt einer der Haupt(an)triebe einer Kunst, die sich heute mit dem Sexuellen in der Darstellung beschäftigt – nämlich das fixierte Wesen der sexuellen Identität als Phantasie bloßzulegen und mit derselben Geste das visuelle Feld vor unseren Augen zu stören, aufzubrechen oder zu sprengen.

Die Begegnung zwischen Psychoanalyse und künstlerischer Praxis ist daher inszeniert, allerdings nur in dem Maß, als diese Inszenierung schon stattgefunden hat. Es ist eine Begegnung, die ihre Kraft aus dieser Wiederholung bezieht, sie funktioniert wie der Erinnerungsrest von etwas, das wir bereits durchlebt haben. Die Wiederholung erhält dadurch ihre eigentliche Bedeutung und ihren Status zurück: weder mangelnde Originalität oder reine Ableitung (der häufigste Vorwurf an das Kunstwerk) noch die jüngere Praxis der Aneignung künstlerischer und photographischer Bilder zur Unterminierung ihres früheren Status, sondern Wiederholung im Sinne des Beharrens, als des ständigen Drucks von etwas Verborgenem aber nicht Vergessenen – etwas, das durch Verunklärung des Feldes der Repräsentation, in dem unsere normale Selbsterkenntnis stattfindet, erst jetzt in den Brennpunkt treten kann.

Die Affinität von Repräsentation und Sexualität beschränkt sich nicht auf das visuelle Bild. In der Tat, verglichen mit anderen Bereichen der theoretischen Analyse und Arbeit, könnte man der Erkenntnis dieser Affinität im Bereich der künstlerischen Bildsprache eine gewisse Verspätung zuschreiben.[7] In einer seiner wichtigsten selbstkritischen Arbeiten[8] unterstrich Barthes die Rolle der Psychoanalyse bei der Verlagerung seines früheren Konzepts ideologischen Sinns in Richtung einer Kritik der Möglichkeit von Sinn als solchem. In seinen Fallstudien hatte Freud in zunehmendem Maß gezeigt, daß die Krankengeschichte des Patienten nicht aus einer Wahrheit bestand, die es hinter der in der Analysesituation hervortretenden Assoziationskette zu entschlüsseln galt. Sie steckte vielmehr in dieser Kette und im Vorgang des Hervortretens, den die Analyse herbeiführte. Lacan sah darin sofort die Kette der Sprache, die von Einheit zu Einheit gleitet und aus der Beziehung zwischen den Begriffen Bedeutung erzeugt. Ihre Wahrheit gehört dieser Bewegung an und nicht einer früheren Beziehung, die dieser Bewegung äußerlich wäre. Die Differenzen der Sprache sind an sich beliebig und veränderlich: die Sprache baut auf einem Kontinuum auf, das in einzelne geschlossene Einheiten zerfällt, unter denen die sexuelle Differenz nur die augenfälligste ist. Die Fixierung der Sprache und die Fixierung der sexuellen Identität gehen Hand in Hand; sie vertrauen aufeinander und teilen dieselben Formen der Instabilität und des Risikos. Lacan interpretierte Freud über die Sprache, aber er arbeitete implizit auch heraus, wie Sexualität in allen Praktiken des Zeichens am Werk ist. Die Literatur der Moderne könnte sicherlich neben den syntaktischen und narrativen Verschiebungen, für die sie am besten bekannt ist, ein Oszillieren im sexuellen Bereich aufzeigen, eine Art Verdunkelung der sexuellen Schicklichkeit, auf der die verfeinerte Welt der realistischen Literatur im 19. Jahrhundert aufbaute. Obwohl der Gegensatz zwischen den beiden Formen der Literatur oft überbewertet wurde, ist es keinesfalls Zufall, daß Barthes als Beispiel für die Spannung zwischen „leserbezogener" und „schriftstellerbezogener" Literatur eine Geschichte (Balzacs *Sarrasine*) heranzog, in der sich das Rätsel der Handlung um einen Kastraten dreht.[9] Das unentschlüsselbare Geschlecht der Figur trägt zu den Schwierigkeiten und zur Freude am Text bei.

Es ist angebracht, bei den Implikationen dieser Umstände für eine moderne und postmoderne künstlerische Praxis zu verweilen, die zunehmend im Sinne einer Problematik der Interpretation und einer Theorie des Zeichens verstanden wird. Wieder sind die historischen Verbindungen von Bedeutung. Für Freud ist die moderne Malerei ein Sinnbild des Unbewußten. Die Aussetzung des Referenten in der Moderne mit ihrer Betonung der Reinheit des visuellen Signifikanten ist wiederum mit Saussure in Verbindung zu bringen, der zur gleichen Zeit das Konzept der Sprache als Referenzsystem kritisierte und die

Arbitrarität des Zeichens (den Vorrang des Signifikanten gegenüber der Sprache als Nomenklatur der Welt) unterstrich. Lacan schließt letztlich einfach den Kreis, indem er Saussure zu Freud zurückführt. Das Unbewußte zeigt, daß die normalen Unterscheidungen von Sprache und Sexualität den Diktaten eines willkürlichen Gesetzes gehorchen, das jede Möglichkeit des Subjekts zur Bezugnahme untergräbt, da das „Ich" nicht mehr als Entsprechung einer vorgegebenen und dauerhaften Identität psychosexueller Natur gesehen werden kann. Das Problem der psychischen Identität ist daher dem Problem des Zeichens immanent.

Dieselbe Verbindung (von Sprache und Unbewußtem) kann zum Übergang zur Postmoderne hergestellt werden, die als Rückkehr zum Referenten interpretiert wurde, doch zum Referenten als Problem, nicht als Gegebenheit.[10]

Unmengen kultureller Artefakte erinnern uns an etwas, was wir erkennen, allerdings in einer Form, die sich jeder Logik desselben widersetzt. Die Objekte vor den Augen des Betrachters können nicht eingeordnet werden: in ihrer disjunktiven Beziehung zueinander stellen sie ein härteres Problem für das Sehen dar, als das der Fall war, als die Referenz einfach ausgeschlossen wurde. Vor allem – um zur Analogie der Analysesituation zurückzukehren – erfordern diese Bilder eine Interpretation, die sie weder in einer Einheit zusammenfaßt, noch sich bemüht, hinter ihnen ein Reich der Wahrheit zu finden. Die einzige mögliche Interpretation ist eine, die ihre Fragmentierung einer kulturellen Welt wiederholt, die sie sowohl widerspiegeln als auch zurückweisen.

An jedem Punkt dieser Übergänge – künstlerisch wie theoretisch – wird auf fundamentale Weise etwas von dem in Frage gestellt, wie wir unsere eigene Subjektivität erkennen und auf sie reagieren, wie auf eine scheinbar vertraute Welt, eine Welt, die wir kennen und nicht kennen. In jedem dieser Fälle sind es aber gerade die psychoanalytische Konzepte des Unbewußten und der Sexualität, vor allem in ihrer Beziehung zur Sprache, die verloren zu sein scheinen.

Das Schwergewicht, das die Moderne auf die Reinheit des visuellen Signifikanten legt, löst sich leicht in fast mystische Kontemplation auf. Die Sprache kann dazu eingesetzt werden, um die Glätte des visuellen Bildes aufzubrechen, aber diese Sprache ist das reine Zeichen ohne die psychoanalytische Auffassung vom Zeichen. Kulturelle Artefakte werden als Bilder in Bildern dargestellt, um ihnen die Werte zu nehmen, die sie natürlicherweise zu verkörpern scheinen, aber die grundlegende sexuelle Polarität dieser Kultur wird nicht berücksichtigt. Letztendlich sieht man den Sinn in diesen Bildern als eine Ergänzung, eine Allegorie oder ein Fragment, ohne sexuelle Spur – der Begriff der Textualität wird aus der Theorie der Psychoanalyse und Literatur entlehnt, jedoch ohne die sexuelle Definition, die sein wichtigster Antrieb und Stützpfeiler war.

In einer Vielzahl von Beispielen treten Sprache, Sexualität und Unbewußtes in ihrer Beziehung zueinander als Präsenz/Absenz auf; alle Augenblicke streifen daran oder rufen sie hervor, ehe sie verschwinden. Die Elisionen können schematisch aufgelistet werden:

– die Reinheit des visuellen Signifikanten und das Unbewußte als Mythos (ohne Sprache);

– die Sprache als Bruch der Ikonenhaftigkeit des visuellen Zeichens (ohne Unbewußtes);
– kulturelle Artefakte als Anklage gegen Stereotype (ohne sexuelle Differenz);
– das Lesen als Ergänzung, Vorgang oder Fragment (ohne sexuelle Determiniertheit des Signifikanten oder des visuellen Raumes).

Genau hier treten die Künstler auf, die sich mit der sexuellen Darstellung beschäftigen (das heißt, etwas als sexuell darstellen), sie evozieren die sexuelle Komponente des Bildes, entlocken ihm ein Schwergewicht, das in potentia in den verschiedenen Beispielen existiert, die ihr Erbe sind und an denen sie Anteil haben.[11] Ihr Vorgehen ist daher kein (moralisches) Korrektiv. Sie bedienen sich der Tendenzen, die sie zu verdrängen suchen, und sind zum Beispiel klar im Kontext der Postmoderne anzusiedeln, die eine Rückkehr der problematisierten Referenz fordert. Das auf der Sexualität liegende Schwergewicht ruft jedoch spezifische Wirkungen hervor. Erstens bringt es in den Begriff des kulturellen Artefakts oder Stereotyps den politischen Imperativ des Feminismus ein, der das Bild für die Reproduktion von Normen verantwortlich macht. Zweitens erweitert es diese feministische Forderung nach genauerer Untersuchung des Bildes um den Gedanken einer Sexualität, die über die Frage des Inhalts hinausgeht und die Parameter der visuellen Form in sich aufnimmt (nicht nur, was wir sehen, sondern auch wie wir sehen – der visuelle Raum als Erweiterung des Bereichs einfachen Erkennens). Das Bild unterwirft sich daher dem sexuellen Bezug, allerdings nur insoweit, als der Bezug selbst von der Arbeit des Bildes in Frage gestellt wird. Die Ästhetik der reinen Form ist an der weniger reinen Freude des Betrachtens beteiligt, diese ist jedoch wiederum Teil eines politischen Raums außerhalb der Ästhetik. Es handelt sich gleichzeitig um eine Arena der Ästhetik und Sexualität und der Kunst und Sexualpolitik. Die Verbindung zwischen Sexualität und Bild führt zu einem besonderen Dialog, für den der vertraute Gegensatz zwischen den formalen Operationen des Bildes und einer von außen wirkenden Politik keine adäquate Entsprechung ist.

Die Beschäftigung mit dem Bild hat daher etwas mit politischer Intention zu tun. Es handelt sich um eine Intention, die auch die psychoanalytischen und literarischen Theorien gewandelt hat, von denen solche Künstler beeinflußt sind. Das Modell hat nichts mit der Anwendung der Psychoanalyse auf das Kunstwerk zu tun (welche Anwendung gäbe es überhaupt, die nicht das eine auf den Bereich des anderen reduzieren oder den potentiellen Sinngehalt beider durch Deutung hemmen würde?). Die Psychoanalyse bietet eine spezifische Erklärung für die sexuelle Differenz, ihr Wert (und Unwert) für den Feminismus liegt jedoch in dem Platz, der der Frau in dieser Unterscheidung eingeräumt wird. In seinem Aufsatz über Leonardo sagt Freud selbst, daß der Knabe von dem Moment an „um seine Männlichkeit zittert", in dem er sieht, was es heißt, eine Frau zu sein.[12] Wenn die Bedeutung Schwankungen unterliegt, sobald ein Kastrat die Szene betritt, so müssen wir das so verstehen, daß unsere Gewißheit im Normalbild des Mannes liegt, und daß im Bild der Frau ihr ständig drohender Zusammenbruch impliziert ist.

Ein Feminismus, der sich mit der Frage des bewußten Sehens befaßt, kann daher diese Theorie ins Gegenteil verkehren und den besonderen und einschränkenden Gegensatz zwischen Mann und Frau betonen, zu dessen Perpetuierung jedes als makellos geltende Bild dient. Einfacher gesagt, wir wissen, daß Frauen vollkommen auszusehen, der Welt ein nahtloses Bild zu zeigen haben, so daß dem Mann angesichts seiner Konfrontation mit dem Unterschied die Wahrnehmung eines Fehlens erspart bleibt. Die Position der Frau als Phantasie hängt daher von einer besonderen Ökonomie des Blicks ab (die Wichtigkeit von „Frauenbildern" könnte daher ihren umfassendsten Sinn beziehen).[13] Vielleicht ist das auch der Grund, warum nur ein Projekt, das vom Feminismus her kommt, so eindeutig vom Bild fordern kann, daß es alle Prätentionen einer narzißtischen Perfektion der Form aufgibt.

Am äußersten Rand dieser Untersuchung könnten wir vorbringen, daß die Phantasie der absoluten sexuellen Differenz in ihrer derzeitigen Form nur aufrechterhalten werden kann, wenn die Malerei den menschlichen Körper auf das Auge beschränkt.[14] Damit hätte die Geschichte des Bildes im westlichen Kulturkreis eine besonders schwere Last zu tragen. Selbst wenn nämlich das visuelle Bild eines der wesentlichen Medien war, mit dessen Hilfe eine solche Beschränkung zum Tragen kam, konnte es nur wie ein Gesetz funktionieren, das immer schon die Bedingungen herstellte, unter denen es zu brechen ist. Man vergißt leicht, daß die Psychoanalyse das psychische Gesetz beschreibt, dem wir unterliegen, jedoch nur im Sinne seines Versagens. Dies ist wichtig für die feministische (oder jede radikale) Praxis, die oft die Notwendigkeit verspürte, für sich selbst einen völlig anderen Bereich des Psychischen und der Repräsentation zu beanspruchen. Wenn daher das visuelle Bild in seiner ästhetisch anerkannten Form dazu dient, einen bestimmten und unterdrückerischen Modus der sexuellen Erkenntnis aufrechtzuerhalten, so geschieht dies nur teilweise und zu einem gewissen Preis. Unsere Vorgeschichte ist nicht der versteinerte Block eines einzigen visuellen Raums, denn betrachtet man sie aus schrägem Winkel, so hat sie immer schon Augenblicke des Unbehagens enthalten.[15] Wir können diese monolithische Geschichtsauffassung getrost vergessen, wenn uns das die Möglichkeit gibt, eine Art Widerstand zu formieren, der im Hier und Jetzt (und nicht jenseits) der Welt, gegen die sich der Protest richtet, ausgesprochen werden kann.

Unter den frühen Skizzen des Leonardo entdeckt Freud Köpfe lachender Frauen, Bilder der Ausgelassenheit, die damals nicht in den großen Kanon seiner Kunst paßten. Wie Leonardos Bild vom Sexualakt scheinen diese Bilder Freud zu beunruhigen, als ob die darin widergespiegelte Freude irgendwo im Verhältnis zum Unbehagen in der Zeichnung des Sexualaktes stehen würde (die Zeichnung des Sexualaktes durch ihr Versagen, die Köpfe der lachenden Frauen durch ihr Übermaß). Diese Bilder, in Leonardos Schaffen nicht sehr bekannt, werden heute als Fragmente betrachtet, sie tragen aber eine Wahrheit über die Tradition in sich, die sie ausschließt, und weisen etwas seltsam Insistierendes auf, zu dem diese Künstler zurückkehren. „Teste di femmine, che ridono"[16] – es geht hier nicht so sehr um das Lachen als um die dringende Beschäftigung mit der Frage der Sexualität, die damals wie heute bestehen bleibt. Wir stehen damit weder am Anfang noch am Ende der Sache.

Übersetzung aus dem Englischen: Elly Großebner

Anmerkungen

[1] Sigmund Freud, „Eine Kindheitserinnerung des Leonardo da Vinci". Der vorliegende Essay wurde für den Katalog der Ausstellung Difference: On Representation and Sexuality, die von Dezember 1984 bis Februar 1985 im New Museum of Contemporary Art, New York, und im September und Oktober 1985 im Institute of Contemporary Arts, London, stattfand, geschrieben (S. 31–33). Kate Linker war Kuratorin der Ausstellung, die Werke von Ray Barrie, Victor Burgin, Hans Haacke, Mary Kelly, Silvia Kolbowski, Barbara Kruger, Sherry Levine, Yve Lomax, Jeff Wall und Marie Yates umfaßte. Es gab zur Kunstausstellung auch eine Film- und Videoausstellung, Kuratorin war Jane Weinstock. Die Zeichnung, um die es hier geht, wird heute nur noch teilweise Leonardo zugeschrieben.

[2] Freud, „Die Struktur der psychischen Persönlichkeit".

[3] Peter Wollen befaßte sich in „Manet – Modernism and Avant-Garde", Screen 21: 2, Sommer 1980, S. 21, auf ähnliche Weise mit der Beziehung zwischen dem Widerspruch in Wahrnehmung und Sexualität in Manets Olympia.

[4] Freud, „Einige psychische Folgen des anatomischen Geschlechtsunterschieds".

[5] Freud, Aus der Geschichte einer infantilen Neurose.

[6] Was die zentrale Rolle des visuellen Bildes in der Lacanschen Topografie des psychischen Lebens, den Ausdruck und das lügende Subjekt angeht, sei auf „The Imaginary" und „Dora – Fragment of an Analysis", Jacqueline Rose, Sexuality in the Field of Vision, London 1986, Fußnote 24, S. 36 verwiesen.

[7] Diese Fragen werden im Bereich des Films in Laura Mulveys wichtigem Artikel „Visual Pleasure and Narrative Cinema" und in Jane Weinstocks Artikel in Difference: On Representation and Sexuality, angesprochen.

[8] Roland Barthes, „Change the Object Itself", Image, Music, Text. London 1977.

[9] Roland Barthes, S/Z. Paris: Seuil, 1970.

[10] Leo Steinberg definiert die Postmoderne als Übergang von der Natur zur Kultur; eine Neuinterpretation dazu findet sich bei Craig Owens, „The Allegorical Impulse – Towards a Theory of Postmodernism", October 12–13, Frühjahr und Sommer 1980, bes. S. 79–80, und bei Douglas Crimp, „On the Museum's Ruins", October 13, Sommer 1980. Craig Owens verwendete Freuds Erklärung des kreativen Impulses in der jüngeren Vergangenheit in einer kritischen Bewertung des wiedererwachten Interesses an den Expressionisten, „Honor, Power and the Love of Women", Art and Artists, Januar 1993.

[11] Einige dieser Fragen werden im Zusammenhang mit der feministischen Kunst bei Mary Kelly, „Re-viewing Modernist Criticism," Screen 22: 3, Herbst 1981, behandelt.

[12] „Eine Kindheitserinnerung des Leonardo da Vinci".

[13] Der Status der Frau als Phantasie im Verhältnis zum Begehren des Mannes war ein zentrales Anliegen von Lacans späteren Werken; siehe Encore, „Dieu et la jouissance de la femme" und „Une lettre d'amour" in Sexualité féminine sowie den Kommentar „Feminine Sexuality – Jacques Lacan and the école freudienne" in: Jacqueline Rose, Sexuality in the Field of Vision, op. cit.

[14] Norman Bryson beschreibt die postalbertianische Perspektive in Vision and Painting: The Logic of the Gaze, London, 1983, im Sinne einer solchen Beschränkung.

[15] Siehe dazu Lacan zum Tod in Holbeins „Die Gesandten", Die vier Grundbegriffe.

[16] „Eine Kindheitserinnerung des Leonardo da Vinci". Eine Ausstellung mit dem Titel The Revolutionary Power of Women's Laughter, unter anderem mit Werken von Barbara Kruger und Mary Kelly, wurde im Januar 1983 bei Protetch McNeil in New York veranstaltet.

Jacqueline Rose
SEXUALITY IN THE FIELD OF VISION

In an untypical moment Freud accuses Leonardo of being unable to draw[1]. A drawing done in anatomical section of the sexual act is inaccurate. What is more it is lacking in pleasure: the man's expression is one of disgust, the position is uncomfortable, the woman's breast is unbeautiful (she does not have a head). The depiction is inaccurate, uncomfortable, undesirable and without desire. It is also inverted: the man's head looks like that of a woman, and the feet are the wrong way around according to the plane of the picture—the man's foot pointing outwards where the woman's foot should be, and her foot in his place. In fact, most of Freud's monograph on Leonardo is addressed to the artist's *failure*, that is, to the restrictions and limitations which Leonardo himself apparently experienced in relation to his potential achievment. Freud takes failure very seriously, even when it refers to someone who, to the gaze of the outside world, represents the supreme form of artistic success. But in this footnote on the sexual drawing, Freud goes beyond the brief of the largely psychobiographical forms of interpretation that he brings to Leonardo's case. He relates—quite explicitly—a failure to depict the sexual act to bisexuality and to the problem of representational space. The uncertain sexual identity muddles the plane of the image so that the spectator does not know where she or he stands in relationship to the picture. A confusion at the level of sexuality brings with it a disturbance of the visual field.

An artistic practice which sets itself the dual task of disrupting visual form and questioning the sexual certainties an stereotypes of our culture can fairly return to this historical moment (historical analytically as well as artistically, since the reference to Leonardo is now overlaid with the reference to the beginnings of psychoanalysis itself). Not for authority (authority is one of the things being questioned here), but for its suggestiveness in pointing up a possible relation between sexuality and the image. We know that Freud's writing runs parallel to the emergence of "modern" art; he himself used such art as a comparison for the blurred fields of the unconscious psychic processes which were the object of his analytic work.[2] But in this footnote on Leonardo's failure in the visual act, we can already see traced out a specific movement or logic: that there can be no work on the image, no challenge to its powers of illusion and address, which does not simultaneously challenge the fact of sexual difference, whose selfevidence Leonardo's drawing had momentarily allowed to crumble.[3]

The rest of Freud's writing shows that sexual difference is indeed such a hesitant and imperfect construction. Men and women take up positions of symbolic and polarised opposition against the grain of a multifarious and bisexual disposition, which Freud first identified in the symptom (and genius ...) before recognising its continuing and barely concealed presence across the range of normal adult sexual life. The lines of that division are fragile in exact proportion to the rigid insistence with which our culture lays them down; they constantly converge and threaten to coalesce. Psychoanalysis itself can therefor explain the absence of that clear and accomplished form of sexuality that Freud himself had unsuccessfully searched for in the picture.

Freud often related the question of sexuality to that of visual representation. Describing the child's difficult journey into adult sexual life, he would take as his model little scenarios, or the staging of events, which demonstrated the complexity of an essentially visual space, moments in which perception *founders* (the boy child refuses to belief the anatomical difference that he sees)[4] or in which pleasure in looking tips over into the register of *excess* (witness to a sexual act in which he reads his own destiny, the child tries to interrupt by calling attention to his presence).[5] Each time the stress falls on a problem of seeing. The sexuality lies less in the content of what is seen than in the subjectivity of the viewer, in the relationship between what is looked at and the developing sexual knowledge of the child. The relationship between viewer and scene is always one of fracture, partial identification, pleasure and distrust. As if Freud found the aptest analogy for the problem of our identity as human subjects in failures of vision or in the violence which can be done to an image as it offers itself to view. For Freud, with an emphasis that has been picked up and placed at the centre of the work of Jacques Lacan, our sexual identities as male or female, our confidence in langugage as true or false, and our security in the image we judge as perfect or flawed, are fantasies.[6] And these archaic moments of disturbed visual representation, these troubled scenes, which expressed and unsettled our groping knowledge in the past, can now be used as theoretical prototypes to unsettle our certainties once again. Hence one of the chief drives of an art which today addresses the presence of the sexual in representation—to expose the fixed nature of sexual identity as a fantasy and, in the same gesture, to trouble, break up, or rupture the visual field before our eyes.

The encounter between psychoanalysis and artistic practice is therefore *staged*, but only in so far as that staging has *already taken place*. It is an encounter which draws its strength from that repetition, working like a memory trace of something we have been through before. It gives back to repetition its proper meaning and status: not lack of originality or something merely derived (the commonest reproach to the work of art), nor the more recent practice of appropriating artistic and photographic images in order to undermine their previous status; but repetition as insistence, that is, as the constant pressure of something hidden but not forgotten—something that can only come into focus now by blurring the field of representation where our normal forms of self-recognition take place.

The affinity beween representation and sexuality is not confined to the visual image. In fact, in relation to other areas of theoretical analysis and activity, recognition of this affinity in the domain of the artistic image could be said to manifest something of a lag.[7] In one of his most important self-criticisms,[8] Barthes underlined the importance of psychoanalysis in pushing his earlier exposé of ideological meanings into a critique of the possibility of meaning itself. In this case studies Freud had increasingly demonstrated that the history of the patient did not consist of some truth to be deciphered behind the chain of associations which emerged in the analytic setting; it resided within that chain and in the process of emergence which the analysis brought into effect. Lacan immediately read in this the chain of language which slides from unit to unit, producing meaning out of the relationship between terms; its truth belongs to that movement and not to some prior reference existing outside its domain. The divisions of language are in themselves arbitrary and shifting: language rests on a continuum which gets locked into discrete units of which sexual difference is only the most strongly marked. The fixing of language and the fixing of sexual identity go hand in hand; they rely on each other and share the same forms of instability and risk. Lacan read Freud through language, but he also brought out, by implication, the sexuality at work in all practices of the sign. Modernist literary writing could certainly demonstrate, alongside the syntactic and narrative shifts for which it is best known, oscillations in the domain of sexuality, a type of murking of the sexual proprieties on which the politer world of nineteenth-century realist fiction had been based. Although the opposition between the two forms of writing has often been overstated, it is no coincidence that, in order to illustrate this tension between "readerly" and "writerly" fiction, Barthes chose a story in which the narrative enigma turns on a castrato (Balzac's *Sarrasine*).[9] The indecipherable sexuality of the character makes for the trouble and the joy of the text.

It is worth pausing over the implications of this for a modernist and post-modernist artistic practice which is increasingly understood in terms of a pro-blematic of reading and a theory of the sign. Again, the historical links are important. Freud takes modern painting as the image of the unconscious. But the modernist suspension of the referent, with its stress on the purity of the visual signifier, belongs equally with Saussure who, at the same time, was criticising the conception of the language as reference and underlining the arbitrary nature of the sign (primacy to the signifier instead of language as a nomenclature of the world). Lacan's move then simply completes the circuit by linking Saussure back to Freud. The unconscious reveals that the normal divisions of language and sexuality obey the dictates of an arbitrary law undermining the very possibility of reference for the subject since the "I" can no longer be seen to correspond to some pre-given and permanent identity of psycho-sexual life. The problem of psychic identity is therefore immanent to the problem of the sign.

The same link (of language and the unconscious) can be made to that transi-tion to postmodernism which has been read as a return of the referent, but the referent as a problem, not as a given.[10] Piles of cultural artefacts bring back something we recognise but in a form which refuses any logic of the same. The objects before the spectator's eyes cannot be ordered: in their dis-junctive relation, they produce an acuter problem of vision than the one which had resulted when reference was simply dropped from the frame.

Above all—to return to the analogy with the analytic scene—these images require a reading which neither coheres them into a unity, nor struggles to get behind them into a realm of truth. The only possible reading is one which repeats their fragmentation of a cultural world they both echo and refuse.

At each point of these transitions—artistic and theoretical—something is called into question at the most fundamental level of the way we recognise and respond to our own subjectivity and to a world with which we are assumed to be familiar, a world we both do and do not know. Yet in each of these instances, it is precisely the psychoanlalytic concepts of the unconscious and sexuality, specifically in their relationship to language, which seem to be lost.

Thus the modernist stress on the purity of the visual signifier easily dissolves into an almost mystic contemplation. Language can be used to rupture the smoothness of the visual image but it is language as pure mark uniformed by the psychoanalytic apprehension of the sign. Cultural artefacts are presented as images within images to rop them of values they seem naturally to embody, but the fundamental sexual polarity of that culture is not called into accound. Finally, meaning is seen to reside in these images as supplement, allegory or fragment, but with no sexual residue or trace—the concept of textuality is lifted out of psychoanalytic and literary theory but without the sexual definition that was its chief impetus and support.

Across a range of instances, language, sexuality and the unconscious *in the mutual relation* appear as a present-absence which all these moments seem to brush against, or elicit, before falling away. The elisions can be summarised schematically:

– purity of the visual signifier and the unconscious as mystique (no language);
– language as rupture of the iconicity of the visual sign (no unconscious);
– cultural artefacts as indictment of the stereotype (no sexual difference);
– reading as supplement, process or fragment (no sexual determinacy of the signifier or of visual space).

Artists engaged in sexual representation (representation *as* sexual) come in at precisely this point, calling up the sexual component of the image, drawing out an emphasis that exists *in potentia* in the various instances they inherit and of which they form a part.[11] Their move is not therefor one of (moral) corrective. They draw on the tendencies they also seek to displace, and clearly belong, for example, within the context of that postmodernism which demands that reference, in its problematised form, re-enter the frame. But the emphasis on sexuality produces specific effects. First, it adds to the concept of cultural artefact or stereotype the political imperative of feminism which holds the image accountable for the reproduction of norms. Secondly, to this feminist demand for scrunity of the image, it adds the idea of a sexuality which goes beyond the issue of content to take in the parameters of visual form (not just what we see but how we see—visual space as more than the domain of simple recognition). The image therefore submits to the sexual reference, but only in so far as reference itself is questioned by the work of the image. And the aesthetics of pure form are implicated in the less pure pleasures of looking, but these in turn are part of an aesthetically extraneous political space. The arena is simultaneously that of aesthetics and sexuality, and art and sexual politics. The link between sexuality and the image produces a particular dialogue which cannot be covered adequately by the familiar opposition between the formal operations of the image and a politics exerted from outside.

The engagement with the image therefore belongs to a political intention. It is an intention which has also inflected the psychoanalytic and literary theories on which such artist draw. The model is not one of applying psychoanalysis to the work of art (what application could there finally be which does not reduce one field to the other or inhibit by interpretation the potential meaning of both?). Psychoanalysis offers a specific accound of sexual difference but its value (and also its difficulty) for feminism, lies in the place assigned to the woman in that differentiation. In his essay on Leonardo, Freud himself says that once the boy child sees what it is to be a woman, he will "tremble for his masculinity" henceforth.[12] If meaning oscillates when a castrato comes onto the scene, our sense must be that it is in the normal image of the man that our certainties are invested and, by implication, in that of the woman that they constantly threaten collapse.

A feminism concerned with the question of looking can therefore turn this theory around and stress the particular and limiting opposition of male and female which any image seen to be flawless is serving to hold in place. More simply, we know that women are meant to *look* perfect, presenting a seam-less image to the world so that the man, in that confrontation with difference, can avoid any apprehension of lack. The position of woman as fantasy there-fore depends on a particular economy of vision (the importance of "images of women" might take on its fullest meaning from this).[13] Perhaps this is also why only a project which comes via feminism can demand so unequivocally of the image that it renounce all pretensions to a narcisstic perfection of form.

At the extreme edge of this investigation, we might argue that the fantasy of absolute sexual difference, in its present guise, could be upheld only from the point when painting restricted the human body to the eye.[14] That would be to give the history of the imagine in Western culture a particularly heavy weight to bear. For, even if the visual image has indeed been one of the chief vehicles through which such a restriction has been enforced, it could only operate like a law which always produces the terms of its own violation. It is often forgotten that psychoanalysis describes the psychic law to which we are subject, but only in terms of its *failing*. This is important for a feminist (or any radical) practice which has often felt it necessary to claim for itself a wholly other psychic and representational domain. Therefore, if the visual image in its aesthetically acclaimed form serves to maintain a particular and oppressive mode of sexual recognition, it does so only partially and at a cost. Our previous history is not the petrified block of a singular visual space since, looked at obliquely, it can always be seen to contain its moments of unease.[15] We can surely relinquish the monolithic view of that history, if doing so allows us a form of resistance which can be articulated *on this side of* (rather than beyond) the world against which it protests.

Among Leonardo's early sketches, Freud discovers the heads of laughing women, imagaes of exuberance which then fall out of the great canon of his art. Like Leonardo's picture of the sexual act, these images appear to unsettle Freud as if their pleasure somehow correlated with the discomfort of the sexual drawing (the sexual drawing throught its failure, the heads of laughing women for their excess). These images, not well known in Leonardo's canon, now have the status of fragments, but they indicate a truth about the tradition which excludes them, revealing the presence of something strangely insistent to which these artists return. *"Teste di femmine, che ridono"*[16]—laughter is not the emphasis here, but the urgent engagement with the question of sexuality persists now, as it did then. It can no more be seen as the beginning, than it should be the end, of the matter.

Notes

[1] Sigmund Freud, "Leonardo da Vinci and a Memory of his Childhood", p. 70n; p. 159n. This essay was written for the catalogue of the exhibition *Difference: On Representation and Sexuality*, held at the New Museum of Contemporary Art, New York, December—February 1984—85 and at the Institute of Contemporary Arts, London, September—October 1985, pp. 31—33. The exhibiton, curated by Kate Linker, included works by Ray Barrie, Victor Burgin, Hans Haacke, Mary Kelly, Silvia Kolbowski, Barbara Kruger, Sherry Levine, Yve Lomax, Jeff Wall and Marie Yates. There was also a film and video exhibition in conjunction with the art exhibition in New York, curated by Jane Weinstock. Only part of the drawing discussed here is now attributed to Leonardo, see "Leonardo da Vinci", PF 11, p. 161n.

[2] Freud, "The Dissection of the Psychical Personality", p. 79; p. 112 (passage retranslated by Samuel Weber in *The legend of Freud*, p. 1).

[3] Peter Wollen makes a similar point on the relationship between perceptual and sexual contradiction in Manet's Olympia in "Manet—Modernism and Avantgarde", *Screen* 21: 2, Summer 1980, p. 21.

[4] Freud, "Some Psychical Consequences of the Anatomical Distinction between the Sexes", p. 252, pp. 335—336.

[5] Freud, *From the History of an Infantile Neurosis*, pp. 29—47; pp. 80—81.

[6] On the centrality of the visual image in Lacan's topography of psychic life, and on enunciation and the lying subject see "The Imaginary" and "Dora—Fragment of an Analysis", note 24, in Jacqueline Rose, *Sexuality in the Field of Vision*, p. 36.

[7] For discussion of these issues in relation to film, see Laura Mulvey's crucial article, "Visual Pleasure and Narrative Cinema", and also Jane Weinstock's article in *Difference: On Representaion and Sexuality*.

[8] Roland Barthes, "Chance the Object Itself".

[9] Barthes, S/Z.

[10] Leo Steinberg defined postmodernism as the transition from nature to culture; this reinterpretation by Craig Owens, "The Allegorical Impulse—Towards a Theory of Postmodernism", *October* 12—13, Spring and Summer 1980, esp. pp. 79—80, and also Douglas Crimp, "On the Museum's Ruins", *October* 13, Summer 1980. Craig Owens has recently used Freud's accound of the creative impulse in a critical appraisal of the Expressionist revival, "Honor, Power and the Love of Women", *Art and Artists*, January 1983.

[11] For a discussion of some of these issues in relation to feminist art, see Mary Kelly, "Re-viewing Modernist Critisism", *Screen* 22: 3, Autumn 1981.

[12] "Leonardo da Vinci and a Memory of his Childhood", p. 95; pp. 186—187.

[13] The status ot the woman as fantasy in relation to the desire of the man was a central concern of Lacan's later writing; see Encore, especially "God and the Jouissance of The Woman" and "A Love Letter" in *Feminine Sexuality*, and the commentary, "Femine sexuality—Jacques Lacan and the *école freudienne*", in Jacqueline Rose *Sexuality in the Field of Vision*, pp. 49—81.

[14] Norman Bryson describes post-Albertian perspective in terms of such a restriction in *Vision and Painting: The Logic of the Gaze*, London 1983.

[15] See Lacan on death in Holbein's "The Ambassadors", *The Four Fundamental Concepts*, pp. 85—90.

[16] "Leonardo da Vinci and a Memory of his Childhood", p. 111; p. 203. An exhibition entitled *The Revolutionary Power of Women's Laughter*, including works by Barbara Kruger and Mary Kelly was held at Protetch McNeil, New York, January 1983.

Amy Winter
DER SURREALISMUS, LACAN UND DIE METAPHER DER FRAU OHNE
KOPF

Die Frau ohne Kopf, ein rätselhaftes Motiv, taucht immer wieder in den Arbeiten von surrealistischen Malern und Fotografen auf. In der Sprache des Surrealismus dient sie als Metapher für den Freudschen Kastrationskomplex, eine aggressive Projektion der „phallischen Mutter", als doppeltes – voyeuristisches und fetischistisches – Objekt männlicher Begierde, das zugleich geschmäht und vergöttert wird.[1] Für die Frau ohne Kopf in Gestalt der femme fatale lassen sich auf der ganzen Welt frühe Beispiele bei den symbolistischen Dichtern und Malern finden, jenen künstlerischen Vorläufern des Surrealismus, die ihre Bilder zu der Zeit schufen, als Freud in Wien seine Theorien entwickelte. Die Frau ohne Kopf läßt sich als Umkehrung von Salome oder Judith sehen, die die abgetrennten Häupter von Männern als Trophäen tragen. Apparition, ein Bild des französischen Symbolisten Gustave Moreau aus dem Jahr 1876, zeigt Salome als sinnliche und kraftstrotzende, aber entschieden fatale Verführerin, während Aubrey Beardsleys Salome mit dem Kopf von Johannes dem Täufer (1893) eine schauerliche Vampirin darstellt. Der Wiener Künstler Gustav Klimt lieferte ähnliche Bilder der biblischen Figur Judith. In der Umkehrung der barocken Darstellung von Judith als einer tugendhaften Heldin in den Werken Rembrandts und Artemisia Gentileschis kostet die Judith in Klimts Bild den Triumph mit dem blutigen Kopf von Holofernes aus. Am Ende des Jahrhunderts zeigten ähnliche symbolistische Darstellungen Frauen, die entweder schlafend oder tot waren, wie Edvard Munchs bekannte Madonna (1899). Als passiver Gegenstand des Blicks wird sie durch den plazentaähnlichen Raum, in dem sie schwebt, zum Kind gemacht und von einem „ornamentalen" Band von Spermatozoen umgeben; man denke auch an die bedauernswerte Selbstmörderin Ophelia, eine Lieblingsgestalt dieser Zeit, die ihre Tugend gegen sich selbst richtete. Es überrascht daher nicht, wenn man die idealisierte surrealistische Frau als femme-enfant [2] gestaltet sieht oder Bilder von Frauen findet, in denen sie stets an Zeichen von Tod und Gewalt gebunden sind. Hans Bellmers kopflose Puppen verbinden beide Motive mit ihren monströsen Windungen des weiblichen Körpers. Raoul Ubacs Schlacht der Amazonen zeigt eine Vielfalt von geköpften, zerstückelten weiblichen Körpern, die wie Knochen auf einen verwahrlosten Friedhof geworfen sind und damit an Fotos von Leichnamen in Massengräbern erinnern. In William Seabrooks pornografischen Fotos sind Frauen ohne Kopf symbolischer Gegenstand sadistischer Raubgier und werden wie Kadaver, die von Ketten herunterhängen, dargestellt.
Das Zeitalter, in dem Freuds Theorien entstanden und die Symbolisten ihre Bilderwelten hervorbrachten, ging mit einer bedeutenden Epoche feministischer Mobilmachung in Europa einher. Im Frankreich des zweiten Empire stand die „Frauenfrage" im Mittelpunkt der Debatten in den intellektuellen und politischen Kreisen, während Frauenrechte immer noch von der Erhaltung der patriarchalen Familie abhingen. Während der dritten Republik in den siebziger

Jahren des letzten Jahrhunderts traten französische Mittelschicht-Frauen als Aktivistinnen hervor und forderten gleiche Bildungschancen, Entlohnung und Zugang zu Berufen – sowie das Recht auf Scheidung, Vaterschaftsnachweis, Bodeneigentum und die Abschaffung der staatlich kontrollierten Prostitution. 1878, zu jenem Zeitpunkt, als Freud seine Ausbildung in Wien machte, waren elf Länder beim 1. Internationalen Feminismus-Kongreß in Paris vertreten; bis 1880 wurden Protest- und Widerstandsaktionen für die Einführung des Frauenwahlrechts abgehalten. Auch wenn in den darauffolgenden Jahren beachtliche Fortschritte im Zusammenhang mit den Frauenrechten in Frankreich gemacht wurden, wurde Frauen das Wahlrecht erst in den vierziger Jahren zugesprochen.[3]

In Wien waren das Aufkommen der Frauenbewegung und die „Krise der Moderne" eng miteinander verbunden. Dem französischen Germanisten Jacques Le Rider zufolge ist das neurasthenische Schwelgen in Tod, Krankheit und Dysfunktionalität im Wien der Jahrhundertwende auf einen verspäteten und unvollständig gebliebenen sozio-ökonomischen Modernisierungsprozeß zurückzuführen.[4] Rückständig gegenüber den Forderungen an das „moderne" Bewußtsein, hinkten die viktorianischen Institutionen und Sitten hinter der – gleichwohl zögernden – Entstehung der industrialisierten Gesellschaft her. Le Rider hat die Krisen der männlichen sexuellen Identität (und die Einführung einer „reinen männlichen ‚arischen' Ordnung" als Reaktion) mit dem Aufkommen des Feminismus (und eines virulenten Anti-Feminismus) und der antisemitischen Politik in Zusammenhang gebracht. Er argumentiert auch, daß die Produktion und Position von solch anerkannten jüdischen Gestalten wie Sigmund Freud und Ludwig Wittgenstein – ihre Kritik und ihre Neustrukturierung traditioneller Ästhetik, Wissenschaft und Philosophie – ein Gegenmittel für eine durch die Moderne „dekonstruierte" destabilisierte männliche Identität darstellte. Während Freud vielleicht gegenüber den Demütigungen seiner Position als Jude in der germanischen Gesellschaft durch die Erfindung einer radikal neuen Subjektivität Abhilfe zu schaffen suchte, tat er dies gleichzeitig als ein Mann, der innerhalb eines äußerst destabilisierten patriarchalen Systems stand. Daher die Widersprüche in seiner Theorie – ihre Tiefe und auch ihre Beschränkungen. Derart relativiert, scheinen Freuds Theorien zugleich unbewußt repressive Lösungen auf echte und wahrgenommene Drohungen, denen sich die patriarchischen Strukturen ausgesetzt sahen, und Analysen des Unbehagens in der Kultur zu sein.

Im surrealistischen Bild der Frau ohne Kopf vereinigen sich die Themen des Voyeurismus und des Fetischismus in ihrer Beziehung zu Freuds Konstrukt des Kastrationskomplexes. Freuds „Skopophilie"-Theorie setzt voraus, daß das männliche Kind eine nicht zu beschwichtigende Angst entwickelt, wenn es sieht, daß seine Mutter keinen Penis hat; womit auch der Kastrationskomplex ausgelöst wird. Beim Erwachsenen, so setzt er fort, ist die defensive Kompensation dieser Angst eine doppelte, sie funktioniert aber auf jeden Fall mit Hilfe des Sehens. Dies führt einerseits zum Voyeurismus – einer Verschiebung der Betrachtung weg von sich selbst, womit die Angst auf eine „schuldige" Frau übertragen und „zügelloses" Sehen möglich wird.[5] Andererseits hat der Fetischismus, eine narzißtische Besessenheit von einem obskuren oder indirekten Objekt der Begierde, die Funktion, die Kastrationsangst zu verleugnen – mitunter durch die Rückprojektion des verlorenen Phallus auf den Körper der Mutter. Von daher kommt also der „phallische Körper der Mutter". Durch die wiederkehrende Darstellung der Frau ohne Kopf ensteht ein ambivalentes Zeichen.

Bereits 1922–23, als die Surrealisten zum ersten Mal in Erscheinung traten, forderte die Berliner Sozialpsychologin Karen Horney Freuds ausschließlich männliches, phallozentrisches Modell heraus, indem sie eine polemische „Frauenpsychologie" samt „Gebärmutterneid" formulierte, die Freuds Definition weiblicher Sexualität auf der Grundlage des Penisneids, gegenüberstand.[6] Horneys klinische Definition von der „passiven/aggressiven gespaltenen Psyche der Frauen" beschrieb die weibliche Sexualität als von den Frustrationen gesellschaftlicher Erfahrung geformt und bot eine weitere Erklärung für das doppelte Zeichen der „Frau" – gefährlich, aber verführerisch –, wie sie in Bildern der Symbolisten und Surrealisten wiedergegeben wurde.[7] Ich teile Horneys Auffassung, daß die von Freud erkannte und in den Figuren des Mannes mit Kopf und der Frau ohne Kopf dargestellte „Kastrationsangst" von der Kultur und der Geschichte bestimmt wird und keine wesentliche Komponente des männlichen Unbewußten darstellt, wenn es sich nicht um irgendeine pathologische Erscheinung handelt. Wenn Männlichkeit kulturell durch die Kastrationsangst bestimmt ist, dann muß auch eingeräumt werden, daß die Begriffe, die eine solche Angst definieren, Produkte eines wirklichen gesellschaftlichen und nicht metapsychologischen Raumes sind.

1976 schrieb die feministische Theoretikerin Hélène Cixous einen Aufsatz mit dem Titel „Decapitation or Castration?" (Enthauptung oder Kastration?), worin sie die These vorbrachte, daß die Metapher der Enthauptung eine „Lösung" des von der Kastrationsangst gezügelten männlichen Verlangens nach der Frau, darstellt.[8] Cixous reagierte auf Jacques Lacans neofreudianische Theorien – in den sechziger Jahren besuchte sie seine Seminare an der Sorbonne –, die den Beginn des Ödipuskomplexes und den gleichzeitigen Erwerb der Sprache durch das Kind im „Spiegelstadium" behandeln und damit einen neuen Beitrag zur Interpretation von Freuds Theorien boten. Lacans Arbeit über das „Spiegelstadium" wurde 1936 beim Internationalen Psychoanalytischen Kongreß in Marienbad vorgetragen, aber erst 1938 veröffentlicht.[9] Dies war lange nach seinem Ideenaustausch mit den Surrealisten in Paris, denen er 1926 als Student und regelmäßiger Kunde in Adrienne Monniers Buchhandlung in der Rue de l'Odeon erstmals begegnete.[10]

1928–29 arbeitete Lacan in der Sonderabteilung des Krankenhauses von Dr. Georges Gatian de Clérambault, einem „Seelenarzt", mit dem sich André Breton zusammen mit Pierre Janet, einem Kollegen von J. M. Charcot an der Salpêtrière kritisch auseinandersetzte.[11] Um diese Zeit las Lacan Salvador Dalis Texte aus dem Jahre 1930 über die „paranoid-kritische" Methode und besuchte den Künstler in seinem Atelier in der rue Gauguet; es begann ein reger Austausch zwischen beiden.[12] Während er bei Henri Claude studierte, einem weiteren „Seelenarzt", der an der Anstalt St. Anne arbeitete, verfaßte Lacan zusammen mit anderen Studenten und mit Claude selbst Arbeiten. Eine dieser Arbeiten, die im Dezember 1931 veröffentlicht wurde, behandelte den Fall einer Frau mit schweren Sprachstörungen, die Lacan sowohl linguistisch als auch psychiatrisch analysierte.[13] In einer Fußnote verwies er auf das Surrealistische Manifest aus dem Jahr 1924, um dann einen bedeutenden Zusammenhang zwischen den in seinen eigenen Studien betrachteten Sprachmustern und Pathologien und den „Versuchen einzelner Schriftsteller, die mit einem von ihnen als surrealistisch bezeichneten und ziemlich wissenschaftlich beschriebenen Stil arbeiten"[14], aufzuzeigen. Man lese nur Breton und Eluards *La conception immaculée*, setzt er fort, und man wird sehen, „welch beachtenswerter Grad an Autonomie durch graphische Automatismen unabhängig von jeglicher Hypnose zu erreichen ist."[15] Lacan war also mit den surrealistischen Ideen und Verfahren wie écriture automatique, „cadavres exquis", Traumdeutung, Lob der Hysterie und einer Ideologie des Wahnsinns schon vertraut, bevor er 1932 sein Diplom in Gerichtspsychiatrie erhielt, seine Doktorarbeit „Über paranoide Psychose im Verhältnis zur Persönlichkeit"[16] schrieb und dann publizierte. 1933, in der ersten Nummer von *Minotaure* veröffentlichte Lacan „Le probleme du style et la conception psychiatrique des experiences paranoïques." Auf diese Arbeit folgte in der zweiten Nummer von *Minotaure* „Motifs du crime paranoïque: le crime des soeurs papins".[17] Es läßt sich leicht erkennen, daß Lacans Untersuchungen zur Pathologie den Interessen der Surrealisten nahestanden und daß er in ihren engeren Kreis aufgenommen wurde. Er war mit ihren Schriften und Werken sehr vertraut, lange bevor er seine Arbeit über das „Spiegelstadium" schrieb. Es ist auch nicht schwierig, im Zusammenhang mit der écriture automatique das „Gleiten" der Sprache und die Mehrdeutigkeit des Signifikanten, die Idealisierung des psychotischen Diskurses zu verstehen, von der seine poststrukturalistische Theorie „diktiert" wird.[18]

Vor dem Hintergrund dieses kurzen geschichtlichen Abrisses und des Überblicks über die zahlreichen Bilder der Frau ohne Kopf scheint die surrealistische Metapher, auf der Lacans „Spiegelstadium" beruht (eine ungewöhnliche Quelle für eine „wissenschaftliche" Theorie), auf einen pathologischen phallischen Narzißmus zurückzuführen zu sein. Lacan setzt das „Spiegelstadium" zwischen dem Alter von sechs und achtzehn Monaten an, zu einem Zeitpunkt also, wo das Ich des Kindes sich zur Mutter hin, aber zugleich auch von ihr weg entwickelt. Während der frühen Ödipalphase erwirbt das Kind auch die Sprache und wird Lacan zufolge in die „symbolische Ordnung" des „Gesetzes des Vaters" mit all seinen Verboten des Begehrens der Mutter/des Anderen (Original: m(other)) eingeweiht. Während die Quelle dieser Lacanschen Phantasien, etwa das Bild der Frau ohne Kopf selbst, durch theoretische Sophistereien verdeckt wurde, ist dies tatsächlich ein versteckter Hinweis auf den judäo-christlichen Patriarchen, Gott der Vater. Es ist kein Zufall, daß die Surrealisten, die mit der frühen linguistischen Theorie[19] vertraut waren und gegen die Dogmen des Katholizismus und die viktorianische bürgerliche Gesellschaft kämpften, den revolutionären Diskurs über die „symbolische Ordnung" anstifteten und daß Lacan ihrem Beispiel folgte. In Max Ernsts Collageroman *La Femme 100 Tetes* aus dem Jahre 1929 – im französischen Titel findet sich hier eine Homophonie (la femme cent/sans tetes) – gibt es eine Bildtafel, die folgendes zeigt: „Germinal, meine Schwester, die hundert Frauen ohne Kopf. Im Käfig im Hintergrund der Ewige Vater", der vergeblich nach la femme greift, die vergnügt ihren eigenen Kopf aus einem Durcheinander von symbolischen Büchern und Objekten reckt.[20]

Dieses Bild hebt die Vorrangstellung des Sehens in der Bestimmung der Sexualität und des Begehrens hervor, die in Freuds Kastrationskomplex enthalten ist. In „Germinal" wird in den vielfachen Konstruktionen der jungen Frau, die ihren Blick auf den Betrachter richtet, selbst vom „Ewigen Vater" betrachtet wird, sich betrachtet und selbst betrachtet wird, großer Wert auf Fragen des Sehens und Gesehenwerdens gelegt. Germinals Brust ist durch ihre hübsche Bluse sichtbar und ersetzt ihr linkes Auge, das sie mit ihrer Hand bedeckt, womit sie den Gesichtskreis und den Blick als symbolische Topoi des Bildes bezeichnet. Die Verschmelzung von Auge und Genitalien wird hier angedeutet, wo der abgetrennte Kopf auf der Höhe der eigentlichen Genitalien als großes Auge gedeutet werden kann. Der exotische Blumenkopf, der von einer Mähne dorniger Blätter umgeben ist, spielt auf die surrealistische Phantasie der „vagina dentata" an. Einige Jahre später, 1945, sollten Marcel Duchamp und Breton diese Bilder in einer Auslageninstallation mit dem Titel „Lazy Hardware" wiederverwerten, um Werbung für die Veröffentlichung von Bretons Buch *Arcane 17* zu machen. Dort werden die Genitalien einer Schaufensterpuppe ohne Kopf durch den gespiegelten Kopf des Betrachters, der von draußen durch die Scheibe blickt, verschoben, als Zeichen der „Wiedergutmachung von Gegensätzen" durch den Voyeurismus und die Sehkraft. Charles Stuckey analysierte dies auf folgende Weise:

Duchamp ersetzte den Gegensatz von Betrachter und Objekt durch Bretons Dichotomie von männlich und weiblich in einem Versuch, die visuelle Verkörperung der Vereinigung von körperlich trägen Gegensätzen zu finden. Duchamp setzte den Akt des Sehens mit dem Akt der Liebe gleich ... .[21]

Mit seiner Betonung der Topoi des Sehens, des Narzißmus und der Begierde kann das Bild der Frau ohne Kopf als Hauptdarstellung der Urvereinigung von Wort und Bild, die das sozialisierte, sexualisierte Subjekt im „Spiegelstadium" bestimmt, gesehen werden.

Das Bild erschien erstmals in Ernsts Dada-Collage, *Les Pléiades* von 1921, die er, einer Einladung von Breton und Louis Aragon folgend, in einer Einzelausstellung in der Galerie au sans pareil zeigte. Die wichtige Kontinuität von Dada und Surrealismus, die manchmal als „alternierender Fluß" [22] bezeichnet wurde, fordert eine Behandlung dieses frühen Bildes in Ernsts proto-surrealistischer Produktion. Bretons tiefer Kenntnis der dynamischen Psychiatrie von Charcot entsprach Ernsts frühe Kenntnis der Freudschen Theorie, die er sich vor seinen französischen Kollegen aneignete, für die die deutsche Sprache ein Stolperstein gewesen wäre.[23] Auch wenn man die Problematik der Wiedergewinnung des unbewußten Inhalts dieses Bildes und anderer einsieht, lohnt es sich dennoch zu untersuchen, wie Ernst – wie andere surrealistische Maler-Dichter – Freudsche Begriffe veranschaulichte. Das Werk *Les Pléiades* parodiert auf geistreich-witzige Weise die Jungfrau und die Dreieinigkeit, indem es ein voyeuristisches Objekt zeigt. Die Frau ohne Kopf schwebt in einer himmlischen Leere, in der eine vogelähnliche Phantomgestalt (rechts und über ihrem Arm) die Taube des Heiligen Geistes andeutet. In der christlichen Legende wird die Jungfrau auf übernatürliche Weise von der Taube geschwängert, wodurch der Mann bildhaft „kastriert" wird.[24]

Als Entsprechung zum irrationalen Bild schrieb Ernst ein typisch dadaistisches „Nonsens"-Gedicht an den unteren Rand der Collage. Es spielt indirekt auf die Schwierigkeiten der Pubertät an, die nicht „die schwache Anmut unserer Sterne erleuchten (La Puberté proche n'a pas encore enlevé la grace tenue de nos pléiades/)", deutet auf die Erwartung einer Art von Sturz hin, dem ein düsterer Blick vorangeht („Le regard de nos yeux pleins d'ombre est dirigé vers le pavé qui va tomber/"); und macht einen mehrdeutigen Hinweis auf eine gescheiterte sexuelle Begegnung („La gravitation des ondulations n'existe pas encore"). Die Angst vor dem Scheitern, vor einer Bedrohung der Virilität, wird hier beschworen, aber zugleich auch einer Lösung zugeführt: die „kastrierte" Frau ohne Kopf, die den schuldigen Blick des Voyeurs, des „Himmelguckers" erwidern könnte, dient dazu, die männliche Angst vor Impotenz zu verdrängen.

Im selben Jahr, in dem er *Les Pléiades* schuf, malte Ernst auch *L'Elephant des Célèbes*, ein bizarres Sammelsurium von Formen und Symbolen.[25] Die Frau ohne Kopf in *Célèbes* erscheint im Vordergrund als eine femme fatale, die schwarze Handschuhe trägt und jemandem zuwinkt. Die Kastrationsangst ist offensichtlich. Das phallische Totem, das sich hinter und aus dem Körper der Frau erhebt, ersetzt zufällig ihren Kopf, wobei Penis und Auge verschmelzen, um Freuds Vorstellung von Skopophilie zu veranschaulichen: das Sehen, das die männliche Sexualität durch visuelles Erkennen des „Unterschieds" der Frau definiert.[26] Mittelpunkt des Bildes ist der fast obszön phallische Rumpf, der im phantasmagorischen, stierähnlichen „Kopf" (der Stier ist natürlich schon lange ein Signifikant männlicher Fruchtbarkeit und Potenz) mit Symbolik beladen ist. Die Beschäftigung der Surrealisten mit diesem Symbol findet man in ihrer gefeierten *Minotaure*-Publikation und der berühmten Fotografie Man Rays auf dem Titelblatt der ersten Nummer – dem Stierkopf, der als Frau ohne Kopf gestaltet ist.[27] Es ist also nur schlüssig, wenn der Einband für Georges Batailles Publikation *Acéphale*, die als Reaktion auf Breton und seine Gruppe entstand [28], ein Bild von einem nackten Mann ohne Kopf zeigt – einen der wenigen, der im surrealistischen Repertoire vorkam.[29]

Da die Frau ohne Kopf die „phallische Mutter" ist, wird der weibliche Körper in den Bildern der Surrealisten oft als doppelgeschlechtliches Wesen, das das Männliche und das Weibliche vereint, dargestellt. Eines der auf hinterhältigste Weise verführerischen Bilder der Frau ohne Kopf – über das Lacan für sein „Spiegelstadium" (gleichsam) reflektieren mochte – ist Maurice Tabards *Hand und Frau* (1929), ein Bild, das im doppelten Zeichen von Idol und Fetisch mit der mehrdeutigen Sexualität und Verwischung der Geschlechter spielt. Die Frau ohne Kopf wird implizit als guillotiniert dargestellt, doch wird diese Darstellung vom Schreckgespenst des verhüllten Henkers selbst überschattet. Sowohl Mann als auch Frau sind ohne Kopf und deuten damit als Fetisch auf den phallischen Körper selbst. Mit Hilfe des Spiegels – der hier stellvertretend für den Kopf der Frau steht – wird das Symbol der Eitelkeit bezeichnet, aber zugleich aufgelöst. Sowohl eine Übertragung als auch eine Umkehrung werden erreicht: die Schönheit wird im Spiegel reflektiert, der normale Signifikant der Eitelkeit in den Aktdarstellungen der „hohen" Kunst wird kurzgeschalten und durch die narzißtische Bindung an den Phallus ersetzt.

Ungeachtet der Zeichen (das Zeichen der Folter kommt hier allerdings nicht vor) ist die Strafe ein *fait accompli*. Die schuldige Verführerin, die kastrieren würde, wurde selbst bereits „kastriert" und mit Vergewaltigung bedroht. Die Allüre des kaum bekleideten Körpers ist Gewähr für erotischen Anreiz. Die Entfernung des Kopfes sichert die Beseitigung der Schuld selbst. Kopflosigkeit leugnet den vom „Angeklagten" erwiderten Blick, hindert sie daran, ihn anzuklagen und macht sie blind und damit machtlos. Die Enthauptung bringt auch die Stimme zum Schweigen, die die drohende Vergewaltigung anklagen oder abwenden würde. Und die Strafe wird durch die verhüllte Anonymität des Mannes auf zweifache Weise untergraben.

Ein weniger bedrohliches, nicht ganz so eindeutiges und unverhohlen amüsantes Beispiel einer doppelgeschlechtlichen Frau ohne Kopf findet man in Victor Brauners fantastischer Illustration für die surrealistische Publikation *Violette de Nozières*, in der die gleichnamige junge Vatermörderin, die selbst fast geköpft wird, aber durch Begnadigung der Guillotine entkommt, gefeiert wird.[30] Hier wurde der Kopf der Frau explizit durch einen Phallus ersetzt, wobei beim Jonglieren der Körperteile die Hoden als Brüste fungieren. Das mit erotischen Anspielungen beladene Bild des Fotografen Brassai, ein Akt *ohne Titel*, deutet direkt auf den Phallus und Hoden hin, während es zugleich den weiblichen Körper sinnlich darstellt. Diese erotische Ambiguität ist ebenfalls in der merkwürdigen Fotocollage von Man Ray zu finden, wo Brüste/Phallus/Hoden ein Gesicht andeuten und, wie in anderen Bildern, der Versuch, die Polarität der Geschlechter mit der surrealistischen Dialektik von „konvulsiver Schönheit" – schrecklicher Schönheit in Einklang zu bringen, sichtbar wird.[31] Während in Bretons Sprache die „Begierde" das Primum mobile und den Schlüssel zur Befreiung des Menschen darstellt, deuten die Gewalt, der Phallogozentrismus und die asymmetrischen Machtverhältnisse in vielen der Bilder auf eine Verinnerlichung der patriarchalischen Prinzipien durch die Surrealisten und die Negierung der Möglichkeit von Befreiung – eine Gefangenschaft, die den Bildern selbst entspricht – hin.

Lacans linguistische Theorie des Subjekts stellte auch das Wesen männlicher oder weiblicher Sexualität in Frage und löste eine Revolution in der feministischen Theorie in den sechziger Jahren aus. Auf diese Bewegung antworteten dann feministische Autorinnen wie Luce Irigaray und Jane Gallop in den siebziger und achtziger Jahren und in jüngster Vergangenheit die feministische Soziologin Michèle Barrett und die Kunsthistorikerin Johanna Drucker.[32] Es wurde – nicht nur von Feministinnen, sondern auch von Kommentatoren der Lacanschen Psychologie – bemerkt, daß Lacans Modell wie das Freuds ein pathologisches ist.[33] Freuds vom 19. Jahrhundert bestimmte, mechanistische und reduktionistische Sicht der menschlichen Psyche setzte eine Faszination von Tod und Zerstörung – seine „Lustprinzip/Todeswunsch"-Dialektik – voraus. In seiner Theorie der „Instinkte" oder „Triebe" ist die Neurose ein normaler, grundlegender Zustand, der durch die Frustration der kindlichen Sexualität hervorgerufen wird. Es handelt sich nicht um einen durch die Kultur verschärften Zustand; andere Motivationen für menschliches Begehren werden ausgeschlossen.

Die zweigeschlechtlichen Bilder von der Frau ohne Kopf dienten Lacan als Inspiration für seine Einsichten in die Verbindung von Sprache und Bild in der Entwicklung des Menschen. Zu diesem Thema leistete er bahnbrechende Arbeit und eröffnete den eigentlichen Diskurs über die Konstruktion des Geschlechts. Doch die Prämissen, von denen er sein Modell ableitet, sind pathologischer, frauenfeindlicher und phallozentrischer Natur. Ganz im Sinne des Surrealismus war Lacans Annahme einer entfremdeten Ich-Position im „Spiegelstadium" (der Ich-Spaltung der Freudschen Theorie)[34] und seine „Privilegierung" der zusammenhanglosen Sprache eine Reaktion auf die Enttäuschung durch die westliche Gesellschaft und ihre übermäßig positivistische Weltsicht, die in den sechziger Jahren zu den Unruhen in Paris führte. Seine Theorie und andere europäische Beispiele des poststrukturalistischen Denkens wurden in den siebziger und achtziger Jahren als Alternativen zum reinen Materialismus, der Dekadenz und der Geistlosigkeit der spätkapitalistischen Gesellschaft gefeiert. Doch wenn Lacan, wie die Surrealisten, die Wissenschaft (Psychiatrie und Sprachwissenschaft) durch Poesie unterwandert, um eine „Revolution" auszulösen, dann muß diese Taktik relativiert werden. Während Freud die Studien von Abweichungen und Extremverhalten förderte, um das Normale (eine Abstraktion per definitionem) festzustellen, so scheinen wir mit Lacan den Blick für die Strategie als Strategie zugunsten der „jouissance" des Textes – eine Art von geistiger Selbstbefriedigung und Narzißmus – verloren zu haben. Es ist nicht ohne Ironie, daß in den letzten drei Jahrzehnten seit Bretons Tod eine „mediatisierte" Konsumgesellschaft die psychosexuellen Hemmungen und Verbote, gegen die die Surrealisten im postviktorianischen Zeitalter kämpften, und alle Barrieren der „Liebe", für die Breton so entschieden eintrat, abschaffte. Der Surrealismus zielte auf soziale, kulturelle und persönliche Befreiung, aber ohne eine Revision der Grundbegriffe oder Annahmen, auf denen er beruhte, wird sein Objekt der Begierde nie erreicht werden.

1944, nachdem Stalins Säuberungsaktionen die Hoffnungen des Kommunismus zerstört hatten, appellierte Breton in der spät-surrealistischen Phase an Charles Fouriers utopische sozialistische Vorstellung von der Frau als der letz-

ten Chance für soziale Gleichheit und Reform. Doch während Fourier bemerkte, daß „der Grad der Befreiung von Frauen das natürliche Maß der allgemeinen Befreiung (ist)"[35], definierte Breton den Künstler noch immer als männliches Subjekt und sprach unbeabsichtigt von der „neidischen Aneignung"
weiblicher Angewohnheiten und Mittel, wodurch er die Stimme der Vorherrschaft beibehielt:

*Die Zeit wird kommen, wo die Ideen der Frau auf Kosten jener Männer geltend
gemacht werden, deren Versagen bereits heute ganz offensichtlich ist. Genauer gesagt liegt es beim Künstler, alles, was Teil des weiblichen im Gegensatz
zum männlichen Systems ist, sichtbar zu machen. Es ist der Künstler, der ausschließlich auf die Kräfte der Frau angewiesen ist, um sich zu erheben oder besser noch, sich selbst alles neidisch anzueignen, was die Frau vom Mann hinsichtlich ihrer Arten des Verstehens und des Wollens unterscheidet.
(Hervorhebung durch die Autorin).*[36]

In diesem Sinn zeigt Marcel Duchamps „Meisterwerk" Étant Donnés, an dem
er von 1944 bis 1966 arbeitete, eine Frau ohne Kopf vor einem betont para-
diesischen Hintergrund, die die Lampe des Diogenes, ein Symbol des Sehens
und der Wahrheit, hochhält – eine Umkehrung der „gefallenen" Frau. Seine
codierte Verwendung von zeitlosen, ja abgedroschenen romantischen Euphe-
mismen und Klischees – der Wasserfall als „Erfüllung" (Orgasmus), die Erde
als „Frau", Frau als Reinheit und als Quelle – verbindet sich mit einem unnatürli-
chen, simulierten Paradies, das nicht aus pflanzlichen, sondern aus metalli-
schen Elementen besteht (ein Zeichen einer entjungferten Erde?), mit einer
lasziven Haltung und einem Postulat, die zusammen die verbleibende gefühls-
mäßige Bindung an die „Schönheit" des nackten Körpers (eine [notwendige]
Entästhetisierung der Frau und der Kunst?) auflösen, und mit der Vergewaltigung oder Verkrampfung („konvulsive Schönheit") sowohl des Leichnams als
auch des „Geschlechts" (d.h. Genitalien) der Frau selbst (eine Geschlechts-
veränderung zum besseren?)[37]. Ist dies Prophezeiung oder Ironie oder bei-
des? Hätte Duchamp – wie Cixous uns berichtet – wissen können, daß der
Seher Teiresias, der Ödipus die Wahrheit seines Lebens zeigte, sieben Jahre
als Frau und sieben Jahre als Mann gelebt hat und es daher „von beiden Seiten sehen" konnte? Jedenfalls eine interessante Analogie zu Étant Donnés.[38]
Wenn die Bedeutung von Lacans Beitrag in der Aufdeckung der Macht der
Sprache in der Bestimmung unseres Selbstbildes liegt, dann ist es notwendig,
das „donné", das Gegebene zu ändern, die „Lücke" mit einem neuen Modell zu
schließen und die Revolution endlich voranzutreiben.

Übersetzung: Camilla R. Nielsen

Anmerkungen
[1] Auf Voyeurismus und Fetischismus wurde von verschiedenen feministischen
Autorinnen Bezug genommen, um Darstellungen von Frauen zu interpretieren.
Die Mechanismen des Freudschen Kastrationskomplexes wurden am deutlichsten von Annette Kuhn in *Women's Pictures: Feminism and Cinema* (London:

1982) beschrieben. Siehe auch Laura Mulvey, „Visual Pleasure and Narrative Cinema," *Screen*, 16 (1975): 6–18; Carol Duncan, „Virility and Domination in Early 20th Century Vanguard Painting", *Artforum* (Dezember 1973): 30–39; Wendy Leeks, „Ingres Other-Wise," *The Oxford Art Journal* 9 (1986): 29–37; Carol Armstrong, „Edgar Degas and the Representation of the Female Body," in *The Female Body in Western Culture*, Susan R. Suleiman, Hrsg. (Cambridge: Harvard Univ. Press, 1986), 223–42.

[2] Zum Thema des femme-enfant siehe Whitney Chadwick, *Women Artists and the Surrealist Movement* (Boston: Little, Brown, 1986).

[3] Norma Broude, „Edgar Degas and Feminism in the 1880s", *Art Bulletin LXX* (Dezember 1988): 643–45.

[4] Jacques Le Rider, *Modernité Viennoise et la Crise de l'Identité* (Paris: Presses Universitaire, 1990)

[5] Annette Kuhn, *Women's pictures*.

[6] Siehe Marcia Westkott, *The Feminist Legacy of Karen Horney* (New Haven: Yale, 1986), die anmerkt, daß auch wenn Juliet Mitchell und Jacqueline Rose (*Feminine Sexuality* (London: MacMillan, 1982) Horney als „Essentialistin" betrachten, diese Meinung auf eine beschränkte Kenntnis von Horneys Werk insgesamt zurückzuführen wäre. Zu allen Schriften Horneys über die weibliche Psyche siehe *Feminine Psychology*, Hrsg. Harold Kelman (New York: Norton, 1972).

[7] Siehe auch Jennifer L. Pierce, „The Relation Between Emotion Work and Hysteria: A Feminist Interpretation of Freud's Studies on Hysteria", *Women's Studies* 16 (Oktober 1989): 255–80, die auf die Kontroverse in den dreißiger Jahren, nach Horneys Arbeiten, zu denen Otto Fenichel und Ernst Jones beide antifreudsche Interpretationen beisteuerten, verweist.

[8] Hélène Cixous, „Decapitation or Castration?", engl. Übersetzung, Annette Kuhn, *Signs* 7 (Herbst 1981): 44–55. Erstmals veröffentlicht auf französisch 1976, als „La Sexe et la Tête".

[9] Bice Benvenuto und Roger Kennedy, *The Works of Jacques Lacan*, „Introduction" (New York: St.Martin's Press, 1986)

[10] Alain Grosrichard, „Dr. Lacan, *Minotaure*, Surrealist Encounters," in *Focus on Minotaure*, Ausstellungskatalog, Musée Rath und Musée de la ville de Paris (Genf und Paris; 1987), 161–73.

[11] Breton macht einen versteckten Hinweis auf Clérambault in *Nadja*, seinem Roman von 1928, und einen deutlichen Hinweis in „Mental Treatment in the Eyes of Surrealism", *Le Surréalisme au service de la Revolution* 2 (Oktober 1930).

[12] Siehe Salvador Dali, *La vie secrète de Salvador Dali* (Paris: Gallimard, 1952), 33: „Ich bin zweiunddreißig Jahre alt (sic). Ich habe gerade einen Anruf von einem jungen und überaus brillanten Psychiater bekommen. Er hat gerade in *Minotaure* (sic) meinen Artikel *Les mécanismes internes de l'activité paranoïaque* gelesen. Er gratulierte mir und war über meine wissenschaftlichen Kenntnisse ganz erstaunt, die man so selten bei einem solchen Thema findet."

[13] Lacan Ecrits „inspirées": Schizographie in De la psychose paranoïaque dans ses rapports avec la personnalité (Paris: Seuil, 1975), 365–83.

[14] Zitiert in Grosrichard, „Dr. Lacan", 173, Nr. 6.

[15] Ibid.

[16] Jacques Lacan, De la psychose paranoïaque dans ses rapports avec la personnalité, (Paris: Le Francois, 1932), 1931 erstmals herausgegeben. Siehe auch Patrice Schmitt, „De la psychose paranoïaque dans ses rapports avec Salvador Dali" in Salvador Dali, Ausstellungskatalog, Centre Georges Pompidou (Dezember 1979 – April 1980), 262–66.

[17] Lacan, „The Problem of Style ...," Minotaure 1 (Juni 1933); „Motives ...", Minotaure 2 (Dezember 1933).

[18] Breton verweist auf die écriture automatique als „Diktat" des Unbewußten, eine bezeichnend aggressive Wortwahl, die in Bretons Sprachgebrauch nicht unüblich ist.

[19] Die Autorin untersucht zur Zeit die surrealistische Kenntnis der frühen Sprachtheorie.

[20] Ernsts „Hundred Headless Woman" stammt aus einer ganz bestimmten Quelle, nämlich Emile Zolas Roman L'œuvre, wo sich der Künstlerheld in einem Dachatelier in der Rue de la Femme-sans-Tête befindet. Vgl. Charles Stuckey, „Duchamp's Acephalic Symbolism", Art in America 65 (Januar–Februar 1977): 94–99. Diese Konstruktion durch Ernst war zum Teil biographisch und bezog sich auf seinen eigenen Aufstand gegen seinen frommen, autoritären Vater. Zu diesem Bild sagte er: „... Papa hatte eine geheime Freude an der Idee, Gott-der-Vater zu sein, und ... der versteckte Grund dieser Vorstellung war eine blasphemische Anmaßung." Vgl. Ernst, „Some Data on the Youth of Max Ernst: as told by himself," View 1 (April 1942): 28–30. Siehe auch Charlotte Stokes („Max Ernst's Hundred Headless Woman," Dissertation, Univ. of Washington, 1977) für die zahlreichen literarischen, mythologischen und religiösen Quellen für Germinal. In diesem Zusammenhang könnten sich die Bilder auf solche mythische weibliche Phantome wie Siva oder Medusa beziehen, wo die Fülle von Hand- oder Schlangenextremitäten durch Köpfe ersetzt wird. Es mag vielleicht bezeichnend sein, daß Jean Laplanche in bezug auf Leonardo da Vinci die Medusa-Illustrationen als „Schutz gegen Traumen und als Mittel, den Vater zu schockieren", gesehen hat. Siehe Jack Spector, „The State of Psychoanalytic Research in Art History," Art Bulletin LXXX, 1 (März 1988): 60. Angesichts von Ernsts Beschäftigung mit Freud und abnormaler Psychologie, die unten im Text behandelt werden, erscheint es sehr leicht möglich, daß er Freuds 1922 veröffentlichte Arbeit über den Medusenkopf gelesen hat. Neil Hertz hat die Medusa, deren Blick Männer versteinert, auch als die symbolische Darstellung männlicher Hysterie in Momenten revolutionären sozialen Wandels gesehen. Wie die Medusa drückt die Frau ohne Kopf ein schwerwiegendes männliches Unbehagen gegenüber der Machtaneignung durch die Frau aus. Vgl. Neil Hertz, „Medusa's Head: Male Hysteria Under Political Pressure", Representations 4 (1983): 29.

[21] Stuckey, op. cit.

[22] Octavio Paz, *Alternating Current*, Helen R. Lane, Übersetzung (New York: Viking, 1973).

[23] Zu Breton und Charcot siehe Jennifer Gibson, „Surrealism Before Freund: Dynamic Psychiatry's Simple Recording Instrument", *Art Journal* 46 (Frühjahr 1987): 56–60. Ernst erzählte, daß er 1909–1914 während seines Studiums an der Universität Bonn, wo er sich unter anderem mit der Psychologie des Abnormalen beschäftigte, Freud las. Es ist auch bekannt, daß er Karl Otten, einen Studenten von Freud, persönlich kannte, der in diesen Jahren regelmäßiger Gast der Bonner Kaffeehäuser war und an den Lesungen und Diskussionen der Künstlergruppe *Das Junge Rheinland* teilnahm. Siehe Charlotte Stokes, „Dadamax Ernst in the Context of Cologne Dada", in *Dada/Dimensions*, Stephen Foster, Hrsg. (Ann Arbor, UMI, 1985), 111–130; Max Ernst, *Ecritures* (Paris: 1970); Max Ernst, *Beyond Painting*, Robert Motherwell, hrsg. und übers. (New York, Wittenborn, 1948); und „Was Max Ernst studiert hat" in *Max Ernst Retrospektive*, Ausstellungsleitung Haus der Kunst, München und Berliner Nationalgalerie (München 1979), 121–205. Siehe auch John MacGregor, *The Discovery of the Art of the Insane* (Princeton University Press: 1992), für eine Übersicht von Ernsts Auseinandersetzung mit Kunst von Geisteskranken und der Literatur zu diesem Thema; und die Arbeit der Autorin, „Max Ernst and the Appropriation of the Image of Madness in Weimar Germany", Manuskript, ohne Datum.

[24] Ernst schuf auch ein fiktives Totemvogel-alter ego, eine aus der primitiven Kunst stammende Synthese eines ozeanischen Schamanengeist-Vogels und einer psychotischen Täuschung. Siehe Ernst, *Beyond Painting*, ibid., 26 für seine eigenen Berichte; Evan Maurer, „Dada and Surrealism" in *„Primitivism" in 20th Century Art*, William Rubin, hrsg., Ausstellungskatalog, The Museum of Modern Art (New York: 19844), 551 ff., für die Bestimmung der „primitiven" Quelle; und die Arbeit der Autorin, „Max Ernst's Appropriation", *ibid*.

[25] Zur Diskussion von primitiven Quellen und den primitiven Zügen dieses Bildes, siehe Maurer, *ibid*.

[26] Dieses phallische Totem ist eigentlich ein Zitat der zentralen Figur in Ernsts Collage von 1920, *The Hat Makes the Man*, die fetischistischen phallischen Narzißmus und Mode auf witzige Weise verbindet.

[27] Es ist nicht allgemein bekannt, daß Picasso, der den Stier als sein symbolisches alter ego nahm und eine surrealistische Produktionsphase hatte, die finanzielle Unterstützung für viele ihrer Projekte bot, einschließlich *Minotaure*.

[28] Siehe Rosalind Krauss, „Giacometti", in *Primitivism in 20th Century Art*, *op. cit.*; und „Corpus Delicti" in *L'amour fou*, Ausstellungskatalog, Corcoran Gallery of Art [Washington, D. C.: 1986]), für eine Behandlung von Bataille und der *Documents* Gruppe.

[29] Als der Mann ohne Kopf erscheint, stammt er nicht aus Bretons Lager. Der Diskurs, gegen den er sich wendet, ist nicht Freudscher, sondern Cartesianischer Rationalismus. In diesem Kontext betrachtete Bataille den dionysischen Exzess und die „Religion des Todes" als Modell. Während dies als positives Gegenmittel zum orthodoxen Surrealismus gedeutet werden könnte, hat die-

ses Modell einen großzügigen Anteil von Pathologie. Siehe insbesondere Batailles Diskussionen von Nietzsche und dem Dionysianismus und Massons Zeichnungen von azephalischen Männern in *Acéphale* 1 (24.Juni 1936).

[30] Zu diesem Thema siehe Terri L. Cafaro (C.U.N.Y. Graduate Center), 1988 College Art Association Conference, „Ought a Girl to be Beheaded: Patricide, Decapitation and Cooption in Surrealism", mündlicher Vortrag.

[31] Siehe Breton, „Beauty Will be Convulsive or else it will cease to be", *Minotaure*, 1934.

[32] Luce Irigaray, „This Sex Which is Not One", *New French Feminism* (1980), erste französische Fassung 1977. Jane Gallop, *The Daughter's Seduction* (Ithaca: Cornell Univ.Press, 1982); Michèle Barrett, „Feminism and Psychoanalysis: A British Sociologist's View", *Signs* 17 (Winter 1992): 455ff.; Johanna Drucker, „Undoing Freud and Lacan", Vortrag an der Columbia University, April 1992.

[33] Benevuto und Bice, *The Works of Jacques Lacan*, *op. cit.*, „Introduction", passim. In seinem späteren Werk und in der „talking cure" versuchte Freud einige Probleme seiner früheren Theorien zu beheben.

[34] *Ibid.* Dies ist dasselbe „gespaltene Selbst", das Karen Horney nicht in metapsychologischen Begriffen als kindliche Sexualität behandelt, sondern im Sinne der Beobachtungen, die sie in therapeutischen Sitzungen mit Patientinnen machte, deren Frustrationen im wirklichen Leben eine „passive/aggressive" Spaltung auslösten. Diese Spaltung ist gegeben, wenn Frauen gegebene soziale Rollen und Merkmale verinnerlichen und gegen sie ankämpfen: die Pole des „Nährens und der Unterwerfung; Sich Sorgen und Sich Ärgern; Zugehörigkeit und Ohnmacht; Anpassung und Wut" (Westkott, *The Feminist Legacy*, 20–52)

[35] Fourier zitiert nach Franklin Rosemont, *What is Surrealism?* (London: Pluto Press, 1978) 92.

[36] Breton, *Arcane* 17 (New York: Brentanos, 1945)

[37] Duchamp vollzog diese „Umstülpung" des Geschlechts, indem er einen Guß von der Innenseite der Vagina und somit das Negativ zum Positiv (zum „Innen-Außen") für den Akt in *Étant Donnés* machte. Siehe die Beschreibung dieses Prozesses in Arturo Schwarz' catalogue raisonée, *The Complete Works of Marcel Duchamp* (London: Thames and Hudson, 1969). Duchamp erreichte erstmals eine geschlechtliche Umwandlung oder ein „Anderswerden" in seinem weiblichen alter ego, Rrose Selavy (d.h., „eros, c'est la vie").

[38] Cixous, „Decapitation", 41. *Étant Donnés* kann nur durch ein „Guckloch" in einer großen Holztür gesehen werden, wodurch eine „Innen/Außen"-Dialektik entsteht, die auf vielen Ebenen wirksam ist.

Diese Arbeit wurde in einem Seminar mit Norman Bryson über „Structuralism, Poststructuralism and Deconstruction" am Graduate Center C.U.N.Y. als eine Studie über die Bilder der Frau begonnen. Sie wurde aufgrund eines Seminars mit Linda Nochlin über „Feministische Theorie" vertieft und erweitert. Eine Fassung dieser Arbeit wurde bei einem Symposium (3. Annual Northwestern Art History Symposium in Evanston, Illinois im Frühjahr 1991) vorgetragen.

Amy Winter
SURREALISM, LACAN, AND THE METAPHOR OF THE HEADLESS WOMAN

The headless woman, an enigmatic image, frequently appears in the works of the Surrealist painters and photographers. In the Surrealist canon, it serves as a metaphor for Freudian castration complex, an aggressive projection of the "phallic mother", a double object of male desire—voyeuristic and fetishistic, reviled and idolized at once[1]. But precedents for the headless woman can be found internationally in the *femme-fatale* of the Symbolist poets and painters, the Surrealists' artistic predecessors, who created their imagery in the same period that Freud formulated his theories in Vienna. The headless woman can be seen as an inversion of Salomé or Judith, who bear as trophies the severed-heads of men. The French Symbolist, Gustav Moreau's *Apparition* of 1876, shows Salomé as a senusual and powerful but decidedly fatal temptress; while Aubrey Beardsley's, *Salomé with the Head of John the Baptist* (1893) is a grisly vampire. Viennese Gustav Klimt, offered similar images of the biblical figure Judith. Reversing the Baroque coding of Judith as a virtuous heroine in the works of Rembrandt and Artemisia Gentileschi, Klimt's Judith savors the bloody head of Holofernes. By century's end, related Symbolist representations of women showed them asleep or dead, as in Edvard Munch's well-known *Madonna* (1899). A passive object of the gaze, she is infantilized by the placenta-like space in which she is suspended, and surrounded by a "decorative" border of spermatazoa; or the pitiful suicide *Ophelia*, a favorite of the day, who turned her virtue against herself. It is therefore not surprising to find the ideal Surrealist woman styled as *femme-enfant* [2]; nor to find images of women consistently tied to signs of death and torture. Hans Bellmer's headless *Dolls*, combine both motives in their monstrous convolutions of the female body. Raoul Ubac's *Battle of Amazons*, shows an array of headless, disjointed female bodies strewn, like bones, in a vandalized graveyard, recalling photographs of corpses in mass graves. In William Seabrook's pornographic photographs, symbolically headless women are objects of sadistic predacity, hung like carcasses from chains.

The period during which Freud formulated his theories and the Symbolists generated their imagery paralleled an important period of feminist mobilization in Europe. In Second Empire France, the "woman question" was central to intellectual and political debates while women's rights were still modeled on the preservation of the patriarchal family. In Third Republic France, in the 1870s, middle-class women emerged as activists and demanded equal education, pay, and access to professions—as well as divorces, paternity suits, property ownership and the abolition of state controlled prostitution. In 1878, when Freud was training in Vienna, 11 countries were represented at the First International Feminist Congress in Paris and by 1880, acts of protest and resistance were staged for women's suffrage. Although considerable progress for women's rights was made in France thereafter, women's right to vote was not granted until the 1940s.[3]

In Vienna, the rise of feminism and the "crisis of Modernism" were integrally related. According to the French Germanist, Jacques Le Rider, the neurasthenic delight in death, disease, and disfunctionality in fin-de-siecle Vienna was related to a delayed and incomplete socio-economic modernization process.[4] Out of sync with the new demands made upon "modern" consciousness, Victorian institutions and mores lagged behind the pace, however faltering, of industrialized society. Le Rider has linked crises of male sexual identity (and the backlash of a "purified masculine 'Aryan' order" to counter it), the rise of feminism (and virulent anti-feminism), and the politics of anti-semitism. He posits that the production and position of such noted Jewish figures as Sigmund Freud and Ludwig Wittgenstein—their critique and restructuring of traditional aesthetics, science, and philosophy—were anti-dotes to a destabilized traditional male identity "deconstructed" by modernity. While Freud may have been correcting the indignities of his position as a Jew in Germanic society by inventing a radical new subjectivity, he was, at the same time, doing so as a man within a severely destabilized patriarchal system. Thus the double edge of his theory—its profundity and its limitations. In perspective, Freud's theories appear to be as much unconsciously repressive solutions to real and perceived threats to patriarchal structures as they do analyses of civilization and its discontents.

In the Surrealist image of the headless woman, the themes of voyeurism and fetishism merge in relation to the Freudian construct of the castration complex. Freud's theory of "scopophilia" postulates that irreconcilable anxiety develops in the male infant when he sees that his mother has no penis, initiating the castration complex. In the adult male, he says, the defensive compensation for this anxiety is two-fold but in each case works through the faculty of vision. On one hand it leads to voyeurism—a displaced looking at oneself, which transfers fear onto the "guilty" female and permits "lawless" seeing.[5] On the other hand, fetishism, a narcissistic obsession with an obscure or indirect object of desire, functions to deny castration anxiety—sometimes by mapping the lost phallus back onto the body of the mother—thus the "phallic body of the Mother." In the recurrent use of the headless female the two themes result in an ambivalent sign.

As early as 1922—23, when the Surrealists were emerging, the Berlin social psychologist, Karen Horney, challenged Freud's exclusively male, phallocentric model, by formulating a polemical "feminine psychology", complete with "womb envy" that opposed Freud's "Adam's rib" definition of female sexuality based on "penis envy."[6] Horney's clinically-determined "passive/aggressive split psyche of women," described female sexuality as it was formed by frustrations in social experience and provided still another explanation for the double sign of "woman"—dangerous but seductive—mirrored in Symbolist and Surrealist images.[7] Concurring with Horney, I maintain that unless there is some pathology, the "castration anxiety" identified by Freud and figured in the beheaded male and the headless woman, is a culturally- and historically-determined, rather than essential, component of the male unconscious. If masculinity is culturally-ordered by castration axiety, then it should be acknowledged that the terms which define such anxiety must be products of the real social, not meta-psychological, space.

In 1976, the feminist theorist Hélène Cixous wrote an essay entitled "Decapitation or Castration?" suggesting that the metaphor of decapitation is a "solution" to the masculine need for women that is contained by castration anxiety.[8] Cixous reacted to the Neo-Freudian theories of Jacques Lacan— whose Sorbonne seminars she attended in the 1960s—which address the onset of the Oedipal complex and the child's contemporary acquisition of language in the "mirror stage," a new contribution to, and gloss on, Freudian theory. Lacan's paper on the "mirror stage" was presented to the 1936 International Psychoanalytic Congress in Marienbad, but not published until 1938[9]. This was well after his interactions with the Surrealists in Paris, whom he first met in 1926 as a student who haunted Adrienne Monnier's bookshop in the Rue de l'Odeon.[10]

From 1928—1929, Lacan worked in the special infirmary of Dr. Georges Gatian de Clérambault, a "mind doctor" whom André Breton twice critiqued along with Pierre Janet, colleague of J.M. Charcot at the Salpêtrière Asylum.[11] Around this time, Lacan read Salvador Dali's 1930 texts on the "paranoid-critical" method, visited the artist in his studio in the rue Gauguet, and began with him an animated exchange.[12] Studying with Henri Claude, another "mind doctor" practicing at St. Anne Asylum, Paris, Lacan published papers in collaboration with other students and with Claude himself. One such paper, published in December 1931, was the case of a woman with severe speech disorders, which Lacan described as having analyzed in both linguistic and psychiatric terms.[13] In a footnote, he referred to the Surrealist Manifesto of 1924, indicating that a significant connection existed between the speech patterns and pathologies of his study and "the experiments made by certain writers with a way of writing they have called *surrealist*, by a method which they have described quite scientifically."[14] Just read Breton and Eluard's *Immaculate Conception*, he continues, and you will see "what a remarkable degree of autonomy can be attained by graphic automatisms, apart from any hypnosis."[15] Thus Lacan's exposure to such Surrealist ideas and methods as automatic writing, "exquisite corpses," dream exploration, praise of hysteria, and an ideology of madness, was well-developed before he had obtained his degree in *forensic* psychiatry in 1932, writing and publishing his doctoral thesis "On Paranoid Psychosis in Relation to the Personality."[16] By 1933, in the first issue of *Minotaure*, Lacan published "The Problem of Style and the Psychiatric Conception of the Paranoid Forms of Experience." This was followed by "Motives of the Paranoid Criminal: The Crime of the Papin Sisters," in the second issue of *Minotaure*.[17] It is not hard to see that Lacan's pursuits in pathology were well-aligned with the preoccupations of the Surrealists and that he had become one of their inner circle, intimately familiar with their writings and artworks, long before he wrote his paper on the "mirror stage." Nor is it difficult, in the context of automatic writing, to understand the "slippage" of language, and the multiplicity of the signifier, indeed, the idealization of psychotic discourse, which "dictates" his post-structural theory.[18]

With this short history in mind, re-viewing the many images of the headless woman, it appears that the Surrealist metaphor is at the root of Lacan's "mirror stage"—an unusual poetic source for a "scientific" theory—which is based in pathological phallic narcissism. Lacan locates the "mirror stage" between the ages of six and eighteen months, as the ego of the child is developing in relation to, and away from, the mother. During the early Oedipal phase, the child also acquires language and, according to Lacan, is initiated into the "Symbolic Order" of the "Law of the Father" with all its prohibitions of desire for the m(other). While the source of these Lacanian phrases, like the image of the headless woman itself, has been obscured by theoretical sophistications, this is actually a covert reference to the Judaeo-Christian patriarch, God the Father. It is no coincidence that the Surrealists, familiar with early linguistic theory,[19] and in rebellion against the dogmas of Catholicism and Victorian bourgeois society, instigated revolutionary discourse about the "symbolic order," and that Lacan followed suit. Max Ernst's 1929 collage-novel *La Femme 100 Têtes*—homophonically rendered as the Hundred Headless Woman (*La femme cent/sans têtes*)—bears one plate showing "Germinal, my sister, the hundred headless woman. In the background, in the cage, the Eternal Father," who reaches out in vain for *la femme* who blithely displays her own head amidst a litter of symbolic books and objects.[20]

This image emphasizes the prevalence of vision in the determination of sexuality and desire built into Freud's castration complex. In "Germinal," extreme pressure is brought to bear upon the issues of seeing and being seen, in the multiple constructions of the young woman looking out at the viewer, being looked at by the "Eternal Father," and looking at and being looked at by herself. Germinal's breast is exposed through her dainty frock and stands in for her left eye, which she covers with her hand, signaling the circle of vision and the gaze as the symbolic topos of the picture. Conflation of eye and genitals is implied here, where the severed head at the level of the actual genitals reads as a large eye. Moreover, the exotic flower head surrounded by a mane of spikey petals is suggestive of the Surrealist conceit of "*vagina dentata*." Some years later, in 1945, Marcel Duchamp and Breton would recyle the imagery in a shopfront window installation entitled "Lazy Hardware," to advertise publication of Breton's book *Arcane 17*. There, a headless mannequin's genitals are displaced by the reflection of the head of a spectator standing outside looking in the window, as a sign of the "reconciliation of opposites" through voyeurism and the visual faculty. As Charles Stuckey has analyzed:

Duchamp substituted the polarity between spectator and object for Breton's polarity between masculine and feminine in an attempt to find the visual embodiment of the union of physically inert opposites. Duchamp equated the act of vision with the act of love ... .[21]

With it's emphasis on the topoi of vision, narcissism, and desire, the image of the headless woman can be seen as a prime representation of the *primal union of word and image* that defines the socialized sexualized subject in the "mirror stage."

The image first appeared in Ernst's Dada collage, *Les Pléiades*, of 1921 (Figure), which he showed in a one-man exhibition at the *Galerie au sans pareil* at the invitation of Breton and Louis Aragon. The significant continuity of Dada and Surrealism, sometimes referred to as the "alternating current"[22] requires discussion of this early image in Ernst's proto-Surrealist production. Breton's sophisticated knowledge of the dynamic psychiatry of Charcot and Janet was matched by Ernst's early knowledge of Freudian theory, acquired in advance of his French colleagues, for whom the German language would have proven a stumbling block.[23] Acknowledging the problematic recuperation of unconscious content that this and other images pose, it is nonetheless worth looking at the way in which Ernst, like other Surrealist painter-poets, illustrated Freudian concepts. *Les Pléiades* wittily parodies the Virgin and the Trinity by providing a voyeuristic object. The headless woman floats in a heavenly void where a phantom bird-like form (to the right and above her arm) suggests the dove of the Holy Ghost. In Christian legend, the Virgin is supernaturally impregnated by the dove, thereby, figurally "castrating" man.[24]

To match the irrational image, Ernst inscribed a typical Dada "nonsense" poem at the base of the collage. It obliquely refers to the difficulties of puberty that do not "lighten the tenuous grace of our stars (*La Puberté proche n'a pas encore enlevé la grace tenue de nos pléiades/*);" suggests the expectation of some sort of a fall preceded by a shadowed gaze (*"Le regard de nos yeux pleins d'ombre est dirigé vers le pavé qui va tomber/"*); and makes a mixed reference to failed sexual encounter (*"La gravitation des ondulations n'existe pas encore"*). The fear of failure, of a threat to virility, is invoked here but given a solution: the headless, "castrated" woman, without a head to return the guilty gaze of the voyeur, the "star-gazer," serves to suppress male fear of impotence.

In the same year that he created *Les Pléiades*, Ernst also painted *The Elephant of the Célèbes*, a bizarre conglomeration of forms and symbols.[25] *Célèbes'* headless woman appears in the foreground as a black-gloved *femme-fatale* who beckons. The castration anxiety is clear. The phallic totem rising behind and out of the woman's body fortuitously replaces her head, conflating penis and eye to illustrate Freud's concept of scopophilia: the seeing that defines male sexuality through visual recognition of "difference" in the female.[26] The composition's center is the almost obscenely phallic trunk charged with symbolism in the phantasmic bull-like "head"—the bull, of course, is the long-standing signifier of male fertility and virility. Surrealist preoccupation with this symbol appears in their celebrated publication *Minotaure* and its famous inaugural cover photograph by Man Ray—a bull's head fashioned from the figure of a headless female.[27] It only makes sense, then, that a cover for Georges Bataille's publication, *Acéphale*, created in opposition to Breton and his group[28], shows an image of a naked headless man, one of the few to occur in the repetoire of Surrealism.[29]

Because the headless woman is the "phallic mother," the female body is often represented as double-gendered in Surrealist images: male and female in one. One of the most insidiously seductive images of the headless woman—upon which Lacan may have reflected (so to speak) for his "mirror-stage"—is Maurice Tabard's *Hand and Woman* (1929), which plays upon ambiguous sexuality and gender blurring in the double sign of idol and fetish. It shows the headless woman as implicitly guillotined, overshadowed by the spectre of the hooded executioner himself. Both title and image again suggest a metonymical substitution of hand for phallus and phallus for head. Both the man and woman are headless and fetishistically suggestive of the phallic body itself. Through the mirror—standing-in here for the woman's head—the symbol of vanity is signified but undone. A transferral and reversal are accomplished: beauty reflected in the mirror, the usual signifier of vanity in "high" art representations of the nude, is short-circuited, replaced by the narcissistic attachment to the phallus.

Despite the signs, although the mark of torture is absent here, punishment is a *fait accompli*. The guilty temptress, who would castrate has herself already been "castrated" and is threatened with rape. The allure of the underclothed body insures erotic enticement. The removal of the head guarantees removal of guilt itself. Headlessness denies the returned gaze of the "accused," prevents her from accusing, and renders her powerless by blinding. Removal of the head also silences the voice that would accuse or ward off the threat of rape. And punishment is doubly thwarted by the hooded anonymity of the male.

A less threatening, more flexible and overtly amusing instance of the double-gendered headless woman appears in Victor Brauner's fantastic illustration for the Surrealist publication *Violette de Nozières*—a celebration of this teenage perpetrator of parricide, who nearly became headless herself, saved from the guillotine by state pardon.[30] Here the woman's head has been explicitly replaced by a phallus, and testicles double as breasts in the juggling of body parts. The photographer Brassai's erotically charged *Untitled* image of a nude unavoidably suggests the phallus and testicles, while also sensually displaying the female body. This erotic ambiguity is equally present in a curious photocollage by Man Ray, where breasts/phallus/testicles suggest a face and, as with the other images, reveals an attempt to reconcile gender polarity, in line with the Surrealist dialectic of "convulsive beauty"—fearsome beauty.[31] While in Breton's vocabulary, "desire" was the *primum mobile* and the key to human liberation, the violence, phallologocentrism, and assymetry of power relations in many of the images attests to an internalization of patriarchal standards by the Surrealists and a negation of the possibility of liberation—a bondage proportionate to the representations themselves.

Similarly, Lacan's linguistic theory of the subject challenged the notion of essential male or female sexuality and engendered a revolution in feminist theory throughout the 1960s, only to be countered in the 1970s and 80s by such literary feminists as Luce Irigaray and Jane Gallop; and more recently, feminist sociologist Michèle Barrett, and art historian, Johanna Drucker.[32] It has been observed, not only by feminists, but by commentators writing on Lacanian psychology, that Lacan's model, like Freud's, is pathological.[33] Freud's 19th century, mechanistic and reductive view of the human psyche assumed an attraction to death and destruction—his "pleasure principle/death wish" dialectic. In his "instinct" or "drive" theory, neurosis is a normal, essential condition engendered by frustration of infant sexuality, rather than a culturally aggravated condition; and is exclusive of other motivations for human desire.

Like the dual-gendered images of the headless woman which inspired his insights into the conjunction of language and image in human development, Lacan pioneers the subject and opens up the very discourse of the construction of gender. But the premises from which his model proceeds are pathological, misogynistic, and phallocentric. Such a base cannot allow for the development of a balanced model. Following Surrealism, Lacan's embrace of an alienated ego position in the "mirror stage," (the "split self" or *Ichspaltung* of Freudian theory)[34] and his "privileging" of incoherent language, spoke to the frustration with Western society and its overly-positivist world view that gave rise to the 1960s Paris revolution. His and other post-structural continental theory were lionized in the 1970s and the 1980s as alternatives to the conspicuous materialism, decadence, and spiritlessness of late-Captialist society. But, if Lacan, like Surrealism, infiltrates science (psychiatry and linguistics) with poetry to bring about a "revolution," this tactic needs to be brought into perspective. While Freud encouraged the study of abnormality and extremes in order to determine normality (an abstraction, then, by definition), it seems, with Lacan, we have lost sight of the strategy as strategy in favor of the "jouissance" of the text—a sort of intellectual masturbation and narcissism. In the last three decades, since Breton's death, ironically, a "mediated" consumer society has largely overturned the psycho-sexual inhibitions and prohibitions with which the Surrealists contended in a post-Victorian moment, and permitted the removal of all barriers to "love" which Breton championed. Surrealism intended social, cultural, and personal liberation, but without a revision of the first terms or assumptions on which it was based, its object of desire will never be attained.

In 1944, after Stalin's purges destroyed the hopes of communism, in the late-Surrealist phase, Breton appealed to Charles Fourier's utopian socialist notion of women as the last chance for social equity and reform. But while Fourier observed that "The degree of emancipation of women is the natural measure of general emancipation,"[35] Breton still defined the artist as a male subject and spoke, unwittingly, of the "jealous appropriation" of womanly ways and means, thus preserving the voice of domination:

The time will come when the ideas of woman will be asserted at the expense of those of man, the failure of which is already today tumultuously evident.

Specifically, it rests with the artist to make visible everything that is part of the feminine, as opposed to the masculine, system of the world. It is the artist who must rely exclusively on woman's powers to exalt, or better still, to jealously appropriate to himself everything that distinguishes woman from man with respect to their styles of appreciation and volition.[36]

Following this, Marcel Duchamp's "masterwork," *Étant Donnés*, on which he labored from 1946—66, shows a headless woman within a pointedly Edenic setting, holding aloft the lamp of Diogenes, symbol of vision and truth—a reversal of the "fallen" woman. His coded use of timeless, indeed, tired romantic euphemisms and clichés—the waterfall as "fulfillment" (orgasm), the earth as "Woman," woman as purity and as the source—are confounded by the unnatural simulated paradise composed not of vegetal but metal elements—a sign of the deflowered earth?; by the lascivious posture and postulation which undo lingering sentimental attachment to the "beauty" of the nude—a [necessary] deaestheticization of woman and of art?; and by the violation or contortion ("convulsive beauty") of both the corpse and the "sexe" (i.e. genitalia) of the woman herself—a sex change for the better?[37] Is this prophecy, or irony, or both? Could Duchamp have known, as Cixous tell us, that the seer, Teiresias, who showed Oedipus the truth of his life, had lived seven years as a woman and seven years as a man and could therefore "see it from both sides"?—an interesting analogy for *Étant Donnés*.[38] If the importance of Lacan's contribution was its exposure of the power of language in our definition of self-image, then it is necessary to change the *donné*, the "given," refill the "lack" with a new model, and get on with the Revolution.

This paper began as a study of the imagery of the headless woman in a seminar with Norman Bryson on "Structuralism, Post-Structuralism, and Deconstruction" at The Graduate Center, C.U.N.Y. It was amplified and informed by a seminar with Linda Nochlin on "Feminist Theory." One version was presented at the Third Annual Northwestern Art History Symposium, Evanston, Illinois, Spring, 1991. A second version, including the discussion of Lacan, to which this paper corresponds, was presented in Jack Spector's session on "Surrealism: The Unfinished Project," at the 1992 College Art Association Conference, Chicago, Illinois. I am grateful to all of these individuals for their helpful comments and criticism in the development of this paper.

Notes

[1] Voyeurism and fetishism have been utilized by various feminist writers to interpret representations of women. But these mechanisms of Freudian castration complex are most clearly described by Annette Kuhn in *Women's Pictures: Feminism and Cinema* (London: 1982). See also, Laura Mulvey, "Visual Pleasure and Narrative Cinema," *Screen*, 16 (1975): 6—18; Carol Duncan, "Virility and Domination in Early 20th Century Vanguard Painting," *Artforum* (December 1973): 30—39; Wendy Leeks, "Ingres Other-Wise," *The Oxford Art Journal* 9 (1986): 29—37; Carol Armstrong, "Edgar Degas and the Re-

presentation of the Female Body," in *The Female Body in Western Culture*, Susan R. Suleiman, ed. (Cambridge: Harvard Univ. Press, 1986), 223—42.

² On the theme of *femme-enfant* see Whitney Chadwick, *Women Artists and the Surrealist Movement* (Boston: Little, Brown, 1986).

³ Norma Broude, "Edgar Degas and Feminism in the 1880s," *Art Bulletin* LXX (December 1988): 643—45.

⁴ Jacques Le Rider, *Modernité Viennoise et la Crise de l'Identité* (Paris: Presses Universitaire, 1990).

⁵ Annette Kuhn, *Women's pictures*.

⁶ See Marcia Westkott, *The Feminist Legacy of Karen Horney* (New Haven: Yale, 1986), who indicates that even though Juliet Mitchell and Jacqueline Rose (*Feminine Sexuality* (London: MacMillan, 1982) have seen Horney as "an essentialist" this opinion seems to be circumscribed by a limited knowledge of Horney's work in its entirety. For all of Horney's writings on the female psyche see *Feminine Psychology*, ed. Harold Kelman (New York: Norton, 1972).

⁷ See, also, Jennifer L. Pierce, "The Relation Between Emotion Work and Hysteria: A Feminist Interpretation of Freud's *Studies on Hysteria*," *Women's Studies* 16 (October 1989): 255—80, who refers to the controversy in the 1930s, following Horney's papers, to which Otto Fenichel and Ernst Jones both contributed anti-Freudian readings.

⁸ Hélène Cixous, "Decapitation or Castration?" English trans. Annette Kuhn, Signs 7 (Autumn, 1981): 44—55. First published in French, 1976, as "*La Sexe et la Tête.*"

⁹ Bice Benvenuto and Roger Kennedy, *The Works of Jacques Lacan*, "Introduction," (New York: St. Martin's Press, 1986).

¹⁰ Alain Grosrichard, "Dr. Lacan, *Minotaure*, Surrealist Encounters," in *Focus on Minotaure*, exhib. cat., Musée Rath and Musée de la ville de Paris (Geneva and Paris; 1987), 161—73.

¹¹ Breton makes a covert reference to Clérembault in his 1928 novel *Nadja*; and an overt reference in "Mental Treatment in the Eyes of Surrealism," *Le Surréalisme au service de la Révolution* 2 (October 1930).

¹² See Salvador Dali, *La vie secrète de Salvador Dali* (Paris: Gallimard, 1952), 33: "I am thirty-two years old [sic]. I have just had a telephone call from a young and most brilliant psychiatrist. He has just read in *Minotaure* [sic] my article on *The Internal Mechanisms of Paranoid Activity*. He congratulated me and is amazed by my scientific knowledge, so rare in general, about such a subject."

¹³ Lacan, *Écrits "inspirées": Schizographie* in *De la psychose paranoïaque dans ses rapports avec la personnalité* (Paris: Seuil, 1975), 365—83.

¹⁴ Quoted in Grosrichard, "Dr. Lacan," 173, n. 6.

¹⁵ *Ibid.*

¹⁶ Jacques Lacan, *De la psychose paranoïaque dans ses rapports avec la personalité*, (Paris: Le Francois, 1932), first published in 1931. See, also, Patrice Schmitt, "*De la psychose paranoïaque dans ses rapports avec Salvador Dali*,"

in *Salvador Dali*, ex. cat., Centre Georges Pompidou (December 1979—April 1980), 262—66.

[17] Lacan, "The Problem of Style ...," *Minotaure* 1 (June 1933); "Motives ...," *Minotaure* 2 (December 1933).

[18] Breton refers to automatic writing as "dictation" of the unconscious, a revealingly aggressive word choice, not uncommon in Breton's vocabulary.

[19] Author is currently researching Surrealist knowledge of early linguistic theory.

[20] Ernst's source for the "Hundred Headless Woman" is specific. It refers to Emile Zola's novel, *L'œuvre*, which places its artist-hero in a garrett studio in the *rue de la Femme-sans-Tête*. Cf. Charles Stuckey, "Duchamp's Acephalic Symbolism", *Art in America* 65 (Jan.—Feb. 1977): 94—99. This construction by Ernst was partly biographical, referring to his own rebellion against his pious, authoritarian father. Of this image he said: "... daddy took secret pleasure in the idea of being God-the-Father, and ... the hidden reason of this picture was a blasphemous pretension." Cf. Ernst, "Some Data on the Youth of Max Ernst: as told by himself," *View* 1 (April 1942): 28—30. See also, Charlotte Stokes ("Max Ernst's *Hundred Headless Woman*," Ph. D. Dissertation, Univ. of Washington, 1977) for the many literary, mythological, and religious sources for Germinal. In this regard, the imagery may refer to such mythical female phantoms as Siva, or Medusa, substituting the profusion of hand or snake appendages with heads. It may be significant that, elsewhere, in relation to Leonardo da Vinci, Jean Laplanche has seen the illustrations of Medusas as a "defense against traumas and as a means to shock the father." See Jack Spector, "The State of Psychoanalytic Research in Art History," *Art Bulletin* LXXX, 1 (March 1988): 60. Given Ernst's involvement with Freud and abnormal psychology, discussed in the text below, he may very well have read Freud's paper on *The Head of the Medusa*, published in 1922. Neil Hertz has also seen Medusa, whose gaze turns men to stone, as the symbolic representation of male hysteria during moments of revolutionary social change. Like Medusa, the headless woman reflects a severe male discomfort with female appropriations of power. Cf. Neil Hertz, "Medusa's Head: Male Hysteria Under Political Pressure," *Representations* 4 (1983): 29.

[21] Stuckey, *op. cit.*

[22] Octavio Paz, *Alternating Current*, Helen R. Lane, trans. (New York: Viking, 1973).

[23] On Breton and Charcot see Jennifer Gibson, "Surrealism Before Freud: Dynamic Psychiatry's Simple Recording Instrument," *Art Journal* 46 (Spring 1987): 56—60. Ernst spoke of reading Freud's texts while still in school at the University of Bonn in 1909—1914, where among other subjects, he studied abnormal psychology. It is also known that he was personally acquainted with Karl Otten, a student of Freud, who frequented the cafés of Bonn and participated in readings and discussions of the artists' group *Das Junge Rheinland* in those years. See Charlotte Stokes, "Dadamax Ernst in the Context of Cologne Dada," in *Dada/Dimensions*, Stephen Foster, ed. (Ann Arbor, UMI, 1985), 111—130; Max Ernst, *Écritures* (Paris: 1970); Max Ernst,

Beyond Painting, Robert Motherwell, ed. and trans. (New York, Wittenborn, 1948); and *"Was Max Ernst studiert hat,"* in *Max Ernst Retrospektive*, Ausstellungsleitung Haus der Kunst, Munich and Berlin National Gallery State Museum (Munich, 1979), 121—205. See, also, John MacGregor, *The Discovery of the Art of the Insane* (Princeton University Press: 1992), for an overview of Ernst's involvement with psychiatric art and litertaure; and author's paper, "Max Ernst and the Appropriation of the Image of Madness in Weimar Germany," manuscript, n. d.

[24] Ernst also created a fictional totemic bird alter ego—a primitivistic synthesis of an Oceanic shamanic spirit bird and a psychotic delusion. See Ernst, *Beyond Painting, ibid.*, 26 for his own accounts; Evan Maurer, "Dada and Surrealism," in *"Primitivism" in 20th Century Art,* William Rubin, ed., exhib. cat., The Museum of Modern Art (New York: 1984), 551 ff., for identification of the "primitive" source; and author's paper, "Max Ernst's Appropriation," *ibid.*

[25] For discussion of the primitive sources and primitivism of this image see Maurer, *ibid.*

[26] The phallic totem is actually a quotation of the central figure in Ernst's 1920 collage, *The Hat Makes the Man* which wittily conflates fetishistic phallic narcissism and fashion.

[27] It is not widely known that Picasso, who took the bull as his symbolic alter ego and had a Surrealist period of production, provided financial backing for many of their projects, including *Minotaure*.

[28] See Rosalind Krauss, "Giacometti," in *"Primitivism in 20th-Century Art, op. cit.;* and "Corpus Delicti," in *L'amour fou*, exhib. cat., Corcoran Gallery of Art (Washington, D. C.: 1986), for a discussion of Bataille and the *Documents* group.

[29] When the headless man appears, it does not come from Breton's camp, and the discourse to which it opposes itself is not Freudian, but Cartesian rationalism. In this context, Bataille saw Dionysian excess and the "religion of death" as a model. While this might be interpreted as a positive countermeasure to orthodox Surrealism, this model has its own generous share of pathology. See, especially, Batailles' discussions of Nietzsche and Dionysianism and Masson's drawings of acephalic males in *Acéphale* 1 (24 June 1936).

[30] On this topic see Terri L. Cafaro (C.U.N.Y. Graduate Center), 1988 College Art Association Conference, "Ought a Girl to be Beheaded: Patricide, Decapitation and Cooption in Surrealism," oral presentation.

[31] See Breton, "Beauty Will be Convulsive or else it will cease to be," *Minotaure*, 1934.

[32] Luce Irigaray, "This Sex Which is Not One," *New French Feminism* (1980), first French version 1977. Jane Gallop, *The Daughter's Seduction* (Ithaca: Cornell Univ. Press, 1982); Michèle Barrett, "Feminism and Psychoanalysis: A British Sociologist's View," *Signs* 17 (Winter 1992): 455ff.; Johanna Drucker, "Undoing Freud and Lacan," paper presented at Columbia University, April 1992.

[33] Benevuto and Bice, *The Works of Jacques Lacan, op. cit.*, "Introduction," *passim*. In his later work and in the "talking cure", Freud himself attempted to redress some of the problems of the early theories.

[34] *Ibid.* This is the same "split self" which Karen Horney discussed not in metapsychological terms of infant sexuality, but in terms of the observations made in therapeutic sessions with female patients, whose frustrations in real life caused a "passive/agressive" split. That is, women internalizing given social roles and traits and struggling against them: the poles of "nurturing and subordination; caring and anger; affiliation and powerlessness; compliance and rage" (Westkott, *The Feminist Legacy*, 20—52).

[35] Fourier quoted by Franklin Rosement, *What is Surrealism?* (London: Pluto Press, 1978), 92.

[36] Breton, *Arcane 17* (New York: Brentanos, 1945).

[37] Duchamp accomplished this "reversal" of sex by making a cast of the inside of a vagina then using the negative image as a positive (the "inside-out") for the nude of *Étant Donnés*. See the description of this process in Arturo Schwarz's *catalogue raisonée*, *The Complete Works of Marcel Duchamp* (London: Thames and Hudson, 1969). Duchamp first achieved a sex change or "alteration" in his female alter ego, Rrose Sélavy (i. e., "*eros, c'est la vie*").

[38] Cixous, "Decapitation", 41. *Étant Donnés* can only be seen by looking through a "peephole" in a large wooden door, consequently establishing an "inside/outside" dialectic that operates on many levels.

Silvia Eiblmayr
DIE SURREALISTISCHE EROTIK BEI HANS BELLMER –
DIE „GOTTESANBETERIN" UND DER SCHOCK DER MECHANISIERUNG

Die Radikalisierung des Bildes vom erotischen Körper ist Kennzeichen der
Kunst des 20. Jahrhunderts und im besonderen der surrealistischen Kunst.
Analog zu den Konzepten der anti-bürgerlichen Avantgardebewegungen verändern sich die Konzepte zur Darstellung von Erotik und Geschlechtlichkeit.
Mit den technisierten Bildproduktionsformen der Moderne, der Photographie
und dem Film, mit dem Heraufkommen einer Kultur der Massenmedien trans-
formiert sich der Blick, der auf den Körper bzw. auf das Bild des Körpers
zurückschlägt. Die voyeuristische, fetischisierende, fragmentierende, vielfach
gewaltsame Inszenierung des menschlichen Körpers, die die Kunst dieses
Jahrhunderts seit den tabuverletzenden Anfängen im Surrealismus vollführt,
ist formal und inhaltlich Ausdruck und Spiegelung jener strukturellen Gewalt,
die den technischen Produktionsformen und ihren Formen der Vermittlung
innewohnt. Das manipulative Potential dieser neuen Medien, durch das der
Körper zerstückelt, vergrößert oder verkleinert, zusammenmontiert, kopiert,
vervielfältigt usw. werden kann, ermöglicht und erzeugt Bilder von imaginären
Körpern und sexuellen Phantasmen. Bilder, die, wie die Psychoanalyse gezeigt
hat, auf das Reale der menschlichen Existenz verweisen, und die Aufschluß
geben über die Instanzen unserer symbolischen Ordnung.
In der Theorie und Praxis der (männlichen) Surrealisten, die auf die Unterminierung eines als überkommen erachteten visuellen und sprachlichen Symbol-
systems abzielt, erhält „die Frau" – und damit der weibliche Körper – eine sym-
ptomatische Funktion. Dieser imaginäre, meist dämonisierte weibliche Körper
erscheint als „Krisenfigur" des ästhetischen Systems selbst, und zwar in einer
doppelten Funktion: Als scheinbare Ursache für die Zerstörung traditioneller
Wahrnehmungs- und Bildformen und zugleich aber auch als jener, an dem diese Zerstörung vollzogen wird.
Eine signifikante Allegorie der Dämonisierung des Weiblichen im Bestiarium
der Surrealisten ist die Gottesanbeterin: jene räuberische Fangschreckenart –
mit messerähnlichen Fangarmen –, deren Weibchen das Männchen nach dem
Paarungsakt tötet und auffrißt.[1] Die Surrealisten faszinierte an der ‚Mantis
religiosa' die automatenähnliche, mechanisch wirkende Form ihrer Bewegungen. Der Eindruck des Maschinenhaften verstärkt sich noch dadurch, daß
dieses Insekt sich in Augenblicken der Gefahr totstellen und bestimmte Funktionen sogar noch ausführen kann, nachdem ihm der Kopf abgetrennt worden ist.
Roger Caillois hat in der Zeitschrift *Minotaure* einen viel beachteten Aufsatz
über die Gottesanbeterin veröffentlicht. Sein Interesse galt auch dem Phänomen der Mimikry. Als früher Vorläufer einer Soziobiologie des Bewußtseins
nahm er an, daß Insekten und Menschen an der gleichen ‚Natur teilhaben und
durchbrach damit die Begrenzung einer bestimmten und festlegbaren,
menschlichen Natur. Das sexuelle Verhalten der weiblichen Mantis und ihre

gierige Gefräßigkeit ließen sie als ideales Symbol der ‚phallischen, kastrierenden Mutter' erscheinen. Caillois sieht in der Mantis die Möglichkeit eines ‚Automatons', einer gefühllosen, mechanischen Imitation des Lebens, die er mit dem Phantasma menschlicher Sexualität verbindet. Am erstaunlichsten ist die Ähnlichkeit der Mantis mit einer Maschine, wenn das Insekt – sogar in geköpftem Zustand – seine Funktionen noch weiter ausüben kann und so gleichsam eine Mimikry des Lebens darstellt: „... steht (es) nämlich fest, daß sie auf fast alles genau so gut reagiert, wenn sie geköpft ist, das heißt, wenn das Zentrum der Vorstellung und der willentlichen Aktivität wegfällt: sie kann unter diesen Umständen herumlaufen, ihr Gleichgewicht ausbalancieren, die Autonomie eines bedrohten Gliedes vollziehen, ihre Geisterstellung einnehmen, sich paaren, Eier legen, den Kokon bauen und, was wirklich irre ist, angesichts einer Gefahr oder nach leichter Reizung in eine falsche Totenstarre verfallen. Ich drücke mich absichtlich so indirekt aus, weil die Sprache meiner Meinung nach kaum mehr auszudrücken und der Verstand kaum mehr zu fassen vermag, daß eine tote Gottesanbeterin sich totstellen kann."[2]

Die Gottesanbeterin verkörpert in der Phantasie der Surrealisten zwei Aspekte: Einmal die nicht dem Bewußtsein und seiner Kontrolle unterworfene Sexualität, die zugleich auch als Bedrohung vom Weiblichen her erfahren wird. Ferner ist sie Symbol für den Automatismus und die Mechanik der Reproduktion, die die Surrealisten zwar fasziniert, die aber ebenso mit Kastrationsangst verbunden sind.

Die passive Selbstaufgabe des surrealistischen Künstlers im „Mechanismus der poetischen Inspiration" (Max Ernst), die den Mythos vom schöpferischen Ingenium des Künstlers zerstören soll[3], bedeutet zugleich auch eine Bedrohung für das männliche Subjekt, eine Gefahr, für die das Phantasma des weiblichen Körpers steht. Der männermordende Reproduktionsmechanismus der Gottesanbeterin – also des dämonisierten weiblichen Körpers – wird bewußt oder unbewußt mit dem Maschinellen der mechanischen Bildproduktion verknüpft. René Crevel gibt in *Mon corps et moi* Zeugnis seiner Angst vor der reproduzierenden Frau, die er mit einem Photoautomaten vergleicht: „Wenn man bedenkt, daß diese Passantin ein Photo von mir machen könnte: einen Sohn. Das macht mir Angst. Zwei Groschen in einen Schlitz. Und in neun Monaten ein Resumé meines Portraits."[4] Crevel setzte seinem Leben selbst ein Ende; sein Werk ist vom Haß gegen seine Mutter gezeichnet.[5]

Walter Benjamin hat auf das Moment des ‚Chocs', das die Mechanisierung des menschlichen Lebens bewirkt, hingewiesen.[6] Der Schock stellt sich ein, wenn dem Menschen keine Zeit bleibt, gegenüber einem ihn bedrohenden Ereignis Angstbereitschaft zu entwickeln. Benjamin bezieht sich hier auf Freud. Dieser interpretiert den immer wiederkehrenden Angsttraum eines Unfallopfers – der Traum reproduziert die Katastrophe – mit der Feststellung, daß „diese Träume die Reizbewältigung unter Angstentwicklung nachzuholen suchen, deren Unterlassung die Ursache der traumatischen Neurose geworden ist."[7]

Benjamin leitet den Schock zunächst von dem sozialen ‚Mechanismus' des Symptomkomplexes moderner Zivilisation ab, der Mechanismus der Apparate prägt Wahrnehmung und Bewußtsein in der Rhythmik des Schocks, und jene sind unmittelbar mit der Funktionsweise moderner Bildproduktionstechnik verknüpft: „Unter den unzähligen Gebärden des Schaltens, Einwerfens, Abdrückens usf. wurde das ‚Knipsen' des Photographen besonders folgenreich. Ein Fingerdruck genügte, um ein Ereignis für eine unbegrenzte Zeit festzuhalten. Der Apparat erteilte dem Augenblick sozusagen einen posthumen Choc. ... So unterwarf die Technik das menschliche Sensorium einem Training von komplexer Art. Es kam der Tag, da einem neuen und dringlichen Reizbedürfnis der Film entsprach. Im Film kommt die chocförmige Wahrnehmung als formales Prinzip zur Geltung. Was am Fließband den Rhythmus der Produktion bestimmt, liegt beim Film dem der Rezeption zugrunde."[8]

Die dämonisierten, mechanistischen, maschinenähnlichen weiblichen Körper, die die surrealistische Kunst in immer neuen Varianten erfindet, repräsentieren gleichsam zwei konvergierende Schockmomente: jenes, das durch die Mechanisierung des Lebens und die neuen, mechanischen Bildtechniken bedingt ist, und das andere der verdrängten, traumatisierenden Erfahrung der Sexualität, das in der bedrohlichen Figur der kastrierenden Frau wiederkehrt.

Hans Bellmers *La mitrailleuse en état de grâce* (1937) (vgl. Katalog REAL, Abb. 15, S. 65) vereinigt beide Komponenten zu einem vollkommenen Ausdruck. Die Gottesanbeterin erscheint als mechanische Maschine mit technoid verformten, fetischisierten weiblichen Körperteilen. Ihr obszön gespaltener Kopf evoziert das Bild der Frau als Photoautomat (Crevel). In ihrer phallischen Aggressivität und formalen Ambiguität – die Körperteile symbolisieren auch das männliche Geschlechtsorgan – ist diese Skulptur Bellmers ein Beispiel der Verschiebung und Problematisierung sexueller Identität.

Bellmers symptomatischer Zuspitzung dieser Problematik wird jedoch ihre Brisanz genommen, wenn versucht wird, seine Arbeiten als Ausdruck einer androgynen Versöhnung zu interpretieren. Peter Webb bemerkt zur *Mitrailleuse:* „It is a symbol of sexuality trained on the bourgeois or on the Nazi. Bellmer has converted an utilitarian tool for mass slaughter into an erotic fetish. A triumphant Eros has usurped the realm of Thanatos. The modelled elements are female but the form of the object taken as a whole is decidedly phallic. The ‚Machine-gun' is thus an early example in Bellmer's of an image of the androgyne, brought into service to challenge the comfortable and elementary dichotomy between male and female on which our culture rests."[9]

Bellmers Kunst ist in der Tat eine radikale Herausforderung der konventionellen Dichotomie der Geschlechter. Doch in dem harmonisierenden, narzißtischen Phantasma der androgynen Ungetrenntheit von Mann und Frau, die Webb bei Bellmer erkennen will, wird die Todesdrohung wieder geleugnet, die Kastration als Zeichen der Geschlechtertrennung bedeutet. Bellmer zeigt eben gerade in der fetischisierten, sexualisierten Darstellungsform der Waffe den Zusammenhang zwischen fetischistischer Todesverleugnung – die „Ästhetisierung der Politik" (Benjamin) in Faschismus und Nationalsozialismus – und der waffenproduzierenden Todesmaschinerie auf. Er macht die unbewußte Dialektik sichtbar, die die Angst vor dem Tod mit Sexualität verbindet; so läßt sich wohl kaum behaupten, daß bei Bellmer der ‚triumphierende Eros‘ das Reich des Thanatos zurückerobert hätte. Vielmehr evozieren Bellmers Kunstwerke die Vorstellung des Todes und zerstören somit das narzißtische Ideal eines heilen, vollkommenen, scheinbar unverletzbaren Körpers.

In einem weiteren Sinn zerstört Bellmer mit seinen variablen, manipulierbaren Skulpturen ein Ideal der Moderne, die Idee der ‚reinen Form‘.[10] Weder seine *Mitrailleuse* noch die *Puppen* haben eine definitive Form. Der Künstler kombiniert die Einzelteile der *Puppe* (1934) (Katalog REAL, Abb.1–9), die wie eine technische Apparatur zerlegbar ist, zu unterschiedlichen Konfigurationen und inszeniert sie in Situationsbildern für die Kamera. Die Photos dieses ‚cadavre exquis‘ werden dann noch mittels Handkolorierung weiter verändert, so daß schließlich die künstlerische Kategorie der Skulptur durch die mediale Überlagerung aufgelöst scheint. Die Vorbilder von Bellmers *Puppen*, seinen Phantasmen des weiblichen Körpers, die er später *Kleine Anatomie des körperlichen Unbewußten oder die Anatomie des Bildes* nannte[11], sind in der surrealistischen Kunst zahlreich zu finden: bei Masson, Dalí und den verschiedenen *Badenden* von Picasso, die in den späten 20er Jahren entstanden sind. Die Gottesanbeterin als eine Allegorie der phantasmatischen *vagina dentata* – der verschlingenden und kastrierenden Frau findet sich auch als blasphemisches Attribut bei Maria auf Picassos *Kreuzigung* (1930), wobei es dem Künstler hier um den dialektischen Gegensatz von tabuisierter, heiliger Jungfräulichkeit und Dämonisierung der Frau geht. In der metonymisch formalen Identität von Marias Leidensausdruck und der Bedrohung, die von ihrem Körper ausgeht, erscheint sie zugleich als Opfer und Täterin.

Bei Picasso wie bei Bellmer und anderen surrealistischen Inszenierungen des weiblichen Körpers werden die phallischen Formen dieser ‚Ding-Körper‘ von der Strukturierung des männlichen Blicks erfaßt, der der Morphologie des männlichen Körpers folgt. Bellmer hat das im Hinblick auf seine *Puppen* deutlich gemacht: „Wahrscheinlich überlegte man bisher nie ernsthaft genug, wie weit das Bild der begehrten Frau vom Bilde des Mannes her bedingt ist, der sie begehrt; daß es letzten Endes also eine Reihe von Phallus-Projektionen ist, die progressiv von einem Detail der Frau zu ihrem Gesamtbild gehen, derart, daß der Finger, der Arm, das Bein der Frau das Geschlecht des Mannes wären ...“ [12] Entscheidend bleibt für Bellmer jedoch, daß dieser Körper als weiblicher Körper wahrgenommen wird: „Es handelt sich um eine seltsam hermaphroditische Verschachtelung der Prinzipien von Mann und Frau, in der aber die Struktur des Weiblichen überwiegt.“[13]

Nach Bellmer unterwirft männliches Denken und Sehen den weiblichen Körper den ihm eigenen abstrahierenden, formalen Prinzipien: „Wie der Gärtner den Buchsbaum zwingt, als Kugel, Kegel, Kubus zu leben – so zwingt der Mann dem Bild der Frau seine elementaren Gewißheiten auf, die geometrischen und algebraischen Gewohnheiten seines Denkens.“[14] Die symbolische Funktion der „Natur“ des weiblichen Körpers besteht darin, für den Mann Garantien seiner – vermeintlichen – ‚elementaren Gewißheiten‘ zu sein. Gerade deshalb wird dieser Körper dann auch zum Risikofaktor des männlichen Systems. Er wird zur Bedrohung, die ihren künstlerischen Ausdruck in der dialektischen Spannung von Fetischcharakter und Zerstörung des Bildkörpers findet.

Hans Blumenberg hat auf den immanenten Widerspruch in der Verwendung von Naturmetaphern für technische Erfindungen aufmerksam gemacht, deren Besonderheit gerade darin liegt, daß es für sie kein Vorbild in der Natur gibt. Diese „Sprachlosigkeit" sei der „Ausdruck für das mehr oder weniger bestimmte Gefühl der *Illegitimität* dessen, was der Mensch da für sich beansprucht. Der Topos der Naturnachahmung ist eine Deckung gegenüber dem Unverstandenen der menschlichen Ursprünglichkeit, die als metaphysische Gewaltsamkeit vermeint ist."[15] Das (unbewußte) „Gefühl der Illegitimität", das die revolutionierenden Entwicklungen auf dem Gebiet der Technik und der Naturwissenschaften begleitet, wird also auf kompensatorische Weise mit einer imaginären zerstörerischen „Natur" des weiblichen Körpers verknüpft.
Die surrealistische Theorie des Automatismus spiegelt den von Blumenberg für die Moderne beschriebenen Zwiespalt zwischen Technik und „Natur" exakt wider und zeigt in exemplarischer Form, welche Funktion „der Frau als Symptom des Mannes" (Lacan) zugewiesen werden kann: als „ästhetische Krisenfigur", deren Bestimmung – um mit Breton'schen Titeln zu reden – zwischen „Magnetischen Feldern" und „Unbefleckter Empfängnis" liegt.

Anmerkungen
[1] Nach neueren Erkenntnissen kommt es zur Tötung des Männchens auf Grund der Versuchsanordnung im Experiment, bei dem die Tiere beobachtet wurden.
Paul Eluard besaß eine große Sammlung von Gottesanbeterinnen.
[2] Roger Caillois Die Gottesanbeterin; in: Salvador Dalí *Unabhängigkeitserklärung der Phantasie und Erklärung der Rechte des Menschen auf seine Verrücktheit* Gesammelte Schriften, Hrsg. A. Matthes u. T. Stegmann, München 1974, S. 349; im Original: *La mante réligieuse,* in: *Minotaure,* Nr. 5, 1934, S. 26; „*Il est de fait qu'il n'est guère de réactions qu'elle ne soit pas aussi capable d'exécuter décapitée, c'est-à-dire en 'absence de tout centre de représentation et d'activité volontaire: elle peut ainsi, dans ces conditions, marcher, retrouver son équilibre, pratiquer l'attitude spectrale, s'accoupler, pondre, construire l'oothèque et, ce qui est proprement affolant, tomber, en face d'un danger ou à la suite d'une excitation périphérique, dans une fausse immobilité cadavérique: je m'exprime exprès de cette façon indirecte tant le langage, me semble-t-il, a peine à signifier et la raison à comprendre que, morte, la mante puisse simuler la mort.*"
vgl. dazu: Rosalind E. Krauss *Corpus Delicti,* in: Rosalind E. Krauss/Jane Livingston, L'Amour Fou, *Photography & Surrealism,* The Corcoran Gallery of Art, Washington D. C., New York 1985, S. 70–74. Krauss betont den Aspekt des Androidenartigen und Automatenhaften und das damit verbundene Unheimliche an Bellmers Skulptur und geht ausführlich auf die Theorie von

Caillois zur Gottesanbeterin ein. Sie stellt jedoch keine Verbindung zwischen der Mechanisierung des reproduzierenden Mediums selbst und der Funktion des weiblichen Körpers in diesem Zusammenhang her, wie dies hier im folgenden ausgeführt wird.

[3] Max Ernst, *Was ist Surrealismus?*, (Katalog der Ausstellung *Was ist Surrealismus?*, Kunsthaus Zürich 1934) Wiederabdruck in Günther Metken, *Als die Surrealisten noch recht hatten,* Texte und Dokumente, 1976, S. 323–325

[4] Michel Carassou, *René Crevel entre la mère et la putain,* in: *La femme surréaliste* in: *Obliques,* No. 14–15, Paris 1977, S. 23–26

[5] René Crevel, *Mon corps et moi,* Simon Kra, Paris 1924, S. 85

[6] Walter Benjamin, Gesamtausgabe Bd. 1, 2, S. 612–632 *Über einige Motive bei Baudelaire,* (Erstdruck Zeitschrift für Sozialforschung 8, 1939/40), S. 50–89

[7] Freud, *Jenseits des Lustprinzips* (1920) in: Studienausgabe Bd. III, S. 241–242

[8] Benjamin, op. cit., S. 630–631

[9] Peter Webb with Robert Short, Hans Bellmer, London-Melbourne-New York, 1985, S. 72

[10] Vgl. Herbert Read, *Geschichte der modernen Plastik,* München-Zürich, 1966 (*Modern Sculpture,* 1967), S. 14; Read bezieht sich hier auf Rodin, der die Ideale Michelangelos wiederaufgegriffen habe: „Es ist wichtig, diese Ideale im Gedächtnis zu behalten, wenn man ermessen will, in welchem Ausmaß die moderne Skulptur sie aufgegeben hat, um sie durch *andere Ideale zu* ersetzen. Im allgemeinen können wir sagen, daß zwei Entwicklungen stattgefunden haben, von denen die eine weiterhin den „Sinn für die Tiefe stärkt" und der Tradition der Bildner folgt, während die andere die humanistische Tradition als solche mit all ihrer Lebensbezogenheit verwirft, um Inhalte anderer Art, die absoluten Inhalte der *reinen Form zu* schaffen." (Hervorhebung S. E.)

[11] Bellmer, *Kleine Anatomie des körperlichen Unbewußten oder die Anatomie des Bildes* (1942–1953/54); Ersterscheinung in französischer Sprache unter dem Titel *L'Anatomie de l'image,* Verlag Le Terrain Vague, Paris 1957, in: Hans Bellmer, *Die Puppe,* Frankfurt/M.–Berlin–Wien 1983, S. 71–114

[12] op. cit.; Bellmer 1983, S. 86

[13] op. cit., S. 86

[14] op. cit., S. 92

[15] Hans Blumenberg, *Nachahmung der Natur* 1957; in Hans Blumenberg, *Wirklichkeiten, in denen wir leben,* Stuttgart 1986, S. 55–103, S. 60–61; Blumenberg führt das Beispiel der Brüder Wright an, die in bezug auf ihre Flugmaschine von der Nachahmung des Vogelflugs sprechen, obwohl ihre Erfindung, die Luftschraube, von „reiner Technizität", ohne Vorbild in der Natur ist.

Silvia Eiblmayr
HANS BELLMER'S SURREALIST EROTICISM—
THE "PRAYING MANTIS" AND THE SHOCK OF MECHANIZATION

The radicalization of the image of the erotic body characterizes twentieth century art and especially Surrealist art. Analogous to concepts of anti-bourgeois
avant-garde movements the concepts of portraying eroticism and sexuality
undergo a change. The technological means of the modern age to produce
images mechanically, namely photography and film, and the emerging culture
of mass media entail a reconstruction of vision. This new "gaze" strikes back
at the body and the image of the body respectively. Since the taboo-breaking
beginnings of Surrealism, twentieth century art has portrayed the human
body in a voyeuristic, fetishizing, fragmentizing and often brutal manner. The
form and content of this representation both expresses and reflects the
structural force inherent to mechanical production and its forms of mediation.
The manipulative potential of these new media (that enables the artist to cut
up, blow up or reduce, copy, duplicate or recreate the body) supplies and
manufactures images of imaginary bodies and sexual fantasies. As psychoanalysis shows, those images refer to the real of human existence and contain
information about the instances of our symbolic organization.
The (male) Surrealists' aesthetic theory and practice aim at undermining a
visual and linguistic symbolic system that was regarded as obsolete. In this
theory "the woman"—hence the female body—obtains a symptomatic function. This imaginary and often demonized female body materializes as a signifier (of the crisis) of the aesthetic system itself. In fact it obtains a double
function: As a presumed motive for the destruction of traditional patterns of
perception and images and simultaneously as the target on which the destruction is accomplished. A significant allegory of the demonization of the feminine in the surrealist bestiary is the praying mantis: the rapacious mantodea—
with razor-like tentacles—an animal where female kills and devours the male
after coupling is accomplished.[1] The "mantis religiosa" fascinated the Surrealists with regard to its mechanical, robot-like movements. The impression of
the mechanical is reinforced by the fact that this insect endowed with the
ability to pretend to be dead in moments of danger and the ability to perform
certain actions after having been decapitated.
Roger Callois has published a widely acclaimed essay on the praying mantis in
the journal *Minotaure*. His attention focused on the phenomenon of mimicry.
As an early precursor of a sociobiology of consciousness he assumed that
insects and human beings share the same "nature", thereby breaking up the
borders of a confirmed and determinable "human nature". The sexual behavior
of the female mantis and her lustful voracity made her the ideal symbol of the
"phallic castrating mother". Callois regards the mantis as the possibility of an
"automaton", a numb imitation of life, which he associates with the phantasm
of human sexuality. The affinity of the mantis and the machine is most astonishing, when even the decapitated insect is still operating and thereby

impersonates a mimicry of life: "... (it) is a fact, that there are almost no body functions that the animal would not be capable of performing after having been decapitated, which means lacking any center of representation or volition: Under these circumstances she can move around, regain her equilibrium, take up her "ghost position", mate, lay eggs, make a cocoon and, what is most disturbing, fall into a fake cadaverous immobility when facing a danger or after minor excitation. I express deliberately in such an indirect way what language can scarcely picture or reason assimilate, namely, that dead, the praying mantis can simulate death."[2]

The praying mantis embodies two aspects in the fantasy of the surrealists: First, sexuality that is not dominated by consciousness and its controlling functions. This at the same time is experienced as the female menace. Furthermore it is a symbol of automatism and the reproductive machinery, concepts that fascinate the surrealists, but at the same time concepts associated with fear of castration.

The passive self-abandonment of the Surrealist artist in the "mechanism of poetic inspiration" (Max Ernst) aims to destroy the myth of the creative genius of the artist [3]. This entails at the same time a threat for the masculine subject, a threat impersonated by the phantasm of the female body. The man-eating reproduction mechanism of the praying mantis—i. e., of the demonized female body—is consciously or unconsciously associated with the mechanical aspect of the image production. In *Mon corps et moi* René Crevel confirms his fear of the reproducing woman, who he compares with a photo automat: "If one considers, that this passerby could make a photo of me: a son. That frightens me. Two pennies in a slot. And after nine months a résumé of my portrait."[4] Crevel committed suicide. His works are branded by the hatred of his mother.[5]

Walter Benjamin has pointed out the element of shock ("Choc") provoked by the mechanization of human life. [6] The shock is encountered, when there is no time for a human being facing a looming incident to develop fear. At this point Benjamin refers to Freud. Freud interprets the reappearing nightmare of a casualty—the dream recapitulates the catastrophe—by stating that "these dreams strive to cope with the stimulus by developing fear, the failure of which has become the cause of the traumatic neurosis."[7]

Benjamin deduces the shock from the social "mechanism" of the symptomatic complex of modern civilization. The mechanism of gadgets shapes perception and consciousness in the rhythm of shock. Perception and consciousness are directly connected to the functioning of production techniques of modern images: "Among the various gestures of switching, inserting, shooting etc. the 'snapping' of the photographer has been the most influential. Pressing a button suffices to preserve an incident for an endless period. The camera assigns a shock to the moment, posthumously so to say. ... Technology subjects human awareness to a complex training. There came a day when a new and urgent need for stimuli was met by film. In a film, perception in the form of shocks was established as a formal principle. That which determines the rhythm of production on a conveyor belt is the basis of the rhythm of reception in film."[8]

The feminine bodies in their demonized, mechanistic and machine-like form—as always newly invented and varied in Surrealist art—represent two converging moments of shock: One is established by the mechanization of life and the new optical technologies, and the other is the repressed and traumatized experience of sexuality that reappears as the menacing profile of the castrating woman.

Hans Bellmer's *La mitrailleuse en état de grâce* (1937) (catalogue REAL, illustration 15, p. 65) merges these two components to an ideal representation. The praying mantis resembles a robot. The parts of its body have feminine traits, but are distorted into sexual fetishes and technical shapes. Its obscenely cleft head evokes the picture of the woman as a photo automaton. With its phallic aggressiveness and formal ambiguity—the parts of the body symbolize the masculine sex as well—Bellmer's sculpture is an instance for the transformation and thematization of sexual identity.

Bellmer's symptomatic view on this problem is, however, deprived of its crucial thrust when his work is interpreted as expressing androgynous reconciliation. Peter Webb remarks on the *Mitrailleuse*: "It is a symbol of sexuality trained on the bourgeois or on the Nazi. Bellmer has converted a utilitarian tool for mass slaughter into an erotic fetish. A triumphant Eros has usurped the realm of Thanatos. The modeled elements are female but the form of the object taken as a whole is decidedly phallic. The 'Machine-gun' is thus an early example in Bellmer's œuvre of an image of the androgyne, brought into service to challenge the comfortable and elementary dichotomy between male and female on which our culture rests."[9]

Bellmer's art is in fact a radical challenge to the conventional dichotomy of the sexes. The harmonizing, narcissistic phantasm of androgynous indifference between man and woman, which Webb is eager to detect in Bellmer's work, disavows once again the menace of death, which is inherent to castration as a symbol of the separation of sexes. It is just this sexualized depiction of the weapon that enables Bellmer to point out the connection between disavowal of death by providing a fetish—the "aestheticisation of politics" (Benjamin) in fascism and National Socialism—and the weapon-producing machinery of death. He reveals the unconscious dialectic, which relates the fear of death to sexuality. One cannot claim that the "triumphant Eros" had usurped the realm of Thanatos. Bellmer's works rather evoke the picture of death and therefore destroy the narcissistic ideal of an intact, perfect and seemingly invulnerable body.

In a broader sense Bellmer's variable sculptures destroy an ideal of modern art, the idea of the "pure form".[10] Neither the *Mitrailleuse* nor the *Dolls* have a definite form. The artist combines fragments of the *Doll* (1934) (catalogue REAL, illustrations 1—9), which can be dismantled like an apparatus. The various configurations are arranged into settings for the camera. The photos of this "cadavre exquis" are further modified by the artist's hand colouring them. Eventually the artistic category of the sculpture has dissolved through the overlap of techniques.

The models of Bellmer's *Dolls*, his phantasms of the female body, which he later named "Little Anatomy of the Physical Unconscious or the Anatomy of the Image" ("Kleine Anatomie des körperlichen Unbewußten oder die Anatomie des Bildes")[11], are easy to find in Surrealist art: In the work of Masson, Dalí or in the different versions of Picasso's *Baigneuses*, which were painted in the twenties. The praying mantis as an allegory of the vagina dentata—the devouring and castrating woman can be detected as a blasphemous trait of Maria in Picasso's *Crucifixion* (1930). The artist emphasizes the dialectical opposition of sacrosanct and holy virginity and demonization of the woman. The formal identity of Maria's suffering and the menace originating from her body make her appear both as victim and offender.

These Surrealist portrayals of the female body by Picasso, Bellmer and others' have in common that the phallic shapes of these "thing-bodies" ("Ding-Körper") are perceived by male eyes following the morphology of the male body. Bellmer has illuminated this with reference to his *Dolls*: "We probably never thought seriously enough about how much the image of the desired woman is determined by the imagination of the man, who desires her. That it is a chain of phallus projections, that proceed from one detail of the woman to her complete image, in a way that the finger, the arm, the leg of the woman would be the male sex ..."[12] What is substantial to Bellmer is that this body is perceived as a female body: "It is a weird hermaphrodite complex of the principles of man and woman, the feminine structure predominating."[13]

Following Bellmer male thought and perception imposes its own abstract, formal principles on the female body: "As the gardener forces the box tree to live as sphere, cone or cube, the man imposes his certainties, the geometric and algebraic practice of his thinking on the image of the woman."[14] The symbolic function of the "nature" of the female body consists in ensuring man his supposed "elementary certainties". That is why this body becomes a hazard for the male system. The menace is artistically expressed in the dialectical tension between sexual fetish and distorted physical shape.

Hans Blumenberg has pointed out the paradox inherent to the application of metaphors of nature for technological inventions. It is just their peculiarity not to be modeled on something already existing in nature. This "lacking speech" ("Sprachlosigkeit") is the "expression of the more or less explicit feeling of illegitimacy of what man claims for himself. The topos of the mimicry of nature is a shelter against what is not understood about human naturalness, which is thought of as a metaphysical force."[15]

As a sort of compensation, the (unconscious) "feeling of illegitimacy", which goes with revolutionary developments in the fields of technology and natural sciences, is hence linked to an imaginary destructive "nature" of the female body.

The Surrealist theory of automatism reflects the modernist contradiction between technology and "nature" as described by Blumenberg. It also demonstrates the function which can be ascribed to "the woman as a symptom of man" (Lacan). To quote Breton, it is a role situated between the "Magnetic Fields" and the "Immaculate Conception".

Translation from the German: Christine Czinglar

Notes
[1] Following new insights the male gets killed in the experiment designed to observe the animals because of the test conditions.
Paul Eluard possessed a large collection of praying mantises.
[2] Roger Caillois, *Die Gottesanbeterin.* In: Salvador Dalí, Unabhängigkeitserklärung der Phantasie und Erklärung der Rechte des Menschen auf seine Verrücktheit. Collected papers, edited by A. Matthes & T. Stegmann, München 1974, p. 349.
Original version: *La mante réligieuse.* In: Minotaure, no 5, 1934, p. 28. "Il est de fait qu'il n'est guère de réactions qu'elle ne soit pas aussi capable d'exécuter décapitée, c'est-à-dire en absence de tout centre de représentation et d'activité volontaire: elle peut ainsi, dans ces conditions, marcher, retrouver son équilibre, practiquer l'attitude spectrale, s'accoupler, pondre, construiere l'oothèque et, ce qui est proprement affolant, tomber, en face d'un danger ou à la suite d'une excitation périphérique, dans une fausse immobilité cadavérique: je m'exprime exprès de cette faÿon indirecte tant le langage, me sem-ble-t-il, a peine à signifier et la raison à comprendre que, morte, la mante puisse simuler la mort."
see Rosalind E. Krauss, *Corpus Delicti.* In: Rosalind E. Krauss & Jane Livingston, L'Amour Fou, Photography & Surrealism. The Corcoran Gallery of Art, Washington D.C., New York 1985, p. 70—74.
Krauss emphasizes the android- and robot-like aspect of Bellmer's sculpture, contributing the uncanny to it, and discusses extensively Callois' theory of the praying mantis. However, she does not connect the mechanization of reproduction to the function of the female body in the way as it will be discussed below.
[3] Max Ernst, *Was ist Surrealismus?* In: Catalogue of the exhibition *Was ist Surrealismus?.* Kunsthaus Zürich 1934. Reprinted in: Günther Metken, Als die Surrealisten noch recht hatten, Texte und Dokumente. 1976, p. 323—325.
[4] Michel Carassou, *René Crevel entre la mère et la putain.* In: La femme surréaliste. Obliques, no 14—15, Paris 1977, S. 23—26.
[5] René Crevel, *Mon corps et moi.* Simon Kra, Paris 1924, p. 85.
[6] Walter Benjamin, *Über einige Motive bei Baudelaire.* Gesamtausgabe Vol. 1, 2, p. 612—632. First edition in: Zeitschrift für Sozialforschung, no 8, 1939/40, p. 50—89.
[7] Sigmund Freud, *Jenseits des Lustprinzips,* 1920. In: Studienausgabe Bd. III, p. 241—242.
[8] Walter Benjamin, *Über einige Motive bei Baudelaire*, p.630—631.
[9] Peter Webb (with Robert Short), *Hans Bellmer.* London-Melbourne-New York 1985, p. 72.

[10] see Herbert Read, *Geschichte der modernen Plastik.*, München-Zürich 1966 (Modern Sculpture 1967), p. 14.

Read refers to Rodin, who is held to have taken up Michelangelo's ideals again: *"It is important to remember these ideals, when one wants to estimate the extent to which the modern sculpture has given them up in order to replace them by other ideals. In general we can state that two developments have taken place, one of which is intensifying the sense for the deep and following the tradition of the creator, whereas the other breaks with humanistic tradition and its reference to life in order to create contents of another kind, the absolute contents of the pure form."*

[11] Hans Bellmer, *Kleine Anatomie des körperlichen Unbewußten oder die Anatomie des Bildes*, 1942—53/54. In: Hans Bellmer, Die Puppe. Frankfurt/M.— Berlin—Wien 1983, p. 71—114. First edition in French with the title: L'Anatomie de l'image. Le Terrain Vague, Paris 1957.

[12] ibid. p. 86

[13] ibid. p. 86

[14] ibid. p. 92

[15] Hans Blumenberg, *Nachahmung der Natur,* 1957. In: Hans Blumenberg, Wirklichkeiten in denen wir leben. Stuttgart 1986, p. 55—103.

Blumenberg mentions the example of the Wright brothers, who spoke of their flying machine in terms of imitating the flight of birds, although their invention, the air screw, is "pure technology", without a prototype in nature.

Peter Gorsen
HANS BELLMER – PIERRE MOLINIER
EINE ARCHÄOLOGIE DER EROTIK GEGEN
DIE TECHNOLOGISCHE PARANOIA

Was könnten uns heute noch die Körperphantasien eines Hans Bellmer und Pierre Molinier bieten?

Treu einer populären Metapher von Jean Baudrillard ist der Körper im Verschwinden. Er wird immer weniger gebraucht, weil für alle wichtigen Funktionen technische Lösungen gefunden werden, die weitaus effizienter sind. Soll man der technologischen Aushöhlung konkret-sinnlicher Tätigkeiten am modernen Arbeitsplatz und im Reproduktionsbereich nachtrauern und der Körperkunst ein Denkmal setzen? Bleibt nicht jede ästhetische Reflexion auf den Körper hoffnungslos antiquiert gegenüber seiner „zunehmenden Immaterialisierung durch die Technologisierung der Fortpflanzung?"[1]

Gerburg Treusch-Dieter hat die heute technologisch mögliche Entwicklung von Zeugung und Lust zur Katastrophenphantasie einer „Befruchtungstechnik ohne Körper und einer Körpertechnik ohne Befruchtung" ausgemalt. Diese futuristische Dichotomie könnte das Ende der Erotik sein und den „Garten der Lüste" zum Verblühen bringen, weil er nicht mehr von der Gattungsarbeit beackert würde. Die Emanzipation Evas von ihrer Naturrolle könnte aber auch die Geschlechter zum „befreiten Spiel wechselseitigen Begehrens" führen und ein über die Natur gebietendes Paradies bescheren.[2]

Diese alternativ zugespitzte Frage zeigt, daß über das Verschwinden und die herbeigesehnte Wiederkehr des Körpers noch nicht das letzte Wort gesprochen ist – nicht gesprochen sein darf. Der technologische Fortschritt hat eine vertrackte Ambivalenz, er kann sich nicht nur in der Erotik ebenso positiv wie negativ auswirken, moderne Technologien haben die Möglichkeit geschaffen, menschliche Arbeitskraft so weit zu ersetzen, daß die sinnlichen Vermögen für etwas anderes als vermehrte Ausbeutung freigesetzt werden.[3] Der „Garten der Lüste" könnte auch technologisch beackert und zum Blühen gebracht werden, aber die Praxis spricht dagegen. Gegen den instrumentellen Umgang mit dem Körper und die Vision einer gentechnologischen Naturbeherrschung formieren sich Protest und Umdenken, die auf eine kritische Archäologie des Körpers schließen lassen.

Zweifellos sind auch der Kunst der Moderne die Wonnen einer sterilisierten Lusterfahrung nicht unbekannt geblieben. Im Dadaismus, in der surrealistischen Libertinage, bei Duchamp und Picabia hat sich die Erotik vom Zeugungspathos der bürgerlichen Kunst abgekoppelt und die Bilder des fruchtbaren Körpers durch die Totgeburten des Kopfes ersetzt. Der Körper wurde fragmentiert und mechanisiert oder auf abstrakte Raumverhältnisse reduziert. Das Verschwinden des Körpers machte sich im Rückzug der Mimesis auf den gestischen Malakt im abstrakten Expressionismus und Informel ebenso bemerkbar wie in der Minimal- und Concept Art, einer Versprachlichung und

Dematerialisation des Bildes, die von der technologisch-elektronisch inspirierten Simulationsästhetik fortgeführt wird.

Unübersehbar sind aber auch Widerstände und „regressive" Gegenpositionen, die am Körper selbstzweckhaften Ausdruck und autonome Selbstdarstellung hervorkehren und ein wie auch immer beschädigtes, sich gebärdendes, mimetisch kommunizierendes Subjekt der Körpervergessenheit der technokratischen Naturbeherrschung entgegenhalten. Man denke an die körperzentrierten Installationen von Bruce Nauman und Joseph Beuys, die zugleich mit der Inszenierung technologisch degradierter Körperlichkeit sich ihrer Universalsprache bedienen. Zweifellos verschaffen sich auch Katastrophenstimmungen Luft, die sich der schmerzenden Reflexion auf die geschichtlichen Konfliktkonstellationen entledigt und in die Nischen der Industriegesellschaft zurückgezogen haben. Hier lassen sich in resignativer Besinnung auf eine neue Naturmetaphysik und alternative Lebensformen noch Harmonie, Ursprünglichkeit, Unmittelbarkeit und „ganze Körper" imaginieren. Die körperzentrierte Gegenwartskunst kann ebenso in nostalgische Natur- und Heilpraktiken, den Glauben an Zaubermagie, die Wunderkräfte von Steinen abdriften. Suggestion ist die Maxime dieses New Age-Hedonismus.
Die Ambivalenz im technologischen Umgang mit dem Körper läßt auf eine Dialektik von Fortschritt und Archaismus schließen, in der auch die anachronistischen photographischen wie zeichnerischen Körperdarstellungen von Hans Bellmer und Pierre Molinier Stellenwert und Beweiskraft haben. Daß sie nicht im modernen technologischen Trend liegen, sondern die Archäologie des verschwindenden Körpers betreiben, sagt weder etwas Endgültiges über die Erkenntnisqualität ihrer Erotik noch über die Stellung im modernen Diskurs mit den Technologien aus. Ihre Treue zum veralteten mimetischen Körperbild empfiehlt sich vorweg als das Negativ der technologisch pervertierten Kunst, die sich vom sinnlich-mimetischen Vermögen des Menschen wie seiner Zweigeschlechtlichkeit abgenabelt hat und ihre Phantasien in einer geschlechtsindifferenten, ideenflüchtigen, ich-gestörten Zone frei flottieren läßt. In ihr können alle Einfälle wie im Beziehungswahn miteinander verbunden werden.
Dieser Anschluß bei der Paranoia, den schon André Breton und Paul Eluard 1930 mit ihren Simulationsversuchen pathologischen Denkens und Sprechens im Interesse einer bislang unbekannten, diskriminierten Poesie einleiteten, wird von den erotischen Montagen Bellmers und Moliniers fortgesetzt. Dem surrealistischen Denkmodell in „immaculée conception" von Breton und Eluard folgend, stellen sie sich die Gegensätze zwischen realen und fiktiven Körpern, zwischen Zwei- und Doppelgeschlechtlichkeit als zwei „kommunizierende Röhren" vor, deren Inhalte und Maße miteinander korrespondieren. Entgegen der Abgrenzungs- und Ausschließungslogik in jeder normativ bestimmten Ästhetik ist auf allen Ebenen der Erfahrung ein integraler, sur-realer Kontext intendiert, der die hierarchische Vorstellung von normaler und devianter Sinnlichkeit demontiert.

Genau wie Bellmer in den dreißiger Jahren strebt Molinier in den sechziger Jahren keinen erotischen Realismus an, sondern beide benutzen ihre Demontagen normativer Zweigeschlechtlichkeit, die nur Frauen und Männer kennt, als Stimulantien und „Poesie-Erreger" der in jedem Menschen auffindbaren konträren Geschlechtsempfindung.[4] Der surrealistische Erotismus Bellmers und Moliniers ist konsequenterweise auch kein Anti-Realismus, der in der Idee eines „dritten Geschlechts" restlos aufginge, sondern ein auf Vorstellungsinhalte erweiterter Wahrnehmungsprozeß. Seine auch dem psychischen Austausch zwischen Bewußtsein und Unbewußtem folgende Dynamik und Offenheit, die ästhetische Korrespondenz von Demontage und Montage, verdienen nicht, wie Sigrid Schade für Bellmer bemerkt hat, als Pars pro toto-Fetische, als „reduktionistische Repräsentation" oder „Depersonalisierung" der Frau verkannt zu werden. Bellmers und Moliniers Körperalchemie, deren Herkunft aus Personen- und Selbstdarstellungen nicht geleugnet werden kann, wird durchkreuzt von Vorstellungsbildern, die den genitalen Sexus durch kindlich organisierte Partialtrieb-Phantasien immer wieder zersetzen und das autoritäre kulturelle Grundmuster der Zweigeschlechtlichkeit in Frage stellen. Bellmer wie Molinier gehören „zu denjenigen, die mit ihrer künstlerischen Praxis zur Dekonstruktion des Phantasmas vom ‚ganzen Körper'" und vom zweigeschlechtlichen Körper, wie zu ergänzen ist, beigetragen haben, einer „Dekonstruktion, an der ein großer Teil der künstlerischen Avantgarde des 20. Jahrhunderts beteiligt war. Sie ist gleichzeitig eine Absage an die idealistischen Abbildtheorien, deren Höhepunkt im Faschismus" situiert ist.[5]

Bellmer und Molinier haben mit vergleichbarer handwerklicher Präzision und Obsession Puppenkörper konstruiert. Bellmers Interesse für die Figur der Olympia in Jacques Offenbachs Oper „Hoffmanns Erzählungen", seine Begegnung mit der halbwüchsigen Cousine und koketten Kindfrau Ursula und die Konfrontation mit den vergessenen Spielsachen seiner Kindheit sind als Anregungen für sein Puppen-Phantasma bekannt.[6] Die Arbeit der beiden Puppenmacherinnen Lotte Pritzel und Hermine Moos, das Experiment der letzteren mit einer lebensgroßen Nachbildung des Körpers von Alma Mahler war Bellmer aus den publizierten Briefen Kokoschkas bekannt, ist dem Wunsch nach einer eigenen Puppenkonstruktion ebenso förderlich gewesen wie die Unterstützung durch den Bruder Fritz Bellmer, einem Ingenieur und Flugzeugkonstrukteur, der an der materiellen Realisation großen Anteil hatte. Er kann als der eigentliche Puppenmacher angesehen werden, der die Wünsche des Künstlers realisiert und den Grundstein für dessen spätere theoretische Ausführungen zum Bild der Puppe gelegt hat.

Molinier war sein eigener Puppenmacher, und er hat den bei Bellmer zunächst unbewußten, unausgesprochenen Beischlafwunsch mit dem täuschenden Nachbild der begehrten Frau wiederholt in Briefen (an Hanel Koeck und mich) ausgesprochen.[7] In seinem Atelier „Grenier St. Pierre" in Bordeaux befanden sich nicht nur eine ansehnliche Puppensammlung, sondern auch nach eigenen Vorstellungen teils bekleidete, teils geschminkte Schaufensterpuppen und selbstgefertigte Puppenteile wie die aus gepreßten Seidenstrümpfen geformten

Schenkel – seine „fausses cuisses". Sie dienten wie der zerlegte und neu zusammengesetzte Puppenkörper bei Bellmer als Rohmaterial der photographischen Montagen, die man sich als gestaltgewordene Projektionen erotischer Vorstellungen, Wünsche und Gefühle zu denken hat.

Mit ganz wenigen Ausnahmen sind von Bellmer keine photographischen Selbstportraits mit dem Puppenkörper überliefert, darunter das wohl mehr dokumentarisch gemeinte doppelbelichtete „Selbstbildnis mit Puppe" von 1934.[8] Bellmers Zurückhaltung, ja seine Berührungsangst vor dem imaginierten Objekt der Begierde, wird bei Molinier nicht wiederholt. Die imaginäre Vereinigung mit dem Frauenkörper zu einem doppelgeschlechtlichen, hermaphroditischen Konstrukt steht im Zentrum seines photographischen Œuvres. Während Bellmer sich heraushält, sein Selbstbildnis ausklammert und den Betrachter über seine innere Beteiligung im Unklaren läßt, geradezu zum Voyeur seiner erotischen Puppenschöpfungen wird, denen er alle weiblichen Eigenschaften verleiht, die er bei sich verkennt, zeigt Molinier keinerlei Scheu, sich auf das Gegengeschlechtliche in seiner Psyche einzulassen. Er hat zur ursprünglichen Bisexualität des Menschen einen direkten Zugang, der ihm ermöglicht, seine männliche Identität durch ihre transvestitische Inszenierung in Frage zu stellen oder vielmehr ambisexuell zu erweitern. Seine Selbstdarstellungen und Montagen sind Travestien, Repräsentationen einer Verwandlung, die genau in der Mitte zwischen dem männlichen und weiblichen Phänotyp unterbrochen und festgehalten wird. Die sich ergebende ästhetische und symbolische Metamorphose gilt der Zwischenstufe. Moliniers Kommentar dazu lautet „je suis ambigu". Sein Selbstbildnis geht stets über die Spiegelung der Eigengeschlechtlichkeit hinaus, ohne sie jedoch in der Annäherung an das Fremdgeschlecht auszulöschen. Travestie bleibt transparent als Travestie des Mannes, während in der totalen Verwandlung des Transsexuellen, der sein Geschlecht wechselt, lediglich ein Austausch der Fronten im Geschlechterantagonismus stattfindet.

Die Travestie erfordert eine Reihe von ästhetischen Manipulationen, die am Körper selbst durch Papiermasken, Schminke, Kleidung und auf photographischem Wege durch Retuschen und Montagen vorgenommen werden. Außerdem hat Molinier immer weibliche Modelle oder besser inspirierende Partnerinnen gefunden, die sein Arsenal toter Mannequinpuppen ergänzen und ersetzen. Neben den geschminkten weiblichen Kopfplastiken seiner Puppen, die an das klassische surrealistische Mannequin-Image erinnern, finden sich die Köpfe der photographierten Partnerinnen, die gegen den Kopf des Künstler-Transvestiten ausgetauscht werden. Der männliche Körper wird in Teile und Gliedmaßen wie die hochgradig fetischisierten Beine zerlegt, um mit Fragmenten des weiblichen Partners neu zusammengesetzt zu werden[9]; so daß sich häufig anamorphotische Bildnisse ergeben, die das transvestitische Konzept sowohl auf das Bild des Mannes wie der Frau projizieren.

Die sexualästhetische Montage bezieht sich sowohl auf den männlichen Transvestiten im Erscheinungsbild des weiblichen Antagonisten wie auf den weiblichen Transvestiten (die „Transvestitin") im Erscheinungsbild des männlichen Antagonisten. Durch das Desidentifizieren oder Umschlagen des jeweils fixierten männlichen oder weiblichen Körperbildes ergeben sich die für Molinier charakteristischen Vexierbilder der Geschlechtsidentität. Sie haben einen doppelten Adressaten sowohl auf der Seite des Künstler-Transvestiten, dessen Selbstbild die spiegelbildliche Repräsentation überwunden hat, wie auf der Seite der Betrachter, die ihre Desidentifizierung in einen weiblichen und männlichen Pol erfahren können.

Der jede spiegelbildliche Selbstdarstellung übergreifende ästhetische Hermaphroditismus bei Molinier versinnlicht die Vereinigung des sich verweiblichenden Mannes mit der sich vermännlichenden Frau. Im androgynen Doppelportrait des männlich und weiblich polarisierten Menschen, das die Gegensätze auch psychisch vereinigt, wird insofern auch eine Verallgemeinerung des singulären Mann-zu-Frau-Transvestiten zur universalen verdrängten Ambisexualität der Geschlechter erbracht. Sowohl der selbstreferentielle, pathologische Stand des Transvestiten in der zweigeschlechtlichen Gesellschaft wie auch alle homo- und heterosexuellen Positionen erscheinen aus dieser Sicht als Aufsplitterung und Verarmung des ambisexuellen Grundmusters. Die Ästhetik des Hermaphroditismus widerspricht den traditionellen Bildern von Männlichkeit und Weiblichkeit gleichermaßen. Eine Körpersprache, die die zweigeschlechtlichen Codes der Kommunikation überspringt, erscheint anstößig. Die Ghettoisierung des Transvestiten zum Schamanen und Priester androgyner Gottheiten (nicht zufällig hat Molinier eine unveröffentlichte Fotoserie „Le chaman et ses créatures" betitelt)[10] oder zum alchemistischen „Hermaphroditus", in dem alles Gegensätzliche verschmolzen und befriedet ist[11], sind bekannt.

Die hier nur flüchtig skizzierten kulturellen Implikationen des Hermaphroditismus sind immens angesichts einer Gesellschaft „ausformulierter Männlichkeit/Weiblichkeit, um nicht zu sagen Zwangsmännlichkeit/Zwangsweiblichkeit" (der Sexualmediziner Volkmar Sigusch), wie der unsrigen. Gehen wir davon aus, daß es ein eingeschlechtliches Individuum im Hinblick auf den Chromosomenbestand wie den Phänotyp nicht gibt und die Menschen sehr wohl gegengeschlechtlicher Phantasien fähig sind, weitet sich das auf den ersten Blick abstruse Konzept des (bei Bellmer und Molinier surrealistisch inspirierten) Hermaphroditismus zu einem Horizont, der nicht nur von urzeitlichen Gottheiten, dem platonischen Eros Urania und vielen anderen mythologischen Projektionen des bisexuellen Menschen bevölkert ist, sondern ihn haben auch der kulturelle Feminismus, die moderne Sexualwissenschaft, Biologie, Tiefenpsychologie, die teilweise erforschte „Tiefenästhetik" (deren kunsthistorische Tradition G. R. Hocke im Manierismus aufgezeigt hat) aktualisiert und befruchtet.

Auch ist daran zu erinnern, daß der ambisexuelle Mensch in den sechziger und siebziger Jahren unseres Jahrhunderts subkulturelles Idol und Projektionsfigur war. Der Künstler-Transvestit und „Transformer" erfuhr in der amerikanisch beeinflußten Hippie- und Underground-Ästhetik eine Aufwertung zum anarchistischen Gegenbild der herrschenden alternativen Sexualkonventionen.[12] Das hermaphroditische Ideal einer versöhnten, nicht mehr antagonistischen Ge-

schlechtlichkeit verband sich – leider erfolglos – mit Ablehnung der gesamtge-
sellschaftlichen patriarchalen Kultur und ist bis heute eine Orientierungsmög-
lichkeit im kulturellen Feminismus geblieben.

Christina von Braun sieht die psychische Bisexualität und ihre ästhetischen
Manifestationen im 19. Jahrhundert im weiblichen und erstmals in Erscheinung tretenden männlichen Hysteriker verkörpert. Beide erleben ihr Ich als
gespalten und unvollständig. Die Frau lehnt die künstliche zweigeschlechtliche
Rollenzuweisung ab, sie spricht sich in erfindungsreichen Körperdramen aus,
um nicht die phallische Sprache der männlichen Kultur sprechen zu müssen.
Umgekehrt lehnt sich der hysterische Mann gegen die gewaltsame Abtren-
nung der Frau in ihm auf. „Die Identifikation mit dem ICH bedeutet für den
Mann den Verlust der psychischen Bisexualität, den Untergang der Frau in
ihm. Er vermag die Andersartigkeit der Frau – als seine eigene Andersartigkeit
– nicht mehr wahrzunehmen." [13]

So erhält die männliche Hysterie samt ihren pathologischen Symptomen die
völlig neue Bedeutung einer „Verweigerungsform", einer subversiven, „zerset-
zenden und schöpferischen Kraft"[14], die „um die Wahrung der psychischen
Bisexualität kämpft".[15] Sie macht gegen die symbolische Ordnung der zweigeschlechtlichen Gesellschaft den „Anspruch auf Ambivalenz", auf „Ambiguität,
Undefinierbarkeit, Unentschiedenheit, Widersprüchlichkeit geltend"; sie vertritt die Vielfalt, die „mehrwertige Logik", aber auch die „Abwechslung, den
Zufall, die mit diesen einhergehen".[16]

Mit diesem Kriterienkatalog der schöpferischen Hysterie findet man sich un-
versehens in der Kunst der Moderne wieder, deren neuen Künstler- und
Ästhetentyp Christina von Braun von Baudelaire, Mallarmé, Flaubert, Proust
und Huysmans repräsentiert sieht. Sie visualisieren eine zunehmende „Verschmelzung von hysterischer Symptombildung und kreativer Produktivität".[17]
Diese Allianz von Krankheit und Kreativität mit subversivem Vorzeichen findet in den Protestformen des Dadaismus und Surrealismus und darüberhinaus
seine Fortsetzung. Die hysterischen Symptome, die (erstmals von Charcot in
der Salpêtrière photographierten) „attitudes passionnelles", das Grimassieren,
die Verrenkungen des Körpers während des Anfalls erfahren im konvulsivi-
schen Schönheitsbegriff Bretons: „La béaute sera convulsive ou ne sera pas",
in der Malerei von Dali, Ernst, Masson eine Umwertung. Sie dringen auf brei-
ter Front in die Rezeption der „nicht mehr schönen Künste" ein.[18]

In diesen historischen Zusammenhang sind auch Molinier und Bellmer einzu-
ordnen. Insbesondere Molinier hat in seinen photographischen Montagen die
„hysterische" Wertverschiebung vom männlichen Selbstbild zum weiblichen
Fremdbild voll ausgelebt und auf seinen alltäglichen Lebensstil „schamlos"
übertragen. Anfangs verstand er, der Maler, überhaupt nicht, warum man seine erotischen Fotos für den Kunstkontext in Beschlag nimmt und ausstellen
will. Bellmer hingegen kam von der Verdrängungserotik nie ganz los, und
Moliniers Coming out, das man in der Sprachmode der siebziger Jahre vor-
nehm Life performance nannte, wäre ihm als Pornographie vorgekommen.
Bellmers Photographien zum Puppenkomplex haben die selbstbildhafte Parti-

zipation an seinem Fetisch ausgespart. Die photographierten Puppen und ihre zu „Spielen" und „plastischen Anagrammen" inszenierten Körper sind noch gänzlich frei von hermaphroditischen Konstruktionen, die Bellmer mit größter Distanz erst in seinem graphischen und kunsttheoretischen Werk der vierziger Jahre zu entfalten begann. Zweifellos vermitteln die „Spiele der Puppe" bereits Bellmers spätere, der Verdichtungsarbeit des Traumes abgesehene „Umkehrbarkeiten" und Analogien, und es wird bereits deutlich, daß die Verstrickung seiner Einfälle in die kindliche, polymorph perverse Erlebnisperspektive Methode hat, doch eine explizite Auseinandersetzung mit der Ästhetik und Psychologie des Hermaphroditismus findet erst in der 1942 begonnenen „Anatomie de l'image" statt.

Aber auch hier ringt sich Bellmer zu keiner analytischen Selbstdarstellung durch, sondern verhandelt das ihn faszinierende hermaphroditische Phänomen auf dem Hintergrund theoretischer und zeichnerischer Erläuterungen, die seine Kompetenz und Belesenheit in der Physiologie und Psychologie des Begehrens (désir) belegen. Immerhin erscheint der Puppenfetisch nun als „anatomischer" Komplex von „phallischen Projektionen" und „Simulierung(en) des Vaginalen" [19], die auf die Verstrickung der männlichen Phantasie in sein weibliches Unbewußtes ein Licht werfen. Die gezeichneten Projektionen und Simulationen überlagern sich und lassen das Objekt der Begierde durchsichtig erscheinen. Mit dieser Methode der räumlichen Darstellung ohne Perspektive hat auch schon Picabia in seinen hermaphroditischen „Transparences" (1928–33) experimentiert. Ähnlich wie Picabia verdoppelt, vervielfacht und spaltet Bellmer das Körper-Ich in weibliche und männliche Anteile. Das Weibliche und Männliche sollen der psychischen Dynamik der Doppelgeschlechtlichkeit folgend „vertauschbare Bilder" werden, „zu ihrem Amalgame, dem Hermaphroditismus" verschweißt werden.[20]

Das hermaphroditische Körperbild kann nicht durch spiegelbildliche Repräsentation dargestellt werden, es muß simuliert werden. Daß die Simulation auch auf Gegenstände zurückgreifen kann, mit denen der Körper sitzend, liegend, greifend oder wie immer in Berührung kommt und damit die geschlechtliche Bedeutung auf den taktil wahrgenommenen Gegenstand überträgt, hat Bellmer in seiner „Anatomie de l'image" als schöne Beobachtung mitgeteilt, aber in diesem speziellen Fall, soweit ich sehe, niemals bildnerisch umgesetzt. „Wenn der Mann sitzend sich der Form des Sessels angleicht und in seinen beiden Armen (den Lehnen) den Teller (den Sitz) hält, dann ist er selbst zum Sessel geworden, er ist zur Frau geworden. Dagegen, in seiner räumlichen Rolle gesehen, hält er die Frau in den Händen, indem er den Teller hält. Er hält: Frau-Teller-Sitz-Sessel, die ihrerseits den Mann einladen, in ihnen Platz zu nehmen ... usw. Es handelt sich um eine seltsame hermaphroditische Verschachtelung der Prinzipien von Mann und Frau".[21]

Man denkt bei diesen Assoziationsverschiebungen vom Körper auf die Dinge, die er berührt oder die ihn durch Druck berühren, an die Body-Awareness-Malerei von Maria Lassnig, die in der Tat Körper und Köpfe nicht durch ihre Spiegelbilder, sondern „benachbarte" Objekte darzustellen versteht.[22] Bellmers erotisches „Sessel-Teller-Bild der Frau" ist eine Projektion aus der männlichen Perspektive. Was in seinem Phantasiehaushalt fehlt, ist eine Erlebnisperspektive des männlichen Körpers von Seiten der Frau. Er projiziert sein weibliches Unbewußtes (seine Anima) auf die Frau. In die Umkehrung kann er sich, anders als der Künstler-Transvestit Molinier, nicht einfühlen. Die angestrebte Komplettierung des hermaphroditischen Systems kommt nicht zustande und ist in der künstlerischen Darstellung nicht präsent. Man mag dieses Manko angesicht eines herausragenden künstlerischen Werks belächeln. Aber es gibt doch Aufschluß über die Grenzen seiner Erotik, ihre standhafte Verweigerung einer mit den Sexualfetischen solidarischen Selbstdarstellung, ihren Voyeurismus und Abwehrkampf gegen die Vereinnahmung durch die projektive Phantasie der Frau.

Molinier hat sich an die psychische Bisexualität näher herangewagt und mehr riskiert. Dies läßt ihn schwächer, hysterischer und zugleich stärker, gewappneter gegen den Logos der „Zwangsmännlichkeit" und Ich-Identifizierung erscheinen. Es charakterisiert den labilen Künstler-Transvestiten, sich primär in der weiblichen Allianz mit dem Körperbild der Frau (unbewußt auch mit der Mutter) zu erfahren und dabei den männlichen Narzißmus zu vernachlässigen. Das transvestitische Eingehen auf die Frau, das hysterische „Frau-im-Kopf"-Syndrom, hat das männliche Genital in die ästhetischen Fetischbildungen von Bein, Fuß, hoher Schuhabsatz verpflanzt, nahezu versteckt. Dies tut auch Bellmer. In ihnen überlebt der schwach ausgebildete genitale Narzißmus des transvestitischen Mannes, der in der Selbstdarstellung Moliniers sich der lustvollen Eskamotage seiner Genitalität, der hinfälligen phallischen Präsenz seines Ichs hingibt. Dies leistet der sein Selbstbildnis aussparende Bellmer nicht.

Bei Molinier ist der Reproduktionswunsch gegenüber der weiblichen Genitalität stärker als die genitale Selbstbespiegelung des Mannes. Die ihn bestimmende psychische Identifikation mit dem Weiblichen muß der Künstler-Transvestit mit Ichschwäche und vermindertem Realitätssinn bezahlen. Sein Narzißmus hat, dies zeigen die feminisierten und „vulvifizierten" Selbstportraits, eine passive masochistische Bedeutung. Sein geschwächtes Ich hat im Kompromiß zwischen Trieb- und Realitätsanspruch, der jeder Fetischbildung zugrundeliegt und sie braucht, nicht mehr die ihm kulturell angemessene Führungsrolle. Dies alles paßt zum Steckbrief der männlichen Hysterie, die mit ihrem Auftreten seit Ende des 19. Jahrhunderts als Krankheit bekämpft wird und zugleich in der Kunst eine kreative, revoltierende Funktion übernimmt.

Für das ichschwache, transvestitische Image des Hysterikers spricht, daß in seinem Weltbild das gesellschaftliche Äquivalent des genitalen männlichen Narzißmus, des phallischen Fetischismus, die Jahrhunderte alte Männerherrschaft über die Frau gebrochen oder wenigstens problematisiert erscheint. Außer dem kulturellen Feminismus gibt es begreiflicherweise bis heute keine Stimme, die den transvestitischen Defekt als einen Schritt auf dem Weg zum Abbau der „Zwangsmännlichkeit" und Zweigeschlechtlichkeit begrüßt.

Molinier stellt sich in der Pose des Schamanen vor, der sein männliches Genital ästhetisch amputiert (retuschiert) und durch einen Godemiché, eine Prothese ersetzt hat, die durch ihren Spielzeugcharakter und ihre Verdopplung den dominanten männlichen Sexus ironisiert. Molinier hat gezeigt, daß diese Strategie der Entmachtung nicht den Frauen vorbehalten ist.[23] Er operiert zwischen den Geschlechtern und zwischen Fiktion und Wirklichkeit, ohne Hintersinn, in diesem Prozeß der psychischen Verwandung und ästhetischen Metamorphose irgendetwas festzuschreiben.

In den elektronischen Medien und modernen Technologien können wir heute dessen nicht so sicher sein oder vielmehr Schlimmeres erwarten, wozu das Verschwinden der Körper samt ihren überholten weiblichen und männlichen Eigenschaften gehört. Hier sind Verluste und Defizite an Leben und Lust zu erwarten, die die Archäologie der Erotik bei Bellmer und Molinier erhaltens- und bedenkenswert machen und sei es nur als schlechtes Gewissen der unaufhaltsamen technologischen Paranoia, die den poetischen Beziehungswahn der Surrealisten totalisiert und dehumanisiert hat.

Anmerkungen

[1] Siehe das dem Thema „Verführung" gewidmete Heft von „Ästhetik und Kommunikation", H. 80/81, 1993

[2] Gerburg Treusch-Dieter, Ficktionen – Ars erotica im Zeitalter der Gentechnologie. Siehe Anmerkung 1, S. 51

[3] Vgl. Peter Gorsen, Der neue und der alte Körper. Über Beschädigungserfahrungen. In: Ders., Sexualästhetik. Grenzformen der Sinnlichkeit im 20. Jahrhundert, Reinbek 1987, S. 481–506

[4] Hans Bellmer, Die Puppe, insbes. Die Spiele der Puppe, Berlin 1962, S. 49

[5] Sigrid Schade, Der Mythos des „Ganzen Körpers". Das Fragmentarische in der Kunst des 20. Jahrhunderts als Dekonstruktion bürgerlicher Totalitätskonzepte. In: Frauen, Bilder, Männer, Mythen: kunsthistorische Beiträge, Hg. Ilsebil Barta ... Berlin 1987, S. 251 f.

[6] Eine biographisch zusammenfassende neuere Darstellung findet sich in: Peter Webb with Robert Short, Hans Bellmer, London-Melbourne-NewYork 1985, S. 21–27

[7] Peter Gorsen zitiert in: Pierre Molinier, Pierre Molinier, lui-même. Essay über den surrealistischen Hermaphroditen, München 1972, S. 15

[8] Hans Bellmer, Photographien. Mit einem Text von Alain Sayag, München 1983, S. 17. Der Mann in einer Aufnahme aus der Serie „Die Puppe" von 1935 stellt den Bruder Fritz Bellmer dar. Der Mann auf seiner kolorierten Photographie aus der Serie „Die Spiele der Puppe" von 1937 (publiziert 1949) ist durch einen Baumstamm (symbolisch) verdeckt und anonym, vgl. Hans Bellmer, Die Puppe, Berlin 1962, S. 87. Bei Webb/Short findet sich das Photo einer anonymen Hand, die das Haar aus dem Gesicht der Puppe streicht. Ein weiteres Photo zeigt ausschnitthaft den Kopf des Künstlers mit dem der Puppe vereint (S. 35). Ein Photo von 1955 (S. 214) vereinigt den Puppenkörper mit den Portraits von Bellmer und Unica Zürn. Eher als Pressephoto anzusehen wäre die Aufnahme von 1971 (S. 258), die den Künstler nach der Puppe greifend zeigt und anläßlich seiner Ausstellung im CNAC im Paris entstanden ist.

[9] Ausführlich erläutert und dokumentiert in: Pierre Molinier. Die Fetische der Travestie, Photographische Arbeiten 1965–75, Hrsg. Gerhard Fischer und Peter Gorsen, daedalus Wien 1989

[10] Pierre Petit, Molinier, une vie d'enfer, Paris 1992, S. 237ff

[11] C. G. Jung, Psychologie und Alchemie. Ges. Werke, 12. Bd., Olten 1972, S. 138

[12] Eine Reihe von Künstlern wie Attersee, Castelli, Klauke, Lüthi, die von Moliniers Photomontagen fasziniert waren, und Transformer-Figuren der Pop-Szene wie Cooper, Jagger, Prince haben den Transvestitismus und Hermaphroditismus für sich ausgeschlachtet. Vgl. „Transformer", Aspekte der Travestie, Katalog des Kunstmuseums Luzern, Hrsg. Jean-Christophe Ammann, Luzern 1974. In teilweise karikierender Absicht haben sich auch Brus (in der Aktion „Freizeitgestaltung", 1971) und Muehl (in der Aktion „O Sensibility", 1970) für transvestitische Attitüden interessiert.

[13] Christina von Braun, Nicht ich: Logik, Lüge, Libido. Frankfurt/M. 1985, S. 326

[14] A. a. O., vgl. S. 353

[15] A. a. O., vgl. S. 192ff

[16] A. a. O., S. 351

[17] A. a. O., S. 354

[18] Vgl. Gorsen, Der Dialog zwischen Kunst und Psychiatrie heute. In: Otto Benkert u. Peter Gorsen (Hrsg.), Von Chaos und Ordnung der Seele. Ein interdisziplinärer Dialog über Psychiatrie und moderne Kunst, Berlin-Heidelberg-New York 1990, S. 40ff

[19] Bellmer, Die Puppe, a. a. O., S. 145, 150

[20] A. a. O., S. 150. Ausführlicher bei Gorsen, Das Theorem der Puppe nach Hans Bellmer. In: Hans-Jürgen Heinrichs (Hrsg.), Der Körper und seine Sprachen, Frankfurt/M. 1985, S. 93–131

[21] Bellmer, Die Puppe, a. a. O., S. 144

[22] Vgl. die kompetenten Ausführungen von Sigrid Schade, Vom Versagen der Spiegel. In: Farideh Akashe-Böhme, Frankfurt/M. 1992, S. 143 ff

[23] Wie schon Sigrid Schade gelegentlich einer Analyse der Arbeiten von Cindy Sherman festgestellt hat. A. a. O. S. 152

248

Peter Gorsen
HANS BELLMER—PIERRE MOLINIER
AN ARCHAEOLOGY OF EROTICISM
AGAINST TECHNOLOGICAL PARANOIA

Do the body-fantasies of artists like Hans Bellmer and Pierre Molinier still have something to offer us today?
Jean Baudrillard's down-to-earth metaphor is right: the body is disappearing. It is used increasingly little, because far more efficient technical solutions have been found for all its important functions. Should we mourn the technological erosion of concrete and sensory activities in the modern work-place and in the sphere of reproduction, and erect a memorial to body-art? Surely all our aesthetic reflections about the body are hopelessly antiquated when faced with its "increasing immaterialization now that reproduction has been made a branch of technology?"[1]
Gerburg Treusch-Dieter has described the development, technologically possible today, of procreation and pleasure into the disastrous fantasy of a "fertilization technique without a body and a body technique without fertilization". This futuristic dichotomy could mean the end of eroticism and cause the "Garden of Delights" to fade because it was no longer cultivated by generic work. But Eve's emancipation from her natural role could also lead the sexes to a "liberated game of mutual desire" and present them with a paradise in which they ruled over nature.[2]
This question, sharpened by the starkness of the postulated alternatives, shows that the last word has not yet been said about the disappearance and longed-for return of the body—and indeed it is not permissible to say it. Technological progress is infuriatingly ambivalent, and it is not just in the field of eroticism that it can have both positive and negative effects. Modern technologies have created the possibility of replacing human labour to so large an extent that the senses are released for something other than increased exploitation.[3] The "Garden of Delights" could also be cultivated mechanically, and brought to blossom, but practice speaks against this. A critical approach to the archaeology of the body is indicated by the fact that things are being rethought, and protests are emerging against the notion of handling the body instrumentally, and against the vision of nature-control by genetic engineering. There is no doubt that the raptures of sterilized pleasure experience were not unknown to Modern art. Dadaism, the libertinage of Surrealism, Duchamp and Picabia, all uncoupled eroticism from the procreation drama of bourgeois art and replaced images of the fertile body with the still births of the mind. The body was fragmented and mechanized, or reduced to abstract proportions. The disappearance of the body was just as marked in mimesis's withdrawal to the gestural act of painting in Abstract Expressionism and Informel Art as it was in Minimal and Concept Art, in a dematerialization of the image, a tendency to endow it with language, a process which was continued by the technologically and electronically inspired simulation aesthetic.

But what can also not be overlooked are resistances and "regressive" coun-ter-positions that are enthusiastic about bodily expression that is an end in itself, an autonomous self-presentation, positions that confront the bodily oblivion of technocratic nature-domination with a subject that acts and com-municates mimetically, in however damaged a way. Take for example body-centred installations by Bruce Nauman and Joseph Beuys, which make use of the universal language of technologically degraded physicality at the same time as they are staging it. There is no doubt that disaster moods also create space for themselves when they get rid of painful reflection on historical con-flict situations and withdraw to the niches of industrial society. Here it is still possible to imagine harmony, naturalness, directness and "whole bodies" involved in resigned reflection on new nature-metaphysics and alternative life-forms. Body-centred contemporary art can equally well drift off into nostalgic natural and healing practices, belief in magic and the miraculous powers of stones. Suggestion is the maxim of this New Age hedonism.

Ambivalence in technological handling of the body indicates a dialectic of progress and archaisms, in which Hans Bellmer's and Pierre Molinier's ana-chronistic photographic and graphic representations of the body also have standing and the power to convince. The fact that they are not within the modern technological trend, but pursue the archaeology of the disappearing body, does not represent a final statement about the cognitive quality of their eroticism, nor about their position in modern discourse about techno-logy. Their faithfulness to the antiquated, mimetic image of the body recom-mends itself immediately as the negative of a technologically perverted art that has broken away from the sensual and mimetic powers of man and his two sexes and allows its fantasies to float freely in a zone of destroyed egos that is sexually indifferent and superficial. Any ideas can be combined with any other in this art, as if in a mania of associations.

This use of paranoia as a starting point, introduced by André Breton and Paul Eluard as early as 1930 with their attempts to simulate pathological thinking and speech in the interests of a poetry that was hitherto unknown and dis-paraged, is continued by Bellmer's and Molinier's erotic montages. They follow the surrealistic thought model provided by Breton and Eluard's "L'immaculée conception" and imagine the contrasts between real and fictitious bodies, between two sexes and dual sexuality as two "communicating tubes" of corre-sponding content and proportions. Unlike the logic of differentiation and exclusion found in any normatively defined aesthetic, an integral, surreal con-text that dismantles the hierarchical notion of normal and deviant sensuality is intended on all planes of experience.

Just like Bellmer in the thirties, Molinier was not trying to achieve erotic re-alism in the sixties, but both are using their dismantling of the normative two-sexual view that admits only men and women as a means of stimulating and "exciting the poetry" of the contrary sexual feelings that can be found in everybody.[4] The surrealist eroticism of Bellmer and Molinier is logically also not anti-realism that would disappear without trace in the idea of a "third sex", but a perception process extended to the content of ideas. Bellmer's dynamism and frankness, which also follow the physical exchange between consciousness and the subconscious, the aesthetic correspondence of dismantling and putting together, should not, as Sigrid Schade remarked for Bellmer, be mistaken for pars-pro-toto fetishism, for "reductionist representation" or "depersonalization" of women. Bellmer's and Molinier's corporeal alchemy, whose origin in representations of people and themselves cannot be denied, is shot through with notions that continually subvert genital sexuality with childlike partial-urge fantasies and question the authoritarian cultural basic pattern of two sexes. Both Bellmer and Molinier belong "to that group of people whose artistic practice makes a contribution to deconstructing the phantasm of the 'whole body'" and the phantasm of a body that must be one of two sexes, as should be added, a "deconstruction in which a large part of the 20th century artistic avant-garde was involved. It is at the same time a rejection of the idealistic image theories that found their culmination in Fascism.[5]

Bellmer and Molinier made dolls with comparably precise craftsmanship and obsessiveness. It is well known that Bellmer's doll-phantasm was stimulated by his interest in the character of Olympia in Jacques Offenbach's opera "The Tales of Hoffmann", his encounter with his teenage cousin, the flirtatious child-woman Ursula and his confrontation with the forgotten playthings of his childhood.[6] Bellmer was aware from Kokoschka's published correspondence of the work of doll-makers Lotte Pritzel and Hermine Moos, and the latter's experiment with a life-size model of Alma Mahler's body, and all this encouraged his desire to make dolls of his own just as much as the support of his brother Fritz Bellmer, an engineer and aircraft builder, who had a large share in the practical realities. He can be seen as the actual doll-maker, who realized the artist's wishes and laid the foundation stone for his later theoretical analysis of the image of the doll.

Molinier made his own dolls and repeatedly expressed a desire for sexual intercourse with the remarkable likeness of the desired woman, at first subconscious and unexpressed in Bellmer's case, in letters (to Hanel Koeck and me).[7] His studio "Grenier St. Pierre" in Bordeaux contained not only a considerable collection of dolls, but also shop-window dolls, some dressed, some wearing make-up designed by him, and parts of dolls he had made himself, like for example thighs moulded from pressed silk stockings—his "fausses cuisses". Like Bellmer's dolls' bodies that he took to pieces and put together again, they were used as raw material for the photographic montages that should be seen as projections of erotic ideas, desires and feelings endowed with form.

With a very few exceptions no photographic self-portraits with the doll's body have survived; these exceptions include the 1934 double-exposure "Self-portrait with doll", which was probably more documentary in intention.[8] Bellmer's reticence, indeed his fear of contact with the imagined object of desire, is not repeated in Molinier. Imaginary union with the female body to create a double-sexed, hermaphroditic product is at the centre of his photo-graphic œuvre. While Bellmer keeps himself on the outside, excludes his self-portrait and leaves the viewer unclear about his inner involvement, indeed almost becomes a voyeur of his erotic doll creations, which he endows with all the female qualities that he fails to recognize in himself, Molinier is entirely uninhibited about the opposing sexual elements in his psyche. He has direct access to man's original bisexuality that makes it possible for him to question his masculine identity by staging it through transvestism or rather by extend-ing it ambisexually. His self-representations and montages are travesties, representations of a transformation that is interrupted and fixed precisely at the mid-point between the male and the female phenotype. The resulting aesthetic and symbolic metamorphosis is intended as the intermediate stage. Molinier's comment on this is "je suis ambigu". His self-portrait always goes beyond reflection of his own sexuality without extinguishing itself in the approach to the alien sex. Travesty remains transparent as travesty of the man, while the transsexual, who changes his sex, undergoes a total transfor-mation that is simply a change of fronts within intersexual antagonism.

This travesty requires a series of aesthetic manipulations, which are under-taken on the body itself by means of paper masks, make-up, clothing and photographically by retouching and montage. As well as this, Molinier always found female models, or better, inspiring female partners who complement and replace his arsenal of dead mannequin dolls. The heads of his photo-graphed partners, which replace the head of the artist-transvestite, are placed alongside the made-up female sculpted heads of his dolls, in a way that is reminiscent of the classical-surrealist mannequin image. The male body is bro-ken down into parts and limbs, like for example the highly fetishized legs, in order to be reassembled with fragments of the female partner.[9] This often produces anamorphic portraits that project the transvestite concept onto the image of both man and woman. The sexual-aesthetic montage refers both to the male transvestite in the appearance of the female antagonist and to the female transvestite in the appearance of the male antagonist. The puzzle-pictures of sexual identity that are so characteristic of Molinier are produced by disidentification or reversal of the male or female body image as fixed in each case. They have a double addressee both on the artist-transvestite's side, whose self-image has overcome mirror-image representation, and on the viewers' side, who can experience their disidentification into a male and a female pole.

The aesthetic hermaphroditism in Molinier's work, dominating any sensuous self-representation, makes the union of the male becoming female and the female becoming male open to perception by the senses.The androgynous double portrait of the human being polarized as male and female, that also unites the opposites psychologically, in this respect also produces a gener-alization of the single man-to-woman transvestite into the universally sup-pressed ambisexuality of the sexes. Both the self-referential, pathological position of the transvestite in a society of two sexes and also all homosexual

and heterosexual positions seem from this point of view to splinter and im-
poverish the basic ambisexual pattern. The aesthetics of hermaphroditism
contradict the traditional images of masculinity and femininity to an equal
extent. A body language that goes beyond the codes of communication between two sexes seems objectionable. Placing transvestites in a ghetto of
shamans and priests of androgynous deities (it is no coincidence that Molinier gave an unpublished photographic series the title "Le chaman et ses
créatures")[10] or of an alchemist "hermaphroditus" where all opposites merge
and are subleted, is well-known.[11]

The cultural implications, which can be sketched only very superficially here, of
hermaphroditism are immense in the context of a society like ours of "fully
formulated masculinity/femininity, if not to say compulsory masculinity/compul-
sory femininity" (sexual therapist Volkmar Sigusch). Let us work on the basis
that there is no such thing as a monosexual individual in terms of either chro-
mosomes or phenotype and that human beings are perfectly capable of fantasies on the terms of the opposite sex; in this case the concept of hermaphroditism (surrealistically inspired in Bellmer and Molinier), abstruse at first sight,
broadens to a horizon that is populated not only by primeval deities, the platonic Eros Urania and many other mythological projections of the bisexual
human being, but has also been brought up to date and fertilized by cultural
feminism, modern sexual science, biology, depth psychology and the partially-
researched "depth aesthetics" (G. R. Hocke identified its art-historical tradition in Mannerism).

It should also be remembered that the ambisexual human being was a subcultural idol and projection figure in the sixties and seventies of this century. The
artist-transvestite and "Transformer" was revalued in the hippie and under-
ground aesthetic, under America's influence, to become an anarchic counter-
image to the predominant alternative sexual conventions.[12] The hermaphroditic ideal of a reconciled sexuality that was no longer antagonistic was
combined—unfortunately unsuccessfully—with rejection of the patriarchal culture of the community as a whole and has remained an orientation possibility
in cultural feminism until today.

Christina von Braun sees psychological bisexuality and its aesthetic manifestations embodied in the female and, putting in their first appearance, male
hysterics of the 19th century. Both experience their ego as split and incomplete. The women reject the artificial allocation of roles in two sexes, they
express themselves in richly inventive body-dramas so that they do not have
to speak the phallic language of male culture. Conversely the hysterical man
rebels against the violent severing of the woman within him. "Identification
with the ego means loss of psychological bisexuality for the man, the decline
of the woman in him. He is no longer able to perceive the differentness of
the woman as his own differentness."[13]

In this way male hysteria and its pathological symptoms acquires completely
new significance as a "refusal form", a subversive "corroding and creative
force"[14] "fighting to preserve psychological bisexuality."[15] It makes a "claim for

ambivalence", for ambiguity, undefinability, undecidedness, contradictoriness" against the symbolic order of a society with two sexes; it represents diversity, "multi-value logic", but also the variety, the randomness that go along with these."[16]

This catalogue of the criteria of creative hysteria brings us unexpectedly back to Modern art; Christina von Braun sees Baudelaire, Mallarmé, Flaubert, Proust and Huysmans as representatives of its new artistic and aesthetic type. They make visible an increasing "merging of hysterical symptom formation and creative productivity".[17] This alliance of sickness and creativity with subversive symptoms is continued in the Modern age, in the protest forms of Dadaism and Surrealism and beyond. Hysterical symptoms, the "attitudes passionelles" (first photographed by Charrot in the Salpêtrière), grimacing, bodily contortions during the seizure are revalued in Breton's convulsive notion of beauty: "La beauté sera convusive ou ne sera pas", and in the painting of Dalí, Ernst, Masson. They penetrate the reception of "arts [that are] no longer beautiful" on a broad front.[18]

Molinier and Bellmer can also be placed in this historical context. Molinier in particular gave full vent to "hysterical" value-shifts from a male self-image to a female alien image in his photographic montages and "shamelessly" carried them over into his everyday lifestyle. At first he, as a painter, simply could not understand why his erotic photographs were snapped up to be placed in an artistic context and exhibited. Bellmer on the other hand never quite freed himself from repression eroticism and Molinier's coming out, genteelly named life performance in the fashionable parlance of the seventies, would have seemed like pornography to him. Bellmer's photographs for the doll complex left out participation in the manner of a self-image in his fetish. The photographed dolls and their bodies, presented as "games" and "three-dimensional anagrams", are still completely free of hermaphroditic constructions, which Bellmer started to develop with the greatest possible distance only in his graphic and art-theoretical work in the forties. Undoubtedly the "Doll's games" already convey Bellmer's later "reversibilities" and analogies, taken from the compression work of the dream, and it is already clear that there is method in the way in which he involves his ideas in the childlike, polymorphically perverse experience perspective, but an explicit examination of the aesthetics and psychology of hermaphroditism does not occur until "Anatomie de l'image", started in 1942.

But here too Bellmer did not fight his way through to analytical self-presentation, but treats the hermaphroditic phenomenon that is so fascinating to him against a background of theoretical and graphical explanations that confirm his competence and wide reading in the physiology and psychology of longing (désir). Nevertheless the doll fetish now appears as an "anatomical" complex of "phallic projections" and "vaginal simulation(s)",[19] which shed light on the way in which his male fantasy is involved with his female subconscious. The graphic projections and simulations are superimposed and make the object of desire seem transparent. Picabia has already experimented with this method of spatial representation without perspective in his hermaphroditic "Transparences" (1928—33). In a similar way to Picabia, Bellmer doubles, multiplies and splits the body into female and male portions. Female and male are intended to become "interchangeable images", following the psychological dynamics of dual sexuality, and to be fused "into their amalgam, hermaphroditism."

The hermaphrodite body image cannot be demonstrated by mirror-image representation, it has to be simulated. Bellmer had already passed on the fact that simulation can also have recourse to objects that the body comes into contact with while sitting, lying, grasping, or in any other way, thus transfering sexual significance to the object as perceived in a tactile fashion, as an attractive observation in his "Anatomie de l'image", but as far as I can see never exploited it creatively in this specific case. "If a seated man adapts himself to the shape of the armchair and holds the plate (the seat) in his two arms (the chair arms), then he has become an armchair himself; he has become a woman. But seen in his spatial role he is holding the woman in his hands in that he is holding the plate. He is holding: woman-plate-seat-armchair, and for their part they are inviting the man to sit down in them ... etc. We are dealing with a strangely hermaphroditic encapsulation of the principles of man and woman."[21]

These shifted associations of the body with things that it touches, or that touch it by means of pressure, are reminiscent of Maria Lassnig's body-awareness painting, which is indeed able to represent bodies and heads not by their mirror images but by "neighbouring" objects.[22] Bellmer's erotic "armchair-plate image of a woman" is a projection from a male point of view. What is missing from his imaginative regulation is a perspective for female experience of the male body. He projects his female subconscious (his anima) onto the woman. Unlike Molinier, the artist-transvestite, he cannot imagine the reversal. The hermaphroditic system is not completed in the intended fashion and is not an element of the artistic representation. One might smile tolerantly at this shortcoming in the face of an outstanding work of art. But it reveals much about the limits of his eroticism, its steadfast refusal of self-representation that shows solidarity with sexual fetishists, their voyeurism and defensive action against monopolization by woman's projective fantasy.

Molinier was prepared to get closer to psychological bisexuality, and risked more. This leaves him weaker, more hysterical and at the same time stronger, better armed against the logos of "compulsory masculinity" and ego-identification. It is typical of the unstable artist-transvestite to experience himself primarily in female alliance with the body-image of the woman (and sub-consciously also with the mother) and thus to neglect male narcissism. A transvestite response to the woman, the hysterical "woman in the head" syndrome, has transplanted the male genital organ into the aesthetic fetish-formations of leg, foot, high heel, so that it is almost hidden. Bellmer does this as well. The weakly formed genital narcissism of the transvestite man survives here, a man who for purposes of self-representation abandons himself to the pleasurable sleight of hand of his genitality, the infirm phallic presence of his ego. Bellmer does not bring this off.

In Molinier's case the desire for reproduction when faced with female genitality is stronger than the genital self-reflection of the man. The artist-transvestite has to pay for the identification with the female that defines him with weakness of ego and a reduced sense of reality. His narcissism, and this is shown by feminized and "vulvified" self-portraits, has a powerless masochistic structure. Compromising between the claims of instinct and reality that forms the basis of every fetish formation, and uses it, his weakened ego no longer has the leading role that is culturally appropriate to it. This all fits the specification of male hysteria, which was fought as an illness from its appearance in the late 19th century while at the same time adopting a creative and revolutionary function in art.

Something that speaks for the ego-weak transvestite image of the hysteric is that in his world picture the social equivalent of genital male narcissism, of phallic fetishism, the centuries-old male dominance of women seems to be broken, or at least perceived as a problem. With the exception of cultural feminism there is understandably no voice to date that is greeting the transvestite defect as a step on the way to dismantling "compulsory masculinity" and the separation into two sexes.

Molinier introduces himself in the pose of a shaman aesthetically amputating (retouching) his male genitals and replacing them with a godmiché, a prosthesis whose toy character and double nature ironize dominant male sexuality. Molinier has shown that this strategy of power deprivation is not reserved for women.[23] He operates between the sexes and between fiction and reality, without the hidden intention of trying to establish something in this process of psychological transformation and aesthetic metamorphosis.

In the electronic media and modern technologies we cannot be so sure of that today, or rather there is something worse in store, like the disappearance of the body along with all its outdated female and male qualities. This promises losses and deficits in life and pleasure that make the archaeology of eroticism in the work of Bellmer and Molinier worthy of retention and reflection, even if it only as the bad conscience of unstoppable technological paranoia.

Translation from the German: Michael Robinson

Notes

[1] See the issue of "Ästhetik und Kommunikation" on the subject of "Seduction", no. 80/81, 1993

[2] Gerburg Treusch-Dieter, Fiktionen—Ars erotica im Zeitalter der Gentechnologie. See note 12, p. 51

[3] Cf. Peter Gorsen, Der neue und der alte Körper. Über Beschädigungserfahrungen. In: same author, Sexualästhetik. Grenzformen der Sinnlichkeit im 20. Jahrhundert, Reinbek 1987, p. 481—506

[4] Hans Bellmer, Die Puppe, esp. Die Spiele der Puppe, Berlin 1962, p. 49

[5] Sigrid Schade, Der Mythos des "Ganzen Körpers". Das Fragmentarische in der Kunst des 20. Jahrhunderts als Dekonstruktion bürgerlicher Totalitätskonzepte. In: Frauen, Bilder, Männer, Mythen: kunsthistorische Beiträge, ed. Ilsebil Barta ... Berlin 1987, pp. 251 ff.

[6] A more recent biographical summary is to be found in: Peter Webb with Robert Short, Hans Bellmer, London-Melbourne-New York 1985, pp. 21—27

[7] Peter Gorsen quoted in: Pierre Molinier. Pierre Molinier lui-même. Essay über den surrealistischen Hermaphroditen, Munich 1972, p. 15

[8] Hans Bellmer, Photographien. Mit einem Text von Alain Sayag, Munich 1983, p. 17. The man in a photograph from the 1935 "Die Puppe" series is Bellmer's brother Fritz. The man in a coloured photograph from the 1937 "Die Spiele der Puppe" series (published 1949) is hidden by a tree-trunk (symbolically) and anonymous, cf. Hans Bellmer, Die Puppe, Berlin 1962, p. 87. Webb/Short publish a photograph of an anonymous hand stroking the doll's hair off its face. Another photograph shows part of the artist's head joined with the doll's (p. 35). A photograph dating from 1955 (p. 214) combined the doll's body with portraits of Bellmer and Unica Zürn. The 1971 photograph (p. 258) should be viewed more as a newspaper photograph; it shows the artist reaching out towards the doll, and was taken on the occasion of his exhibition in the CNAC in Paris.

[9] Explained and documented in detail in: Pierre Molinier. Die Fetische der Travestie, fotografische Arbeiten 1965—75, ed, Gerhard Fischer und Peter Gorsen, daedalus Wien 1989

[10] Pierre Petit, Molinier, une vie d'enfer, Paris 1992, p. 237 ff.

[11] C. G. Jung, Psychologie und Alchemie, Gesammelte Werke, vol. 12, Olten 1972, p. 138

[12] A number of artists like Attersee, Castelli, Klauke, Lüthi who were fascinated by Molinier's photomontages and "Transformer" figures on the pop scene, e. g., Cooper, Jagger, Prince, have exploited transvestism and hermaphroditism for their own purposes. Cf. "Transformer", Aspekte der Travestie, catalogue for the Kunstmuseum Luzern, ed. by Jean-Christophe Ammann, Lucerne 1974. Brus (in the "Freizeitgestaltung" action, 1971) and Muehl (in the "O Sensibility" action, 1970) have shown an interest in transvestite attitudes, but partially with an intent to caricature them.

[13] Christina von Braun, Nicht ich: Logik, Lüge, Libido. Frankfurt am Main 1985, p. 326

[14] Loc. cit., p. 352

[15] Ibid., cf. pp. 192 ff

[16] Loc. cit., p. 351

[17] Loc. cit., p. 354

[18] Cf. Gorsen, Der Dialog zwischen Kunst und Psychiatrie heute. In: Otto Benkert und Peter Gorsen (ed.), Von Chaos und Ordnung der Seele. Ein interdisziplinärer Dialog über Psychiatrie und moderne Kunst, Berlin-Heidelberg-New York 1990, pp. 40 ff.

[19] Bellmer, Die Puppe, loc. cit., p. 145, 150

[20] Loc. cit., p. 150. More detail in Gorsen, Das Theorem der Puppe nach Hans Bellmer. In: Hans-Jürgen Heinrichs (ed.), Der Körper und seine Sprachen, Frankfurt am Main 1985, pp. 93—131

[21] Bellmer, die Puppe, loc. cit., p. 144

[22] Cf. capable exposition by Sigrid Schade, Vom Versagen der Spiegel. In: Farideh Akashe-Böhme, Frankfurt am Main 1992, pp. 143 ff.

[23] As Sigrid Schade has already established in an analysis of Cindy Sherman's work. Loc. cit., p. 152

Douglas Crimp
PORTRÄTS VON MENSCHEN MIT AIDS

Im Herbst 1988 zeigte das Museum of Modern Art in New York eine Ausstellung mit Fotos von Nicholas Nixon unter dem Titel „Pictures of People". Zu den von Nixon abgebildeten Menschen gehörten auch AIDS-Kranke (Englisch: „People with AIDS", also „Menschen mit AIDS" oder PWAs). Er hatte mit ihnen Porträtserien aufgenommen, wobei zwischen den einzelnen Bildern Zeiträume von etwa einer Woche oder einem Monat lagen. Die Fotos gehören zu einer umfassenderen laufenden Arbeit von Nixon und seiner Frau, einer Wissenschaftsjournalistin, mit der sie, wie sie sagen, „die Geschichte hinter der Krankheit AIDS" erzählen wollen, sie wollen zeigen, „was diese Krankheit wirklich ist, welche Auswirkungen sie auf die daran Erkrankten hat, auf ihre Partner, Familien und Freunde, und daß sie gleichzeitig die grausamste und wichtigste soziale und medizinische Frage unserer Zeit ist".[1] Die Fotos wurden von den Kritikern mit großem Lob bedacht, man sah in ihnen die unsentimentale, ehrliche und engagierte Darstellung der Auswirkungen dieser entsetzlichen Krankheit. Ein Fotokritiker schrieb:
Nixon geht im wörtlichen und übertragenen Sinn so nahe an das Motiv heran, daß wir davon überzeugt sind, daß seine Modelle nichts verbergen. Der Betrachter staunt über das Vertrauen zwischen Fotograf und Modell. Stück für Stück wird die eigene Haltung zu AIDS abgebaut und man fühlt sich gleichzeitig verletzlich und doch geehrt, das Leben und den (bevorstehenden) Tod einiger Menschen teilen zu dürfen (Atkins, 1988).
Andy Grundberg, Fotokritiker der New York Times, pflichtete dem bei:
Das Ergebnis ist überwältigend, denn man sieht nicht nur den körperlichen Verfall (in Fotos ist die Auszehrung zum Symbol für AIDS geworden), sondern auch, wie es den Modellen immer schwerer fällt, sich für die Kamera zurechtzusetzen. Jede Serie beginnt auf konventionelle Weise mit dem Versuch, für ein Bild zu posieren und endet in einer Art von Aufgabe; in dem Maß, in dem sich die Modelle ihrer selbst immer weniger bewußt sind, scheint die Kamera unsichtbar zu werden, und es gibt in der Folge beinahe keine Grenze zwischen dem Bild und uns selbst (1988, S. H37).
In seiner Katalogeinleitung für die Ausstellung erwähnt der Kurator des MOMA, Peter Galassi, ebenfalls die Beziehung zwischen Nixon und seinen Modellen:
Jedes Porträt entsteht in Zusammenarbeit zwischen dem Modell und dem Fotografen. Mit der Zeit kann diese Beziehung reicher und intimer werden. Nixon sagte, daß die meisten AIDS-Kranken, die er fotografierte, sich vielleicht deshalb weniger hinter Masken versteckten und kooperativer waren, weil sie so viele ihrer Hoffnungen hatten aufgeben müssen (Galassi, 1988, S. 26).
Er erklärt auch, daß es kein repräsentatives Porträt eines AIDS-Kranken geben kann, da die davon Betroffenen so verschieden sind, und schließt: „Darüber hinaus und im Widerspruch zu dieser Tatsache bleibt der einzelne als unveränderbares Faktum bestehen, er wird uns körperlich und geistig gewärtig. Das Leben und der Tod von Tom Moran (einem von Nixons Modellen) gehörten nur ihm" (S. 27).

Ich zitiere hier aus der eher dem Mainstream verbundenen Fotokritik, um auf seltsame Widersprüche hinzuweisen. Alle diese Kritiker stimmen darin überein, daß es zwischen Fotograf und Modell eine Beziehung des Konsens gibt, die sich in der Wirkung der Porträts auf den Betrachter niederschlägt. Handelt es sich dabei aber wirklich um wachsende Intimität oder Vertrautheit? Oder ergibt sie sich aus dem langsamen „Ausklinken" der Modelle, der Tatsache, daß sie ihr Selbstgefühl aufgeben? Und ist das Ergebnis wirklich, daß den abgebildeten Menschen die Individualität ihres Lebens und Sterbens gegeben wird? Oder wird ihr Leben und Sterben durch einen Prozeß der Identifizierung zu unserem?

Für diejenigen unter uns, die sich genau mit der Darstellung von AIDS in den Medien befaßt haben, wird vieles davon vielleicht nicht wichtig sein, da wir in Nixons Fotos in erster Linie die Wiederholung dessen sehen, was wir über Menschen mit AIDS bereits wissen: daß das Syndrom sie vernichtet, entstellt und schwächt, daß sie meist allein sind, verzweifelt, aber ihrem „unvermeidlichen" Tod ergeben.

Zur Zeit der Ausstellung im MOMA veranstaltete eine kleine Gruppe aus der Organisation ACT UP (die *AIDS Coalition to Unleash Power*) eine atypisch ruhige Protestaktion gegen Nixons Porträts. Eine junge Lesbierin saß auf einer Bank in der Galerie, in der die Fotos der PWAs hingen, und hielt den Schnappschuß eines lächelnden Mannes in mittleren Jahren in der Hand. Darunter stand „Das ist ein Fotos meines Vaters, aufgenommen, als er schon drei Jahre aidskrank war." Eine weitere Frau hielt ein Foto des Mitbegründers der *PWA Coalition*, David Summers, als Sprecher vor einer Reihe von Mikrophonen. Die Bildunterschrift lautete: „Mein Freund David Summers lebt mit AIDS." Sie und eine kleine Gruppe von Mitaktionisten sprachen mit Museumsbesuchern über die Bilder der PWAs und verteilten ein Flugblatt, das hier zum Teil wiedergegeben ist:

KEINE BILDER OHNE KONTEXT MEHR
Wir glauben, daß sich die Darstellung von Menschen mit AIDS nicht nur darauf auswirkt, wie die Betrachter PWAs außerhalb des Museums wahrnehmen, sondern letztendlich auch auf wichtige Fragen der Finanzierung, Gesetzgebung und Erziehung im Zusammenhang mit AIDS.

Indem diese Ausstellung PWAs als Menschen darstellt, die man bedauern oder fürchten muß, als Menschen, die allein und einsam sind, zementiert sie, so glauben wir, allgemein verbreitete falsche Vorstellungen von AIDS, ohne auf die Wirklichkeit derer einzugehen, die mit dieser Krise als PWAs Tag für Tag leben, und derer, die PWAs lieben.

Tatsache ist: viele PWAs leben nach der Diagnostizierung der Krankheit länger, und zwar aufgrund der Behandlung mit experimentellen Arzneimitteln, besserer Information über Ernährung und Gesundheitsversorgung und aufgrund der Bemühungen jener PWAs, die dafür kämpfen, um ihre Leben zu definieren und zu retten.

Tatsache ist: Der Großteil der AIDS-Fälle in New York City betrifft Farbige, darunter auch Frauen. Charakteristischerweise haben Frauen nach Diagnostizierung der Krankheit keine lange Lebenserwartung, da sie im Rahmen ihrer fi-

nanziellen Möglichkeiten keinen Zugang zu einer Gesundheitsversorgung haben,
zu einem Arzt für die Erstversorgung oder auch nur zu grundsätzlichen Infor-
mationen darüber, was man tut, wenn man AIDS hat.
PWAs sind Menschen, deren Gesundheitszustand sich verschlechtert hat.
Nicht nur aufgrund eines Virus, sondern auch aufgrund mangelnder staatlicher
Maßnahmen, mangelnden Zugangs zu einer Gesundheitsversorgung im Rah-
men der finanziellen Möglichkeiten und aufgrund institutionalisierter Vernach-
lässigung in Form von Heterosexismus, Rassismus und Sexismus.
Wir verlangen, daß PWAs ins Rampenlicht treten, die vital, zornig, liebevoll,
sexy, schön, aktiv und kämpferisch sind.
HÖRT AUF, UNS ANZUSCHAUEN, FANGT AN, UNS ZUZUHÖREN.

Im Gegensatz zu dieser Forderung – hört auf, uns anzuschauen – war die typi-
sche Einstellung der Liberalen schon von Anfang der Epidemie an, daß eines
der zentralen Probleme von AIDS und eines der Dinge, die wir bekämpfen
mußten, die bürokratische Abstraktion war. Es war notwendig, „AIDS ein
Gesicht zu geben", „AIDS in den Heimen anschaulich zu machen". Das Porträt
des AIDS-Kranken war daher schon lange, bevor ein berühmter Fotograf wie
Nicholas Nixon auf den Plan trat, zu einem Genre geworden. Eine weitere
bekannte Fotografin bemühte sich, AIDS ein menschliches Gesicht zu verleihen – Rosalind Solomon mit *Portraits in the Time of AIDS* (1988). Im Katalog
dieser Ausstellung schrieb der Leiter der Grey Art Gallery, Thomas Sokolowski, darüber, was sie für notwendig erachteten: „Wir wurden uns aufgrund
der Anhäufung ständig steigender Zahlen der Krankheit AIDS bewußt, aber
wir hatten ihr Gesicht noch nicht gesehen. Wir konnten sie zahlenmäßig
erfassen, aber sie nicht wirklich beschreiben. Unsere Vorstellung von AIDS
war rein begrifflich ..." (1988a, ohne Seitenangabe). Sokolowskis Katalog-
beitrag trägt den Titel „Looking in a Mirror" (In den Spiegel schauen) und
beginnt mit einem Zitat des verstorbenen George Whitmore: „Ich sehe Jim –
und genauso könnte ich es sein. Es ist ein Spiegel. Es ist keine Beziehung zwischen Opfer und Retter. Wir sind dieselbe Person, wir stehen bloß auf verschiedenen Seiten des Zaunes." Indem sich Sokolowski diese Sätze von
einem Mann aneignet, der selbst AIDS hatte, konfrontiert er uns – wie die
Texte, die als Reaktion auf die Nixon-Fotografien geschrieben wurden – mit
einem Abwehrmechanismus, der den Unterschied, das offensichtliche Gefühl
des Andersseins, wie es in den Fotografien gezeigt wird, leugnet, indem darauf beharrt wird, daß wir uns in Wirklichkeit selbst sehen.
Eine bemerkenswert ähnliche Aussage leitet eine Dokumentation aus der CBS-
Reihe „Sixty Minutes" ein, die sich mit AIDS beschäftigt. Der Leiter einer Hilfs-
organisation sagt: „Wir kennen die Personen, und sie sehen nicht viel anders
aus als Sie oder ich." Der Text zur Sendung wurde von Dan Rather, einem
Nachrichtensprecher bei CBS, gesprochen, und der Titel der Sendung lautete
„AIDS Hits Home". Was schon in der Behauptung, daß PWAs wie Du und ich
aussehen, mitschwingt, ist auch mit dem Wort „Home" (Heim, Zuhause) im Titel
der Sendung intendiert; es steht für andere Bezeichnungen wie ‚Weiße‘,

‚Mittelschicht', ‚typisch amerikanisch', vor allem aber ‚heterosexuell'. Die Sendung entstand im Jahr 1986, als – wie Paula Treichler 1988 schrieb – „die große Neuigkeit, die Titelgeschichte aller großen US-Nachrichtenmagazine, in der schweren Gefährdung Heterosexueller durch AIDS bestand" (S.39).

„AIDS Hits Home" war trotzdem ein wahrhafter Katalog von für das Fernsehen und für die damalige Zeit typischen Porträts von AIDS-Kranken, zum Beispiel generischen oder kollektiven Porträts, Porträts sogenannter Risikogruppen: Homosexuelle in engen Levi's Jeans, die im Stadtteil Castro in San Francisco Arm in Arm spazierengehen, verarmte Afrikaner, Prostituierte, die offenbar nur auf der Straße arbeiten, und Drogenabhängige, von denen meist – *pars pro toto* – nur ein Arm gezeigt wird, auf dem sich eine Nadel den Weg in die Vene sucht. In diese Kategorie der generischen Porträts in „AIDS Hits Home" fielen aber auch „normale" Heterosexuelle – normal in dem Sinn, daß sie weiß waren und nicht an der Nadel hingen – da sie schließlich das eigentliche Thema der Sendung waren. Die Heterosexuellen in AIDS-Reportagen sind aber nicht genau wie Du und ich. Da das Fernsehen annimmt, daß sein Publikum heterosexuell ist und daher keine Definitionen oder Erklärungen braucht, mußte es erfinden, was man vielleicht als AIDS-Heterosexuelle bezeichnen könnte. Die in „Sixty Minutes" dargestellten AIDS-Heterosexuellen scheinen sich nur in Aerobic-Studios, Discos und Single-Bars aufzuhalten und offenbar – wie das auch bei allen Homosexuellen der Fall zu sein scheint – allzeit zum Sex bereit oder bei der Vorbereitung zum Sex zu sein. Darüber hinaus sind alle in der Sendung „Sixty Minutes" porträtierten Heterosexuellen mit einer Ausnahme Weiße, obwohl der Anteil der Farbigen bei den AIDS-Fällen unter Heterosexuellen vergleichsweise wesentlich höher ist.

Die Porträtgalerie in „AIDS Hits Home" enthält freilich auch Einzelfälle. Es handelt sich um die Porträts, von denen Dan Rather am Anfang der Sendung warnend sagt: „Die Bilder, die wir gefunden haben, sind brutal und herzzerreißend, aber wenn Amerika mit dieser tödlichen Gefahr fertig werden will, müssen sie gezeigt werden."

Zum Großteil werden sie jedoch nicht gezeigt oder nur zum Teil, denn es handelt sich um Porträts der Schamerfüllten und Sterbenden. Sie werden uneinfühlsamen Interviews und Kommentaren über die Besonderheiten ihrer Krankheit und ihrer Gefühle unterworfen und dabei mit Hilfe des technischen Einfallsreichtums des Fernsehens im Dunkeln belassen. Meist sieht man sie – wie Terroristen, Drogenbarone und Kinderschänder – als Schattenrisse gegen das Licht vom Fenster eines Krankenzimmers. Manchmal sieht man den PWA zum Teil, während sich Ärzte und Krankenschwestern an seinem Körper zu schaffen machen, während sein Gesicht außerhalb des Blickfeldes bleibt, in manchen Fällen wiederum sehen wir nur das Gesicht, jedoch in so extremer Nahaufnahme, daß wir es nicht als ganzes wahrnehmen können. In der technisch entmenschlichsten Form ist das Porträt des PWA digitalisiert. Es handelt sich um den gefürchteten und gehaßten Bisexuellen, dessen Frau im Vorstadthäuschen nichts ahnte und an AIDS starb. Er wird gezeigt – oder besser, nicht gezeigt, wie er auf die Frage des Interviewers reagiert, der sagt:

„Verzeihen Sie mir die Frage, es ist nicht leicht, aber fühlen Sie sich nicht irgendwie, als ob Sie Ihre Frau ermordet hätten?"
Während wir uns weiter durch die Porträtgalerie von „Sixty Minutes" bewegen, gelangen wir letztlich zu den Gesichtern, die das Tageslicht nicht scheuen.
Zu ihnen gehören einige Homosexuelle, vor allem aber Frauen. Sie schämen sich weniger, denn sie sind „unschuldig". Sie oder der unterlegte Kommentar erklären, wie sich diese völlig normalen Frauen mit HIV infizierten: eine hatte einen Lebensgefährten, der Drogen konsumierte, eine hatte eine kurze Affäre mit einem Bisexuellen und eine weitere hatte einen bisexuellen Ehemann; keine von ihnen hatte eine Ahnung von den Sünden der Partner. Schließlich kommen wir zu den unschuldigsten von allen, den weißen Kindern aus dem Mittelstand, die an Hämophilie leiden. Sie sind so unschuldig, daß man sogar zeigen kann, wie sie umarmt und getröstet werden und wie man mit ihnen spielt.
Von den Homosexuellen, die es wagen, ihre Gesichter zu zeigen, ist einer für die Ziele von „Sixty Minutes" besonders geeignet; interessanterweise gibt es zu ihm ein Gegenstück in einem Ausschnitt der Sendung „20/20", die der Sender ABC ein paar Jahre früher ausstrahlte. Er ist der eineiige Zwilling eines Heterosexuellen. Das Doppelporträt des kranken Homosexuellen und seines gesunden heterosexuellen Bruders zeigt so klar, welche moralische Lehre zu ziehen ist, daß eine weitere Erklärung nicht erforderlich ist.[2]
Die Botschaften, die „AIDS Hits Home" übermitteln will, sind so offensichtlich, daß ich mich nicht weiter damit befassen möchte, daher nur noch zwei kurze Überlegungen zur Sendung. Zunächst wird die Hoffnungslosigkeit immer wieder betont. Wann auch immer ein AIDS-Kranker ein paar optimistische Worte äußert, wird ein warnender Kommentar darübergelegt, wie etwa: „Sechs Wochen, nachdem sie das sagte, war sie tot."
Im Sinne dieser Logik endet das Programm mit einem Standardstilmittel. Dan Rather erwähnt die „kleinen Siege und die unvermeidlichen Niederlagen" und erzählt uns dann, was seit den Aufnahmen aus den einzelnen PWAs geworden ist. Diese Coda endet mit einer Sequenz, in der ein Priester – die Hand auf den von Kaposi-Sarkom bedeckten Kopf eines AIDS-Kranken – die Letzte Ölung spendet. Rather kommentiert dazu: „Bill starb letzten Sonntag," und die Stimme des Priesters wird wieder eingeblendet: „Amen".
Mein zweiter Einwand bezieht sich darauf, daß die Intimsphäre der porträtierten Menschen gleichzeitig brutal verletzt wird und brutal verschlossen bleibt. Verletzt im offensichtlichen Sinne, da die schwierigen persönlichen Umstände dieser Menschen für ein öffentliches Spektakel ausgebeutet werden; ihre intimsten Gedanken und Gefühle werden bloßgelegt. Gleichzeitig aber bleibt man zurückhaltend: die Porträts der persönlichen Umstände dieser Menschen enthalten nie einen Kommentar über die öffentliche Dimension der Krise, die sozialen Bedingungen, die AIDS zur Krise gemacht haben und sie weiterhin als Krise perpetuieren. Die AIDS-Kranken werden in sicherem Abstand innerhalb der Grenzen ihrer privaten Tragödie gehalten. Niemand äußert sich über die politische Dimension von AIDS, das vornehmlich bewußte Versagen der öffentlichen Maßnahmen auf allen Regierungsebenen, wo es darum geht, die

Epidemie aufzuhalten, die biomedizinische Forschung für wirksame Behandlungsmethoden zu finanzieren, für adäquate Gesundheitsversorgung und Wohnraumschaffung zu sorgen und umfassende und laufende Erziehungskampagnen zur Vorbeugung zu organisieren. Selbst wenn die Frage der Diskriminierung angesprochen wird – wie im Fall von Kindern, die von der Schule gewiesen werden – so wird auch dies so dargestellt, als seien es Probleme, Ängste, Vorurteile und Mißverständnisse einzelner.

Die Rolle des Fernsehens bei der Schaffung und Aufrechterhaltung dieser Ängste, Vorurteile und Mißverständnisse wird freilich nicht erwähnt.

So sind es nicht nur die gesichtslosen Statistiken, die einer mitfühlenden Reaktion gegenüber AIDS-Kranken entgegenstehen. Die Medien haben uns schon von den Frühstadien der Epidemie an Gesichter gezeigt. Sokolowski bestätigt dies in seinem Vorwort zum Katalog der Rosalind Solomon-Ausstellung:

Die bisher verbreiteten Darstellungen von AIDS ließen Bilder von Menschen, die mit AIDS leben, vermissen, es gab nur die düsteren Reportagebilder von Patienten im Todeskampf, wie sie die populäre Presse veröffentlichte; sie stellen die Kranken definitiv nicht als Menschen dar, die mit AIDS leben, sondern als Opfer. Die Porträts in dieser Ausstellung haben einen anderen Blickwinkel. Sie sind per definitionem Porträts von Menschen mit AIDS, nicht Archetypen einer abstrakten Vorstellung vom Syndrom. Rosalind Solomons Fotografien sind Porträts der condition humaine, Vignetten intensiver persönlicher Begegnungen mit mehr als 75 Menschen innerhalb von 10 Monaten. „Ich fotografierte alle HIV-Positiven, oder ARC- (AIDS-related complex) oder AIDS-Kranken, die mich ließen ... Sie sprachen mit mir über ihr Leben."

Das Ergebnis sind 75 Bilder, mit denen diese Ausstellung eine einzigartige Porträtgalerie der Gesichter von AIDS bildet. (1988a, ohne Seitenangabe).

Der brutale Widerspruch in dieser Aussage, in der „Porträts von Menschen mit AIDS, nicht Archetypen einer abstrakten Vorstellung" sofort mit „Porträts der condition humaine" verschmolzen wird – als ob dies keine abstrakte Vorstellung wäre – wird in Sokolowskis Einleitung dort noch verschlimmert, wo er die Fotografien interpretiert, als ob er mit formalen Beschreibungen und dem Umsichwerfen mit Quellen einen Kunsthistoriker parodieren wollte. Eines der Bilder erinnert Sokolowksi an Watteaus „Gilles", und wir sollen anhand dessen „die formalen Unterschiede zwischen dem zufällig entstandenen Muster der Schwären im Gesicht des Mannes und die überlegte Plazierung der Knöpfe auf seinem Pullover betrachten" (1988b). Er schließt seine Analyse dieses Fotos damit ab, daß er es mit einer Imago Pietatis des gegeißelten Christus aus dem frühen 15. Jahrhundert vergleicht. Andere Fotos erinnern ihn an eine mittelalterliche Ostentatio Vulneris, an ein Memento Mori, eine Imago Clipeata und das Bildnis der Maja oder Venus.

Wenn wir Solomons Fotos betrachten, werden die meisten von uns nicht daran denken, sie in kunsthistorischen Kategorien anzusiedeln. Wir werden sie auch nicht in erster Linie aufgrund ihrer Form oder Komposition interessant finden. Viele von uns werden in diesen Bildern wiederum und trotz aller gegenteiligen Behauptungen Sokolowskis eher das sehen, was wir von den

Massenmedien her gewöhnt sind. William Olander, ein Kurator des New Yorker New Museum of Contemporary Art, der am 18. März 1989 an AIDS starb, sah genau dasselbe wie ich:

Der Großteil der Fotografierten wird allein gezeigt; viele sind im Krankenhaus oder zu Hause, krank im Bett. Mehr als 90 % sind Männer. Manche werden mit ihren Eltern fotografiert oder zumindest ihren Müttern. Nur 4 werden mit ihren Geliebten oder Freunden gezeigt. Für die Fotografin „war es ein sehr starker Eindruck, die Menschen zu kennen – sie als Individuen zu kennen ...“ Für den Betrachter gibt es wenig, was es außer der Krankheit zu kennen gibt. Der Großteil der Fotografierten ist von der Krankheit offensichtlich gezeichnet (nicht weniger als die Hälfte der Porträtierten weist die deutlichsten Symptome für AIDS auf, die Schwären auf der Haut, durch die sich das Kaposi-Sarkom manifestiert. Keiner von ihnen wird in der Arbeitswelt dargestellt, nur ein kleiner Bruchteil wurde außerhalb des Hauses fotografiert. Keines der Modelle hat einen Namen. Sie haben keine Identitäten, man kennt sie nur als AIDS-Opfer. (1988, S. 5).[3]

Gibt man dem AIDS-Kranken eine Identität und ein Gesicht, so kann das auch gefährlich sein, wie dies deutlich aus der längsten und perfidesten Geschichte über einen AIDS-Kranken hervorgeht, die das amerikanische Fernsehen bisher gezeigt hat: Die berüchtigte „Frontline“-Folge des Senders PBS mit dem Titel „AIDS: A National Inquiry“. „Das ist die Geschichte von Fabian“, sagt die Präsentatorin Judy Woodruff, „und ich muß Sie warnen, daß sie ausführliche Beschreibungen sexuellen Verhaltens enthält.“ Angesichts der Rücksichtslosigkeit dieser Sendung ist ein interessanter Aspekt, daß sie auch ungeniert selbstbezogen ist. Sie beginnt damit, daß das Fernsehteam über sich selbst erzählt, wie es auf der Suche nach einer guten AIDS-Geschichte durchs Land zieht: „Als wir nach Houston kamen, kannten wir Fabian Bridges nicht. Er war nur eines der gesichtslosen Opfer.“ Wenn man die Sendung gesehen hat, könnte man fast schließen, es wäre besser für Fabian gewesen, er wäre gesichtslos geblieben. „AIDS: A National Inquiry“ ist die Geschichte eines obdachlosen schwarzen Homosexuellen mit AIDS, der von praktisch jeder Institution, mit der er in Berührung kommt, und dazu gehört auch PBS, herabgewürdigt wird. AIDS wird an Fabian Bridges zunächst in einem öffentlichen Krankenhaus in Houston diagnostiziert, dort wird er behandelt, entlassen und ohne Rückfahrkarte nach Indianapolis verschickt, wo seine Schwester und sein Schwager leben. Diese lehnen es ab, ihn aufzunehmen, weil sie um ihr kleines Kind bangen, von dem der Schwager sagt: „Er weiß nicht, was AIDS ist. Er weiß nicht, was Homosexualität ist, er ist unschuldig.“ Fabian wird wegen Fahrraddiebstahls festgenommen und von Polizeibeamten, die ebenfalls fälschlich annehmen, daß sie sich von ihm AIDS „einfangen“ könnten, mißhandelt und erniedrigt. Nachdem die Staatsanwaltschaft das Verfahren gegen ihn einstellt, wird Fabian wieder ohne Rückfahrkarte weitergeschickt, diesmal nach Cleveland, wo seine Mutter lebt. In Indianapolis hat sich jedoch ein Polizeireporter der Geschichte angenommen und, wie das „Frontline“-Team uns mitteilt, „war es Kyle Niederpreuns Geschichte, die uns zu Fabian führte. Es war eine Geschichte über die Entfremdung und Ablehnung, unter der viele AIDS-Opfer leiden." – Die Entfremdung und Ablehnung, die das Team offenbar allzu gerne fortsetzte.

„Frontline" fand das AIDS-Opfer schließlich in einem billigen Hotelzimmer in Cleveland. „Wir verbrachten einige Tage mit Fabian", berichtet der Kommentator, „und er erklärte sich bereit, uns seine Geschichte zu erzählen." Ein Schnitt, und man sieht Fabian, der mit seiner Mutter telefoniert, damit ihr „Nein" zu seiner Heimkehr für die Videokamera wiederholt werden kann. „Er sagte, er hätte kein Geld", erzählt das Team weiter, „also luden wir ihn manchmal zum Essen ein und ließen seine Wäsche waschen. Eines Tages sah Fabian ein kleines tragbares Radiogerät, das ihm gefiel, also kauften wir es ihm." Der Kommentar geht weiter: „Er verbrachte seine Zeit in Sexshops und Kinos und gab zu, daß er sich auf diese Weise zum Teil erhielt." Dann beschreibt Fabian im sicherlich herabwürdigendsten Eingriff in die Privatsphäre, der jemals im Fernsehen gezeigt wurde, vor laufender Kamera einen seiner Tricks und schließt mit dem Bekenntnis ab: „Ich kam in ihm ... ein dummer Zufall ... Als ich zurückzog, ejakulierte ich." „Nachdem Fabian uns erzählt hatte, daß er ungeschützten Geschlechtsverkehr hatte, standen wir vor dem Dilemma", erklärt der Kommentator. „Sollten wir ihn bei der Behörde anzeigen oder seine Geschichte vertraulich behandeln, obwohl wir wußten, daß er andere infizieren konnte? Wir beschlossen, der Gesundheitsbehörde mitzuteilen, was wir wußten."

Hier beginnt die Geschichte, die „Frontline" wirklich erzählen wollte, die des angeblichen Konfliktes zwischen den Rechten des einzelnen und dem Wohl der Öffentlichkeit.[4] Es ist die Geschichte vergeblicher Versuche von Gesundheitsbehörden, Polizei und Sittendezernat, Fabian einzusperren, da er den Schutz unangenehmer Bürgerrechte genießt. Ein Mitglied des Stadtrates von Cleveland formuliert das Problem so: „Was wir hier im Endeffekt haben, ist ein Typ, der frei herumläuft. Der Typ hat eine Kanone und er schießt auf die Leute ... Was sollen wir gemeinsam als Gruppe von Personen sagen, die diese Gesellschaft vertritt?" Während der Stadtrat drakonische Maßnahmen in Erwägung zieht, kommt die Invalidenrente, die Fabian ein paar Monate zuvor beantragt hatte, und nach einer häßlichen Sequenz, in der seine traurigerweise schlecht beratene Mutter das Geld vorübergehend konfisziert, um es für Fabians Begräbnis zu sparen, nimmt Fabian das Geld und setzt sich ab.

Zu diesem Zeitpunkt hat die Zeitschrift *Time* eine Geschichte über diesen „bemitleidenswerten Nomaden" herausgebracht, und die örtlichen Medien in Houston, wohin Fabian zurückgekehrt ist, haben eine Sensation für die Abendnachrichten. Das „Frontline"-Team findet ihn, obdachlos und noch immer als Stricher unterwegs, und sie berichten: „Wir gaben ihm 15 Dollar pro Nacht für drei Nächte in einem billigen Hotelzimmer. Wir gaben ihm das Geld unter der Bedingung, daß er keinen ungeschützten Geschlechtsverkehr haben und von den Saunas wegbleiben würde." Fabian steckt das großzügige Geschenk von 45 Dollar ein, geht weiter auf den Strich und das Sittendezernat tritt auf, um einen Bescheid des Gesundheitsamtes von Houston zu vollstrecken, in dem Fabian schriftlich aufgefordert wird, mit niemandem mehr Körperflüssigkeiten auszutauschen. Jetzt steht auch das Sittendezernat vor einem Dilemma. „Die Geschichte ging im Kreis", sagt einer der Beamten. Wie provoziert man jemanden zum Austausch von Körperflüssigkeiten, ohne sich selbst in Gefahr zu bringen? Man beschließt, Fabian stattdessen einfach mit einer Anzeige wegen Belästigung zu drohen, um ihn dazu zu bringen, „einen von uns zu schlagen", wie sie sagten. Aber Fabian geht darauf nicht ein.

Letztlich beschließt eine führende Persönlichkeit der homosexuellen Gemeinde, Fabian auf eigene Faust zu helfen, und ein Jurist der *Houston AIDS Foundation* bietet ihm ein Dach über dem Kopf an, Entwicklungen, von denen der Leiter des Gesundheitsamtes von Houston höflich sagt: „Es wäre mir nie eingefallen, die Homosexuellengemeinde um Hilfe zu bitten." „Frontline" hat nun die Geschichte verloren. Der Kommentator gibt zu: „Die Homosexuellengemeinde schützte ihn vor der örtlichen Presse und vor uns." Nichtsdestotrotz gibt es die übliche Coda: „Das Unvermeidliche geschah. Fabians AIDS-Symptome kamen zurück. Nur eine Woche, nachdem er in sein neues Heim eingezogen war, mußte er wieder ins Krankenhaus. Diesmals blieb er nur etwas über ein Monat lang. Fabian starb am 17. November. Seine Familie hatte kein Geld für die Bestattung, also erhielt er nach einer Woche ein Armenbegräbnis."

Judy Woodruff hatte die Sendung mit den Worten eingeleitet: „Der Film, den Sie nun sehen werden, ist umstritten; es ist das Porträt eines Mannes mit AIDS, der weiterhin promiskuitiv lebte. In San Francisco und anderen Städten protestieren die organisierten Homosexuellen gegen den Film, weil sie ihn für unfair gegenüber Personen mit AIDS halten". Dies scheint mir ein sehr zweischneidiger Protestgrund zu sein und ich habe keine Zweifel daran, daß die Haltung der organisierten Homosexuellen zum Film viel weiter gefaßt war. Worin besteht die Unfairness gegenüber Personen mit AIDS? Welchen Personen mit AIDS? Ist der Film nicht in erster Linie Fabian Bridges gegenüber unfair? Ich könnte mir vorstellen, daß die Homosexuellen in Wirklichkeit wegen der gefährlichen Anspielungen im Film protestierten: daß nämlich die Volksgesundheit durch die freie Bewegung von AIDS-Kranken innerhalb der Gesellschaft gefährdet sei, daß Homosexuelle mit AIDS unverantwortlich den Virus unter nichtsahnenden Opfern verbreiten würden. Vielleicht protestierten sie auch gegen die rassistischen Anmaßungen und das Klassendenken des Films, die Tatsache, daß nicht nur Fabian Bridges, sondern auch seine gesamte Familie ausgebeutet wurde. Darüberhinaus kann man sich kaum vorstellen, daß ein einigermaßen informierter Mensch den Film sehen konnte, ohne darüber entsetzt zu sein, daß es PBS nicht gelang, das Publikum über die kraß falschen Vorstellungen von AIDS aufzuklären, die praktisch jeder Behördenvertreter im Film von sich gab. Letztlich kann ich mir auch denken, daß die Homosexuellen gegen den Film protestierten, weil klar zu Tage tritt, daß die Produzenten des Filmes mehr daran interessiert waren, Filmmeter zusammenzubekommen, als sich um das psychische und physische Wohlergehen ihres Protagonisten zu kümmern. Anstatt ihn sozialer Betreuung oder einer AIDS-Hilfeorganisation zuzuführen, die ihm und seiner Familie hätte helfen können, lockten sie ihn mit kleinen Bestechungsgeldern, machten ihn von sich abhängig und verrieten ihn an verschiedene Behörden. Besonders deutlich wird dies in einer Sequenz, in der uns gegen Ende des Films ein Zusammenschnitt von Szenen in Fabians Hotelzimmer in Cleveland zurückbringt. „Wir erinnerten uns an etwas, was er uns zu einem früheren Zeitpunkt gesagt hatte", sagt der Kommentator und dann hört man die ungerührte Stimme von Fabian: „Ich möchte in die Geschichte als jemand eingehen ... ich bin jemand, wißt Ihr, jemand, der respektiert wird, jemand, der geschätzt wird, und jemand, mit dem man sich identifizieren kann, denn viele Leute gehen einfach so aus der Welt, sie hinterlassen keine Spuren, sie gehen einfach."

Hier werden die Bedingungen des Vertrags zwischen dem „Frontline"-Team und Fabian Bridges ausgesprochen. „Frontline" fand in Fabian tatsächlich jene „Entfremdung und Ablehnung", an der viele AIDS-Kranke leiden, und bot ihm die falschen Mittel an, mit denen unsere Gesellschaft manchmal vorgibt, einen Ausweg aus diesem Zustand möglich zu machen, einen Augenblick des Ruhms in den Massenmedien. Sie sagten zu diesem einsamen, kranken und verängstigten jungen Mann tatsächlich „Wir machen Dich zum Star".

Nachdem wir Zeugen dieses Vertrages wurden, sollten wir uns die verschiedenen Ansprüche noch einmal überlegen, die die Arbeiten der Fotografen Nicholas Nixon und Rosalind Solomon stellen, daß nämlich der Unterschied zwischen ihren Fotos und der Art, in der normale Fotojournalisten AIDS-Kranke ausbeuten, in dem Pakt liegt, den sie mit ihren Modellen geschlossen haben. „Was ziemlich einzigartig an Rosalind Solomons *Portraits in the Time of AIDS* ist", schreibt Thomas Sokolowski, „ist die Tatsache, daß die Modelle gefragt wurden" (1988a). Der Nixon betreffende Anspruch wird von seinem Kurator und Apologeten weniger direkt gestellt. Als Peter Galassi Nixon bei einem Vortrag im Museum of Modern Art vorstellte, sagte er,

„Mr. Nixon wurde 1947 in Detroit geboren. Mir scheint, daß das alles ist, was Sie wirklich wissen sollten, und sogar Detroit ist nicht besonders wesentlich. Relevant ist, daß Nixon seit etwa 40 Jahren auf unserem Planeten lebt und seit ungefähr der Hälfte dieser Zeit Fotograf ist. Weiters ist relevant, daß er seit etwa 15 Jahren mit einer großen altmodischen Kamera auf einem Stativ arbeitet und Negative in der Größe von 8 mal 10 Zoll macht." [5]

Was die Größe von Nixons Kamera angeht, so ist der springende Punkt, daß man ihm aufgrund ihrer Auffälligkeit niemals zur Last legen kann, er habe seine Modelle ohne deren Wissen fotografiert. Er muß ihr Vertrauen gewinnen. Die Zeitung *Boston Globe* zitiert einen Freund von Nixon folgendermaßen: „Die Leute vertrauen ihm, weil er keinerlei Zweifel an seinen eigenen Motiven oder Handlungen hegt" (N. Miller, 1989, S. 36). Oder wie Nixon selbst es in seinem Vortrag im MOMA sagte – „Ich weiß, wie grausam ich bin, und ich kann damit leben."

Als ich die Ausstellungen von Nixon und Solomon sah, reagierte ich zunächst mit Ungläubigkeit. Ich hatte naiverweise angenommen, daß die kritische Behandlung dieser Art von Fotografie, wie sie während des letzten Jahrzehnts immer wieder formuliert wurde, irgendeine Auswirkung gezeigt haben sollte. Ich zitiere nur einen Absatz aus einem Grundlagentext dieser Kritik, um zu zeigen, was man nicht daraus gelernt hat. Das Zitat stammt aus Allan Sekulas

„Dismantling Modernism, Reinventing Documentary (Notes on the Politics of Representation)", aus dem Jahr 1976:

Im Kern der fetischistischen Kultivierung und Förderung des Menschseins beim Künstler liegt eine gewisse Verachtung für das „gewöhnliche" Menschsein derer, die fotografiert wurden. Sie werden zum „Anderen", exotische Wesen, Objekte der Betrachtung ... Die intimste und menschengerechteste Beziehung, die dadurch mystifiziert wird, ist das konkrete soziale Engagement, das sich im Bild niederschlägt; die Verhandlungen zwischen den Fotografen und dem Modell bei der Porträtaufnahme, die Verführung, Nötigung, Zusammenarbeit oder die Ausbeutung (Sekula, 1984, S. 59).

Hier ein Hinweis auf die Verachtung des Fotografen beim Verhandeln mit seinem Modell: als Nixon eines seiner PWA-Serienporträts (von Tony Mastrorilli) zeigte, erklärte er:

Ich begann mit seinen Fotos im Juni ‚87, und er unterzog sich der Prozedur widerstrebend, obwohl er immer wieder sagte: „Aber nein, es gefällt mir, ich will es machen", aber alles andere an ihm leistete Widerstand, so daß ich ihn beim dritten Mal fast hinauswarf und sagte: „Wenn Sie es wirklich machen wollen, dann rufen Sie mich an, jetzt wollen Sie es nicht wirklich." Eines Tages im Dezember rief er mich an: „Jetzt bin ich bereit." Also fuhr ich hin; dieses Bild ist nicht besonders gut – aber das muß ich sagen – es ist um Häuser besser als alles, was ich vorher von ihm bekommen hatte. Ich hatte wirklich das Gefühl, daß er bereit war, als ich es sah. Er war von der Hüfte abwärts gelähmt. Wahrscheinlich war das ein Teil der Herausforderung.

Jemand aus dem Publikum bat Nixon, zu erklären, was er mit „widerstrebend" meinte, und er antwortete:

Er war nicht interessiert. Er war wie eine weiße Wand. Als ob er sagen wollte: „Ja, ich glaube, das ist etwas, das mich interessiert, aber ich mag die Prozedur nicht, ich mag diese große Kamera nicht, ich mag Sie nicht in meiner Nähe, ich möchte nicht mit Ihnen zusammenarbeiten, ich mag es nicht, daß Ihre Anwesenheit hier mich an meine Krankheit erinnert, ich fühle mich nicht wohl." Gleichzeitig machte er mir aber dauernd etwas vor. Ich mußte 40 Minuten fahren, um zu seinem Haus zu kommen. Ich interessiere mich nicht für Leute, die mir etwas vormachen. Das Leben ist zu kurz dafür.

Wie kann aber dann diese intime menschliche Beziehung, von der Sekula spricht, anders aufgebaut werden?

Vielleicht können wir uns darauf einigen, daß Bilder von AIDS-Kranken, wie sie von den Medien ebenso wie von Fotokünstlern geschaffen werden, erniedrigend sind und daß sie im Übermaß von einigen Vorurteilen bestimmt werden, die ihnen vorauseilen, was die Mehrheit der von AIDS betroffenen Menschen angeht, Vorurteilen über Homosexuelle, Süchtige, die sich Drogen spritzen, Farbige, Arme. Die Bilder aus Journalismus und Kunst schaffen falsche Stereotypen über AIDS-Kranke, sie hängen von bereits bestehenden falschen Stereotypen über die am häufigsten von AIDS betroffenen Gruppen ab. Vieles in der Diskussion mit „Experten", die auf dem Sender PBS nach der Ausstrahlung von Fabians Geschichte folgte, handelte von der Angst, daß man Fabian als Stereotyp des aidskranken Homosexuellen sehen würde. Wenn wir sehen, wie die Medien Homosexualität darstellen, dann reagieren viele von uns, indem sie sagen: „Das stimmt nicht. Wir sind nicht so." oder „Ich bin nicht so," oder „Wir sind nicht alle so." Wie aber sind wir? Mit welcher Darstellung eines Homosexuellen oder PWA könnten wir leben? Welche wäre repräsentativ? Wie könnte sie es sein, und warum sollte sie es sein? Ein Problem beim Widerstand gegen einen Stereotyp, einen Stereotyp, den Fabian Bridges tatsächlich darstellen sollte, ist, daß wir uns stillschweigend auf die Seite derer schlagen, die sich vom dargestellten Image distanzieren würden, wir stimmen stillschweigend überein, daß es anders ist, obwohl unsere wichtigste Aufgabe in diesem Fall die Verteidigung von Fabian Bridges wäre, das Anerkennen, daß er einer von uns ist. Zu sagen, daß es unfair sei, einen Homosexuellen oder PWA als Stricher darzustellen, kommt der stillschweigenden Kollaboration mit der vorschnellen Verurteilung von Strichern in den Medien gleich, bedeutet, daß man genau wie die Medien vorgibt, Prostitution sei eher ein moralisches Versagen als eine Wahl aufgrund von wirtschaftlichen oder anderen Faktoren, die die eigene Unabhängigkeit beschränken. Oder, um ein anderes Beispiel zu nehmen, wollen wir wirklich behaupten, daß die Fotos von Nicholas Nixon unwahr sind? Wollen wir uns dabei ertappen, wie wir das schreckliche Leiden von AIDS-Kranken leugnen, die Tatsache, daß sehr viele PWAs entstellt und hilflos werden und daß sie sterben? Natürlich können wir sagen, daß uns diese Darstellungen nicht helfen und daß sie uns wahrscheinlich in unserem Kampf behindern, weil sie bestenfalls Mitleid erregen können und Mitleid nicht gleich Solidarität ist. Wir müssen weiterhin unsere eigenen Gegenimages fordern und schaffen, Bilder davon, wie sich PWAs selbst Macht verleihen, von der organisierten PWA-Bewegung und der umfassenderen Bewegung von AIDS-Aktivisten, wie sie die Demonstranten von ACT UP im MOMA nachdrücklich vertraten. Wir müssen aber auch anerkennen, daß jedes Bild eines PWA eine Darstellung ist, und dürfen unsere Forderungen als Aktivisten nicht im Bezug auf die „Wahrheit" des Bildes formulieren, sondern im Bezug auf die Bedingungen seiner Herstellung und seiner sozialen Auswirkungen.

Ich möchte diesen Artikel daher mit einer Arbeit abschließen, die nicht versucht, negative Bilder durch positive zu ersetzen, die nicht den guten PWA an Stelle des schlechten setzt, den augenscheinlich Gesunden an Stelle des sichtbar Kranken, den Aktiven an Stelle des Passiven, den Außergewöhnlichen an Stelle des Gewöhnlichen. Mein Interesse an dem Video *Danny* (1987) von Stashu Kybartas[6] ist nicht darin begründet, daß es einen Gegentypus schafft, sondern daß es auf einem bestimmten Stereotyp beharrt, der unter Homosexuellen liebevoll oder mißbilligend als Clone bezeichnet wird.

Ohne meiner Meinung nach bewußt oder programmatisch eine Kritik der Medienbilder von PWAs formulieren zu wollen, ist *Danny* trotzdem eines der bisher stärksten kritischen Werke. Der Grund liegt teilweise darin, daß es in vielen seiner Merkmale Stereotype der Darstellung von PWAs aufnimmt, gleichzeitig diese Darstellung aber wieder jener Gemeinschaft zurückgibt, aus der sie kommt, der Gemeinschaft der Homosexuellen, der bisher am stärksten von AIDS in den Vereinigten Staaten betroffenen Bevölkerungsgruppe. Dies gelingt in *Danny* durch einen großen Unterschied: die Beziehung zwischen Künstler und Modell wird nicht als Einfühlung oder Identifizierung, sondern als ausdrückliches sexuelles Begehren definiert, ein Begehren, das gleichzeitig Kybartas' subjektives Engagement für das Projekt erklärt und Dannys homosexuelle Identität und schwer erkämpfte sexuelle Freiheit feiert.

In *Danny* werden viele der aus Medienporträts von PWAs bekannten Konventionen eingesetzt, sie werden aber ihrem ursprünglichen Sinn gerecht oder in ihrer Bedeutung umgekehrt. *Danny* beginnt zum Beispiel dort, wo so gut wie alle anderen Fernsehporträts enden: mit der Information über den Tod des Protagonisten, der hier sachlich in einem Vorspann mitgeteilt wird, bevor wir auch nur ein Bild gesehen haben. Obwohl das Video mit einem zweiten Aufrollen von Dannys Tod endet, bildet dieser jedoch keine Coda, die uns erzählt, was seit den Aufnahmen mit der Hauptperson geschehen ist. Wie wir an dem Kommentar, der sich an uns wendet, erkennen können, wurde das Band als Trauerarbeit gemacht, der Künstler arbeitet den Verlust eines Freundes in der AIDS-Bewegung auf. Die Stimme im Rückblick wird dadurch verstärkt, daß den Live-Videobildern die Bewegung verweigert wird. Kybartas benutzte Videobänder, die er während seiner kurzen Freundschaft mit Danny aufgenommen hatte, montierte sie aber als eine Serie von Standbildern, wodurch sie den Standbildern von Danny entsprechen, die vor seiner Krankheit in Miami aufgenommen wurden.

Die ersten Worte, die Danny mit seiner etwas schwer zu verstehenden Stimme spricht, sind folgende: „Er bezeichnet mich nicht als seinen Sohn. Anstatt zu sagen, mein Sohn wird es sich holen, sagt er, der Junge wird es sich holen. Was soll das heißen, der Junge? Das klingt wie Tarzan und der Dschungel. Ich Junge." Der Sinn dieser Aussage bleibt zunächst etwas im dunkeln, bis wir zu jenen Dialogfragmenten kommen, in denen Kybartas Danny weiter über seinen Vater befragt. Als Danny von seiner Entscheidung, zu seinen Eltern nach Steubenville, Ohio, zurückzukehren, spricht, als er erfährt, daß sein Kaposi-Sarkom mit Chemotherapie zu behandeln sein wird, erwähnt er, daß es schwierig war, seiner Mutter alles zu erklären, daß sie jedoch die Tatsache akzeptierte. Kybartas fragt: „Machtest Du Dir Sorgen um Deinen Vater?" „Ja," sagt Danny, „ich fragte mich, wie er es verkraften würde, daß sein Sohn homosexuell ist und daß er noch dazu AIDS hat, aber sie erzählte es ihm nicht. Ich muß jetzt vorsichtig sein, was ich vor ihm sage, und wenn sie im Fernsehen etwas über AIDS zeigen, dann schaltet meine Mutter ab. Sie möchte nicht, daß er etwas darüber hört."

Wir können uns nun Dannys Leben zu Hause vorstellen: der Vater, der zusieht, wie der Sohn stirbt, und sich nie bemüßigt fühlt, nach dem Grund zu fragen. Im letzten Gespräch zwischen den beiden Freunden, bevor das Band endet, sagt Danny: „Ich hätte mich diese Woche mit dem Bestattungsunternehmen in Verbindung setzen sollen, weil ich gerne sicher sein möchte, daß sie mich dort begraben können, nicht, daß sie die Leiche abholen und dann sagen, nein, wir können die Leiche nicht übernehmen, und wenn mein Vater fragt, warum, dann antworten sie, weil er AIDS hat. Das ist kein Zeitpunkt, zu dem er damit konfrontiert werden sollte, nicht nach meinem Tod." Kybartas stößt nach: „Warum machst Du Dir über seine Reaktion darauf Gedanken?" und Danny antwortet: „Ich möchte ihm das ersparen, glaube ich." „Warum?" insistiert Kybartas. „Ich glaube, so wenig ich ihn mag, möchte ich ihn trotzdem nicht verletzen." „Warum nicht?" meint Kybartas tadelnd und der Dialog wird ausgeblendet.

Diese grausame Familienszene ist so typisch – vielleicht sogar stereotypisch – für die Beziehung Homosexueller zu ihren Vätern, die in den sentimentalen Mediengeschichten über Homosexuelle, die in den Schoß der Familie zurück-kehren, um zu sterben, einfach nicht vorkommen. Dabei ist diese Rückkehr in die Familie oft die letzte Rettung, wenn die Krankenversicherung ausgelaufen ist oder die Invalidenrente für die Miete nicht mehr ausreicht. In den traditio-nellen Medien läuft dieses Szenario darauf hinaus, daß die Homosexuellen von ihren Freunden in den finsteren und sündigen Städten, in denen sie wohnen, verlassen werden und in die tröstliche Normalität einer Kleinstadt im Mittleren Westen zurückkehren. Bei Kybartas ist die kleine Heimatstadt, eine Stahlstadt in der Nähe von Pittsburgh, ein trauriger und finsterer Ort; „er stirbt lang-sam", meint Danny, während die Metropole, in die sich Danny geflüchtet hat-te, um seine sexuelle Freiheit zu finden, das genaue Gegenteil des Dunklen ist, auch wenn sie nach konventionellen Moralbegriffen sündig sein mag – gerade das ist ja das Ansprechende an ihr.

Diese Umkehr der traditionellen Medienbigotterien über die USA der kleinen Heimatstädte und über die leibliche Familie dient dazu, den Raum des Sexuel-len für Homosexuelle abzugrenzen; wenn Dannys Vater nicht erkannt hat, daß sein Sohn homosexuell ist und an AIDS stirbt, so liegt das daran, daß Dannys Identität als sexuelles Wesen geleugnet werden muß. Kybartas formu-liert dies im Film so: „Ich wollte, daß Du bei uns lebst. Wir hätten uns um Dich gekümmert. Wir hätten in die Schwulenbars in Pittsburgh gehen können, tan-zen und den Go-Go-Boys zuschauen".

Dannys Image als junger Mann, der für den Sex lebte, wird im Video durch eine weitere subtile Umkehrung kompliziert. In traditionellen Filmen über AIDS finden sich immer wieder unheimliche Bilder von medizinischen Vorgängen – intravenöse Nadeln werden gesetzt, Ärzte lauschen an Stethoskopen, in La-bors wird hantiert. Die Bildsprache in *Danny* bezieht sich als Parallele dazu nicht auf Dannys Krankheit, sondern auf seinen Beruf als medizinisch-techni-scher Assistent, in dem man ihn bei der Aufnahme einer Carotisangiografie sieht. Daß Danny ein vollwertiges menschliches Wesen mit einem respektablen Beruf ist, heißt jedoch noch nicht, daß Kybartas ihn heroisiert. Gleich auf Dannys Erinnerungen an seinen Beruf folgt eine „Miami Vice"-Sequenz, in der Kybartas Ausschnitte aus dem Vorspann der Sendung verwendet, während Danny davon erzählt, wie er sich 1981 mit denselben Nadeln wie andere Kokainschüsse setzte, bevor man wußte, daß ein Übertragungsrisiko bestand. Damit wird ein weiterer Medienmythos zerstört: daß nämlich Homosexuelle (von denen man immer annimmt, daß sie Weiße aus dem Mittelstand sind) und

Suchtgiftkonsumenten, die spritzen (die man als arme Farbige sieht), gesonderte „Risikogruppen" seien.

Ein weitverbreitetes Stilmittel der Medien, um AIDS als Märchen mit Moral aufzubauen, ist die Verwendung von Vorher-Nachher-Bildern von AIDS-Kranken. Stuart Marshalls *Bright Eyes*, das 1984 für das 4. Programm in Großbritannien gefilmt wurde, war eine brillante Analyse dessen, wie das britische Boulevardblatt *Sunday People's* den AIDS-Kranken Kenny Ramsaur zu diesem Zweck benutzte. 1983 setzte auch die Sendung „20/20" des Senders ABC Kenny Ramsaur ein, um in einer der frühesten und unheimlichsten Dokumentarsendungen über das Thema die Auswirkungen von AIDS zu zeigen. Kommentiert wurde von niemand anderem als Geraldo Rivera. Die Kamera zeigt zunächst Ramsaurs Gesicht, furchtbar aufgequollen und entstellt; danach erscheinen Schnappschüsse des gutaussehenden gesunden Kenny als hedonistischen Homosexuellen, worauf wir zum Live-Bild zurückkehren, während die Kamera an Kennys Arm hinunterschwenkt und er den Ärmel hochzieht, um sein Kaposi-Sarkom zu zeigen. Kybartas verwendet diesen Trick in *Danny* auf eine andere Weise. Wir sehen Schnappschüsse eines jungen und gesunden Hedonisten in Miami, während Danny mit Begeisterung über sein Leben spricht, wie er den Tag am Strand verbrachte, nach Hause zurückkehrte, das Sonnenöl einziehen ließ und dann unter die Dusche ging. Nach der Dusche, so erzählt er uns, rasierte er sich die Eier und den Schwanz, zog seine engen Levi's an und ging auf Aufriß. Nahaufnahmen von Danny, wie er seinen Brustwarzenring einsetzt, und Nahaufnahmen der Brustwarze, umgeben von Kaposi-Sarkom, wie sie in Kybartas' Studio in Pittsburgh aufgenommen wurden, als Danny bereits erkrankt war, sind durch Schnitte ineinandergewoben. Es folgt eine zweite Serie früher Schnappschüsse von Danny und danach kehren wir zum Videobild seines Gesichts zurück, das nach seiner Rückkehr nach Steubenville aufgenommen wurde und von der Chemotheraphie aufgedunsen ist. Er ist jedoch immer noch uneingeschränkt sexualisiert. Kybartas kommentiert die Aufnahme des Gesichts und klagt: „Danny, wenn ich mir alle diese Bilder von Dir ansehe, sehe ich, wie die Chemotheraphie Dein Aussehen von Woche zu Woche verändert. Einmal kamst Du ins Studio und ich dachte, Du siehst aus wie ein Dockarbeiter, der in eine Schlägerei geraten war.[7] Ich sah Dich nur einmal weinen, am Weihnachtsabend, als Dir Dein Arzt sagte, daß die Chemotheraphie nichts mehr nütze." Das Schwanken zwischen Härte und Zärtlichkeit, Begehren und Trauer im Bezug zur gesamten Serie von Bildern bildet den zentralen Text des Videobandes und man kann auch sagen, daß darin etwas von der Bandbreite der Sexualität Homosexueller und unserer derzeitigen Lage enthalten ist. Die Thematik wird am häufigsten beim Herzeigen des Kaposi-Sarkoms deutlich, wenn wir immer wieder einen in der Bewegung angehaltenen Danny sehen, der sein Hemd auszieht, oder wenn in Standbildern Ausschnitte seiner Brust und Arme voller Schwären gezeigt werden. Wie Narben oder Tätowierungen sind diese Schwären jedoch immer Zeichen der sexuellen Attraktivität des Körpers, ein Sexysein, das Kybartas folgendermaßen ausdrückt: „Danny, erinnerst Du Dich an die erste Nacht, als wir in meinem Studio filmten? Du hattest Dein Hemd ausgezogen und wir sahen uns Deine schwärenden Wunden an. Später massierte ich Dir den Rücken und Du erzähltest mir über Deine Probleme mit Beziehungen und Sex und dabei passierte etwas. Es war plötzlich sehr still im Studio und mein Herz schlug sehr schnell. Ich weiß nicht, was es war ... Die Hitze, Dein Körper. Das einzige Geräusch war der Dampf, der aus dem Heizkörper entwich ..."

Nachdem ich den Film *Danny* gesehen hatte, wurde mir klar, daß es eine tiefere Erklärung dafür gab, PWAs, und besonders homosexuelle PWAs, als verzweifelt, krank, entweder als grotesk entstellt oder mit ausgezehrten, abgemagerten, ätherischen Körpern darzustellen. Es geht dabei nicht um Bilder, die uns bei der Überwindung unserer Angst vor der Krankheit und dem Tod helfen sollen, wie dies machmal behauptet wird. Sie sollen auch nicht nur den Status des PWA als Opfer oder Pariah unterstreichen, wie wir das oft auslegen. Es handelt sich stattdessen um nichts anderes als Bilder von Phobien, Bilder von der Angst, sich einen AIDS-Kranken als ein Wesen mit Sexualität vorzustellen. In der Sendung „Frontline" sagt der Leiter des Gesundheitsamtes von Houston mit offener Angst und Verachtung: „Die Diagnose wurde bei Fabian erst letzten April gestellt. Er könnte noch zwei Jahre leben und außerdem wurde er wieder ins Krankenhaus eingewiesen. Dabei zeigt er keinerlei Krankheitssymptome!" Die mangelnde Bereitschaft, PWAs als aktive Personen darzustellen, die ihr Leben in der Hand haben, die auftreten und zurückschlagen, entspricht der Angst, daß sie noch immer sexuelle Interessen haben könnten, oder – wie Judy Woodruff von Fabian Bridges sagte – „Er war ein Mann mit AIDS, der weiter promiskuitiv war".

Die bequeme Phantasievorstellung, daß AIDS das Ende der homosexuellen Promiskuität bedeuten würde, oder des homosexuellen Sex überhaupt, durchdringt nun seit einem Jahrzehnt die Kultur Amerikas und Westeuropas. Wir werden uns jedoch ihrer Verbreitung und ihrer Auswirkungen nicht zur Gänze bewußt sein, wenn wir glauben, daß sie sich nur in den Köpfen von Erzkonservativen wie Jesse Helms und Patrick Buchanan festgesetzt hat. Ich möchte daher mit einem Zitat schließen, das uns diese Angstphantasie im Kontext kultureller Studien näherbringt. In einem Interview in der deutschen Kunstzeitschrift *Kunstforum* scheint Jean Baudrillard das Diktum von William Burroughs (und Laurie Anderson), daß „die Sprache ein Virus ist", zuversichtlich aufzufassen:

Auch die Sprache wird, besonders in allen Bereichen der Information, mehr und mehr formelhaft benutzt und wird dadurch an ihren eigenen Formeln krank. Man sollte allerdings nicht mehr von Krankheit sprechen, sondern von Viralität, die eine Art der Mutation ist. Die Sprache funktioniert nicht mehr als symbolisches Mittel, sondern nur noch als reine Form. Vielleicht ist die neue Pathologie der Viralität ein letztes Heilmittel gegen die totale Zergliederung der Sprache und des Körpers. Ob beispielsweise ein Börsenkrach wie der im Jahre 1987 als terroristischer Prozeß der Ökonomie zu verstehen ist oder ob es sich dabei um eine Art der viralen Katharsis des ökonomischen Systems handelt weiß ich nicht. Möglicherweise aber ist das dasselbe wie bei AIDS, versteht man es als ein Mittel gegen die totale sexuelle Befreiung, die mitunter gefähr-

licher ist als eine Epidemie, weil diese immer ein Ende findet. AIDS ließe sich so als Gegenkraft zur totalen Destrukturierung oder zur totalen Entfaltung der Sexualität begreifen (Rötzer, 1990, S 266).[8]

Übersetzung: Elly Großebner

Anmerkungen

[1] Nick and Bebe Nixon, „AIDS Portrait Project Update," 1. Januar 1988, zitiert in der Presseaussendung von „People with AIDS: Work in Progress," New York, Zabriskie Gallery, 1988 (diese Ausstellung wurde gleichzeitig mit der Ausstellung im MOMA veranstaltet).

[2] In Sixty Minutes und 20/20 wurden die Zwillinge vordergründig deshalb gezeigt, weil von einer experimentellen Therapie mittels Knochenmarkstransplantation die Rede war, für die als Spender und Empfänger nur eineiige Zwillinge in Frage kommen. Daß der Spender heterosexuell ist, ist freilich nicht Voraussetzung.

[3] William Olander (1988), „,I Undertook this Project as a Personal Exploration of the Human Components of an Alarming Situation' 3 Vignettes (2)." Dieser Titel zitiert Rosalind Solomon („Ich habe dieses Projekt begonnen, um mich auf meine Weise mit den menschlichen Faktoren in einer beunruhigenden Situation auseinanderzusetzen."

[4] Am stärksten zeigte sich das enorme Interesse der Medien an der angeblichen Bedrohung durch „AIDS-Träger" in der Reaktion auf Randy Shilts And the Band Played On, das sich fast ausschließlich auf den sogenannten Patienten Null konzentrierte (siehe auch meine Arbeit „How to Have Promiscuity in an Epidemic" in AIDS: Cultural Analysis/Cultural Activism, bes. S. 237–46). Dieses enorme Interesse hat nicht nachgelassen. Bei der 6. Internationalen AIDS-Konferenz in San Francisco (20.–24. Juni 1990) waren die Medien auf dem Podium vertreten, als es um das Thema „AIDS und Medien: eine hypothetische Fallstudie" ging. Der hypothetische Fall betraf einen auf den Philippinen stationierten US-Soldaten, der beschuldigt wurde, 40 Prostituierte infiziert zu haben. In seiner „Vergangenheit" war er in Bordellen in Uganda und in den Saunas des San Franciscoer Stadtviertels Castro verkehrt.

[5] Diese Einleitung von Peter Galassi und die folgenden Aussagen von Nicholas Nixon wurden nach den Aufnahmen von Nixons Vortrag vom 11. Oktober 1988 im Museum of Modern Art transkribiert.

[6] Danny, 1987, im Verleih der Video Data Bank, Chicago.

[7] Die sexuelle Attraktivität des homosexuellen Clones wurde durch Verweise auf hypermaskuline Klischeeberufe wie Cowboy, Polizist, Matrose, und nicht zuletzt Dockarbeiter, stilisiert.

[8] Ich danke Hans Haacke für den Hinweis auf dieses Interview.

Douglas Crimp
PORTRAITS OF PEOPLE WITH AIDS

In the fall of 1988, the Museum of Modern Art in New York presented an exhibition of Nicholas Nixon's photographs called "Pictures of People." Among the people pictured by Nixon are people with AIDS (PWAs), each portrayed in a series of images taken at intervals of about a week or a month. The photographs form part of a larger work-in-progress, undertaken by Nixon and his wife, a science journalist, to, as they explain it, "tell the story of AIDS: to show what this disease truly is, how it affects those who have it, their lovers, families and friends, and that it is both the most devasting and the most important social and medical issue of our time."[1] These photographs were highly praised by reviewers, who saw in them an unsentimental, honest, and committed portrayal of the effects of this devastating illness. One photography critic wrote:

Nixon literally and figuratively moves in so close we're convinced that his subjects hold nothing back. The viewer marvels at the trust between photographer and subject. Gradually one's own feelings about AIDS melt away and one feels both vulnerable and privileged to share the life and (impending) death of a few individuals. (Atkins, 1988)

Andy Grundberg, photography critic of the New York Times, concurred:

The result is overwhelming, since one sees not only the wasting away of the flesh (in photographs, emaciation has become emblematic of AIDS) but also the gradual dimming of the subjects' ability to compose themselves for the camera. What each series begins as a conventional effort to pose for a picture ends in a kind of abandon; as the subjects' self-consciousness disappears, the camera seems to become invisible, and consequently there is almost no boundary between the image and ourselves. (1988, p. H37)

In his catalogue introduction for the show, MOMA curator Peter Galassi also mentions the relationship between Nixon and his sitters:

Any portrait is a collaboration between subject and photographer. Extended over time, the relationship can become richer and more intimate. Nixon has said that most of the people with AIDS he has photographed are, perhaps because stripped of so many of their hopes, less masked than others, more open to collaboration. (Galassi, 1988, p. 26)

And, after explaining that there can be no representative portrait of a person with AIDS, given the diversity of those affected, he concludes, "Beside and against this fact is the irreducible fact of the individual, made present to us in body and spirit. The life and death of Tom Moran [one of Nixon's subjects] were his own" (p. 27).

I quote this standard mainstream photography criticism to draw attention to its curious contradictions. All these writers agree that there is a consensual relationship between photographer and subject that results in the portraits' effects on the viewer. But is this relationship one of growing intimacy? or is it one of the subjects' gradual tuning out, their abandonment of a sense of self? And is the result one of according the subjects the individuality of their lives and deaths? or do their lives and deaths become, through some process of identification, ours?

For those of us who have paid careful attention to media representations of AIDS, none of this would appear to matter, because what we see first and foremost in Nixon's photographs is their reiteration of what we already have been told or shown about people with AIDS: that they are ravaged, disfigured, and debilitated by the syndrome; they are generally alone, desperate, but resigned to their "inevitable" deaths.

During the time of the MOMA exhibition, a small group from ACT UP, the AIDS Coalition to Unleash Power, staged an uncharacteristically quiet protest of Nixon's portraits. Sitting on a bench in the gallery where the photographs of PWAs were hung, a young lesbian held a snapshot of a smiling middle-aged man. It bore the caption, "This is a picture of my father taken when he'd been living with AIDS for three years." Another woman held a photograph of PWA Coalition cofounder David Summers, shown speaking into a bank of microphones. Its caption read, "My friend David Summers living with AIDS." They and a small support group spoke with museum visitors about pictures of PWAs and handed out a flier which read, in part:

NO MORE PICTURES WITHOUT CONTEXT

We believe that the representation of people with AIDS affects not only how viewers will perceive outside the museum, but, ultimately, crucial issues of AIDS funding, legislation, and education.

In portraying PWAs as people to be pitied or feared, as people alone and lonely, we believe that this show perpetuates general misconceptions about AIDS without addressing the realities of those of us living every day with this crisis as PWAs and people who love PWAs.

FACT: Many PWAs now live longer after diagnosis due to experimental drug treatments, better information about nutrition and health care, and due to the efforts of of PWAs engaged in a continuing battle to define and save their lives.

FACT: The majority of AIDS cases in New York City are among people of color, including women. Typically, women do not live long after diagnosis because of lack of access to affordable health care, a primary care physican, or even basic information about what to do if you have AIDS.

The PWA is a human being whose health has deteriorated not simply due to a virus, but due to government inaction, the inaccessibility of affordable health care, and institutionalized neglect in the forms of heterosexism, racism and sexism.

We demand the visibility of PWAs who are vibrant, angry, loving, sexy, beautiful, acting up and fighting back.

STOP LOOKING AT US, START LISTENING TO US.

As against this demand—stop looking at us—the typical liberal position has held, from very early in the epidemic, that one of the central problems of

AIDS, one of the things we needed to combat, was bureaucratic abstraction. What was needed was to "give AIDS a face," to "bring AIDS home." And thus the portrait of the person with AIDS had become something of a genre long before a famous photographer like Nicholas Nixon entered the field. In the catalogue for an exhibition of another well-known photographer's efforts to give AIDS a human face—Rosalind Solomon's Portraits in the Time of AIDS (1988)—Grey Art Gallery director Thomas Sokolowski wrote of their perceived necessity: "As our awareness of (AIDS) grew through th accumulation of vast amounts of numerically derived evidence, we still had not seen its face. We could count it, but not truly describe it. Our picture of AIDS was a totally conceptual one ..." (1988a, n. p.). Sokolowski's catalogue essay entitled "Looking in a Mirror," and it begins with an epigraph quoted from the late George Whitmore, which reads "I see Jim—and that could be me. It's a mirror. It's not a victim-savior relationship. We're the same person. We're just on different sides of the fence." With Sokolowski's appropriation of these sentences from a man who himself had AIDS, we are confronted once again —as with the texts written in response to the Nixon photographs—with a defense mechanism, which denies the difference, the obvious sense of otherness, shown in the photographs by insisting that what we really see is ourselves.

A remarkably similar statement begins a CBS Sixty Minutes newsmagazine devoted to AIDS, in which a service organization director says, "We know the individuals, and they look a lot like you, they look a lot like me." The program, narrated by CBS news anchor Dan Rather, is titled "AIDS Hits Home." Resonating with the assertion that PWAs look like you and me, the "home" of the show's title is intended to stand in for other designations: white, middle class, middle American, but primarily heterosexual. For this program was made in 1986, when, as Paula Treichler (1988) has written, "the big news— what the major U.S. news magazines were running cover stories on—was the grave danger of AIDS to heterosexuals" (p. 39).

"Aids Hits Home" nevertheless consists of a veritable catalogue of broadcast television's by-then typical portraits of people with AIDS, for example, the generic or collective portraits, portraits of people with AIDS, for example, the generic or collective portraits, portraits of so-called risk groups: gay men in their tight 501s walking arm in arm in the Castro district of San Francisco; impoverished Africans; prostitutes, who apparently always work on streets, and drug addicts, generally shown only metonymically as an arm with a spike seeking its vein. Also included in this category of the generically portrayed in "AIDS Hits Home," however, are "ordinary" heterosexuals—ordinary in the sense that they are white and don't shoot drugs—since they are the ostensible subject of the show. But the heterosexual in AIDS reportage is not quite you and me. Since television routinely assumes its audience as heterosexual and therefore unnecessary to define or explain, it had to invent what we might call the heterosexual of AIDS. As seen on Sixty Minutes, the heterosexual of AIDS appears to inhabit only aerobic classes, discos, and singles bars, and is understood, like *all* gay men are understood, as always ready for, or readying for, sex. In addition, in spite of the proportionately much higher rate of heterosexually transmitted AIDS among people of color, the heterosexuals portrayed on *Sixty Minutes* are, with one exception, white.

"AIDS Hits Home"'s gallery of portraits also includes individuals, of course. These are the portraits that Dan Rather warns us of in the beginning of the program, when he says, "The images we have found are brutal and heartbreaking, but if America is to come to terms with this killer, they must be seen." For the most part, though, they are not seen, or only partially seen, for these are portraitsof the ashamed and dying. As they are subjected to callous interviews and voice-overs about the paticularities of their illnesses and their emotions, theiy are obscured by television's inventive techniques. Most often they appear, like terrorists, drug kingpins, and child molesters, in shadowy silhouette, backlit with light from their hospital room windows. Sometimes the PWA is partially revealed, as doctors and nurses manipulate his body while his face remains off-camera, although in some cases, we see *only* the face, but in such extreme close-up that we cannot perceive the whole visage. And in the most technologicallydehumanizing instance, the portrait of the PWA is digitized. This is the case of the feared and loathed bisexual, whose unexpecting suburbanite wife has died of AIDS. He is shown—or rather not shown—responding to an interlocutor who says, "Forgive me asking you this question, it's not easy, but do you feel in some way as if you murdered your wife?"

As we continue to move through the *Sixty Minutes* portrait gallery, we come eventually to those whose faces can see the light of day. Among these are a few gay men, but most are women. They are less ashamed, for they are "innocent." They or the narrator explain how it is that these perfectly normal women came to be infected with HIV: one had a boyfriend who used drugs, another had a brief affair with a bisexual, and another had a bisexual husband; none of them suspected the sins of their partners. And finally there are the most innocent of all, the white, middle-class hemophiliac children. they are so innocent that they can even be shown being comforted, hugged, and played with.

Among the gay men who dare to show their faces, one is particularly useful for the purposes of *Sixty Minutes*, and interestingly he has a counterpart in an ABC 20/20 segment of a few years earlier. He is the identical twin whose brother is straight. The double portrait of the sick gay man and his healthy straight brother makes its moral lesson so clear that it needs no elaboration.[2]

Indeed, the intended messages of "AIDS Hits Home" are so obvious that I don't want to belabor them but only to make two further points about the program. First, there is the reinforcement of hopelessness. Whenever a person with AIDS is allowed to utter words of optimism, a voice-over adds a caveat such as: "Six weeks after she said this, she was dead." Following this logic, the program ends with a standard device. Dan Rather mentions the "little victories and the *inevitable* defeats," and then proceeds to tell us what has happened to each PWA since the taping of the show. This coda ends with a sequence showing a priest—his hand on ths KS-lesion-covered head of a PWA—administering last rights. Rather interrupts to say, "Bill died last Sunday," and the voice of the priest returns: "Amen".

My second point is that the privacy of the people portrayed is both brutally invaded and brutally maintained. Invaded, in the obvious sense that these people's difficult personal circumstances have been exploited for public spectacle, their most private thoughts and emotions exposed. But at the same time, maintained: The portrayal of these people's personal circumstances never includes an articulation of the public dimension of the crisis, the social conditions that made AIDS a crisis and continue to perpetuate it as a crisis. People with AIDS are kept safely within the boundaries of their private tragedies. No one utters a word about the politics of AIDS, the mostly deliberate failure of public policy at every level of government to stem the course of the epidemic, to fund biomedical research into effective treatments, provide adequate health care and housing, and conduct massive and ongoing preventive education campains. Even when the issue of discrimination is raised—in the case of children expelled from school—this too is presented as a problem of individual fears, prejudices, and misunderstandings. The role of broadcast television in creating and maintaining those fears, prejudices, and misunderstandings is, needless to say, not addressed.

It is, then, not merely faceless statistics that have prevented a sympathetic response to people with AIDS. The media has, from very early in the epidemic, provided us with faces. Sokolowski acknowledges this fact in his preface to the Rosalind Solomon catalogue:

Popular representations of AIDS have been devoid of depictions of people living with AIDS, save for the lurid journalistic images of patients in extremis, published in the popular press where the subjects are depicted as decidedly not persons living with AIDS, but as victims. The portraits in this exhibition have a different focus. They are, by definition, portraits of individuals with AIDS, not archetypes of some abstract notion of the syndrome. Rosalind Solomon's photographs are portraits of the human condition; vignettes of the intense personal encounters she had with over seventy-five people over a ten-month period. "I photographed everyone who would let me, who was HIV-positive, or had ARC, or AIDS ... they talked to me about their lives."
The resulting seventy-five images that comprise this exhibition provide a unique portrait gallery of the faces of AIDS. (1988a, n. p.)

The brute contradiction in this statement, in which "portraits of individuals with AIDS, not archetypes of some abstract notion" is immediately conflated with "portraits of the human condition"—as if that were not an abstract notion—is exacerbated in Sokolowski's introductory text, where he applies to the photographs interpretations that read as if they were contrived as parodies of the art historian's formal descriptions and source mongering. In one image, which reminds Sokolowski of Watteau's *Gilles*, we are asked to "contemplate the formal differences between the haphazard pattern of facial lesions and the thoughtful placement of buttons fastened to the man's pullover" (1988b), he completes his analysis of this photograph by comparing it with an "early fifteenth-century *Imago Peiatis* of the scourged Christ." Other photographs suggest to him the medieval *Ostenatio Vulneris*, the *Memento Mori*, the *Imago Clipeata*, and the image of the *Maja* or Venus.

Clearly when viewing Solomon's photographs most of us will not seek to place them within art historical categories, nor will we be struck by their formal or compositional interest. Rather, many of us will see in these images, once again, and in spite of Sokolowski's insistence to the contrary, the very representations we have grown accustomed to in the mass media. William Olander, a curator at new York's New Museum of Contemporary Art who died of AIDS on March 18,1989, saw precisely what I saw:

The majority of the sitters are shown alone; many are in the hospital; or at home, sick, in bed. Over 90 % are men. Some are photographed with their parents, or at least their mothers. Only four are shown with male lovers or friends. For the photographer, "The thing that became very compelling was knowing the people—knowing them as individuals. ..." For the viewer, however, there is little to know other than their illness. The majority of sitters are clearly ravaged by the disease. (No fewer than half of those portrayed bear the most visible signs of AIDS—the skin lesions associated with Kaposi's Sacroma. Not one is shown in a work environment; only a fraction are depicted outside. None of the sitters is identified. They have no identities other than as victims of AIDS. (1988, p. 5) [3]

But giving the person with AIDS an identity as well as a face can also be a dangerous enterprise, as is clear from the most extended, and the most vicious, story of a person with AIDS that American television has thus far presented: the notorious episode of PBS *Frontline*, "AIDS: A National Inquiry." "This is Fabian's story," host Judy Woodruff informs us, "and I must warn you it contains graphic descriptions of sexual behavior." One curious aspect of this program, given its ruthlessness, is its unabashed self-reflexivity. It begins with the TV crew narrating about itself, apparently roaming the country in search of a good AIDS story: "When we came to Houston, we didn't know Fabian Bridges. He was just one of the faceless victims." After seeing the show, we might conclude that Fabian would have been better off it he'd remained so. "AIDS: A national Inquiry" is the story of the degradation of a homeless black gay man with AIDS at the hands of virtually every institution he encountered, certainly including PBS. Fabian Bridges was first diagnosed with AIDS in a public hospital in Houston, treated, released, and given a one-way ticket out of town—to Indianapolis, where his sister and brother-in-law live. They refuse to take him in, because they're afraid for their young child, about whom the brother-in-law says, "He doesn't know what AIDS is. He doesn't know what homosexuality is. He's innocent." Arrested for stealing a bicycle, Fabian is harassed and humilated by the local police, who are also under the illusion that they might "catch" AIDS from him. After a prosecutor drops the charges against him, Fabian is once again provided with a one-way ticket out of town, this time to Cleveland, where his mother lives. But in Indianapolis, a police reporter picked up the story, and, as the *Frontline* crew informs us, "It was Kyle Niederpreun's story that first leads us to Fabian. It was a story about the alienation and rejection that many AIDS victims suffer"—an alienation and rejection that the crew seemed all too happy to perpetuate.

Frontline finally locates its "AIDS victim" in a cheap hotel room in Cleveland. "We spent several days with Fabian," the narrator reports, "and he agreed to let us tell his story." Cut to Fabian phoning his mother in order that her refusal to let him come home can be reenacted for the video camera. "He said he had no money," the crew goes on, "so sometimes we bought him meals, and we had his laundry done. One day Fabian saw a small portable radio he liked, so we bought it for him." The narration continues, "he spent time in adult bookstores and movie houses, and he admitted it was a way he helped support himself." Then, in what is surely the most degrading invasion of privacy ever shown on TV, Fabian describes, on camera, one of his tricks, ending with the confession, "I came inside him ... accident ... as I was pulling out, I was coming." "After Fabian told us he was having unsafe sex, we faced a dilemma," the narrator explains. "Should we report him to authorities or keep his story confidential, knowing that he could be infecting others? We decided to tell health officials what we knew."

At this point begins the story *Frontline* has really set out to tell, that of the supposed conflict between individual rights and the public welfare.[4] It is a story of the fugile attempts of health officials, policemen, and the vice squad to lock Fabian up, protected as he is by troublesome civil rights. A city council member in Cleveland poses the problem: "The bottom line is we have got a guy on the street here. The guy's got a gun and he's out shootin' people ... What do we say collectively as a group of people representing this society? "But while the city council contemplates its draconian options, the disability benefits Fabian had applied for several months early arrive, and after a nasty sequence involving his sadly ill-counseled mother, who has momentarily confiscated the money in order to put it aside for Fabian's funeral, Fabian takes the money and runs.

By now *Time* magazine has published a story on what it calls this "pitiful nomade," and the local media in Houston, where Fabian has reappeared, have a sensational story for the the evening news. the *Frontline* crew finds him, homeless and still supporting himself as a hustler, so, the report, "We gave him $15 a night for three nights to buy a cheap hotel room. We gave him the money on the condition that he not practice unsafe sex and that he stay away from the bath houses." Pocketing the generous gift of $45, Fabian continues to hustle, and the vice squad moves in to enforce an order by the Houston health department, issued in a letter to Fabian, that he refrain from exchanging bodily fluids. But now the vice squad, too, faces a dilemma. "Catch 22," one of the officers says. How do you entrap someone into exchanging bodily fluids without endangering yourself? They decide to get Fabian on a simple solicitation charge instead, to "get him to hit on one of us," as they put it, but Fabian doesn't take the bait.

Ultimately a leader of the gay community decides on his own to try to help Fabian, and a lawyer from the Houston AIDS Foundation offers him a home, developments about which the Houston health commisioner blandly remarks, "It would never have occured to me to turn to the gay community for help." But *Frontline* has now lost its story. As the narrator admits, "The gay community was protecting him from the local press and from us." There is, nevertheless, the usual coda: "The inevitable happened. Fabian's AIDS symptoms returns. Just one week after he moved into his new home, he went back into the hospital. This time, he stayed just over a month. Fabian died on November 17. His family had no money to bury him, so after a week he was given a pauper's funeral and buried in a county grave."

Judy Woodruff had introduced this program by saying, "The film you are about to see is controversial; that's because it's a portrait of a man with AIDS who continued to be promiscuous. In San Francisco and other cities the organized gay community is protesting the film. Because they say it is unfair to persons with AIDS. "This strikes me as a very ambiguous reason to protest, and I have no doubt that the organized gay community's position against the film was articulated more broadly. How is it unfair to persons with AIDS? What persons with AIDS? Isn't the film unfair, first and foremost, to Fabian Bridges? The true grounds on which I imagine the gay community protested are the dangerous insinuations of the film: the public health is endangered by the free movement within society of people with AIDS; the gay people with AIDS irresponsibly spread HIV to unsuspecting victims. they might also have protested the film's racist presumptions and class biases, its explosion not only of Fabian Bridges, but of his entire family. In addition, it seems hard to imagine a knowledgeable person seeing the film who would not be appalled at the failure of PBS to inform its audience of the extraordinary misinformation about AIDS conveyed by virtually every boureaucratic offical in the film. And finally I imagine the gay community protested the film because it is so clear that the filmmakers were more interested in getting there footage than in the psychological an physical welfare of their protagonist, that instead of leading him to social service agencies of AIDS service organizations that could have helped him and his family, they lured him with small bribes, made him dependent upon them and them betrayed him to various authorities. A particularly revealing sequence intercut toward the end of the film takes us back to Fabian's hotel room in Cleveland. "We remembered something he'd said to us earlier, " the narrator says, and Fabian then intones in his affectless voice, "Let me go down in history as being ... I am somebody, you know, somebody that'll be respected, somebody who's appreciated, and somebody who can be related to, because a whole lot of peole just go, they're not even on the map, they just go."

Here we have explicitly the terms of the contract between the *Frontline* crew and the Fabian Bridges. *Frontline* found in Fabian, indeed, the "alienation and rejection" that many people with AIDS suffer, and offered him the false means by which our society sometime pretends to grant transcendence of that condition, a moment of glory in the mass media. they said to this lonely, ill, and scared young man, in effect, "We're gonna make you a star."

After witnessing this contract, we may wish to reconsider the various claims made for photographers Nicholas Nixon and Rosalind Solomon that the difference of their work from ordinary photojournalism's exploitation of people with AIDS resides in the pact they have made with their sitters. "The rather unique situation of Rosalind Solomon's portraits, done in the time of AIDS," writes Thomas Sokolowski, "is that the subjects have been asked" (1988a). the claim for Nixon is made less directly by his curatorial apologist. When introducing Nixon for a lecture at the Museum of Modern Art, Peter Galassi said,

Mr. Nixon was born in Detroit in 1947. It seems to me that all you really need to know, and the part about Detroit isn't absolutely essential. What is relevant is that Nixon has been on the planet for about forty years and has been a photographer for about half of that time. It's also rlevant that for about the past fifteen years he has worked with a large, old-fashioned view camera which stands on a tripod and makes negatives measuring eight by ten inches.[5]

The point about the size of Nixon's equipement, of course, is that it is obtrusive that we can never accuse him of catching his subjects unaware; he has to win their confidence. According to a friend of Nixon quoted in the Boston Globe, "The reason people trust him is that he has no misgivings about his own motivations or actions" (N. Miller, 1989, p. 36). Or, as Nixon himself put it in his talk at MOMA, "I know how cruel I am, and I am comfortable with it."

My initial reaction upon seeing both the Nixon and Solomon exhibitions was incredulity. I had naively assumed that the critique of this sort of photography, articulated over and again during the past decade, might have had some effects. I will cite just one paragraph from a founding text of this criticism as an indication of the lessons not learned. It comes from Allan Sekula's "Dismantling Modernism, Reinventing Documentary (Notes on the Politics of Representation)," written in 1976:

At the heart of [the] fetishistic cultivation and promotion of the artist's humanity is a certain disdain for the "ordinary" humanity of those who have been photographed. They become the "other," exotic creatures, objects of contemplation ... The most intimate, human-scale relationship to suffer mystification. In all this is the specific social engagement that results in the image; the negotiation between photographer and subject in the making of a portrait, the seduction, coercion, collaboration, or rip off. (Sekula, 1984, p. 59)

Here is one indication of the photographer's distaim while negotiating with his sitter: Showing one of his serial PWA portraits (of Tony Mastorilli), Nixon explained,

I started taking his picture in June of '87 and he was so resistant to the process—even though he kept saying "Oh no, I love it, I want to do it"—every other part of him was so resistant that after three times I kind of kicked him out and said, "When you really want to do this, call me up, you don't really want to do this." Then one day in December he called me up and said, "I'm ready now," and so I went, of course, and this picture doesn't kill me, but I'll tell you, it's miles better than anything I'd gotten from him before. I really felt like he was ready when I saw it. He was paralysed from the waist down. That was part of the challenge, I guess.

A audience member asked Nixon to explain what he meant when he said that the subject was resistant, and he replied,

He wasn't interested. He was giving me a blank wall. He was saying, "Yes, I think this is something I'm interested in, but I don't like this process, I don't like this big camera, I don't like it close to me, I don't like cooperating with you, I don't like the fact that your being here reminds me of my illness, I'm uncomfortable." But the same time he kept on going through the motions. I had to drive forty minutes to his house. I'm not interested in somebody just going through the motions. Life is too short.

How, then might this intimate, human scale relationship that Sekula cautions us about be constructed differently?

We can perhaps agree that images of people with AIDS created by the media and art photographers alike are demeaning, and that they are overdetermined by a number of prejudices that precede them about the majority of the people who have AIDS—about gay men, IV drug users, people of color, poor people. Not only do journalisms' (and arts') images create false stereotypes of people with AIDS, they depend upon already existing false stereotypes about the groups most significantly affected by AIDS. Much of the PBS discussion with "experts" that followed its airing of Fabian's story involved the fear that Fabian would be seen as the stereotype of the homosexual with AIDS. The reaction of many of us when we see homosexuality portrayed in the media is to respond by saying, "That's not true. We're not like that" or "I'm not like that" or "we're not all like that." But what *are* we like? What portrait of a gay person, or of a PWA, would be feel comfortable with? Which one would be representative? How could it be? And why should it be? One problem of opposing a stereotype, a stereotype which Fabian Bridges was indeed intended to convey, is that we tacitly side with those who would distance themselves from the image portrayed, we tacitly agree that it is other, where as our foremost responsibility in this case is to *defend* Fabian Bridges, to acknowledge that he is one of us. To say that it is unfair to represent a gay man or a PWA as a hustler is tacitly to collaborate in the media's ready condemnation of hustlers, to pretend along with the media that prostitution is a moral failing rather than a choice based on economic and other factors limiting autonomy. Or, to take another example, do we really wish to claim that the photographs by Nicholas Nixon are untrue? Do we want to find ourselves in a position of denying the horrible suffering of people with AIDS, the fact that very many PWAs become disfigures and helpless, and that they die? Certainly we can say that these representations do not help us, and that they probably hinder us, in our struggle, because the best they can do is elicit pity, and pity is not solidarity. We must continue to demand and create our own counter-images, images of PWA selfempowerment, of the organized PWA movement and of the larger AIDS activist movement, as the ACT UP demonstrators insisted at MOMA. But we must also recognize that every image of a PWA is a *representation*, and formulate our activist demands not in relation to the "truth" of the image, but in relation to the conditions of its construction and to its social effects.

I want to conclude this discussion, therefore, with a work that does not seek to displace negative images with positive ones, that does not substitute the good PWA for the bad, the apparently healthy for the visibly ill, the active for the passive, the exceptional for the ordinary. My interest in the videotape *Danny* (1987), made by Stashu Kybartas,[6] does not derive from its creation of a countertype, but rather from its insistence upon a particular stereotype, one which is referred to among gay men, whether endearingly or deprecatingly as the clone.

Without, I think, setting out deliberately or programmatically to articulate a critique of media images of PWAs, *Danny* nevertheless constitutes one of the most powerful critiques that exists to date. This is in part because it duplicates, in so many of its features, that stereotype of PWA portraiture, but at the same time reclaims the portrait from the community from which it emerges, the community of gay men, who have thus far been the population most drastically affected by AIDS in the United States. *Danny* accomplishes this through one overriding difference: the formulation of the relationship between artist and subject not as one of empathy or identification, but as one of explicit sexual desire, a desire that simultaneously accounts for Kybarta's subjective investment in a project and celebrates Danny's own sense of gay identity and hard-won sexual freedom.

A great many of the conventions of media portraits of the PWA appear in *Danny*, but their meanings are reinvested or reversed. *Danny* begins, for example, where virtually every other television portrait ends: with the information about the death of the video's subject, here matter-of-factly announced in a rolling text before we have even seen an image. Thus, although the video ends at the second recounting of Danny's death, it does not come as a coda to tell us what has happened to the subject after the tape was made. Indeed, as we discern from the apostrophizing voice-over, the tape was made as a work of mourning, the artist's working through of his loss of a friend in the AIDS movement. The retrospective voice is reinforced by a refusal of the live video images movement. Using videotape that he shot with Danny during their brief friendship, Kybartas compiled it as a series of stills, which also serves to make it equivalent to the still photographs taken of Danny prior to his illness, when he lived in Miami.

The first words uttered by Danny, in his somewhat difficult-to-understand voice, are the following: "He doesn't refer to me as his son. Instead of saying, 'My son'll be up to get it,' 'The boy'll be up to get it.' Whadaya mean the boy? It makes me feel like Tarzan and the jungle. Me boy." The statement remains somewhat opaque until we come to those fragments of dialogue in which Kybartas carries Danny further about his father. When Danny talks of his decision to return to his parents' home in Steubenville, Ohio, at the moment when he learned he'd have to begin chemotherarpy for his Kaposi's sarcoma, he mentions the difficulty of telling his mother, who nevertheless accepted the fact. Kybartas asks, "Were you worried about your dad?" "Yeah," says Danny, "I was wondering how he was going to take having a gay son, and one with AIDS on top of it, but she never told him. I have to watch what I say around him, or if anything about AIDS is on television, my mom flicks it off. She doesn't want him to hear about it."

We are left to imagine Danny's home life, as his father watches his son die and never bothers to ask why. Then, in the final conversation between the two friends before the tape ends, Danny says, "What I should have done this week was to have contacted the funeral home, because I would like to feel secure knowing that I could be buried there, instead of their getting the body and saying 'No, we can't handle that body,' and my father saying, 'Why ?' 'Because he has AIDS' That's not a time that he needs to be faced with that, not after my dying." Kybartas probes, "Why are you concerned about his reaction to that?," and Danny answers, "trying to spare his feelings, I guess." "Why?," Kybartas persists. "I guess as much as I dislike him, I don't want to hurt him either. "Why not?," Kybartas chides, and the dialogue fades out.

It is this gruesome family scene, so typical—perhaps even stereotypical—of gay men's relations with their fathers, that is denied in sentimental media stories of gay men going home to die in the caring fold of the family, something they often do as a last resort when medical insurance has run out or disability benefits won't cover the rent. In the mainstream media, though, this scenario tells of the abandonment of gay by their friends in the dark and sinful cities they inhabit, and the return to comfort and normality in some small town in the midwest. But Kybarta's tape it is the small hometown, a steel town near Pittsburgh, that is dark and sinister, "slowly dying," as Danny puts it, whereas the metropolis to which Danny fled to find his sexual freedom is the very opposite of dark, though it may, in conventional moralizing terms, be sinful—that, of course is its appeal.

This reversal of mainstream media pieties about hometown USA and the biological familiy serves to delimit the space of the sexual for gay men, for if Danny's father has not discerned his son is gay and dying of AIDS, it is because Danny's identity as a sexual being must be disavowed. Kybartas articulates this in the tape by saying, "I wanted you to come and live with us. We'd take care of you. We could go to the gay bars in Pittsburgh, dance, and watch the go-go boys."

Danny's image as a kid who lived for sex is complicated in the video by another subtle reversal. Mainstream coverage of AIDS is padded with portentous pictures of medical procedures— IV needles being interested, doctors listening through stethoscopes, tinkering in laboratories. Parallel imagery in *Danny* refers not to Danny's disease, but to his profession as a medical technician, showing the procedure of the carotid angiogram that he performed. But just because Danny is a full human being with a respectable reminiscence about his job is the "Miami Vice" sequence, in which Kybartas uses footage from that program's credits as Danny talks about shooting cocaine with shared needles back in 1981, before anyone knew the transmission risks. The result is that still another media myth is interfered with: the one that makes gay men (always presumed to be white and middle class) and IV drug users (presumed to be poor people of color) separate "risk groups".

A standard media device for constructing AIDS as a morality tale uses before-and-after images of people with AIDS. Stuart Marshall's *Bright Eyes*, made for Britain's Channel 4 in 1984, performed a brilliant analysis an the British deployed *Sunday People's* use of PWA Kenny Ramsaur to that end. In 1983, ABC's 20/20 also used Kenny Ramsaur to show the effects of AIDS in one of the earliest and most lurid televison newsmagazine stories on the subject, narrated by none other than Geraldo Rivera. ABC's camera first shows Raumsaur's face, horribly swollen and disfigured; then snapshots of the handsome, healthy Kenny as hedonistic homosexual appear, after which we return to the life image as the camera pans down to Kenn's arm to see him pull up his sleeve to reveal his KS lesions. Kybartas reworks this ploy in *Danny*. With his snapshots of a young and healthy hedonist in Miami as Danny talks with relish of his life, of how he would spend the day on the beach, return home and let the suntan oil sink in, and then shower. After douching in the shower, he tells us, he would shave his balls and the side of his cock, put on his tight 501s, and go out and cruise. Close-ups of Danny putting in his nipple ring are intercut with a close-up of the nipple surrounded by KS lesions, taken in Kybarta's studio in Pittsburgh during Danny's illness. And when we move from a second series on early snapshots of Danny to the video images of his face, shot after he has returned to Steubenville, is is bloated from chemotherapy. He is nevertheless still fully sexualized. Kybartas, narrating over the image over the face, laments, "Danny, when I look at all these pictures of you, I can see that the chemotherapy cost your appearance to change from week to week. One day when you walked into the studio, I thought you looked like a longshoreman who had just been in a fight.[7] [pause] The only time I saw you cry was on Christmas Eve, when your doctor told you that the chemotherapy was no longer working." This movement back and forth from the tough to the tender, from desiring to grieving in relation to the whole series of images constitutes the major text of the tape, and it may be said to encompass something of the range of gay men's sexuality as well as our present condition. The thematic is most often shown in the revelation of the KS lesions, as time and again we see stop-motion footage of Danny removing his shirt, as still images show fragments of his chest and arms covered with lesions. But, like scares of tatoos, the lesions are always seen as marking the body as sexually attractive, a sexiness that is indicated by Kybar-tas in the following way: "Danny, do you remember the first night we were shooting the film in my studio? You'd taken off your shirt and we were looking at all your lesions. Later, as I was rubbing your back and you were telling me about the problems you were having with relationships and sex, something happened. It was suddenly very quiet in the studio and my heart was beating fast. I don't know what it was ... the heat, your body. The only sound was the steam hissing out of the radiator ... "

After seeing *Danny*, it occured to me that there is a deeper explanation for portrayals of PWAs and especially of gay male PWAs, as desperately ill, as either grotesquely disfigured or as having wasted to flashless, ethereal bodies. These are not images that are intended to overcome our fear of disease and death, as is somethimes claimed. Nor are they ment only to reinforce the status of the PWA as victim or pariah, as we often charge. Rather, they are, precisely, *phobic* images, images of the terror at imaginig the person with AIDS is still sexual. In the *Frontline* special the Houston public health commissioner says, with patent fear and loathing, "Fabian was only diagnosed last April. He might live another two years, and furthermore this person is in remission now. He is not demonstrating any *signs* of illness!" The unwillingness to show PWAs as active, as in control of their lives, as acting up and fighting back, is the fear that they might also still be sexual, or as Judy Woodruff said of Fabian Bridges, that "He was a man with AIDS who continued to be promiscuous."

The comfortable fantasy that AIDS would spell the end of gay promiscuity, of perhaps of gay sex altogether, has pervaded American and Western European culture for a decade now. But we will fail to understand its pervasiveness and its representational effects if we think it only occupies the minds of the likes of Jesse Helms and Patrick Buchanan. I want to end, therefore, with a quotation that will bring this phobic fantasy closer to home in the context of cultural studies. In an interview published in the German art magazine *Kunstforum*, Jean Baudrillard appears sanguine about William Bourrough's (and Laurie Anderson's) dictum that "language is a virus."

Language, particularly in all areas of information, is used in a more and more formulaic way, and thereby gets sicker and sicker from its own formulas. One should not longer speak of sickness, however, but of virality, which is a form of mutation ... Perhaps the new pathology or virality is the last remedy against the total disintegration of language and of the body. I don't know, for example wheather a stock market crash such as that of 1987 should be understood as a terrorist process of economy or as a form of viral catharsis of the economic system. Possibly, though, it is like AIDS, if we understand AIDS as a remedy against total sexual liberation, which is sometimes more dangerous than an epidemic, because the latter always ends. Thus AIDS could be understood as a counterforce against the total elimination of stucture and the total unfolding of sexuality. (Rötzer, 1990, p. 266) [8]

Notes

[1] Nick and Bebe Nixon, "Aids Portrait Project Update," January 1, 1988, quoted in the press release for "People with AIDS: Work in Progress," New York, Zabriskie Gallery, 1988 (This exhibition was shown at the same time as the MOMA show)

[2] For both *Sixty Minutes* and *20/20*, the ostensible reason for showing the twins is to discuss an experimental bone marrow transplant therapy, which requires an identical twin donor. It does not, of course, require that the donor twin be straight.

[3] William Olander (1988), "'I Undertook this Project as a Personal Exploration of the Human Components of an *Alarming Situation*' 3 Vignettes (2)." The quote used as a title is Rosalind Solomon's.

[4] The fascination of the media with the supposed threat of "AIDS careers" was most dramatically revealed in the response to randy Shilt's *And the Band Played On*, which focussed almost exclusively on Shilts's story of the so-called patient Zero (see my essay "How to Have Promiscuity in an Epidemic," in *AIDS: Cultural Analysis/Cultural Activism*, esp. pp. 237—46). The fascination has clearly not abated. At the Sixth International Conference on AIDS in San Francisco, June 20—24, 1990, members of the media took part in a panel addressing "AIDS in the Media: A Hypothetical Case Study." The hypothetical case was that of an American soldier station in the Philippines accused of infecting forty prostitutes. the soldier's "past" had him frequenting prostitutes in Uganda and bathhouses in the Castro district of San Francisco.

[5] This introduction by Peter Galassi and the following statements by Nicholas Nixon were transcribed from Nixon's talk at the Museum of Modern Art, October 11, 1988.

[6] *Danny*, 1987, is distributed by Video Data Bank, Chicago.

[7] The sexual attractiveness of the gay clone was constructed through stylistic reference to clichéd hyper-masculine professions such as the cowboy, policeman, sailor, and, indeed, the longshoreman.

[8] Thanks to Hans Haacke for bringing this interview to my attention.

Autorinnen und Autoren
Contributors

Douglas Crimp
ist Kunstkritiker und AIDS-Aktivist. Er war 13 Jahre Mitherausgeber der Zeit-schrift *October* und lehrt *gay and lesbian studies* am Sarah Lawrence College.
is an art critic and AIDS activist, was coeditor of *October* for thirteen years and currently teaches gay and lesbian studies at Sarah Lawrence College.
Wichtigste Veröffentlichungen/Main Publications: *AIDS Demo Graphics* (with Adam Rolston); *AIDS: Cultural Analysis/Cultural Activism* (ed.); *How do I Look? Queer Film and Video* (ed.); *On the Museum's Ruins* (forthcoming/erscheint).

Teresa de Lauretis
ist Professorin für History of Consciousness an der University of California, Santa Cruz.
is Professor of the History of Consciousness at the University of California, Santa Cruz.
Wichtigste Veröffentlichungen/Main Publications:
La sintassi del desiderio: struttura e forme del romanzo sveviano, Ravenna, 1976; *Alice Doesn't: Feminism, Semiotics, Cinema* Bloomington 1984; *Technologies of Gender: Essays on Theory, Film, and Fiction*, Bloomington 1987 and London 1989; *Differenza e indifferenza sessuale*, Firenze 1989; *The Practice of Love: Lesbian Sexuality and Perverse Desire,* Bloomington, erscheint/ forthcoming in 1994.
Auf Deutsch publizierte Aufsätze/Works translated into German:
Ästhetik und feministische Theorie: Den Frauen-Film neu denken, in: *Kunst mit Eigen-sinn: Aktuelle Kunst von Frauen,* (Hrsg. von Silvia Eiblmayr, Valie Export und Monika Prischl-Maier), Wien 1985; *Das Rätsel der Lösung. Umberto Ecos* Der Name der Rose *als postmoderner Roman,* in: *Postmoderne. Zeichen eines kulturellen Wandels*, (Hrsg. von Andreas Huyssen und Klaus R. Scherpe), Reinbek bei Hamburg 1986;
Rhetorik als Gewalt, in: *Das Argument. Zeitschrift für Philosophie und Sozialwissenschaften,* 30, Nr. 3, Juni 1988, (Übersetzung von Kapitel 2 aus *Technologies of Gender*);
Oedipus interruptus, in: *Frauen und Film*, Nr. 48, März 1990, (Teilweise Übersetzung des Kapitels 5 aus *Alice Doesn't*);
Der Feminismus und seine Differenzen, in: *Feministische Studien*, 2, 1993.

Silvia Eiblmayr
ist zur Zeit Direktorin des Salzburger Kunstvereins und Lektorin für Kunstgeschichte an der Universität Wien und am Insitut für Gegenwartskunst der Akademie der bildenden Künste, Wien.
is currently director of the Salzburger Kunstverein and Lecturer in Art History at the University of Vienna and at the Insitute of Contemporary Arts at the Academy of Fine Arts, Vienna.

Ausstellungskuratorin/Exhibition Curator: *Kunst mit Eigensinn, Internationale Ausstellung aktueller Kunst von Frauen*, Museum moderner Kunst, Wien, 1985 (mit/with Valie Export u. a./a. o.); *Topographie*, Wiener Festwochen, 1992. Autorin von/Author of: *Die Frau als Bild. Der weibliche Körper in der Kunst des 20. Jahrhunderts*, Berlin 1993.

Paul Feyerabend
lehrte Philosophie und Geschichte der Wissenschaften an den Universitäten von Bristol, Berkeley, Yale, London, Berlin und an der ETH Zürich.
taught Philosophy and Hist. Phil. Science at the Universities of Bristol, Berkeley, Yale, London, Berlin and at the ETH Zürich.
Wichtigste Veröffentlichungen/Main Publications: *Against Method*, London 1975, [3]1993, (dt.: *Wider den Methodenzwang*, Frankfurt 1976, 1983); *Erkenntnis für freie Menschen*, Frankfurt 1980; *Philosophical Papers* 2Vs., Cambridge 1981; *Ausgewählte Schriften*, Vieweg 1980/81; *Wissenschaft als Kunst*, 1983; *Three Dialogues on Knowledge*, Oxford 1991.

Peter Gorsen
ist Professor für Kunstgeschichte an der Hochschule für angewandte Kunst in Wien.
is Professor of Art History at the Academy of applied Arts, Vienna.
Mitbegründer und Redakteur der Zeitschrift Ästhetik und Kommunikation.
Co-founder and editor of the magazine Ästhetik und Kommunikation.
Wichtigste Veröffentlichungen/Main Publications: *Das Bild Pygmalions*, Reinbek 1969; *Das Prinzp Obszön*, Reinbek 1969; *Sexualästhetik. Zur bürgerlichen Rezeption von Obszönität und Pornographie*, Reinbek 1972 (erw. Auflage 1987); *Pierre Molinier. Über den surrealistischen Hermaphroditen*, München 1972; *Salvador Dali. Der kritische Paranoiker*, München 1974; *Frauen in der Kunst* Bd. 1–2 (Hrsg. gem. mit G. Nabakowski und H. Sander), Frankfurt 1980; *Kunst und Krankheit. Metamorphosen der ästhetischen Einbildungskraft*, Frankfurt 1980; *Transformierte Alltäglichkeit oder Transzendenz der Kunst. Reflexionen zur Ent-Ästhetisierung*, Frankfurt 1981; *Von Chaos und Ordnung der Seele. Ein interdisziplinärer Dialog über Psychiatrie und moderne Kunst* (Hrsg. gem. mit O. Benkert), Berlin-Heidelberg-New York, 1990.

Barbara Jaffee
schließt gerade ihr Doktoratsstudium in Kunstgeschichte an der University of Chicago ab.
is completing doctorial studies in Art History at the University of Chicago.
Vorträge und Veröffentlichungen/Papers and Publications: *Reconstructive Criticism*, Chicago Art Journal, Spring 1993; *Purists and Pluralists Reconsidered*, Art Criticism, erscheint/pending; *The Logic of Modernism's,Great Devide: A Comparison of Post-War Structuralism and Critical Theory, Modernism and Historical Self-Consciousness*, The University of Iowa, Iowa City, November 2—3, 1991.

Richard Rorty
ist *Professor of the Humanities* an der University of Virginia.
is Professor of the Humanities at the University of Virginia.
Wichtigste Veröffentlichungen/Main Publications: *The Linguistic Turn* (ed.),
Chicago 1967, ²1992; *Philosophy and the Mirror of Nature*, Princeton 1979,
(dt.: *Der Spiegel der Natur*, Frankfurt 1981); *Consequences of Pragmatism*,
Minneapolis 1982; *Contingency, Irony, and Solidarity*, Cambridge 1988; (dt.:
Kontingenz, Ironie und Solidarität, Frankfurt 1989, ²1992); *Objectivity, Rela-
tivism, and Truth. Philosophical Papers I*, Cambridge 1991; *Essays on Heideg-
ger and Others. Philosophical Papers II*, Cambridge 1991; *Eine Kultur ohne
Zentrum. Vier philosophische Essays und ein Vorwort*, Stuttgart 1993.

Jacqueline Rose
ist Professorin für Englisch am Queen Mary and Westfield College der Uni-
versity of London.
is Professor of English at the Queen Mary and Westfield College at the Uni-
versity of London.
Wichtigste Veröffentlichungen/Main Publications: *Feminine Sexuality: Jacques
Lacan and the Ecole Freudienne* (ed. with Juliet Mitchell), London 1982; *The
Case of Peter Pan or the Impossibility of Children's Fiction*, London 1984;
Sexuality in the Field of Vision, London 1986; *The Haunting of Sylvia Plath*,
Cambridge 1992.

Francisco J. Varela
ist Professor für Cognitive Science und Erkenntnistheorie an der Ecole
Polytechniques Paris.
is Professor of Cognitive Science and Epistemology at the Ecole Polytechniques Paris.
Wichtigste Veröffentlichungen/Main Publications: *Principles of Biological Autonomy*, New York 1979; Varela, F./Coutinho, A./Dupire, B./Vaz, N., *Cognitive
networks: Immune, neural and otherwise*, in: Perelson, A. (ed.) *Theoretical
Immunology*, 2 Vs. Redwood City, California, 1988;
Varela, F./Sanchez, V./Coutinho, A., *Viable strategies gleaned from immune
systems dynamics*, in: Sauders, P./Goodwin, B. (ed.), *Epigenetic and Evolutionary Order in Complex Systems: A Waddington Memorial Symposium*. Edinburgh 1988; *The Tree of Knowledge. The biological roots of human understanding* (mit/with H. Maturana), 1987; *Connaître. les sciences cognitives*,
1988.

Amy Winter
is a doctoral candidate in art history at The Graduate Center of the City Uni-
versity of New York and a Smithsonian Fellow at the Hirshhorn Museum and
Sculpture Garden, Washington, D.C.
Dissertation über/dissertation on *Wolfgang Paalen, DYN, and the American
Avant-Garde of the 1940s.*

Vorträge und Veröffentlichungen/Papers and Publications: *Abstract Expressionism in Context: Gesture and Color-Field Paintings as Gestalt Emblems*, Whitney Symposium on American Art, 1990; *Marcel Duchamp's Graphic Works Reconsidered*, Print Symposium, The Graduate Center, CUNY, New York, 1992; *Wolfgang Paalen, DYN, und die Entstehungsgeschichte des Abstrakten Expressionismus*, in: *Wolfgang Paalen*, Museum Moderner Kunst Stiftung Ludwig Wien, 1993; *Dynaton: The Painter/Philosophers*, in: *Dynaton: Before and Beyond*, Frederick R. Weisman Museum of Art, Malibu, California, 1992—93;

Robert W. Witkin
lehrt Soziologie an der University of Exeter, U. K.
is Senior Lecturer in Sociology at the University of Exeter, U. K.
Wichtigste Veröffentlichungen/Main Publications: *The Intelligence of Feeling*, 1974, 1979; *Art and Social Structure*, erscheint im Dezember 1994 bei Polity Press/is to be published by Polity Press in December 1994.

Textnachweise/Sources

Die englische Fassung des Beitrags von Douglas Crimp erschien in: Lawrence Grossberg, Cary Nelson, Paula Treichler (ed.), Cultural Studies, New York – London, Routledge 1992.
The English version of Douglas Crimp's contribution first appeared in: Lawrence Grossberg, Cary Nelson, Paula Treichler (ed.), Cultural Studies, New York—London, Routledge 1992.

Paul Feyerabends Beitrag beruht auf einem 1988 im Rahmen der Wiener Vorlesungen gehaltenen Vortrag.
Paul Feyerabend's contribution is based on a paper presented 1988 in Vienna on the occasion of the Wiener Vorlesungen.

Der Beitrag von Barbara Jaffee basiert auf einem Vortrag im Rahmen der College Art Association 81st Annual Conference, Seattle, Washington, 3.–6. Februar 1993.
Barbara Jaffee's contribution is based on a paper presented at the College Art Association 81st Annual Conference, Seattle, Washington, Feb. 3—6 1993.

Die englische Fassung von Richard Rortys Beitrag erschien in: Common Knowledge, Vol. 1, Nr. 3, Winter 1992.
The English version of Richard Rorty's contribution first appeared in Common Knowledge, Vol. 1, N° 3, Winter 1992.

Die englische Fassung des Beitrags von Jacqueline Rose ist ihrem 1986 bei Verso in London erschienenen Buch Sexuality in the Field of Vision entnommen und hier mit freundlicher Genehmigung des Verso Verlages abgedruckt.
The English version of Jacqueline Rose's text is part of her book Sexuality in the Field of Vision, London, Verso 1986 and is reprinted here by kindly permission of Verso London.

Die deutsche Fassung des Beitrags von Francisco J. Varela erschien in: Hans Ulrich Gumbrecht und K. Ludwig Pfeiffer (Hgg.), Paradoxien, Dissonanzen, Zusammenbrüche. Studien offener Epistemologie, Frankfurt Suhrkamp (stw 925) 1991.
Abgedruckt mit freundlicher Genehmigung des Suhrkamp Verlags, Frankfurt.
The German version of Francisco J. Varela's contribution first appeared in: Hans Ulrich Gumbrecht und K. Ludwig Pfeiffer (Hrsg.), Paradoxien, Dissonanzen, Zusammenbrüche. Studien offener Epistemologie, Frankfurt Suhrkamp (stw 925) 1991.
Reprinted by kindly permission of Suhrkamp Verlag, Frankfurt.

Der Beitrag von Amy Winter basiert auf einem Vortrag im Rahmen der College Art Association 81st Annual Conference, Seattle, Washington, 3.–6. Februar 1993.
Amy Winter's contribution is based on a paper presented at the College Art Association 81st Annual Conference, Seattle, Washington, Feb. 3—6 1993.